CB019000

NOTAS
AO
CÓDIGO DE PROCESSO CIVIL

Obras do autor:

Manual Elementar do Ministério Público (1947)
Jurisprudência Penal do Supremo Tribunal de Justiça (1959)
Jurisprudência Processual Civil do Supremo Tribunal de Justiça (1960)
Jurisprudência Civil do Supremo Tribunal de Justiça (1962-1966)
Verbetes de Legislação de Angola (1952 a 1974)
Escritos Forenses (1960)
Das Leis, sua Interpretação e Aplicação (2.ª ed., 1978)
Das Relações Jurídicas (1967 e 1969)
Das Obrigações em Geral (1971 e 1973)
Dos Contratos em Especial (1974)
Direito das Coisas (1975)
Direito da Família (1976 e 1980)
Direito das Sucessões (1981 e 1983)
Notas ao Código do Processo Civil (I vol., 3.ª ed., 1999)
Notas ao Código do Processo Civil (II vol., 3.ª ed., 2000)
Notas ao Código do Processo Civil (III vol., 3.ª ed., 2001)
Notas ao Código do Processo Civil (IV vol., 2.ª ed., 2005)
Notas ao Código Civil (I vol., 1987)
Notas ao Código Civil (II vol., 1988)
Notas ao Código Civil (III vol., 1993)
Notas ao Código Civil (IV vol., 1995)
Notas ao Código Civil (V vol., 1997)
Notas ao Codigo Civil (VI vol., 1998)
Notas ao Código Civil (VII vol., 2002)

JACINTO FERNANDES RODRIGUES BASTOS
Juiz-Conselheiro Jubilado do Supremo Tribunal de Justiça

NOTAS
AO
CÓDIGO DE PROCESSO CIVIL

VOLUME IV
(Arts. 801.º a 1528.º)

2.ª EDIÇÃO
Revista e Actualizada

LISBOA
2005

TÍTULO III

DO PROCESSO DE EXECUÇÃO

SUBTÍTULO I

Das disposições gerais

ARTIGO 801.º
(Âmbito de aplicação)

As disposições subsequentes aplicam-se, na falta de disposição especial em contrário e em tudo o que se mostre compatível, a todas as espécies e formas de processo executivo.

1. A acção executiva é o meio jurisdicional posto à disposição do autor para obter as providências adequadas à *reparação efectiva* do direito violado (art. 4.º, n.º 3).

Não se trata já, como acontece na acção declarativa, de ver reconhecido o direito do credor, mas o de exigir do Estado que, tendo proibido o particular de usar da força para realizar o próprio direito (art. 1.º), se lhe substitua, coagindo o devedor a satisfazer a prestação a que está obrigado, ou o seu correspondente económico. É claro que, para isso, é necessário, antes do mais, que o credor disponha de algum dos títulos de que a lei (art. 46.º) faz depender o exercício da acção executiva.

2. Uma visão apressada poderia levar o leitor a supor que este Titulo II, do Livro III do Código, que se ocupa «do processo de execução», esgotaria a regulamentação legal da acção executiva singular. Nada mais errado, porém. D que se trata neste *Titulo* é

apenas do *processo de execução*, isto é, dos actos que, dispostos ordenadamente, servem ao desenvolvimento da *acção executiva*, de modo a que esta atinja as finalidades a que se propõe. Ficam, assim, dispersos por todo o Código, preceitos que só à acção executiva se referem e que são essenciais ao entendimento da sua natureza e dinâmica. Estão neste caso o próprio conceito de acção executiva (art. 4.º, n.ºs 1 e 3), a função e espécie dos títulos executivos e requisitos de exequibilidade (arts. 45.º a 52.º), as condições de cumulação das execuções (arts. 53.º a 54.º), a definição das partes na acção executiva (arts. 55.º a 58.º) e sua representação (arts. 59.º e 60.º), a competência territorial (arts. 90.º a 95.º e 1091.º), a garantia do pagamento das custas (art. 455.º), a forma única do processo comum de execução (art. 465.º) e o processo de execução especial por alimentos (art. 1118.º a 1121.º-A).

3. Na redacção primitiva do Código de 61, a disposição que ocupava este lugar era outra; o art. 801.º de então mandava aplicar ao processo de execução, subsidiariamente, os princípios do processo de declaração. A chamada reforma de 95 (Dec.-Lei n.º 329-A/95, de 12/12) transferiu essa regra da subsidiariedade para o art. 466.º, e, aparentemente para preencher esse vazio, formulou a norma actual, que manda aplicar as disposições gerais sobre o processo de execução a todas as espécies e formas do processo executivo, quando não houver disposição especial em contrário ou incompatibilidade que justifique a excepção, o que parece óbvio.

ARTIGO 802.º
(Requisitos da obrigação exequenda)

As execução principia pelas diligências, a requerer pelo exequente, destinadas a tornar a obrigação certa, exigível e líquida, se o não for em face do título executivo.

1. É da existência de um título executivo que depende essencialmente a instauração da execução ([1]). Mas não se esgota aí a previsão legislativa. Além da exigência *formal* da existência de um título executivo, é necessário que a obrigação que ele encorpora

---

([1]) Veja-se o que escrevemos sobre esta matéria no vol. I desta obra.

obedeça aos requisitos *substanciais* indicados no artigo anotando, isto é, que possa ter-se como *certa, exigível* e *líquida*, pois só assim poderá impôr-se o seu cumprimento. Para o caso da existência de algum desses requisitos não resultar directamente do título, permite a lei que essa demonstração se faça numa fase prévia da execução. A falta daqueles requisitos, ou do suprimento dessa falta, dá lugar à rejeição da execução (arts. 812.º e 820.º), sendo sempre fundamento de oposição a esta (arts. 814.º e 816.º).

2. Considera-se «certa» a obrigação a que corresponda uma prestação concretamente determinada quanto à sua natureza e limites (certeza objectiva) e quanto à individualização dos seus titulares (certeza subjectiva). É claro que só pode compelir-se o devedor a cumprir uma obrigação quando a prestação a exigir-se-lhe esteja concretamente determinada, o que não obsta a que o título seja válido quando, embora faltando essa determinação, constem dele os elementos necessários a fazê-la. É o que acontece, p.e., quando a obrigação compreende duas ou mais prestações e o devedor se exonera efectuando aquela que por escolha vier a ser designada (art. 543.º, n.º 1 do Código Civil: obrigação alternativa); quando o objecto da obrigação for indicado apenas quanto ao género e à quantidade (art. 539.º do Cód. Civ.: obrigações genéricas), ou, finalmente, quando o cnteúdo da obrigação se mostrar indeterminado, por qualquer outro motivo, mas for susceptível de se determinar, nos termos gerais em que pode ser determinada a prestação. O modo de proceder para tornar certa a obrigação vem referido no art. 803.º.

3. A exigibilidade da obrigação depende, em primeiro lugar, desta estar vencida. A matéria do vencimento é tratada na lei substantiva (Cód. Civ., arts. 777.º a 782.º).

A verificação do vencimento da obrigação exequenda não esgota, porém, os requisitos da sua *exegibilidade*. É que há casos em que se não justifica, pela sua própria natureza, que se passe à fase da realização coactiva da prestação, mesmo mostrando-se vencida a obrigação. A nossa lei de processo prefigura duas situações dessa natureza: estar a obrigação exequenda sujeita a *condição suspensiva* (Cód. Civ., art. 270.º), ou depender a sua exigibilidade de se mostrar feita uma prestação pelo credor ou por terceiro (*v.g.*, arts. 428.º a 431.º do Cód. Civ.). Em ambos os casos a obrigação pode ser certa e estar liquidada, mas não é exigível sem a demons-

ART. 803.º *Livro III, Título III — Do processo de execução*

tração de que ocorreu certo facto jurídico. O processo para provar a exigibilidade, nessas situações, vem regulado no art. 804.º.

4. Considera-se *ilíquida*, para efeitos executivos, a obrigação cujo quantitativo esteja ainda interminado, ou que tenha por objecto mediato uma universalidade, quando o exequente não possa concretizar os elementos que a compõem (art. 805.º).

ARTIGO 803.º
(Escolha da prestação na obrigação alternativa)

1 — Quando a obrigação seja alternativa e pertença ao devedor a escolha da prestação, é este notificado para, no prazo de 10 dias, se outro não tiver sido fixado pelas partes, declarar por qual das prestações opta.
2 — Na falta de declaração, a execução segue quanto à prestação que o credor escolha.
3 — Cabendo a escolha a terceiro, é este notificado para a efectuar; na falta de escolha pelo terceiro, bem como no caso de haver vários devedores e não ser possível formar maioria quanto à escolha, é esta efectuada pelo tribunal, a requerimento do exequente, aplicando-se, com as necessárias adaptações, o disposto no artigo 1429.º.

1. É alternativa a obrigação que compreende duas ou mais prestações, mas em que o devedor se exonera efectuando aquela que por escolha vier a ser designada. Na falta de determinação em contrário, a escolha pertence ao devedor (Cód. Civ., art. 543.º, n.ºs 1 e 2), mas pode caber ao credor ou a terceiro (Cit. Cód., art. 549.º).

2. Se a escolha pertencer ao devedor, o exequente solicitará, no requerimento executivo, que o executado seja notificado para, em dez dias, efectuar a escolha, sob pena de, não o fazendo, essa faculdade se transferir para o credor, caso em que a execução prosseguirá, para obter a prestação que o credor indicar. Sendo vários os devedores com direito a escolher a prestação, serão todos notificados a efectuá-la naquele prazo; se não for possível obter uma resolução maioritária quanto à escolha, o exequente requererá que o tribunal proceda a ela, indicando no requerimento a prestação

que julga preferível e justificando essa indicação. O executado será notificado para responder em dez dias, podendo indicar prestação diferente, desde que também o justifique. O juiz, produzidas as provas que tiver por necessárias, decidirá (n.ᵒˢ 1 e 3 do preceito em anotação e art. 1429.º.

3. Se a escolha pertencer a um terceiro, este será notificado para a efectuar; se o não fizer no prazo legal, será o tribunal a escolher, depois de ouvido o executado, no mini-procedimento a que alude o número anterior.

ARTIGO 804.º
(Obrigação condicional ou dependente de prestação)

1 — Quando a obrigação esteja dependente de condição suspensiva ou de uma prestação por parte do credor ou de terceiro, incumbe ao credor provar documentalmente, perante o agente de execução, que se verificou a condição ou que se efectuou ou ofereceu a prestação.

2 — Quando a prova não possa ser feita por documentos, o credor, ao requerer a execução, oferece as respectivas provas, que são logo sumariamente produzidas perante o juiz, a menos que este entenda necessário ouvir o devedor; neste caso, o devedor é citado com a advertência de que, na falta de contestação, se considerará verificada a condição ou efectuada ou oferecida a prestação, nos termos do requerimento executivo, salvo o disposto no artigo 485.º

3 — A contestação do executado só pode ter lugar em oposição à execução.

4 — Os n.ᵒˢ 7 e 8 do artigo 805.º aplicam-se, com as necessárias adaptações, quando se execute obrigação que só parcialmente seja exigível.

1. Quando as partes subordinarem a um acontecimento futuro e incerto a produção dos efeitos do negócio jurídico que celebraram, diz-se que este está sujeito a *condição suspensiva* (Cód. Civ., art. 270.º). Neste caso, como já se observou, a obrigação dependente dessa condição é *inexigível* enquanto não se provar que ocorreu o evento condicionante, e daí que se imponha, ao credor que pretende exe-

cutar a obrigação, que faça essa prova perante o agente da execução, nos termos e pelos modos previstos nos n.ᵒˢ 2 e 3 do preceito em anotação.

A prova de ocorrência do facto condicionante é feita documentalmente pelo exequente, na fase prévia da execução. Só quando essa prova não possa fazer-se por esse modo é que terá lugar o mini-procedimento descrito nos n.ᵒˢ 2 e 3. Estas duas modalidades são aplicáveis ao caso da inexigibilidade provir de não se mostrar feita (ou oferecida) a prestação, por parte do credor ou de terceiros, a que aludimos na nota 3 ao art. 802.º.

2. A inexigibilidade pode dizer respeito apenas ao cumprimento de uma parte da obrigação, caso em que o credor pode pedir, desde logo, que a execução se instaure e prossiga quanto à parte já exegível, podendo vir a demonstrar, na pendência da execução, a exigibilidade do todo (art. 805.º, n.ᵒˢ 7 e 8, *ex vi* do n.º 4 do preceito anotando).

ARTIGO 805.º

(Liquidação)

1 — Sempre que for ilíquida a quantia em dívida, o exequente deve especificar os valores que considera compreendidos na prestação devida e concluir o requerimento executivo com um pedido líquido.

2 — Quando a execução compreenda juros que continuem a vencer-se, a liquidação deles é feita, a final, pela secretaria, em face do título executivo e dos documentos que o exequente ofereça em conformidade com ele ou, sendo caso disso, em função das taxas legais de juros de mora aplicáveis.

3 — A secretaria liquida ainda, a final, a sanção pecuniária compulsória que seja devida.

4 — Quando, não sendo o título executivo uma sentença, a liquidação não dependa de simples cálculo aritmético, o executado é logo citado para a contestar, em oposição à execução, com a advertência de que, na falta de contestação, a obrigação se considera fixada nos termos do requerimento executivo, salvo o disposto no artigo 485.º; havendo contestação ou sendo a revelia inoperante, aplicam-se os n.ᵒˢ 3 e 4 do artigo 380.º.

5 — A liquidação por árbitros, quando deva ter lugar para o efeito de execução fundada em título diverso de sentença, realiza-se, nos termos do artigo 380.º-A, antes de apresentado o requerimento executivo; a nomeação é feita nos termos aplicáveis à arbitragem voluntária, cabendo, porém, ao juiz presidente do tribunal da execução a competência supletiva aí atribuída ao presidente do tribunal da relação.

6 — Quando a iliquidez da obrigação resulte de esta ter por objecto mediato uma universalidade e o autor não possa concretizar os elementos que a compõem, a liquidação tem lugar em momento imediatamente posterior à apreensão, precedendo a entrega ao exequente.

7 — Se uma parte da obrigação for ilíquida e outra líquida, pode esta executar-se imediatamente.

8 — Requerendo-se a execução imediata da parte líquida, a liquidação da outra parte pode ser feita na pendência da mesma execução, nos termos em que é possível a liquidação inicial.

1. Já fornecemos, na anotação ao art. 802.º, o conceito de liquidez da obrigação.

Aqui, vamos indicar quem deve proceder à liquidação e como ela se realiza.

2. O exequente não pode, nesta fase, formular pedidos genéricos. O requerimento executivo tem de concluir sempre por um pedido líquido.

A liquidação deve ser feita pelo exequente quando dependa de simples cálculo aritmético, devendo constar do requerimento executivo.

A liquidação é *feita pela secretaria* quando a execução compreender juros ou outras prestações que continuem a vencer-se depois de proposta a acção, bem como quando tiver sido aplicada sanção pecuniária compulsória (Cód. Civ., art. 829.º-A). Em todos estes casos a liquidação é feita a final, em face do título executivo e dos documentos que o exequente juntar.

A liquidação é feita *pelo tribunal* quando, sendo o título executivo extrajudicial, não dependa de simples cálculo aritmético, ou quando o título executivo for uma sentença de condenação genérica.

No primeiro caso, o processo a seguir é o referido no n.º 4 do preceito em anotação, devendo ter-se em conta o disposto nos arts. 812.º, n.º 7, *b)*, e 380.º; no segundo caso, isto é, se o título executivo for uma sentença de condenação genérica, o processo será o do incidente da instância regulado nos arts. 378.º a 380.º (²).

A liquidação é *feita por arbitros* quando a lei impuzer essa forma (arbitragem necessária: arts. 1525.º a 1528.º), ou quando as partes a convencionarem (arbitragem voluntária: Lei n.º 31/86, de 29 de Agosto, art. 1.º). À liquidação por arbitros deduzida depois de proferida sentença de condenação genérica, nos termos do n.º 2 do art. 661.º, é aplicável o disposto no art. 380.º-A; no mais, deve entender-se que regulam as disposições da arbitragem voluntária ou da necessária, conforme os casos.

ARTIGO 806.º
(Registo informático de execuções)

1 — O registo informático de execuções contém o rol dos processos de execução pendentes e, relativamente a cada um deles, a seguinte informação:

***a)* Identificação do processo;**
***b)* Identificação do agente de execução;**
***c)* Identificação das partes, nos termos da alínea *a)* do n.º 1 do artigo 467.º e incluindo ainda, sempre que possível, o número de identificação de pessoa colectiva, a filiação e os números de bilhete de identidade e de identificação fiscal;**
***d)* Pedido;**
***e)* Bens indicados para penhora;**
***f)* Bens penhorados;**
***g)* Identificação dos créditos reclamados.**

2 — Do mesmo registo consta também o rol das execuções findas ou suspensas, mencionando-se, além dos elementos referidos no número anterior:

(²) Pode ser feita por arbitros quando o incidente tiver sido deduzido depois de proferida sentença de condenação genérica, nos termos do n.º 2 do art. 661.º (arts. 378.º, n.º 2 e 380-A), caso em que a instância, mesmo que tenha sido extinta, se renova.

a) A extinção com pagamento integral;
b) A extinção com pagamento parcial;
c) A suspensão da instância por não se terem encontrado bens penhoráveis, nos termos do disposto no n.º 3 do artigo 832.º e no n.º 6 do artigo 833.º.

3 — Os dados constantes dos números anteriores são introduzidos diariamente pela secretaria de execução.

4 — Na sequência de despacho judicial, procede-se ainda à introdução dos seguintes dados:

a) A declaração de insolvência e a nomeação de um administrador da insolvência, bem como o encerramento do processo especial de insolvência;
b) O arquivamento do processo executivo de trabalho, por não se terem encontrado bens para penhora.

5 — Os dados previstos no número anterior são acompanhados das informações referidas nas alíneas *a)* e *c)* do n.º 1.

1. O Dec.-Lei n.º 38/2003, de 8 de Março, criou este «registo informático das execuções», que tem a manifesta vantagem de compendiar elementos que facilitarão ao agente de execução a realização da penhora, pela informação sobre os bens do executado assim como sobre a existência de outras execuções pendentes sobre o mesmo executado. Será como uma espécie de *cadastro* económico do executado. O necessário é que seja na prática ressalvado o relativo sigilo desses dados, cujo conhecimento indevido poderá promover, ou apressar, a ruína do devedor.

ARTIGO 807.º

(Acesso e consulta)

1 — A rectificação ou actualização dos dados inscritos no registo informático de execuções pode ser requerida pelo respectivo titular, a todo o tempo.

2 — A menção de a execução ter findado com pagamento parcial ou ter sido suspensa, nos termos das alíneas *b)* e *c)* do n.º 2 do artigo anterior, pode ser eliminada a requerimento do devedor, logo que este prove o cumprimento da obrigação.

ART. 808.º *Livro III, Título III — Do processo de execução*

3 — A consulta do registo informático de execuções pode ser efectuada:

a) **Por magistrado judicial ou do Ministério Público;**

b) **Por pessoa capaz de exercer o mandato judicial ou solicitador de execução, mediante exibição de título executivo contra o titular dos dados, antes de proposta a acção executiva;**

c) **Pelo mandatário constituído ou pelo agente de execução designado;**

d) **Pelo titular dos dados;**

e) **Por quem tenha relação contratual ou pré-contratual com o titular dos dados ou revele outro interesse atendível na consulta, mediante consentimento do titular ou autorização dada pela entidade indicada no diploma previsto no número seguinte.**

4 — O registo informático de execuções é regulado em diploma próprio.

1. O Dec.-Lei n.º 201/2003, de 10 de Setembro, regulou o registo informático de execuções. De harmonia com essa regulamentação o registo dos dados e a respectiva actualização, bem como o registo diário dos pedidos de consulta, do acesso ao registo informático e dos certificados emitidos, é assegurado pela secretaria. É de salientar que as únicas entidades com acesso directo ao registo são os magistrados judiciais ou do Ministério Público, ficando a consulta por outras entidades dependente, em regra, de autorização (art. 6.º). A prática dirá em que medida o sigilo desses dados fica efectivamente assegurado.

2. A Portaria n.º 985-B/2003, de 15 de Setembro, aprovou o modelo de requerimento de acesso ao registo informático de execuções.

ARTIGO 808.º

(Agente de execução)

1 — Cabe ao agente de execução, salvo quando a lei determine diversamente, efectuar todas as diligências do processo de execução, incluindo citações, notificações e

publicações, sob controlo do juiz, nos termos do n.º 1 do artigo seguinte.

2 — As funções de agente de execução são desempenhadas por solicitador de execução, designado pelo exequente ou pela secretaria, de entre os inscritos na comarca e nas comarcas limítrofes, ou, na sua falta, de entre os inscritos em outra comarca do mesmo círculo judicial; não havendo solicitador de execução inscrito no círculo ou ocorrendo outra causa de impossibilidade, são essas funções, com excepção das especificamente atribuídas ao solicitador de execução, desempenhadas por oficial de justiça, determinado segundo as regras da distribuição.

3 — Nas execuções por custas, o agente de execução é sempre um oficial de justiça.

4 — O solicitador de execução designado só pode ser destituído por decisão do juiz de execução, oficiosamente ou a requerimento do exequente, com fundamento em actuação processual dolosa ou negligente ou em violação grave de dever que lhe seja imposto pelo respectivo estatuto, o que será comunicado à Câmara dos Solicitadores.

5 — As diligências que implicariam deslocação para fora da área da comarca da execução e suas limítrofes, ou da área metropolitana de Lisboa ou Porto no caso de comarca nela integrada, são, salvo impossibilidade ou grave dificuldade, efectuadas, a solicitação do agente de execução designado e, sendo este solicitador, sob sua responsabilidade, por agente de execução dessa área; a solicitação do oficial de justiça é dirigida à secretaria do tribunal da comarca da área da diligência, pelo meio que, nos termos do n.º 5 do artigo 176.º, se revele mais eficaz.

6 — O solicitador de execução pode, sob sua responsabilidade, promover a realização de diligências, que não constituam acto de penhora, venda, pagamento ou outro de natureza executiva, por empregado ao seu serviço, credenciado pela Câmara dos Solicitadores nos termos do n.º 4 do artigo 161.º.

7 — **Na prática de diligências junto do executado, de organismos oficiais ou de terceiros, e sem prejuízo da emissão de certidão pela secretaria, o solicitador de execução identifica-se com o recibo de entrega do requerimento executivo em que tenha aposto a sua assinatura ou com a exibição da notificação referida no n.º 2 do artigo 811.º-A.**

(Declaração de rectificação n.º 5-C/2003, de 30/4).

1. A criação desta personagem – o agente de execução – é, no quadro da renovação do processo executivo empreendida pelo Dec.--Lei n.º 38/2003, a inovação de maior vulto, quer pelo número e importância das funções que lhe são atribuídas, quer pela deslocação, que assim se opera, da competência dos órgãos jurisdicionais para o profissional liberal, representante do exequente, que este escolhe, que este nomeia e a quem este paga. Para nós, as dificuldades que o serviço dos tribunais apresentam devem ser combatidos por medidas legislativas que adaptem a orgânica judiciária às necessidades da conjuntura, e nunca pela sua descaracterização ou «privatização», que entregue a liderança da actividade judicial em certo domínio ao mandatário de uma das partes, com ofensa daquele estatuto de «igualdade substancial das partes» que este mesmo Código tão enfaticamente proclama no seu artigo 3.º-A. Segundo esta linha de rumo parece-nos que se deveriam ter criado, com maior generalidade, os tribunais de competência especializada a que a lei chama neste caso «juízos de execução».

2. É equiparada a custas de parte, para efeito de cobrança e rateio, a remuneração do solicitador de execução (art. 33.º, n.º 4 do Cód. Custas).

3. O apoio judiciário compreende a nomeação e pagamento da remuneração do solicitador de execução designado, ou, em alternativa, o pagamento da remuneração do solicitador escolhido pelo requerente (art. 15.º, d) da Lei n.º 30-E/2000, de 20 de Dezembro).

4. Nos casos previstos nos n.os 2 e 3 do artigo anotando o oficial de justiça que aí se refere é o escrivão de direito, titular da secção onde corre termos o processo de execução, o qual está sujeito, em matéria de impedimentos e suspeições, ao regime dos arts. 125.º, n.º 2, e 134.º a 136.º deste diploma. À sua substituição aplica-se o

regime de substituição previsto no respectivo Estatuto ([3]), sendo-lhe permitido delegar a execução dos actos noutro oficial de justiça da mesma secção (Port. n.º 946/03, de 6/9).

ARTIGO 809.º
(Juiz de execução)

1 — Sem prejuízo do poder geral de controlo do processo e de outras intervenções especificamente estabelecidas, compete ao juiz de execução:

a) **Proferir despacho liminar, quando deva ter lugar;**
b) **Julgar a oposição à execução e à penhora, bem como verificar e graduar os créditos, no prazo máximo de três meses contados da oposição ou reclamação;**
c) **Julgar a reclamação de acto de agente de execução, no prazo de cinco dias;**
d) **Decidir outras questões suscitadas pelo agente de execução, pelas partes ou por terceiros intervenientes, no prazo de cinco dias.**

2 — Quando o requerimento da parte seja manifestamente injustificado, pode o juiz aplicar multa.

(Declaração de rectificação n.º 5-C/2003, de 30/4).

1. O Dec.-Lei n.º 38/2003 acrescentou ao n.º 1 do art. 96.º da Lei n.º 3/99, de 13 de Janeiro, uma alínea *g)*, permitindo a criação de juízos de competência especializada denominados «juízos de execução», aos quais compete exercer, no âmbito do processo de execução, as competências previstas no Código de Processo Civil (Cit. Lei, art. 102.º-A), podendo ser criadas secretarias com competência para, através de oficiais de justiça, efectuar as diligências necessárias à tramitação do processo comum de execução (art. 121.º-A). Onde não houver juízos de execução cumpre aos tribunais de competência genérica exercer, no âmbito do processo de execução, as competências previstas no Código de Processo Civil [alínea *c)*, do n.º 1 do art. 77.º da citada Lei]. Nas circunscrições não abrangidas pela competência dos juízos de execução, os tribunais de compe-

---

([3]) Aprovado pelo Dec.-Lei n.º 343/99, de 26/8; alt. pelo Dec.-Lei n.º 175/2000, de 9/8.

tência especializada e de competência específica são competentes para exercer, no âmbito do processo de execução, as competências previstas no Código de Processo Civil, quanto às decisões que hajam proferido (art. 103.º).

2. Para além dos poderes gerais ou especiais que sejam atribuídos ao juiz de execução compete a este, especificadamente, praticar os actos referidos no artigo anotando.

3. A disposição do n.º 2 parece-nos bastante hermética. Conterá ela uma sanção contra a litigância de má fé? Se sim, para quê repetir o disposto no art. 456.º? Se não, que espécie de ilícito comete a parte que reclama sem razão de um acto do agente de execução, ou suscita outra questão infundada?
Muito provavelmente o preceito, nessa parte, limita-se a acolher uma medida intimidatória.

4. A multa é talvez a prevista na alínea b) do art. 102.º do Código das Custas.

5. A Portaria n.º 969/2003, de 13 de Setembro, criou a Secretaria--Geral de Execução das Varas Cíveis, dos Juízos Cíveis e dos Juízos de Pequena Instância Cível de Lisboa.

SUBTÍTULO II

Da execução para pagamento de quantia certa

CAPÍTULO ÚNICO

Do processo comum

SECÇÃO I

Fase introdutória

ARTIGO 810.º

(Requerimento executivo)

1 — O requerimento executivo, dirigido ao tribunal de execução, é assinado pelo mandatário constituído ou, não

sendo o patrocínio obrigatório e não tendo o exequente constituído mandatário, pelo próprio exequente.

2 — O requerimento executivo consta de modelo aprovado por decreto-lei.

3 — O requerimento executivo deve conter os seguintes elementos, além dos referidos nas alíneas *b)*, *c)*, *e)* e *f)* do n.º 1 do artigo 467.º, bem como na alínea *c)* do n.º 1 do artigo 806.º:

a) Indicação do fim da execução;

b) Exposição sucinta dos factos que fundamentam o pedido, quando não constem do título executivo;

c) Liquidação da obrigação, nos termos do n.º 1 do artigo 805.º, e escolha da prestação, quando ela caiba ao credor;

d) Indicação, sempre que possível, do empregador do executado, das contas bancárias de que o executado seja titular e dos seus bens, bem como dos ónus e encargos que sobre estes incidam;

e) Designação do solicitador de execução, nos termos do n.º 2 do artigo 808.º;

f) Pedido de dispensa da citação prévia do executado, nos termos do n.º 2 do artigo 812.º-B.

4 — Sem prejuízo da apresentação de outros documentos, o requerimento executivo deve, além do referido no n.º 3 do artigo 467.º, ser acompanhado do título executivo e dos documentos ou títulos que tenha sido possível obter relativamente aos bens penhoráveis indicados.

5 — Na indicação dos bens a penhorar, deve o exequente, tanto quanto possível:

a) Quanto aos prédios, indicar a sua denominação ou número de polícia, se os tiverem, ou a sua situação e confrontações, o artigo matricial e o número da descrição, se estiverem descritos no registo predial;

b) Quanto aos móveis, designar o lugar em que se encontram e fazer a sua especificação;

c) Quanto aos créditos, declarar a identidade do devedor, o montante, a natureza e a origem da dívida, o título de que constam, as garantias existentes e a data do vencimento;

ART. 810.º *Livro III, Título III — Do processo de execução*

d) **Quanto aos direitos a bens indivisos, indicar o administrador e os comproprietários, bem como a quota-parte que neles pertence ao executado.**

6 — A designação do solicitador de execução fica sem efeito se ele não declarar que a aceita, no próprio requerimento executivo ou em requerimento avulso a apresentar no prazo de cinco dias.

1. Como se sabe o processo pode ser comum ou especial (art. 460.º). O processo comum de execução segue forma única (art. 465.º), estando regulado nos arts. 801.º a 942.º, e comporta, conforme o fim que visa alcançar, três tipos de execução: a execução para pagamento de quantia certa (arts. 810.º a 923.º); execução para entrega de coisa certa (arts. 928.º a 931.º), e execução para prestação de facto (arts. 933.º a 942.º). Como acções executivas especiais há presentemente: a execução especial por alimentos (Cód. Proc. Civ., arts. 1118.º a 1121.º-A); a execução para venda de navio abandonado (Dec.-Lei n.º 202/98, de 18 de Julho); a execução de despejo, no arrendamento urbano (Reg. do Arrendamento Urbano, Dec.-Lei n.º 321-B/90, de 15 de Outubro, arts. 55.º a 61.º); acção executiva por dívida de custas e multas (Cód. Custas Jud., arts. 116.º a 123.º). São subsidiariamente aplicáveis: *a)* ao processo comum de execução as disposições reguladoras do processo comum de declaração que se mostrem compatíveis com a acção executiva; *b)* à execução para entrega de coisa certa e para a prestação de facto, na parte em que o puderem ser, as disposições relativas à execução para pagamento de quantia certa; *c)* às execuções especiais, as disposições do processo comum (art. 466.º).

2. O «requerimento executivo», de que trata este artigo, corresponde, na acção executiva, à «petição inicial» da acção declarativa (art. 467.º). Também aqui vigora o *princípio dispositivo*, afirmado no art. 3.º, n.º 1, em aplicação do qual o exercício da acção executiva depende do impulso inicial da parte. Dada a diferença de finalidade daquelas duas acções, na acção executiva, porque se pretende compelir o devedor a cumprir determinada obrigação, o requerimento executivo desdobra-se em dois grupos de elementos: o primeiro, destinado a demonstrar a existência da obrigação exequenda e sua titularidade (n.ºs 3 e 4); o segundo a fazer a indicação dos bens, existentes no património do devedor que respondem por esse cumprimento (n.º 5).

3. O Dec.-Lei n.º 200/2003, de 10 de Setembro, aprovou o modelo do requerimento executivo e previu nele as respectivas formas de entrega (*D. R.*, série I-A, n.º 209).

4. O Dec.-Lei n.º 204/2003, de 12 de Setembro, estabeleceu o regime especial das custas judiciais nas acções executivas, designadamente no que respeita ao montante da taxa de justiça inicial, ao montante da taxa de justiça das execuções, aos encargos das execuções e à prática de actos avulsos pelo solicitador de execução.

5. A Portaria n.º 985-A/2003, de 15 de Setembro, estabelecem que a entrega em formato digital do requerimento executivo deva ser realizada por transmissão electrónica, em formulário próprio, a disponibilizar pela Direcção-Geral da Administração da Justiça em página informática de acesso público (*D. R.*, série I-B, n.º 213, supl.).

6. A Portaria n.º 985-C/2003, de 15 de Setembro determinou que o pagamento da taxa de justiça devida pela apresentação do requerimento executivo seja efectuado, transitoriamente, através de estampilha, no modelo aprovado pela Portaria n.º 233/2003, de 17 de Março.

7. A Portaria n.º 642/04, de 16/6, regulou a forma de apresentação em juízo dos actos processuais enviados através do correio electrónico (*D.R.*, 1.ª s., n.º 140-B, de 16/6).

ARTIGO 811.º

(Recusa do requerimento)

1 — A secretaria recusa receber o requerimento quando:

***a)* Não conste do modelo ou omita algum dos requisitos impostos pelo n.º 3 do artigo 810.º;**

***b)* Não seja apresentado o título executivo ou seja manifesta a insuficiência do título apresentado;**

***c)* Se verifique omissão prevista nas alíneas *f)*, *g)* e *h)* do n.º 1 do artigo 474.º.**

2 — Do acto de recusa cabe reclamação para o juiz, cuja decisão é irrecorrível, salvo quando se funde na insuficiência do título ou na falta de exposição dos factos.

3 — O exequente pode apresentar outro requerimento executivo ou o documento em falta nos 10 dias subsequentes à recusa de recebimento ou à notificação da decisão judicial que a confirme, considerando-se o novo requerimento apresentado na data em que o primeiro tenha sido apresentado em juízo.

O preceito indica taxativamente os casos em que a secretaria deve recusar o recebimento do requerimento executivo.

A ideia foi manifestamente a de subtrair o juiz à verificação de factos materiais, que os seus serviços podem realizar, deixando-lhe tempo livre para a sua função de decidir. Que se ganharia retirar um juiz da sua função própria para verificar se dezenas de requerimentos executivos vêm escritos em língua portuguesa, se estão assinados, se têm endereço, e daí por diante? São requisitos formais que não acrescem nem diminuem os direitos dos litigantes. Um ponto há, porém, em que parece duvidosa a constitucionalidade do preceito: é quando este manda ao funcionário da secretaria que recuse o requerimento quando for manifesta a *insuficiência* do título executivo apresentado. Se se tratasse da falta do título, tudo estaria bem, porque a sua constatação seria um acto puramente material. Mas não é isso. O que a lei manda ao funcionário que verifique é a *suficiência* do título, isto é, se de acordo com a lei, ele preenche os requisitos formais e materiais que o constituem base *daquela execução*. Afigura-se-nos que o que se pede ao funcionário é que, aplicando a lei ao caso concreto, extraia uma conclusão de direito sobre a legalidade ou ilegalidade do uso da acção executiva com tais elementos, o que parece ser o exercício da função jurisdicional, que a Constituição da República guarda ciosamente para os tribunais (art. 202.º).

Foi talvez antecipando-se a esta crítica, que o legislador previu que, tendo o funcionário judicial dúvidas ou suspeitas sobre a legalidade do uso da acção executiva, deve provocar a intervenção do juiz da execução para as resolver ou dissipar, quando esteja dispensado o despacho liminar (art. 812.º-A, n.º 3). Oxalá o funcionário não esqueça que ter dúvidas é o primeiro passo que se dá no sentido da verdadeira sabedoria.

ARTIGO 811.º-A

(Designação do solicitador de execução pela secretaria)

1 — Não tendo o exequente designado o solicitador de execução ou ficando a designação sem efeito, é esta feita pela secretaria, segundo a escala constante da lista informática para o efeito fornecida pela Câmara dos Solicitadores.

2 — O solicitador de execução designado nos termos do número anterior é notificado pela secretaria da sua designação.

O solicitador de execução é, como se sabe, o agente de execução a quem a lei entrega o desempenho de quase todas as diligências do processo de execução (art. 808.º), excepto nas execuções por custas, em que o agente de execução é sempre um oficial de justiça. A sua designação é feita pelo exequente, no respectivo requerimento executivo, mas carece de declaração de aceitação, feita naquele requerimento, ou em requerimento avulso, apresentado no prazo de cinco dias. Se o exequente não indicar o solicitador, ou se a designação ficar sem efeito por qualquer motivo, o preceito em anotação providencia quanto à designação a fazer. O exequente pode, carecendo disso, gozar de apoio judiciário (⁴).

ARTIGO 811.º-B

Este preceito foi revogado pelo art. 4.º do Dec.-Lei n.º 38/03, de 8 de Março. A matéria de que tratava — o aperfeiçoamento do requerimento executivo — transitou para o n.º 4 do art. 812.º.

ARTIGO 812.º (⁵)

(Despacho liminar e citação prévia)

1 — Sem prejuízo do disposto no n.º 1 ao artigo 812.º-A, o processo é concluso ao juiz para despacho liminar.

2 — O juiz indefere liminarmente o requerimento executivo quando:

***a)** Seja manifesta a falta ou insuficiência do título e a secretaria não tenha recusado o requerimento;*

(⁴) Lei n.º 30-E/2000, de 20/12, art. 15.º.
(⁵) Decl. rectif., n.º 5-C/2003, de 30 de Abril.

ART. 812.º Livro III, Título III — Do processo de execução

b) Ocorram excepções dilatórias, não supríveis, de conhecimento oficioso;

c) Fundando-se a execução em título negocial, seja manifesto, face aos elementos constantes dos autos, a inexistência de factos constitutivos ou a existência de factos impeditivos ou extintivos da obrigação exequenda que ao juiz seja lícito conhecer.

3 — É admitido o indeferimento parcial, designadamente quanto à parte do pedido que exceder os limites constantes do título executivo.

4 — Fora dos casos previstos no n.º 2, o juiz convida o exequente a suprir as irregularidades do requerimento executivo, bem como a sanar a falta de pressupostos, aplicando-se, com as necessárias adaptações, o disposto no n.º 2 do artigo 265.º.

5 — Não sendo o vício suprido ou a falta corrigida dentro do prazo marcado, é indeferido o requerimento executivo.

6 — Quando o processo deva prosseguir e, no caso do n.º 2 do artigo 804.º, o devedor deva ser ouvido, o juiz profere despacho de citação do executado para, no prazo de 20 dias, pagar ou opor-se à execução.

7 — A citação é previamente efectuada, sem necessidade de despacho liminar:

a) Quando, em execução movida apenas contra o devedor subsidiário, o exequente não tenha pedido a dispensa da citação prévia;

b) No caso do n.º 4 do artigo 805.º;

c) Nas execuções fundadas em título extrajudicial de empréstimo contraído para aquisição de habitação própria hipotecada em garantia.

(Red. Dec.-Lei n.º 199/2003, de 10/9).

1. O legislador da reforma de 2003 concentrou nos arts. 812.º, 812.º-A e 812.º-B, a primeira parte da dinâmica da nova acção executiva, regulando aí essencialmente o *despacho liminar* e a *citação prévia*. Fê-lo, porém, enunciando um pequeno número de regras e um número enorme de excepções, matérias que dispersou por

aqueles três preceitos. Pareceu-me, por isso, que seria útil resolver esse difícil *puzzle*, pondo ordem naquele aparente caos. Deus permita que a emenda não saia pior do que o soneto.

2. *Despacho liminar:*

A) Há sempre despacho liminar nas execuções movidas apenas contra o devedor subsidiário, em que o exequente tenha requerido que a penhora seja efectuada sem prévia citação do executado, ou quando o credor necessite provar, não só documentalmente, a verificação da condição suspensiva ou a realização ou oferta da prestação de que dependa a exigibilidade da obrigação (art. 812.º-A, n.º 2).

B) Não há lugar a despacho liminar nas execuções baseadas em decisão judicial ou arbitral; em requerimento de injunção ([6]) no qual tenha sido aposta a fórmula executória; em documento exarado ou autenticado por notário, ou documento particular com reconhecimento presencial ([7]) da assinatura do devedor, desde que o montante da dívida não exceda a alçada do Tribunal da relação ([8]) e seja apresentado documento comprovativo da interpelação do devedor, quando tal fosse necessário ao vencimento da obrigação, ou quando, excedendo o montante da dívida a alçada do tribunal da relação, o exequente mostre ter exigido o cumprimento por notificação judicial avulsa; em qualquer outro título de obrigação pecuniária vencida, de montante não superior à alçada do tribunal da relação, desde que a penhora não recaia sobre bem imóvel, estabelecimento comercial, direito real menor que sobre eles incida ou quinhão em património que os inclua (art. 812.º-A, n.º 1) ([9]).

3. *Citação prévia:*

A) A citação inicial *é prévia*, isto é, realiza-se antes da penhora, sem necessidade de despacho: *a)* na execução movida apenas contra o devedor subsidiário em que o exequente não tenha pedido a dispensa da citação prévia; *b)* na execução de título executivo

---

([6]) Dec.-Lei n.º 269/98, de 1 de Setembro; Dec.-Lei n.º 32/2003, de 17 de Fevereiro.
([7]) Código do Notariado, art. 153.º, n.º 5.
([8]) Lei n.º 3/99, de 13 de Janeiro (alçadas).
([9]) Mesmo nos casos em que não há lugar a despacho liminar o funcionário pode suscitar a intervenção do juiz, a quem fará os autos conclusos se verificar alguma das situações previstas no n.º 3 do art. 812.º-A. Veja-se nota ao art. 811.º.

extrajudicial em que a liquidação não dependa de simples cálculo aritmético; *c)* nas execuções fundadas em título extrajudicial de empréstimo contraído para aquisição de habitação própria hipotecada em garantia (art. 812.º, n.º 7, e art. 812.º-B, n.º 1 e art. 805.º, n.º 4).

B) Fora dos casos indicados na alínea anterior a penhora é efectuada *sem citação prévia* quando não há lugar a despacho liminar. Havendo lugar a despacho liminar, a regra é a de *haver citação prévia*, mas o exequente pode requerer a *dispensa dela*, nos termos do disposto nos n.ºs 2 e 3 do art. 812.º-B. A citação prévia também *pode ser dispensada*, a requerimento do exequente, quando se mostre justificado o receio de que as dificuldades para a sua realização ponham em perigo a garantia patrimonial do crédito (art. 812.º-B, n.º 4).

ARTIGO 812.º-A
(Dispensa do despacho liminar)

1 — Sem prejuízo do disposto no n.º 2, não tem lugar o despacho liminar nas execuções baseadas em:

***a)* Decisão judicial ou arbitral;**

***b)* Requerimento de injunção no qual tenha sido aposta a fórmula executória;**

***c)* Documento exarado ou autenticado por notário, ou documento particular com reconhecimento presencial da assinatura do devedor, desde que:**

O montante da dívida não exceda a alçada do tribunal da relação e seja apresentado documento comprovativo da interpelação do devedor, quando tal fosse necessário ao vencimento da obrigação;

Excedendo o montante da dívida a alçada do tribunal da relação, o exequente mostre ter exigido o cumprimento por notificação judicial avulsa;

***d)* Qualquer título de obrigação pecuniária vencida de montante não superior à alçada do tribunal da relação, desde que a penhora não recaia sobre bem imóvel, estabelecimento comercial, direito real menor que sobre eles incida ou quinhão em património que os inclua.**

2 — Há, porém, sempre despacho liminar:

a) Nas execuções movidas apenas contra o devedor subsidiário, em que o exequente tenha requerido que a penhora seja efectuada sem prévia citação do executado;
b) No caso do n.º 2 do artigo 804.º.

3 — Nas execuções dispensadas de despacho liminar, o funcionário judicial deve suscitar a intervenção do juiz quando:

a) Duvide da suficiência do título ou da interpelação ou notificação do devedor;
b) Suspeite que se verifica uma das situações previstas nas alíneas *b)* e *c)* do n.º 2 e no n.º 4 do artigo 812.º;
c) Pedida a execução de sentença arbitral, duvide de que o litígio pudesse ser cometido à decisão por árbitros, quer por estar submetido, por lei especial, exclusivamente a tribunal judicial ou a arbitragem necessária, quer por o direito litigioso não ser disponível pelo seu titular.

(Aditado pelo Dec.-Lei n.º 38/2003, de 8/3).

1. Veja-se a anotação ao art. 812.º.

ARTIGO 812.º-B
(Dispensa da citação prévia)

1 — Fora dos casos referidos no n.º 7 do artigo 812.º, a penhora é efectuada sem citação do executado quando não há lugar a despacho liminar.

2 — Nas execuções em que tem lugar despacho liminar, bem como nas movidas contra o devedor subsidiário, o exequente pode requerer que a penhora seja efectuada sem a citação prévia do executado, tendo para o efeito de alegar factos que justifiquem o receio de perda da garantia patrimonial do seu crédito e oferecer de imediato os meios de prova.

3 — No caso previsto no número anterior, o juiz, produzidas as provas, dispensa a citação prévia do executado

quando se mostre justificado o alegado receio de perda da garantia patrimonial do crédito exequendo; a dispensa tem sempre lugar quando, no registo informático de execuções, conste a menção da frustração, total ou parcial, de anterior acção executiva movida contra o executado.

4 — Ocorrendo especial dificuldade em a efectuar, designadamente por ausência do citando em parte certa, o juiz pode dispensar a citação prévia, a requerimento superveniente do exequente, quando, nos termos do número anterior, a demora justifique o justo receio de perda da garantia patrimonial do crédito.

(Aditado pelo Dec.-Lei n.º 38/2003, de 8/3).

1. Veja-se a anotação ao art. 812.º.

SECÇÃO II

Oposição à execução

ARTIGO 813.º

(Oposição à execução e à penhora)

1 — O executado pode opôr-se à execução no prazo de 20 dias a contar da citação, seja esta efectuada antes ou depois da penhora.

2 — Com a oposição à execução cumula-se a oposição à penhora que o executado, que antes dela não tenha sido citado, pretenda deduzir, nos termos do artigo 863.º-A.

3 — Quando a matéria da oposição seja superveniente, o prazo conta-se a partir do dia em que ocorra o respectivo facto ou dele tenha conhecimento o opoente.

4 — Não é aplicável à oposição o disposto no n.º 2 do artigo 486.º.

1. Como se disse inicialmente, enquanto que na acção declarativa o credor pretende que lhe seja reconhecida a titularidade do direito a determinada prestação, na acção executiva o fim por ele visado é o da realização do direito subjectivo declarado. Se ali se

solicita uma *declaração* de vontade, aqui pede-se uma *actuação* coagente do devedor a cumprir a obrigação reconhecida. Mas a lei, pondo à disposição do credor este meio expedito de realizar o seu direito — declarado por sentença ou consubstanciado em título que faça supor a sua existência — não pode deixar de garantir ao executado a defesa contra essa pretensão quando o título executivo apresentado padeça de insuficiências ou de vícios que lhe retirem a qualidade legal de fundamento da execução. Essa é a fase da oposição à execução.

A lei distingue os fundamentos da oposição conforme a execução se funda em sentença (art. 814.º), em decisão arbitral (art. 815.º), ou noutro título (art. 816.º).

2. O Código de Processo Civil de 1939 previa a existência de três modalidades de oposição à execução: *recurso* do despacho que ordenara a citação do executado; *embargos* e simples *requerimento*. O Código de 1961, na sua primitiva versão, omitiu a oposição por simples requerimento; a reforma de 96 pôs termo ao recurso do despacho de citação (art. 234.º, n.º 5). A nova reforma do processo executivo de 2003 manteve, nessa parte, a situação existente, limitando-se a substituir por *«oposição à execução»* a anterior designação de «embargos de executado», que a lei dava ao procedimento que agora regula nos arts. 813.º a 820.º. Deste modo, esse procedimento constitui o único meio legal posto à disposição do executado para obter a rejeição total ou parcial da execução.

3. Como no sistema actual a execução se inicia, em regra, pela penhora, o executado, ao ser citado para pagar ou opôr-se à execução, pode, com essa oposição, deduzir também oposição à penhora, nos termos dos arts. 863.º-A e 863.º-B, se esta já se tiver efectuado. É essa a razão porque, no artigo anotando, se cumula a referência a essas duas oposições.

4. O art. 486.º regula a contagem do prazo para a contestação na acção declarativa. No seu n.º 2, prevendo a existência de vários réus, citados em datas diferentes, permite que a contestação de todos ou de cada um deles, seja oferecida até ao tempo do prazo que começou a correr em último lugar. O artigo anotando declara, no seu n.º 4, não aplicável à oposição essa regra. Porquê? Porque a oposição à execução não é uma contestação ao requerimento executivo; pelo contrário, ela tem a natureza de uma petição que,

invocando deficiências ou vícios que atribui à acção executiva, justifica, a seu ver, a sua rejeição. Não funcionam, pois, os pressupostos que justificam o tratamento dado àquele outro prazo.

ARTIGO 814.º
(Fundamentos de oposição à execução baseada em sentença)

Fundando-se a execução em sentença, a oposição só pode ter algum dos fundamentos seguintes:

a) **Inexistência ou inexequibilidade do título;**

b) **Falsidade do processo ou do traslado ou infidelidade deste, quando uma ou outra influa nos termos da execução;**

c) **Falta de qualquer pressuposto processual de que dependa a regularidade da instância executiva, sem prejuízo do seu suprimento;**

d) **Falta ou nulidade da citação para a acção declarativa quando o réu não tenha intervindo no processo;**

e) **Incerteza, inexigibilidade ou iliquidez da obrigação exequenda, não supridas na fase introdutória da execução;**

f) **Caso julgado anterior à sentença que se executa;**

g) **Qualquer facto extintivo ou modificativo da obrigação, desde que seja posterior ao encerramento da discussão no processo de declaração e se prove por documento. A prescrição do direito ou da obrigação pode ser provada por qualquer meio;**

h) **Tratando-se de sentença homologatória de confissão ou transacção, qualquer causa de nulidade ou anulabilidade desses actos.**

1. É taxativa a enumeração dos fundamentos da oposição à execução baseada em sentença; se se tratar de decisão do tribunal arbitral (art. 815.º) ou de sentença homologatória de confissão ou transacção [art. 814.º, alínea *h)*], há a acrescentar outros fundamentos. Estamos a referir-nos à oposição deduzida em execução para pagamento de quantia certa, visto que nas execuções para entrega de coisa certa e para prestação de facto regulam, respectivamente, os arts. 929.º e 933.º, n.º 2.

2. Em anotação aos arts. 45.º a 52.º (¹⁰) já estudamos a função do título executio, as suas espécies e os correspondentes requisitos de exiquibilidade. Sabemos daí que o título executivo é o documento que incorpora em si o direito do credor, em certas situações previstas na lei, obter, à custa dos valores do património do devedor, ou de um terceiro responsável, a satisfação efectiva do seu crédito.

O título executivo é, pois, *a base* de qualquer execução. É por isso que sem título, ou com título executivo, a que a lei não atribua eficácia o credor não pode instaurar a execução, e, se o fizer, poderá vê-la declarada extinta [arts. 814.º, *a)*, 815.º, 816.º e 817.º, n.º 4].

3. Sobre a falsidade a que se refere a alínea *b)* tem de ter-se em conta o disposto no art. 372.º do Código Civil. É a falsidade do processo ou do traslado, e não a falsidade de um acto ou termo dele, matéria que se encontra disciplinada nos arts. 564.º e 551.º-A, e que dá lugar a um incidente próprio (art. 550.º).

A falsidade e a infidelidade a que alude essa alínea só são *relevantes* como fundamento da oposição à execução, quando qualquer delas influa nos termos desta. O procedimento a adoptar é o previsto para a oposição à execução, e não o do incidente de que tratam os arts. 544.º a 550.º.

4. A alínea *a)* abrange hoje a falta de todo e qualquer pressuposto processual que possa afectar a instância executiva, sem prejuízo da sua sanação, quando admitida por lei (art. 265.º, n.º 2).

5. Há falta de citação quando se verifique qualquer das situações previstas no art. 195.º; há nulidade da citação quando não tenham sido observadas, na sua realização, outras formalidades prescritas por lei (art. 198.º, n.º 1). Tanto a falta da citação, como a nulidade desta, dizem respeito àcção declarativa, e só constituem fundamento de oposição à execução quando aquela acção tenha corrido à revelia do réu; se o réu interveio nela, os vícios estarão sanados (arts. 196.º e 198.º, n.º 2). É de aproximar este preceito à alínea *f)* do art. 771.º (recurso de revisão).

6. Em referência à alínea *e)*, veja-se o que escrevemos em anotação ao art. 802.º.

(¹⁰) A páginas 100 e seguintes do 1.º vol. desta obra.

7. A situação que se prevê e regula na alínea *f)* é a de que, existindo casos julgados contraditórios sobre o mesmo objecto, se venha executar a decisão que transitou em último lugar. Esta, porém, não tem força executiva, por aplicação dos dispostos no n.º 1 do art. 675.º, e daí que, verificada a hipótese, a oposição proceda.

8. O facto a que alude a alínea *g)* só pode servir de fundamento à oposição deduzida a execução baseada em sentença quando satisfizer aos dois requisitos aí indicados: ser posterior ao encerramento da discussão no processo de declaração e provar-se por documento.

Esta dupla exigência explica-se pela necessidade de respeitar o caso julgado.

Se o facto for extintivo da obrigação, a procedência da oposição extingue o procedimento executivo; se for apenas modificativo dela, a procedência da oposição reflectir-se-á no objecto da execução, que prosseguirá na parte não afectada pela modificação. São factos extintivos das obrigações, além do cumprimento (Código Civil, art. 762.º), a dação em cumprimento (art. 837.º), a consignação em depósito (art. 846.º), a compensação (art. 847.º), a novação (arts. 857.º e 858.º), a remissão (art. 863.º) e a confusão (art. 868.º).

Se o facto extintivo ocorrer antes de encerrada a discussão, mas só mais tarde vier a ser conhecido do devedor, o meio de que este pode usar para inutilizar a força executiva da sentença é o recurso de revisão (Cód. Proc. Civ., art. 771.º), e só ele. Se o facto ocorrer depois de instaurada a execução, a cessação ou a extinção da obrigação poderão ser o seu efeito, mas não há, então, fundamento de oposição, uma vez que esta pressupõe a ilegalidade da acção executiva contemporânea à sua propositura.

O *direito* ou a *obrigação* a que se refere a parte final da alínea *g)*, são o direito reconhecido ou a obrigação imposta pela sentença. A prescrição a que aí se refere é a que se inicia com o trânsito em julgado da sentença, uma vez que a citação do réu para a acção declarativa (Código Civil, art. 323.º) interrompeu a que decorria anteriormente. O prazo a observar é o prazo ordinário de 20 anos, ainda que ao direito correspondesse prescrição de curto prazo; mas quanto às prestações ainda não devidas, a que se refira a sentença, a prescrição continuará a ser o que corresponde ao direito antes de declarado ou reconhecido (Código Civil, art. 311.º).

9. Tratando-se de execução baseada em sentença homologatória de confissão (Cód. Civ., art. 349.º) ou de transacção (Cód. Civ., art. 1248.º), a oposição pode fundamentar-se em qualquer causa de invalidade do acto homologado. A excepção feita pela lei quanto às sentenças destas natureza explica-se por o trânsito em julgado delas apenas assegurar a validade formal da declaração feita, ou do acordo estabelecido, como resulta directamente do disposto no n.º 2 do art. 301.º.

ARTIGO 815.º
**(Fundamentos de oposição à execução baseada
em decisão arbitral)**

São fundamentos de oposição à execução baseada em sentença arbitral não só os previstos no artigo anterior mas também aqueles em que pode basear-se a anulação judicial da mesma decisão.

Se a sentença em que se baseou a execução foi proferida por um tribunal arbitral (Lei n.º 31/86, de 29 de Agosto) aos fundamentos de oposição previstos no art. 814.º acrescem aqueles em que pode basear-se a anulação judicial da mesma decisão.

São causas de anulação judicial da decisão arbitral:

a) Não ser o litígio susceptível de ser resolvido por via arbitral; *b)* ter sido proferida por tribunal incompetente ou irregularmente constituído; *c)* ter havido no processo violação dos princípios da igualdade das partes, da audiência do demandado para se defender, do contraditório, da audição das partes antes de proferida a decisão final; *d)* faltar a assinatura dos árbitros, ou de um número de assinaturas pelo menos igual ao da maioria dos árbitros, com indicação e identificação dos votos de vencido, e não estar a decisão fundamentada; *e)* ter o tribunal conhecido de questões de que não podia conhecer, ou ter deixado de pronunciar-se sobre questões que devia apreciar [Cit. Lei, arts. 27.º, n.º 1, relacionado com os arts. 1.º, n.º 1; 3.º; 21.º, n.º 1; 16.º; 23.º, n.ᵒˢ 1, alínea *f)* 2 e 3].

O fundamento referido na alínea *b)* não pode ser invocado como causa de anulação da decisão arbitral (e, portanto, também como fundamento da oposição) quando a parte, tendo conhecimento dele no decurso da arbitragem, e podendo fazê-lo, não o alegou oportunamente (Cit. Lei, art. 27.º, n.º 2).

Dispõe o n.º 3 do art. 27.º da Lei de Arbitragem Voluntária que, se da decisão arbitral couber recurso e ele for interposto, a anulabilidade *só poderá* ser apreciada no âmbito desse recurso: o que prejudicará a invocação dos fundamentos indicados, quer para a propositura de acção de anulação, quer para deduzir oposição à execução.

ARTIGO 816.º
(Fundamentos de oposição baseada noutro título)

Não se baseando a execução em sentença, além dos fundamentos de oposição especificados no artigo 814.º, na parte em que sejam aplicáveis, podem ser alegados quaisquer outros que seria lícito deduzir como defesa no processo de declaração.

A razão para alargar aqui os fundamentos da oposição é a de não ser necessário ressalvar a autoridade do caso julgado. Dos fundamentos indicados no art. 814.º alguns são, neste caso, claramente inaplicáveis, como sucede com os mencionados nas suas alíneas b), d), f) e h).

Na falta de apreciação judicial anterior o executado pode opôr à execução toda a defesa que lhe era lícito apresentar na acção declarativa, isto é, defesa por impugnação ou por excepção (art. 487.º).

ARTIGO 817.º
(Termos da oposição à execução)

1 — A oposição à execução corre por apenso, sendo indeferida liminarmente quando:

***a)* Tiver sido deduzida fora do prazo;**
***b)* O fundamento não se ajustar ao disposto nos artigos 814.º a 816.º;**
***c)* For manifestamente improcedente.**

2 — Se for recebida a oposição, o exequente é notificado para contestar, dentro do prazo de 20 dias, seguindo-se, sem mais articulados, os termos do processo sumário de declaração.

3 — À falta de contestação é aplicável o disposto no n.º 1 do artigo 484.º e no artigo 485.º, não se considerando, porém, confessados os factos que estiverem em oposição com os expressamente alegados pelo exequente no requerimento executivo.

4 — A procedência da oposição à execução extingue a execução, no todo ou em parte.

1. Ultrapassada a fase introdutória da execução (arts. 810.º a 812.º-B), e devendo o processo prosseguir, o juiz profere despacho de citação do executado para, no prazo de vinte dias, pagar ou opor-se à execução (art. 812.º, n.º 6).
Se forem vários os executados, terminando o prazo para a oposição em dias diferentes, não será aplicável o art. 486.º, n.º 2 (art. 813, n.º 4), mas sim a regra geral do art. 145.º, n.º 3: o prazo é diverso para cada um.

2. O fundamento invocado tem de ser, sob pena de indeferimento liminar, um dos previstos nos arts. 814.º a 816.º, conforme a natureza dos títulos em que se baseie a execução; se esse fundamento se verifica ou não, no caso concreto, já é uma questão que diz respeito à procedência da oposição. Pode, porém acontecer que o fundamento invocado seja efectivamente um dos previstos nos arts. 814.º a 816.º, mas que a sua inoperância seja manifesta, como seria, por exemplo, a da oposição que se fundasse na extinção da obrigação exequenda por virtude de perdão concedida por pessoa diferente do credor; a oposição seria então de indeferir *in limine*, com base na alínea c) do n.º 1.

3. Se não for caso de indeferimento liminar, o juiz mandará notificar o exequente para contestar, no prazo de vinte dias, seguindo-se os termos do processo sumário da declaração (arts. 784.º a 791.º), mas sem haver lugar à reconvenção.

4. Se o exequente não contestar, aplica-se o disposto nos arts. 484.º, n.º 1 e 485.º, mas não se consideram confessados os factos que estejam em oposição com os expressamente alegados pelo exequente no requerimento executivo.

5. Quanto a recursos, vejam-se os arts. 922.º e 923.º.

ARTIGO 818.º
(Efeito do recebimento da oposição)

1 — Havendo lugar à citação prévia do executado, o recebimento da oposição só suspende o processo de execução quando o opoente preste caução ou quando, tendo o opoente impugnado a assinatura do documento particular e apresentado documento que constitua princípio de prova, o juiz, ouvido o exequente, entenda que se justifica a suspensão.

2 — Não havendo lugar à citação prévia, o recebimento da oposição suspende o processo de execução, sem prejuízo do reforço ou da substituição da penhora.

3 — A execução suspensa prosseguirá se a oposição estiver parada durante mais de 30 dias, por negligência do opoente em promover os seus termos.

4 — Quando a execução prossiga, nem o exequente nem qualquer outro credor pode obter pagamento, na pendência da oposição, sem prestar caução.

1. Para definir os efeitos que o recebimento da oposição produz na marcha do processo é preciso ter em conta se *nessa execução* tem lugar a citação prévia do executado, ou não [11]. Vamos examinar as duas situações.

2. Havendo lugar à citação prévia do executado, a oposição, em regra, não suspende os termos da execução. E compreende-se. Nessa hipótese, a penhora ainda não está feita, e se a execução fosse suspensa sem mais cautelas, podia perigar a efectivação do direito do exequente. Daí o princípio de que o processo prossegue não obstante o recebimento da oposição. Mas o princípio tem duas excepções: *a)* se o executado prestar caução; ou, *b)* se o opoente tiver impugnado a assinatura do documento particular em que se baseia a execução, apresentando documento que constitua princípio de prova da arguição, caso em que o juiz, ouvido o exequente, *pode suspender* o processo executivo.

---

[11] Na nota 3 ao art. 812.º procuramos sintetizar os casos em que há lugar a citação prévia.

Os meios pelos quais pode ser prestada a caução vêm indicados no n.º 1 do art. 623.º do Código Civil: depósito de dinheiro, títulos de crédito, pedras ou metais preciosos, ou por penhor, hipoteca ou fiança bancária. O processo para a prestação é regulado actualmente pelos arts. 981.º e s. do Código de Processo Civil, especialmente os arts. 988.º e 990.º; o incidente é processado por apenso e tem carácter urgente ([12]).

3. Se se tratar de execução em que não haja lugar a citação prévia, isto é, quando a oposição à execução se fizer depois de realizada a penhora, a regra é a de que a oposição suspende o processo executivo, sem prejuízo do «reforço ou da substituição da penhora» ([13]). Mas, também aqui, há uma excepção e uma cautela. A excepção consiste em mandar prosseguir seus termos a execução quando esta estiver parada mais de trinta dias por negligência do oponente. A cautela consiste em exigir caução ao exequente ou a qualquer credor, para receberem pagamento dos seus créditos na pendência da oposição.

([12]) Tem-se admitido na doutrina que não se torna necessária a prestação de caução, mesmo havendo lugar à citação prévia, se o crédito tiver garantia real constituída anteriormente à instauração da acção executiva (Vaz Serra, na *Rev. Leg. Jur.*, ano 99.º, pág. 221; Anselmo de Castro, *A Acção Executiva Singular*, 2.ª ed., pág. 320 e s.; Lebre de Freitas, *A Acção Executiva*, 2.ª ed., pág. 166; F. Amâncio Ferreira, *Curso de Processo de Execução*, 4.ª ed., pág. 149), mas a jurisprudência dos nossos tribunais é constante em julgar, em sentido diametralmente oposto, que a existência de garantia real do crédito não dispensa a prestação da caução para obter aquela suspensão (Ac. S.T.J., de 18.1.66, no *B.M.J.*, n.º 153, pág. 198; ac. S.T.J., de 8.4.87, no *B.M.J.*, n.º 366, pág. 481). Somos totalmente partidários da solução adoptada na jurisprudência. Em primeiro lugar, porque a garantia da caução não tem o mesmo objecto que tem a eventual garantia real prestada. Enquanto esta diz respeito à satisfação do crédito, aquela tem ainda como finalidade cobrir os riscos inerentes à suspensão da execução; em segundo lugar, porque o legislador da reforma da acção executiva, de 2003 (Dec.-Lei n.º 38, de 8 de Março), que não podia desconhecer as dúvidas de interpretação desta norma, cortou essas dúvidas, empregando a advérbio «só», que claramente restringe a suspensão da execução, quando a citação preceda a penhora, às *duas* causas indicadas no n.º 1 do preceito anotando, e não às *três* causas que comportaria na interpretação adversa, que lhe tem sido dada na doutrina.

([13]) Com esta referência o legislador criou, aqui, modalidades processuais que não existiam na nossa ordem jurídica: *o reforço* e a *substituição* da penhora. O que até agora estava regulado, quer na lei substantiva (Cód. Civ., arts. 665.º, 626.º, 633.º, 701.º, 709.º e 670.º), quer na lei processual (arts. 991.º, 995.º, 996.º e 997.º), era o reforço ou substituição da caução, da fiança, da consignação de rendimento, da hipoteca e do penhor. Enquanto na regulamentação da penhora se não fizer a remissão para o art. 991.º do Cód. Proc. Civil parece que deve ser o procedimento aí previsto que se empregue em caso de reforço ou substituição dessa garantia.

ARTIGO 819.º
(Responsabilidade do exequente)

Procedendo a oposição à execução sem que tenha tido lugar a citação prévia do executado, o exequente responde pelos danos a este culposamente causados e incorre em multa correspondente a 10% do valor da execução, ou da parte dela que tenha sido objecto de oposição, mas não inferior a 10 UC nem superior ao dobro do máximo da taxa de justiça, quando não tenha agido com a prudência normal, sem prejuízo da responsabilidade criminal em que possa também incorrer.

O normativo que se contém neste preceito foi inovação criada pelo Dec.-Lei n.º 38/2003, na sua função reformadora. Destina-se ele a fixar os efeitos, já não do *recebimento* da oposição, mas da *procedência* desta, antes de ter tido lugar a citação do executado. Além da responsabilidade criminal em que possa ter incorrido, o exequente fica sujeito, para com o executado, a responsabilidade civil pelos danos que *culposamente* lhe tenha causado, e a multa quando se demonstre ter agido com simples negligência.

ARTIGO 820.º (*)
(Rejeição e aperfeiçoamento)

1 — Sem prejuízo do disposto no n.º 1 do artigo 812.º, o juiz pode conhecer oficiosamente das questões a que aludem os n.ºs 2 e 4 do mesmo artigo, bem como a alínea *c)* do n.º 3 do artigo 812.º-A, até ao primeiro acto de transmissão de bens penhorados.

2 — Rejeitada a execução ou não sendo o vício suprido ou a falta corrigida, a execução extingue-se, ordenando-se o levantamento da penhora, sem prejuízo de prosseguir com objecto restrito quando a rejeição for parcial.

Este artigo pretende suprir a falta de uma fase de saneamento no processo executivo.

(*) Contém as alterações resultantes da rectificação n.º 5-C/2003, de 30/4 (*D.R.*, 1.ª s., n.º 100-A, 3.º supl., de 30/4/03).

SECÇÃO III

Penhora

SUBSECÇÃO I

Bens que podem ser penhoradas

ARTIGO 821.º

(Objecto da execução)

1 — Estão sujeitos à execução todos os bens do devedor susceptíveis de penhora que, nos termos da lei substantiva, respondem pela dívida exequenda.

2 — Nos casos especialmente previstos na lei, podem ser penhorados bens de terceiro, desde que a execução tenha sido movida contra ele.

3 — A penhora limita-se aos bens necessários ao pagamento da dívida exequenda e das despesas previsíveis da execução, as quais se presumem, para o efeito de realização da penhora e sem prejuízo de ulterior liquidação, no valor de 20%, 10% e 5% do valor da execução, consoante, respectivamente, este caiba na alçada do tribunal da comarca, a exceda, sem exceder o valor de quatro vezes a alçada do tribunal da relação, ou seja superior a este último valor.

1. O Código de 1939, satisfazendo o acentuado gosto conceitual do legislador português, dispunha: «Só o património pode ser objecto de execução. Em regra está sujeito à execução todo o património do devedor e unicamente esse património» ([14]).

O Código de 1961 respeitou a forma geral do texto anterior, mas piorou-a na essência ao dispôr: «Estão sujeitos à execução todos os bens compreendidos no património do devedor e só esses bens».

Esta proposição pecava, simultaneamente, por excesso e por defeito. Realmente, havia, e há muitos bens do património do devedor que não estão sujeitos à penhora (*v.g.*, art. 822.º), do mesmo

---

([14]) Formularam, entre nós, o conceito de penhora, além de outros Autores: Pereira e Sousa, *Primeiras Linhas sobre Processo Civil*, § 397.º; Manuel de Andrade, *Noções Elementares de Processo Civil*, ed. 1979, pág. 108; Palma Carlos, *Direito Processual Civil e Acção Executiva*, pág. 118; Galvão Telles, *Direito das Obrigações*, 6.ª ed., pág. 48; Antunes Varela, *Das Obrigações em Geral*, vol. I, pág. 117 (9.ª ed.); Castro Mendes, *Acção Executiva*, pág. 73.

modo que há casos em que a penhora pode incidir sobre bens de terceiro (Código Civil, art. 818.º), razão porque a reforma de 1967, deu a este preceito uma nova redacção, que alterada sucessivamente pelos Decs.-Lei n.ºs 180/96, 329-A/95, 38/2003, adquiriu a sua expressão actual.

2. O n.º 1 repete o princípio da patrimonialidade do objecto da penhora, expresso no art. 601.º do Código Civil nos termos seguintes: «Pelo cumprimento da obrigação respondem todos os bens do devedor susceptíveis de penhora, sem prejuízo dos regimes especialmente estabelecidos em consequência da separação dos patrimónios».

Do princípio da patrimonialidade da execução resulta que está isenta da penhora, antes de tudo, a pessoa do devedor, assim como os direitos de carácter não patrimonial, os da personalidade e os direitos familiares.

Outra conclusão é a de que, em princípio, são os bens do património do devedor que respodem pelas dívidas deste. Mas o n.º 2 do artigo em anotação adverte-nos da existência de casos em que é legal a penhora de bens de terceiros, desde que a execução tenha sido movida contra ele. São dois esses casos: a execução pode incidir sobre bens de terceiro quando estejam vinculados à garantia do crédito, ou quando forem objecto de acto praticado em prejuízo do credor, que este tenha procedentemente impugnado (Cód. Civ., art. 818.º) [15].

Assim, quanto ao primeiro, se a dívida estiver garantida com a oneração de bens de terceiro, esses bens poderão ser penhorados na execução movida contra o devedor, desde que o terceiro tenha sido também demandado [16]; quanto ao segundo, a expropriação dos bens de terceiro depende do regime da impugnação pauliana (art. 616.º Cód. Civ.); se esta proceder, o credor que a tenha requerido pode executá-los no património do terceiro.

3. A Portaria n.º 700/03, de 31 de Julho aprovou vários modelos no âmbito da acção executiva (auto de penhora; edital de penhora

---

[15] Código Civil italiano, art. 2910.º, II: «Possono essere espropiati anche i beni di un terzo quando sono vincolati a garanzia del credito o quando sono oggetto di um atto che è stato revocato perché compiuto in pregiudizio del creditore».

[16] Veja-se, quanto ao funcionamento da excussão, o art. 828.º e sua anotação.

de imóveis; selo de penhora de veículos automóveis (*D.R.*, 1.ª s., n.º 175-B, de 31/07/03).

ARTIGO 822.º
(Bens absoluta ou totalmente impenhoráveis)

São absolutamente impenhoráveis, além dos bens isentos de penhora por disposição especial:

a) As coisas ou direitos inalienáveis;

b) Os bens do domínio público do Estado e das restantes pessoas colectivas públicas;

c) Os objectos cuja apreensão seja ofensiva dos bons costumes ou careça de justificação económica, pelo seu diminuto valor venal;

d) Os objectos especialmente destinados ao exercício de culto público;

e) Os túmulos;

f) Os bens imprescindíveis a qualquer economia doméstica que se encontrem na residência permanente do executado, salvo se se tratar de execução destinada ao pagamento do preço da respectiva aquisição ou do custo da sua reparação;

g) Os instrumentos indispensáveis aos deficientes e os objectos destinados ao tratamento de doentes.

1. A lei fixa o objecto da penhora por meio indirecto. Primeiramente determina que pelo cumprimento da obrigação respondam, em princípio, todos os bens do devedor (Cód. Civ., art. 601.º) e, em casos especiais, os bens de terceiro (art. 821.º, n.ºs 1 e 2), para, seguidamente, retirar desses bens os que forem excluídos dessa responsabilidade por convenção das partes ou determinação de terceiro (Cód. Civ., arts. 602.º e 603.º), bem como aqueles que são declarados pela lei adjectiva absolutamente impenhoráveis (art. 822.º), relativamente impenhoráveis (art. 823.º) e parcialmente impenhoráveis (art. 824.º).

2. Os bens absoluta ou totalmente impenhoráveis são aqueles que em circunstância alguma podem ser objecto da penhora. São eles, além dos declarados por disposição especial isentos de penhora (como, p.e., o crédito de alimentos — Cód. Civ., art. 2008.º, n.º 2),

aqueles que constam das sete alíneas do artigo anotando e de que passamos a ocupar-nos.

3. Sendo a penhora, em síntese, a apreensão que se faz, na execução, de coisas e direitos, para com o produto da sua venda dar satisfação ao crédito accionado, é evidente que não pode fazer parte desse elenco coisa ou direito *insusceptível de ser alienado*. É essa a razão da limitação feita pela alínea *a)* ao objecto da penhora.

4. «Coisas públicas são as coisas submetidas por lei ao domínio de uma pessoa colectiva da direito público, e subtraídas ao comércio jurídico privado em razão da sua primacial utilidade colectiva». «O conjunto das coisas públicas e os direitos públicos que à Administração competem sobre elas, formam o *domínio público* objectivamente considerado. Por isso as coisas públicas são também denominadas *bens do domínio público*» ([17]). A submissão de certas coisas ao domínio de uma pessoa de direito público é, entre nós, feita pela própria lei, como resulta do disposto no art. 84.º da Constituição da República. Declarada a natureza pública de determinadas coisas, em função do uso público a que ficam sujeitas, não custa perceber porque é que o legislador ordinário as subtrai da penhora, cuja efectivação prejudicaria, se é que não inutilizaria mesmo, aquele uso público exclusivo a que, por natureza ou por afectação legal, estavam destinadas ([18]).

5. A alínea *c)* não se refere, como à primeira vista poderia supor-se, a objectos que em si mesmo sejam ofensivos dos bons costumes. Os «bons costumes» são, numa determinada sociedade e numa certa época, o conjunto de regras éticas, que, não tendo

---

([17]) Marcello Caetano, *Manual de Direito Admnistrativo*, t. II, 8.ª ed., págs. 813 e s.. Ver, ainda, sobre esta matéria, Castro Mendes, *Teoria Geral,* t. II, pág. 181; Menezes Cordeiro, *Direitos Reais*, pág. 178; Freitas do Amaral, A *utilização do Domínio Público pelos particulares*; J. C. Martins Moreira, *Do Domínio Público*; Pedro Machete, *Domínio Público*, na *Enciclopédia Verbo* (Ed. Século XXI), vol. 9.

([18]) O que poderia era duvidar-se da necessidade da cautela consignada na alínea *b)* quando essa reserva já constava da alínea *a)*. Na verdade, desde os meados do século XIX que a inalienabilidade do domínio público é um princípio geralmente aceite por todos os países ocidentais, e contemporâneo da distinção entre domínio público e domínio privado, à qual está, de resto, estreitamente ligado (André de Laubadère, *Traité Élémentaire de Droit Administratif*, 3ᵉᵐᵉ éd., vol. II, pág. 160 e s.). A matéria tem outros desenvolvimentos que, porém, excedem o estrito âmbito destas ligeiras notas sobre disposições do processo civil.

expressão normativa, são, pela generalidade das pessoas, consideradas obrigatórias ([19]). Aqui o que se pretende evitar é, por exemplo, a apreensão de bens que pertençam «à *intimidade privada* do executado» (Teixeira de Sousa) e «violem regras elementares do *decoro social*» (Antunes Varela).

6. A proibição da alínea *d)* funda-se em manifestas razões de ordem religiosa, assim como considerações de ordem moral e humanitária justificam as excepções constantes, respectivamente, na alínea *e)* e nas alíneas *f)* e *g)*.

ARTIGO 823.º
(Bens relativamente impenhoráveis)

1 — Estão isentos de penhora, salvo tratando-se de execução para pagamento de dívida com garantia real, os bens do Estado e das restantes pessoas colectivas públicas, de entidades concessionárias de obras ou serviços públicos ou de pessoas colectivas de utilidade pública, que se encontrem especialmente afectados à realização de fins de utilidade pública.

2 — Estão também isentos de penhora os instrumentos de trabalhos e os objectos indispensáveis ao exercício da actividade ou formação profissional do executado, salvo se:

***a)* O executado os indicar para penhora;**

***b)* A execução se destinar ao pagamento do preço da sua aquisição ou do custo da sua reparação;**

***c)* Forem penhorados como elementos corpóreos de um estabelecimento comercial.**

1. São bens *relativamente* impenhoráveis aqueles que só podem ser objecto de penhora em certas circunstâncias ou para satisfação de determinadas dívidas.

2. Os bens do Estado, e das restantes pessoas colectivas públicas, a que se refere o n.º 1, são bens que pertencem ao domínio

---

[19] Para maior formulação veja-se: Antunes Varela, *Das Obrigações em Geral*, 9.ª ed., vol. I, n.º 226; Galvão Telles, *Direito das Obrigações*, 3.ª ed., pág. 34; Almeida Costa, *Direito das Obrigações*, 3.ª ed., pág. 62; Menezes Cordeiro, *Direito das Obrigações*, vol. I, pág. 369; Teixeira de Sousa, *Acção Executiva Singular*, pág. 209.

privado dessas entidades, e como tal sujeitos, em princípio, às disposições da lei civil (Cód. Civ., art. 1304.º); a sua impenhorabilidade por isso só é invocável quando estiverem especialmente afectados à realização de fins de utilidade pública, situação que justifica esse tratamento excepcional.

3. O direito ao *trabalho* é um direito essencial da pessoa humana, constitucionalmente reconhecido (Constituição da República, art. 58.º, n.º 1); através da sua prestação cada um de nós assegura a sua subsistência, revela a sua personalidade e provê à sua liberdade e segurança; mas é igualmente um dever, para com a comunidade a que pertencemos, pois só com o trabalho de todos ela pode atingir os fins a que se propõe. Como para executar qualquer espécie de trabalho são indispensáveis instrumentos ou objectos que assegurem o seu desempenho, a lei declara-os, no n.º 2 deste preceito, impenhoráveis, embora fazendo a ressalva de três situações que não carecem de explicação.

ARTIGO 824.º
(Bens parcialmente penhoráveis)

1 — São impenhoráveis:

***a*) Dois terços dos vencimentos, salários ou prestações de natureza semelhante, auferidos pelo executado;**

***b*) Dois terços das prestações periódicas pagas a título de aposentação ou de outra qualquer regalia social, seguro, indemnização por acidente ou renda vitalícia, ou de quaisquer outras pensões de natureza semelhante.**

2 — A impenhorabilidade prescrita no número anterior tem como limite máximo o montante equivalente a três salários mínimos nacionais à data de cada apreensão e como limite mínimo, quando o executado não tenha outro rendimento e o crédito exequendo não seja de alimentos, o montante equivalente a um salário mínimo nacional.

3 — Na penhora de dinheiro ou de saldo bancário de conta à ordem, é impenhorável o valor global correspondente a um salário mínimo nacional.

4 — Ponderados o montante e a natureza do crédito exequendo, bem como as necessidades do executado e do seu agregado familiar, pode o juiz, excepcionalmente, reduzir, por período que considere razoável, a parte penhorável dos rendimentos e mesmo, por período não superior a um ano, isentá-los de penhora.

5 — Pode igualmente o juiz, a requerimento do exequente e ponderados o montante e a natureza do crédito exequendo, bem como o estilo de vida e as necessidades do executado e do seu agregado familiar, afastar o disposto no n.º 3 e reduzir o limite mínimo imposto no n.º 2, salvo no caso de pensão ou regalia social.

Os bens *parcialmente penhoráveis* são bens em princípio sujeitos a penhora, mas *só em parte*.

A finalidade do preceito é o de assegurar ao executado, dos seus vencimentos, salários ou pensões, um mínimo que lhe permita viver com alguma dignidade.

ARTIGO 824.º-A
(Impenhorabilidade de quantias pecuniárias ou depósitos bancários)

São impenhoráveis a quantia em dinheiro ou o depósito bancário resultantes da satisfação de crédito impenhorável, nos mesmos termos em que o era o crédito originariamente existente.

O propósito é manifestamente o de proteger o interesse do executado, conservando, naquela quantia ou naquele depósito, a natureza que tinha o rendimento que os produziu.

ARTIGO 825.º
(Penhora de bens comuns do casal)

1 — Quando, em execução movida contra um só dos cônjuges, sejam penhorados bens comuns do casal, por não se conhecerem bens suficientes próprios do executado, cita-se o cônjuge do executado para, no prazo de que dispõe para a oposição, requerer a separação de

bens ou juntar certidão comprovativa da pendência de acção em que a separação já tenha sido requerida.

2 — Quando o exequente tenha fundamentadamente alegado que a dívida, constante de título diverso de sentença, é comum, é ainda o cônjuge do executado citado para, em alternativa e no mesmo prazo, declarar se aceita a comunicabilidade da dívida, baseada no fundamento alegado, com a cominação de, se nada disser, a dívida ser considerada comum, para os efeitos da execução e sem prejuízo da oposição que contra ela deduza.

3 — Quando a dívida for considerada comum, nos termos do número anterior, a execução prossegue também contra o cônjuge não executado, cujos bens próprios podem nela ser subsidiariamente penhorados; se, antes dos bens comuns, tiverem sido penhorados os seus bens próprios e houver bens comuns suficientes, pode o executado inicial requerer a substituição dos bens penhorados.

4 — Tendo o cônjuge recusado a comunicabilidade, mas não tendo requerido a separação de bens nem apresentado certidão de acção pendente, a execução prossegue sobre os bens comuns.

5 — Não tendo o exequente invocado a comunicabilidade da dívida, nos termos do n.º 2, pode qualquer dos cônjuges, no prazo da oposição, requerer a separação de bens ou juntar a certidão de acção pendente, sob pena de a execução prosseguir nos bens penhorados.

6 — Pode também o executado, no mesmo prazo, alegar fundamentadamente que a dívida, constante de título diverso de sentença, é comum, caso em que o cônjuge não executado, se não tiver requerido a separação de bens, é notificado nos termos e para os efeitos do n.º 2, aplicando-se os n.ºs 3 e 4, se não houver oposição do exequente.

7 — Apensado o requerimento em que se pede a separação, ou junta a certidão, a execução fica suspensa até à partilha; se, por esta, os bens penhorados não couberem ao executado, podem ser penhorados outros que lhe tenham cabido, permanecendo a anterior penhora até à nova apreensão.

1. Nos regimes de comunhão, os bens do casal são de duas naturezas: os *bens próprios* de cada um dos cônjuges e os *bens comuns do casal*.

A esta classificação corresponde, na regulação das dívidas dos cônjuges a distinção entre as dúvidas *próprias* e as dívidas *comuns*. São próprias as que responsabilizam apenas o cônjuge que as contraiu (art. 1692.º do Cód. Civ.), respondendo por elas os bens próprios do cônjuge devedor, e, subsidiariamente, a sua meação nos bens comuns (Cód. Civ., art. 1696.º, n.º 1). São comuns as dívidas que responsabilizam ambos os cônjuges (Cód. Civ., art. 1691.º), respondendo por elas os bens comuns do casal, e, na falta ou insuficiência destes, solidariamente, as bens próprios de qualquer dos cônjuges (Cód. Civ., art. 1695.º, n.º 1). Interessa salientar desde já, para melhor compreensão do que vai expor-se sobre o artigo em anotação, que no elenco de dívidas comuns, referido no art. 1691.º, além das dívidas contraídas, antes ou depois do casamento, pelos dois cônjuges, ou por um deles com consentimento do outro, incluem-se outra espécie de dívidas, essas contraídas por um só dos cônjuges, sem intervenção do outro, mas em circunstâncias que justificam que se considerem *comuns*, e. portanto, da responsabilidade de ambos. Circunstâncias essas que são as de ter a dívida servido para *ocorrer aos encargos da vida familiar*; ter sido *contraída no proveito comum do casal*; ter *resultado do exercício do comércio*; ou ter *onerado doações ou deixas* que, de harmonia com o regime de bens adoptado, devam ingressar nos bens comuns. Esta extensão da responsabilidade comum ao pagamento de dívidas que normalmente responsabilizariam apenas um dos cônjugês, explica--se pelo fim de interesse comum que visaram designando-se, em linguagem jurídica, por *comunicabilidade* da dívida, e esta por *dívida comunicável*.

2. No regime de separação não há bens comuns, pelo que não têm lugar as distinções que acabamos de referir. Se nesse regime houver bens que pertençam aos dois cônjuges, a disciplina legal aplicável é o da compropriedade (Cód. Civ., arts. 1403.º a 1413.º).

3. O artigo que estamos a apreciar pretende resolver dois casos que, em matéria da penhora de bens dos cônjuges, podem fazer surgir dificuldades que demorem o normal desenvolvimento da acção executiva.

Vamos, seguidamente, referi-los.

4. Supunhamos que se trata de uma execução movida contra um dos cônjuges por dívida própria deste. Por essa dívida respondem, como sabemos, os bens próprios do cônjuges devedor (Cód. Civ., art. 1696.º, n.os 1 e 2), e, subsidiariamente, a sua meação nos bens comuns. Vamos agora admitir que, não se tendo conhecimento de bens próprios do executado suficientes para liquidação da dívida, foram penhorados *bens comuns* do casal. É claro que se procedeu mal. Até à partilha dos bens da comunhão, cada um dos cônjuges é titular apenas de uma fracção ideal da comunhão, e não de bens certos e determinados que a compnham, o que, na hipótese que estamos analisando, levaria o cônjuge do executado a embargar de terceiro, ao abrigo do disposto no art. 352.º, com todas as condições de procedência. É perante esta situação que, para evitar delongas, acode o artigo anotando, mandando que, em tal caso, seja citado o cônjuge do executado para requerer a separação de bens nos termos do art. 1406.º. Apensado o requerimento em que se pede a separação, a execução fica suspensa até à partilha; se, por esta, os bens penhorados não couberem ao executado, podem ser penhorados outros que lhe tenham cabido, permanecendo a anterior penhora até à nova apreensão. Se o cônjuge do executado nada requerer, no prazo de que dispõe para a oposição, deve entender-se que a execução prossegue nos bens penhorados.

5. Há dívidas contraídas por um só dos cônjuges, que, todavia, podem ser comuns, designadamente por serem comunicáveis, como, por exemplo, as contraídas na constância do matrimónio pelo cônjuge administrador, em proveito comum do casal [(Cód. Civ., art. 1691.º, n.º 1, *c)*]. Neste caso, surge uma dúvida na cobrança coerciva que dela queira fazer o credor. Realmente essas dívidas responsabilizam ambos os cônjuges, respondendo, por elas, os bens comuns, e, subsidiariamente os bens próprios de qualquer dos cônjuges, assim legitimados passivamente para a acção executiva; contrariamente, porém, o exequente que dispõe de um título executivo que apenas menciona um dos cônjuges, só contra este pode usar a execução nos termos da lei processual [(art. 46.º, *b)* e *c)*].

É a esta contradição que o legislador pretende pôr termo dispondo que se o exequente fizer alegação fundamentada da natureza comum da dívida, será citado o cônjuge do executado para, no prazo que dispõe para a oposição, vir declarar se aceita a comunicabilidade da dívida, sob pena de, se nada disser, «a dívida ser considerada comum para os efeitos da execução e sem prejuízo da oposição que contra ela deduza». Se o cônjuge do executado aceitar, expressa ou tacitamente, a comunicabilidade da dívida, esta converte-se *nessa execução*, de própria em comum, e o processo prossegue os seus termos, também contra este cônjuge, podendo os seus bens próprios serem penhorados. Se não aceitar, deve requerer a separação de bens, e discutir, na oposição, a natureza da dívida e o levantamento da penhora sobre bens comuns que eventualmente tenha sido feita, invocando para tal o disposto na alínea *c)* do n.º 1 do art. 863.º-A.

ARTIGO 826.º
(Penhora em caso de comunhão ou compropriedade)

1 — Sem prejuízo do disposto no n.º 4 do artigo 862.º, na execução movida apenas contra algum ou alguns dos contitulares de património autónomo ou bem indiviso, não podem ser penhorados os bens compreendidos no património comum ou uma fracção de qualquer deles, nem uma parte especificada do bem indiviso.

2 — Quando, em execuções diversas, sejam penhorados todos os quinhões no património autónomo ou todos os direitos sobre o bem indiviso, realiza-se uma única venda, no âmbito do processo em que se tenha efectuado a primeira penhora, com posterior divisão do produto obtido.

1. O comproprietário pode dispôr de toda a sua quota na comunhão, ou de parte dela, mas não pode, sem consentimento dos restantes consortes, alienar ou onerar parte especificada da coisa comum (Cód. Civ., art. 1408.º).

O preceito em anotação é aplicação desta norma substantiva. A penhora, em caso de comunhão, não pode incidir sobre os bens que a compõem: o que é penhorado não são essas *coisas* mas sim o direito que o executado tem a partilhar ou dividir todo o património comum.

A reserva que se faz ao disposto no n.º 4 do art. 862.º está de harmonia com o preceituado na lei substantiva quando esta permite a alienação da coisa comum ou do património autónomo desde que *todos* os titulares convenham em que assim se proceda, e o juiz se não oponha.

2. O preceituado no n.º 2 foi acrescentado ao artigo pelo Dec.--Lei n.º 38/2003, de 8 de Março.

ARTIGO 827.º
(Bens a penhorar na execução contra o herdeiro)

1 — Na execução movida contra o herdeiro só podem penhorar-se os bens que ele tenha recebido do autor da herança.

2 — Quando a penhora recaia sobre outros bens, o executado pode requerer que seja levantada, indicando ao mesmo tempo os bens da herança que tenha em seu poder.

O requerimento é deferido se, ouvido o exequente, este não fizer oposição.

3 — Opondo-se o exequente ao levantamento da penhora, o executado só pode obtê-lo, tendo a herança sido aceite pura e simplesmente, desde que alegue e prove:

a) **Que os bens penhorados não provieram da herança;**

b) **Que não recebeu da herança mais bens do que aqueles que indicou ou, se recebeu mais, que os outros foram todos aplicados em solver encargos dela.**

O herdeiro não é obrigado a satisfazer com valores do seu património as dívidas da herança que aceitou. É o que resulta do disposto no art. 2071.º do Código Civil. Se forem penhorados bens pertencentes ao herdeiro para satisfazer encargos da herança, há que distinguir ter sido a herança aceite a benefício de inventário ou pura e simplesmente (Código Civil, art. 2052.º). Em qualquer das hipóteses o herdeiro reagirá, nos termos do n.º 2 do preceito anotando, por requerimento, com audição do exequente, mas enquanto que no primeiro caso lhe bastará, havendo oposição daquele, exibir o inventário para obter o levantamento da penhora, no segundo terá de fazer, em embargos de terceiro, a prova dos factos aludidos no n.º 3.

ARTIGO 828.º
(Penhorabilidade subsidiária)

1 — Na execução movida contra o devedor principal e o devedor subsidiário que deva ser previamente citado,

Capítulo Único — Do processo comum   **ART. 828.º**

não podem ser penhorados os bens deste, enquanto não estiverem excutidos todos os bens do devedor principal; a citação do devedor subsidiário só precede a excussão quando o exequente o requeira, tendo, neste caso, o devedor subsidiário o ónus de invocar o benefício da excussão, no prazo da oposição à execução.

2 — Instaurada a execução apenas contra o devedor subsidiário e invocando este o benefício da excussão prévia, pode o exequente requerer, no mesmo processo, execução contra o devedor principal, promovendo a penhora dos bens deste.

3 — Se o devedor subsidiário não tiver sido previamente citado, só é admissível a penhora dos seus bens:

a) Sendo a execução intentada contra o devedor principal e o subsidiário, depois de excutidos todos os bens do primeiro, salvo se se provar que o devedor subsidiário renunciou ao benefício da excussão;

b) Sendo a execução movida apenas contra o devedor subsidiário, quando se mostre que não tem bens o devedor principal ou se prove que o devedor subsidiário renunciou ao benefício da excussão prévia, sem prejuízo do estabelecido no número seguinte.

4 — No caso previsto na alínea *b)* do número anterior, o executado pode invocar o benefício da excussão prévia em oposição à penhora, requerendo o respectivo levantamento quando, havendo bens do devedor principal, o exequente não haja requerido contra ele execução, no prazo de 10 dias a contar da notificação de que foi deduzida a referida oposição, ou quando seja manifesto que a penhora efectuada sobre bens do devedor principal é suficiente para a realização dos fins da execução.

5 — Se a execução tiver sido movida apenas contra o devedor principal e os bens deste se revelarem insuficientes, pode o exequente requerer, no mesmo processo, execução contra o devedor subsidiário.

6 — Para os efeitos dos números anteriores, o devedor subsidiário tem a faculdade de indicar bens do devedor principal que hajam sido adquiridos posteriormente à penhora ou que não fossem conhecidos.

7 — **Quando a responsabilidade de certos bens pela dívida exequenda depender da verificação da falta ou insuficiência de outros, pode o exequente promover logo a penhora dos bens que respondem subsidiariamente pela dívida, desde que demonstre a insuficiência manifesta dos que por ela deviam responder prioritariamente.**

Diz-se subsidiária a penhorabilidade que só é admitida na falta de outros bens penhoráveis.

Esta responsabilidade em «segunda linha», digamos assim, é estabelecida em vários casos, como, por exemplo, na fiança (Cód. Civ., art. 638.º); nos débitos particulares dos sócios, nas sociedades (Cód. Civ., art. 999.º); na execução sobre a parte dos sócios, nas sociedades em nome colectivo (Cód. Soc. Com., art. 183.º); nos bens onerados com garantia real e bens indivisos (art. 835.º).

ARTIGO 829.º

Este artigo, que tratava da penhora de navio ou de mercadorias carregadas em navio já despachado para viagem, foi revogado pelo art. 4.º do Dec-Lei n.º 38/2003, de 8 de Março.

ARTIGO 830.º
(Penhora de mercadorias carregadas em navio)

1 — **Ainda que o navio já esteja despachado para viagem, efectuada a penhora de mercadorias carregadas, pode ser autorizada a sua descarga se o credor satisfizer por inteiro o frete em dívida, as despesas de carga, estiva, desarrumação, sobredemora e descarga ou prestar caução ao pagamento dessas despesas.**

2 — **Considera-se despachado para viagem o navio logo que esteja em poder do respectivo capitão o desembaraço passado pela capitania do porto.**

3 — **Oferecida a caução, sobre a sua idoneidade é ouvido o capitão, que dirá, dentro de cinco dias, o que se lhe oferecer.**

4 — **Autorizada a descarga, faz-se o averbamento respectivo no conhecimento pertencente ao capitão e comunica-se o facto à capitania do porto.**

Capítulo Único — Do processo comum   ART. 832.º

1. O preceito é aplicável tanto ao caso de o navio já estar despachado para viagem, como ao de o não estar.

A caução é prestada de harmonia com o disposto nos arts. 981.º e segs., tendo em conta o que se preceitua no n.º 3 do preceito em exame, e no Código Civil os arts. 623.º a 626.º.

2. Sendo nacional o porto do destino poderá o credor não ter interesse em requerer a sua descarga, sendo a venda das mercadorias penhoradas efectuada na comarca do destino delas, mediante pedido precatório nesse sentido.

ARTIGO 831.º
(Apreensão de bens em poder de terceiro)

1 — Os bens do executado são apreendidos ainda que, por qualquer título, se encontrem em poder de terceiro, sem prejuízo, porém, dos direitos que a este seja lícito opôr ao exequente.
2 — No acto de apreensão, indaga-se se o terceiro tem os bens em seu poder por via de penhor ou de direito de retenção e, em caso afirmativo, anota-se o respectivo domicílio para efeito de posterior citação.

O facto de os bens a penhorar se encontrarem em poder de terceiro não obsta à realização da diligência. O uso da expressão «ainda que por qualquer título» indica que aquela regra não tem excepções. Daqui decorre que se essa diligência for ofensiva de direitos que o terceiro possuidor possa opor ao exequente, essa circunstância não é impeditiva da realização da penhora, sendo ao terceiro que caberá opôr ao acto as medidas judiciais que ao caso couberem, designadamente os embargos de terceiro que opuser à penhora.

SUBSECÇÃO II
Disposições gerais

ARTIGO 832.º
(Consulta prévia)

1 — As diligências para a penhora têm início após a apresentação do requerimento de execução que dispense

o despacho liminar e a citação prévia do executado, seguida, sendo caso disso, da notificação referida no n.º 2 do artigo 811.º-A; nos outros casos, iniciam-se, mediante notificação da secretaria ao solicitador de execução, depois de proferido despacho que dispense a citação prévia ou de decorrido, sem oposição do executado previamente citado ou com oposição que não suspenda a execução, o prazo estabelecido no n.º 6 do artigo 812.º, ou, suspendendo-se a execução, após ser julgada improcedente a oposição deduzida.

2 — Antes de proceder à penhora, o agente de execução consulta o registo informático de execuções, procedendo seguidamente nos termos dos n.ºs 3 e 4.

3 — Quando contra o executado tenha sido movida execução terminada sem integral pagamento, têm lugar as diligências previstas no n.º 1 do artigo seguinte, após o que o exequente é notificado, sendo caso disso, para indicar bens penhoráveis no prazo de 30 dias, suspendendo-se a instância se nenhum bem for encontrado.

4 — Quando contra o executado penda um processo de execução para pagamento de quantia certa, para ele é remetido o requerimento executivo, desde que estejam reunidos os seguintes requisitos:

a) O exequente seja titular de um direito real de garantia sobre bem penhorado nesse processo, que não seja um privilégio creditório geral;

b) No mesmo processo ainda não tenha sido proferida a sentença de graduação.

5 — Quando, no momento da remessa, o processo pendente já esteja na fase do concurso de credores, o requerimento executivo vale como reclamação, assumindo o exequente a posição de reclamante; caso contrário, constitui-se coligação de exequentes.

6 — Não havendo lugar à suspensão da instância nem à remessa, a secretaria inscreve no registo informático de execuções os dados referidos no n.º 1 do artigo 806.º.

Capítulo Único — Do processo comum   ART. 833.º

Trata das diligências prévias da penhora.

Para proceder a esta diligência o agente de execução dispõe de um elemento informativo essencial, que é o registo informático de execução a que se referem os arts. 806.º e 807.º, pelo qual ficará, desde logo, a saber se pendeu, ou se está correndo termos, alguma execução contra o executado, o que irá condicionar o seu procedimento.

ARTIGO 833.º
(Diligências subsequentes)

1 — A realização da penhora é precedida de todas as diligências úteis à identificação ou localização de bens penhoráveis, procedendo-se, sempre que necessário, à consulta das bases de dados da segurança social, das conservatórias do registo e de outros registos ou arquivos semelhantes.

2 — Os serviços referidos no número anterior devem fornecer ao agente de execução, pelo meio mais célere e no prazo de 10 dias, os elementos de que disponham sobre a identificação e a localização dos bens do executado.

3 — A consulta de declarações e outros elementos protegidos pelo sigilo fiscal, bem como de outros dados sujeitos a regime de confidencialidade, fica sujeita a despacho judicial de autorização, aplicando-se o n.º 2 do artigo 519.º-A, com as necessárias adaptações.

4 — Não sendo encontrados bens penhoráveis, é notificado o exequente para se pronunciar no prazo de 10 dias, sendo penhorados os bens que ele indique.

5 — Se o exequente não indicar bens penhoráveis, o executado é citado para, ainda que se oponha à execução, pagar ou indicar bens para penhora, no prazo de 10 dias, com a advertência das consequências de uma declaração falsa ou da falta de declaração, nos termos do n.º 7, e a indicação de que pode, no mesmo prazo, opor-se à execução; a citação é substituída por notificação quando tenha tido lugar a citação prévia.

6 — Se o executado não pagar nem indicar bens para penhora, suspende-se a instância, enquanto o exequente não requerer algum acto de que dependa o andamento do processo.

7 — **Quando posteriormente se verifique que tinha bens penhoráveis o devedor que não haja feito qualquer declaração, ou haja feito declaração falsa de que tenha resultado o não apuramento de bens suficientes para satisfação da obrigação, fica ele sujeito a sanção pecuniária compulsória, no montante de 1% da dívida ao mês, desde a data da omissão até à descoberta dos bens.**

(Decl. rectificação n.º 5-C/2003, de 30 de Abril, ao Dec.-Lei n.º 38/03, de 8 de Março).

O agente de execução dispõe, para identificação ou localização dos bens penhoráveis, das informações das bases de dados da segurança social, das conservatórias do registo e dos dados protegidos pelo sigilo fiscal, bem como de outros, sujeitos a regime de confidencialidade, cuja dispensa pode ser solicitada ao juiz da causa, nos termos do art. 519.º-A, n.º 2.

ARTIGO 834.º
(Ordem de realização da penhora)

1 — **A penhora começa pelos bens cujo valor pecuniário seja de mais fácil realização e se mostre adequado ao montante do crédito do exequente.**
2 — **Ainda que não se adeque, por excesso, ao montante do crédito exequendo, é admissível a penhora de bens imóveis ou do estabelecimento comercial, quando a penhora de outros bens presumivelmente não permita a satisfação integral do credor no prazo de seis meses.**
3 — **A penhora pode ser reforçada ou substituída nos seguintes casos:**

a) **Quando o executado requeira, no prazo da oposição à penhora, a substituição dos bens penhorados por outros que igualmente assegurem os fins da execução, desde que a isso não se oponha fundadamente o exequente;**

b) **Quando seja ou se torne manifesta a insuficiência dos bens penhorados;**

c) **Quando os bens penhorados não sejam livres e desembaraçados e o executado tenha outros que o sejam;**

d) **Quando sejam recebidos embargos de terceiro contra a penhora, ou seja a execução sobre os bens suspensa por oposição a esta deduzida pelo executado;**

e) **Quando o exequente desista da penhora, por sobre os bens penhorados incidir penhora anterior;**

f) **Quando o devedor subsidiário, não previamente citado, invoque o benefício da excussão prévia.**

4 — Em caso de substituição, e sem prejuízo do disposto no n.º 4 do artigo 828.º, só depois da nova penhora é levantada a que incide sobre os bens substituídos.

5 — O executado que se oponha à execução pode, no acto da oposição, requerer a substituição da penhora por caução idónea que igualmente garanta os fins da execução.

Esta matéria sofreu profundas alterações com a reforma de 2003. Desapareceu, na penhora, qualquer ordem baseada *na natureza* dos bens a penhorar, o que se explica por ter desaparecido, na segunda metade do século XX, o predomínio dos bens fundiários na revelação da riqueza dos patrimónios particulares. O critério agora seguido é mais útil à cobrança que se pretende: começa-se pela apreensão de bens ou direitos cuja venda ofereça melhores condições para a rápida cobrança da dívida em causa. A reserva que o n.º 2 faz, em favor de bens imóveis ou de estabelecimento comercial, é ditada apenas pela previsível maior demora que a venda desses bens impõe, e não pela sua natureza.

ARTIGO 835.º
(Bens onerados com garantia real e bens indivisos)

1 — Executando-se dívida com garantia real que onere bens pertencentes ao devedor, a penhora inicia-se pelos bens sobre que incida a garantia e só pode recair noutros quando se reconheça a insuficiência deles para conseguir o fim da execução.

2 — Quando a penhora de quinhão em património autónomo ou de direito sobre bem indiviso permita a utilização do mecanismo do n.º 2 do artigo 826.º e tal for conveniente para os fins da execução, a penhora começa por esse bem.

ART. 837.º *Livro III, Título III — Do processo de execução*

1. O n.º 1 deste preceito generaliza, para todos os casos de garantia real onerando bens do devedor, o que o Código Civil já dispunha directamente para o caso de hipoteca (art. 697.º) e, por remissão, para o penhor (art. 678.º) e para o privilégio creditório (art. 753.º). Este número deve ser entendido como aplicação do princípio da subsidiariedade real, afirmado pelo art. 828.º, admitindo-se, portanto, o regime ali estabelecido.

2. A penhora que, incidindo sobre património autónomo ou sobre um bem indiviso, produzir o efeito de ficarem penhorados todos os quinhões dos consortes, ou todos os direitos dos parceiros, podendo proceder-se imediatamente à sua venda (art. 826.º), será a que terá primazia na sua realização.

ARTIGO 836.º
(Auto de penhora)

Da penhora lavra-se auto, constante de impresso de modelo aprovado por portaria do Ministro da Justiça.

A Portaria n.º 700/2003, de 31 de Julho, aprovou o modelo de «Auto de Penhora», constante do seu anexo I.

ARTIGO 837.º
(Frustração da penhora)

1 — Se, no prazo de 30 dias a contar das notificações referidas no n.º 1 do artigo 832.º, ou no de 10 dias a contar da indicação de bens pelo exequente, nos termos do n.º 4 do artigo 833.º, não tiver penhorado bens suficientes, o agente de execução entrega ao exequente um relatório com a discriminação de todas as diligências efectuadas e do motivo da frustração da penhora.
2 — O relatório elaborado pelo solicitador de execução, nos termos do número anterior, é igualmente enviado à secretaria de execução e à Câmara dos Solicitadores.

ARTIGO 837.º-A

Este artigo, que se ocupava da averiguação oficiosa e dever de cooperação do executado, foi revogado pelo art. 4.º do Dec.-Lei n.º 38/ /2003, de 8 de Março.

SUBSECÇÃO III

Penhora de bens imóveis

ARTIGO 838.º [20]
(Realização da penhora de coisas imóveis)

1 — Sem prejuízo de também poder ser feita nos termos gerais do registo predial, a penhora de coisas imóveis realiza-se por comunicação electrónica à conservatória do registo predial competente, a qual vale como apresentação para o efeito da inscrição no registo.

2 — Inscrita a penhora e observado o disposto no n.º 5, a conservatória do registo predial envia ao agente de execução o certificado do registo e a certidão dos ónus que incidam sobre os bens penhorados.

3 — Seguidamente, o agente de execução lavra o auto de penhora e procede à afixação, na porta ou noutro local visível do imóvel penhorado, de um edital, constante de modelo aprovado por portaria do Ministro da Justiça.

4 — O registo meramente provisório da penhora não obsta a que a execução prossiga, não se fazendo, porém, a adjudicação dos bens penhorados, a consignação judicial dos seus rendimentos ou a respectiva venda sem que o registo se haja convertido em definitivo; pode, porém, o juiz da execução, ponderados os motivos da provisoriedade, decidir que a execução não prossiga, se perante ele a questão for suscitada.

5 — O registo da penhora tem natureza urgente e importa a imediata feitura dos registos anteriormente requeridos sobre o bem penhorado.

6 — A apresentação perde eficácia se, no prazo de 15 dias, o exequente, que para o efeito é logo notificado pela

---
[20] Declaração de rectificação n.º 5-C/2003, de 30 de Abril.

ART. 838.º *Livro III, Título III — Do processo de execução*

conservatória, não pagar o respectivo preparo, ou não o fizer, no mesmo prazo, o agente de execução.

7 — A notificação determinada no número anterior é efectuada ao mandatário do exequente, quando este o tenha constituído na execução, sendo a respectiva identificação e domicílio profissional fornecidos à conservatória no acto de comunicação referida no n.º 1.

1. A Port. n.º 700/2003, de 31 de Julho, aprovou o modelo do edital da penhora de imóveis, constante do seu anexo II.

2. A lei trata sucessivamente, conforme a natureza dos bens penhorados, da penhora dos bens imóveis (arts. 838.º a 847.º), da penhora de bens móveis (arts. 848.º a 855.º) e da penhora de direitos (arts. 856.º a 863.º).

O Código Civil abre a classificação que faz das «coisas» como aquilo que pode ser objecto de relações jurídicas, distinguindo entre coisas imóveis e móveis (art. 203.º).

Na moderna distinção das coisas em móveis e imóveis prevalece a consideração de submeter as coisas àquele dos ordenamentos típicos, estabelecidos no código, que melhor facilite as exigências da segurança e da mais rápida circulação delas, conforme os casos. Trata-se, assim, de um critério essencialmente finalístico, quer dizer, as coisas classificam-se segundo a disciplina a que se quiser submetê-las. O ordenamento das coisas imóveis apresenta-se rígido, com uma enérgica e rigorosa afirmação do direito do proprietário, para proteger o qual se sacrifica a possibilidade de uma melhor circulação dos bens. O ordenamento das coisas móveis, é, pelo contrário, ágil, falto de formalismos, com a preocupação de facilitar a circulação dos bens, protegendo o possuidor e os terceiros de boa fé. Essa distinção manifesta-se imediatamente quanto à forma da transferência da propriedade [a compra e venda de bens imóveis, p. ex., só é válida, de harmonia com o art. 875.º, se for celebrada por escritura pública ([21])], quanto ao modo de constituir direitos de garantia real sobre a coisa (*penhor*, em regra, para as coisas móveis, e *hipoteca* para as imóveis: arts. 666.º e 686.º), e assim sucessivamente.

([21]) Hoje há que ter em conta o caso especial previsto no Dec.-Lei n.º 255/93, de 15 de Julho.

O nosso legislador adoptou fazer essa distinção enumerando taxativamente as coisas que considera imóveis, e declarando móveis todas as outras (arts. 204.º e 205.º).

3. A penhora de imóveis é feita com efectiva apreensão e entrega ao depositário (arts. 839.º e 840.º).

4. A penhora está sujeita a registo [Cód. Reg. Pred., art. 2.º, n.º 2, n) e o)]. O registo pode ser feito provisoriamente por dúvidas quando exista motivo que, não sendo fundamento de recusa, obste ao registo do acto como é pedido (Cit. Cód., art. 70.º). Há inscrições que são provisórias por natureza, assim devendo ser requeridas (Cit. Cód., art. 92.º).

O n.º 4 do artigo anotando prevê o efeito que o registo meramente provisório da penhora pode exercer no prosseguimento da execução.

ARTIGO 839.º
(Depositário)

1 — É constituído depositário dos bens o agente de execução ou, nas execuções distribuídas a oficial de justiça, pessoa por este designada, salvo se o exequente consentir que seja depositário o próprio executado ou ocorrer alguma das seguintes circunstâncias:

a) **O bem penhorado ser a casa de habitação efectiva do executado, caso em que é este o depositário;**

b) **O bem estar arrendado, caso em que é depositário o arrendatário;**

c) **O bem ser objecto de direito de retenção, em consequência de incumprimento contratual judicialmente verificado, caso em que é depositário o retentor.**

2 — Estando o mesmo prédio arrendado a mais de uma pessoa, de entre elas se escolherá o depositário, que cobrará as rendas dos outros arrendatários.

3 — Sem prejuízo do disposto no n.º 3 do artigo 861.º, as rendas em dinheiro são depositadas em instituição de crédito, à ordem do solicitador de execução ou, na sua falta, da secretaria, à medida que se vençam ou se cobrem.

ART. 840.º *Livro III, Título III — Do processo de execução*

1. A regra geral é a de que as funções de depositário serão entregues ao agente de execução (art. 808.º). Nas execuções distribuídas a oficial de justiça será depositário a pessoa que este designar, podendo ser o executado, desde que nisso concorde o exequente. Finalmente, serão depositários: *a)* o executado, se o bem penhorado for a sua casa de habitação; *b)* o arrendatário do imóvel penhorado, e, havendo vários, aquele que for escolhido pelo oficial de justiça; *c)* o retentor, se o bem penhorado for objecto de direito de retenção, em consequência de incumprimento contratual judicialmente verificado.

2. Os direitos e obrigações gerais do depositário são os mencionados nos arts. 1187.º e 1198.º do Código Civil; acrescem os deveres constantes do art. 843.º.

3. Quanto à responsabilidade civil, veja-se o disposto no art. 854.º.

ARTIGO 840.º
(Entrega efectiva)

1 — Sem prejuízo do disposto nos n.ºs 1 e 2 do artigo anterior, o depositário deve tomar posse efectiva do imóvel.

2 — Quando as portas estejam fechadas ou seja oposta alguma resistência, bem como quando haja receio justificado de que tal se verifique, o agente de execução requer ao juiz que determine a requisição do auxílio da força pública, arrombando-se aquelas, se necessário, e lavrando-se auto da ocorrência.

3 — Quando a diligência deva efectuar-se em casa habitada ou numa sua dependência fechada, só pode realizar-se entre as 7 e as 21 horas, devendo o agente de execução entregar cópia do auto de penhora a quem tiver a disponibilidade do lugar em que a diligência se realiza, o qual pode assistir à diligência e fazer-se acompanhar ou substituir por pessoas da sua confiança que, sem delonga, se apresente no local.

Anteriormente à reforma de 2003 a penhora dos imóveis era feita por *tradição formal* representada por termo no processo, só tendo lugar a *tradição efectiva* quando o depositário, já investido na qualidade de auxiliar do tribunal, encontrava dificuldades em tomar conta do imóvel penhorado. Hoje a regra é outra: a penhora só se considera feita com a posse efectiva do imóvel pelo depositário, que deve observar as regras fixadas por este artigo. Se se tratar de casa habitada observar-se-ão as disposições constitucionais que asseguram a inviolabilidade do domicílio dos cidadãos (Constituição, art. 34.º), bem como as restrições do n.º 3 do preceito em anotação. Por «casa habitada» deve entender-se aquela que é ocupada, em permanência, por pessoas que ali comem e dormem, ou nesse local exercem habitualmente alguma actividade própria — o que parece corresponder, respectivamente, aos conceitos de residência e de escritório ou consultório.

ARTIGO 841.º

Este artigo, que previa a nomeação de depositário especial quando o imóvel penhorado estivesse arrendado, foi revogado pelo art. 4.º do Dec-Lei n.º 38/2003, de 8 de Março, passando essa matéria a ser regulada pelo art. 839.º n.º 1, b) e n.º 2.

ARTIGO 842.º
(Extensão da penhora — Penhora de frutos)

1 — A penhora abrange o prédio com todas as suas partes integrantes e os seus frutos, naturais ou civis, desde que não sejam expressamente excluídos e nenhum privilégio exista sobre eles.

2 — Os frutos pendentes podem ser penhorados em separado, como coisas móveis, contanto que não falte mais de um mês para a época normal da colheita; se assim suceder, a penhora do prédio não os abrange, mas podem ser novamente penhorados em separado, sem prejuízo da penhora anterior.

1. Partes integrantes de um prédio são todas as coisas móveis ligadas materialmente a ele, com carácter de permanência (Cód. Civ., art. 204.º, n.º 3). Fruto de uma coisa (Cód. Civ., art. 212.º, n.ºs 1 e 2) é tudo o que ela produz periodicamente, sem prejuízo da sua substância, directamente (frutos naturais), ou em consequência de uma relação jurídica, traduzindo-se em rendas ou interesses (frutos civis).

2. A regra de abrangência formulada no n.º 1 sofre as duas excepções que ali se contêm: quando algumas partes integrantes ou frutos sejam expressamente excluídos da penhora, ou quando sobre esses bens recaia algum privilégio. A primeira excepção explica--se, naturalmente, com o propósito de assegurar, com a venda dos frutos, a manutenção de executado e do seu agregado familiar. A segunda excepção parece menos fundada. A lei civil estabelece o privilégio cred*itório* como uma faculdade que a lei, em atenção à causa do crédito, concede a certos credores, independentemente do registo, de serem pagos com preferência a outros (Cód. Civ., art. 733.º). Os privilégios podem ser mobiliários ou imobiliários; os mobiliários podem ser gerais ou especiais; os imobiliários estabelecidos no Código Civil são sempre especiais. Relativamente às matérias que estamos tratando o Código Civil concede privilégio sobre os frutos dos prédios rústicos respectivos pelos créditos de fornecimento de sementes, plantas e adubos, e de água ou energia para irrigação ou outros fins agrícolas, privilégio mobiliário geral, graduado logo a seguir ao crédito por impostos (art. 739.º e 747.º).

3. Os frutos pendentes, isto é, os que estiverem ainda materialmente ligados às árvores ou arbustos que os produziram, são partes integrantes do prédio rústico, e daí que sejam considerados coisas imóveis (Cód. Civ., art. 204.º, n.º 1, e). Processualmente, porém, este artigo 842.º, no seu n.º 2, autonomiza-os em relação ao prédio a que pertencem, autorizando a sua penhora em separado, como coisas móveis, desde que não falte mais de um mês para a época normal da colheita. Trata-se, assim, de uma antecipação legal, a curtissimo prazo, que a lei consente, de uma realidade que vai acontecer. O regime a aplicar neste caso é o que regula a penhora de bens móveis (arts. 848.º a 855.º).

Esta penhora em separado dos frutos pendentes, considerados como coisas móveis, podia suscitar algumas dúvidas, que o preceito se apressou a afastar na segunda parte do seu n.º 2. Assim ficou esclarecido que numa ulterior penhora do mesmo prédio não se consideram abrangidos os frutos pendentes, o que não obsta a que estes possam ser novamente penhorados em separado, tal como sucedeu na vez anterior.

4. Se a coisa penhorada se perder, for expropriada ou sofrer diminuição de valor e houver lugar a indemnização de terceiro, o exequente conserva sobre os créditos respectivos, ou sobre as quan-

tias pagas a título de indemnização, o direito que tinha sobre a coisa penhorada (Cód. Civ., art. 823.º).

ARTIGO 842.º-A
(Divisão do prédio penhorado)

1 — Quando o imóvel penhorado for divisível e o seu valor exceder manifestamente o da dívida exequenda e dos créditos reclamados, pode o executado requerer autorização para proceder ao seu fraccionamento, sem prejuízo do prosseguimento da execução.

2 — A penhora mantém-se sobre todo o prédio, mesmo após a divisão, salvo se, a requerimento do executado e ouvidos os demais interessados, o juiz autorizar o levantamento da penhora sobre algum dos imóveis resultantes da divisão, com fundamento na manifesta suficiência do valor dos restantes para a satisfação do crédito do exequente e dos credores reclamantes.

1. O preceito prevê que, em execução para pagamento de quantia certa, se penhorou um prédio cujo valor excede em muito o da dívida exequenda e o dos créditos reclamados; nesta hipótese, e sendo o imóvel divisível, consente a lei, ao executado, que requeira o seu fraccionamento, sem prejuízo para o interesse dos credores visto a penhora subsistir sobre a totalidade do prédio. É uma inteligente aplicação do princípio de que a penhora se deve limitar aos bens necessários ao pagamento da dívida e das despesas exequendas, que o n.º 3 do art. 821.º enuncia.

2. Ver quanto ao fraccionamento e emparcelamento dos prédios rústicos, os arts. 1376.º e 1377.º do Código Civil, e os Decs.-Leis n.º 384/88, de 25 de Outubro; n.º 103/90, de 21 de Março; n.º 177//2001, de 4 de Junho; e a Port. n.º 202/70 de 21 de Abril.

ARTIGO 843.º
(Administração dos bens depositados)

1 — Além dos deveres gerais do depositário, incumbe ao depositário judicial o dever de administrar os bens com a diligência e zelo de um bom pai de família e com a obrigação de prestar contas.

ART. 843.º Livro III, Título III — Do processo de execução

2 — Na falta de acordo entre o exequente e o executado sobre o modo de explorar os bens penhorados, o juiz decidirá, ouvido o depositário e feitas as diligências necessárias.

3 — O solicitador de execução pode socorrer-se, na administração dos bens, de colaboradores, que actuam sob sua responsabilidade.

1. Na penhora de bens imóveis é constituído depositário o agente de execução ou, nas execuções distribuídas a oficial de justiça, a pessoa por este designada, salvo quando o exequente consentir que seja depositário o próprio executado ou ocorrer algumas das circunstâncias mencionadas nas alíneas *a)* a *e)* do n.º 1 do art. 839.º.

2. Os deveres gerais do *depositário* são os indicados no art. 1187.º do Código Civil: *a)* guardar a coisa depositada; *b)* avisar do perigo que esta corra ou das pretensões que sobre ela se manifestem; *c)* restituir a coisa com os seus frutos. Além destes deveres gerais tem o *depositário judicial* certos deveres específicos previstos na lei adjectiva: *a)* administrar os bens depositados; *b)* apresentar esses bens sempre que lhe for ordenado; *c)* prestar contas da sua administração.

3. Quanto à guarda da coisa depositada o nosso actual Código Civil abandonou o critério da diligência em concreto que seguia o diploma anterior (o cuidado e diligência de que é capaz: art. 1435.º do Cód. 1867) pelo critério da diligência em abstracto, nos termos usados para que a responsabilidade por factos ilícitos (diligência de um bom pai de família: art. 487.º). Complementam a matéria da guarda da coisa depositada, no direito substantivo, os arts. 1188.º (turbação da detenção ou esbulho da coisa), 1190.º (guarda da coisa) e 1191.º (depósito cerrado). Para o caso de turbação ou esbulho, por causa não imputável ao depositário, este fica exonerado da obrigação de guarda e restituição, mas está obrigado a dar imediato conhecimento do facto ao depositante, (neste caso, conhecimento em juizo), ficando responsável pelos danos que resultarem, directa e necessariamente, da falta ou da demora na comunicação. Quanto ao modo de guardar a coisa não há regras especiais a observar, a não ser que o depositário receba instruções para adoptar certo procedimento imposto pela natureza do depósito. Pela não apresentação da coisa, quando esta lhe for ordenada, incorre o depositário

judicial em responsabilidade civil (art. 854.º) e penal (Cód. Pen., arts. 205.º).

4. Além dos deveres já referidos o artigo em anotação atribui ao depositário judicial incumbência de administrar os bens penhorados, com a diligência e zelo de um bom pai de família. A lei é muito parca na concretização dos poderes concedidos ao administrador. Parece que terão de distinguir-se os actos de administração ordinária, que o depositário pode praticar na guarda, conservação e frutificação da coisa depositada, dos actos de administração extraordinária cuja prática, com pequeníssimas excepções (arts. 851.º e 852.º, n.º 1), lhe está vedada. Na sua redacção primitiva este preceito indicava o arrendamento dos bens imóveis penhorados como forma normal de se efectuar a sua exploração, mas a reforma 1995/ /96 suprimiu essa referência, certamente por ponderar que caducando esses contratos de locação quando findavam os poderes legais do administrador que os tinha celebrado [(Cód. Civ., art. 1051.º, c)], não estava assegurada a estabilidade da relação locatícia. Hoje, portanto, a exploração do imóvel far-se-á conforme o acordo que for estabelecido entre o exequente e o executado; só faltando esse acordo é que o juiz decidirá sobre a maneira de fazer essa exploração, com prévia audição do depositário e realizadas as diligências que se mostrem necessárias.

5. Uma das obrigações do depositário judicial, correspondente ao direito de administrar bens alheios, é a de prestar contas da sua administração. O processo para a prestação de contas do depositário judicial é o previsto e regulado nos arts. 1020.º, 1021.º e 1023.º. As contas podem ser prestadas espontaneamente, a requerimento de quem tiver interesse nesse acto, anualmente ou no fim da administração quando o juiz, atendendo ao estado do processo em que teve lugar a nomeação, o autorizar.

6. O n.º 3 permite ao «solicitador de execução» que se socorra, na administração dos bens, de colaboradores, que actuam sob sua responsabilidade, o que está de acordo com o que a lei civil determina no caso de subdepósito. O que não se entende é que, havendo outras entidades que podem ser depositários (oficiais de justiça ou executados) só ao *solicitador de execução* seja concedida essa faculdade.

ARTIGO 844.º

Este artigo, que tratava da remuneração ao depositário, foi revogada pelo art. 4.º do Dec.-Lei n.º 38/2003, de 8/3. Actualmente essa remuneração entra em regra de custas e será fixada pelo tribunal até 5% do valor da causa ou dos bens administrados, se este for inferior. [(Cód. Custas Judiciais, arts. 32.º, n.º 1, c) e 34.º, n.º 1, e)]. Se o depositário for o solicitador de execução, a remuneração de depositário acresce às demais remunerações que aquele recebe pela actividade que lhe é própria, sendo suportada pelo exequente, mas equiparadas às custas de parte, para efeito de cobrança e rateio (Cód. Custas, art. 33.º, n.º 4). A Portaria n.º 708/2003, de 4 de Agosto estabeleceu a remuneração e reembolso das despesas do solicitador de execução, no exercício da actividade do agente de execução (D.R., 1.ª s., de 4/8/03).

ARTIGO 845.º
(Remoção do depositário)

1 — Será removido, a requerimento de qualquer interessado, o depositário que, não sendo o solicitador de execução, deixe de cumprir os deveres do seu cargo.

2 — O depositário é notificado para responder, observando-se o disposto nos artigos 302.º a 304.º

3 — O depositário pode pedir escusa do cargo, ocorrendo motivo atendível.

1. O depositário dos bens penhorados, que não for o solicitador de execução, pode ser removido, se deixar de cumprir os deveres do seu cargo, a requerimento de qualquer interessado: exequente, executado ou qualquer credor cujo crédito tenha sido verificado. O processo é o dos arts. 302 a 304.º (disposições gerais sobre os incidentes da instância).

2. Se for depositário o solicitador de execução, este só poder ser destituído por decisão do juiz de execução, oficiosamente ou a requerimento de exequente, com fundamento em actuação processual dolosa ou negligente ou em violação grave de dever que lhe seja imposto pelo respectivo estatuto, o que será comunicado à Câmara dos Solicitadores (art. 808.º n.º 4).

3. O depositário pode pedir escusa do cargo, ocorrendo m*otivo atendível,* isto é, circunstância pessoal que torne o seu exercício demasiado pesado para o requerente.

ARTIGO 846.º
(Conversão do arresto em penhora)

Quando os bens estejam arrestados, converte-se o arresto em penhora e faz-se no registo predial o respectivo averbamento, aplicando-se o disposto no artigo 838.º.

1. O arresto é um dos meios legais de conservação da garantia patrimonial. O legislador trata dos requisitos e efeitos do arresto na lei civil (Cód. Civ., art. 619.º a 622.º), e dos seus aspectos processuais na lei adjectiva (arts. 406.º a 411.º).

2. Se os bens a penhorar se encontrarem arrestados, o arresto é convertido em penhora, procedendo-se, no registo predial, a averbamento à respectiva inscrição (Cód. Reg. Pred, art. 101.º, n.º 2, alínea *a)*; a anterioridade da penhora reporta-se à data do arresto (Cód. Civ., art. 822, n.º 2).

ARTIGO 847.º
(Levantamento da penhora)

1 — O executado pode requerer o levantamento da penhora e a condenação do exequente nas custas a que deu causa se, por negligência deste, a execução tiver estado parada nos seis meses anteriores ao requerimento.

2 — A execução não deixa de considerar-se parada pelo facto de o processo ser remetido à conta ou de serem pagas custas contadas.

3 — Passados três meses sobre o início da actuação negligente do exequente e enquanto não for requerido o levantamento da penhora, pode qualquer credor, cujo crédito esteja vencido e tenha sido reclamado para ser pago pelo produto da venda dos bens penhorados, substituir-se ao exequente na prática do acto que ele tenha negligenciado, aplicando-se, com as adaptações necessá-

rias, o n.º 3 do artigo 920.º, até que o exequente retome a prática normal dos actos executivos subsequentes.

1. O levantamento da penhora é, neste caso, dependente de o executado querer ou não, usar da faculdade que lhe atribui o n.º 1 deste artigo. O juiz, ouvido o exequente, decretará o levantamento quando se convencer da inércia injustificada deste, durante o espaço de tempo ali mencionado.

2. O interesse de outros credores, cujo crédito esteja vencido e tenha sido reclamado (art. 865.º), está acautelado no n.º 3 do preceito, que impede, designadamente, o conluio do exequente e do executado para paralizarem a acção executiva, em desfavor dos credores reclamantes.

3. Só interrompe a paragem do processo executivo a prática de acto que remova o obstáculo que se apresenta ao normal desenvolvimento da lide.

SUBSECÇÃO IV

Penhora de bens móveis

ARTIGO 848.º

(Penhora de coisas móveis não sujeitas a registo)

1 — A penhora de coisas móveis não sujeitas a registo é realizada com a efectiva apreensão dos bens e a sua imediata remoção para depósitos, assumindo o agente de execução que efectuou a diligência a qualidade de fiel depositário.
2 — Presume-se pertencerem ao executado os bens encontrados em seu poder, podendo a presunção, feita a penhora, ser ilidida perante o juiz, mediante prova documental inequívoca do direito de terceiro, sem prejuízo dos embargos de terceiro.
3 — Quando, para a realização da penhora, haja que forçar a entrada no domicílio do executado ou de terceiro, bem como quando haja receio justificado de que tal se verifique, o agente de execução requer ao juiz que determine a requisição do auxílio da força pública, lavrando-se auto da ocorrência.

4 — O dinheiro, papéis de crédito, pedras e metais preciosos que sejam apreendidos são depositados em instituição de crédito, à ordem do solicitador de execução ou, na sua falta, da secretaria.

1. Os arts. 848.º a 855.º ocupam-se da «penhora de bens móveis», distinguindo os casos em que essa penhora incide sobre móveis não sujeitos a registo (arts. 848.º a 850.º), ou sobre móveis sujeitos a registo (arts. 851.º a 855.º). A disciplina do acto apresenta algumas diferenças em cada uma dessas situações.

2. A presunção admitida no n.º 2 está de acordo com a presunção da titularidade do direito à coisa possuída, por parte do possuidor dela (Cód. Civ., art. 1268.º, n.º 1). Presunção *tantum juris.*

3. O depositário será o agente de execução que efectuar a diligência, mas quanto ao depósito dos bens apreendidos haverá que ter em conta o caso especial do n.º 4.

ARTIGO 848.º-A
(Cooperação do exequente na realização da penhora)

1 — O exequente pode cooperar com o agente de execução na realização da penhora, facultando os meios necessários à apreensão de coisas móveis.
2 — As despesas comprovadamente suportadas com a cooperação a que se refere o número anterior gozam da garantia prevista no artigo 455.º.

A lei consagra aqui, e agora, uma prática que, pelo menos na comarca de Lisboa, tinha uma tradição muito antiga. Seria melhor que o tribunal dispusesse dos «meios necessários» à apreensão das coisas móveis, e à deslocação das pessoas, dispensando, assim esta espécie de «pagamento por fora». As despesas documentadas são consideradas custas de parte (Cód. Custas, art. 3).

ARTIGO 849.º [22]
(Auto da penhora)

1 — Da penhora lavra-se auto, em que se regista a hora da diligência, se relacionam os bens por verbas nume-

---

[22] Decl. rectificação n.º 5-C/2003, de 30 de Abril; eliminou o n.º 4.

radas e se indica, sempre que possível, o valor aproximado de cada verba.

2 — O valor de cada verba é fixado pelo agente de execução a quem incumbe a realização da penhora, o qual pode recorrer à ajuda de um perito em caso de avaliação que dependa de conhecimentos especializados.

3 — Se a penhora não puder ser concluída em um só dia, faz-se a imposição de selos nas portas das casas em que se encontrem os bens não relacionados e tomam-se as providências necessárias à sua guarda, em termos de a diligência prosseguir regularmente no 1.º dia útil.

O auto de penhora é lavrado pelo agente de execução que a efectua; deve conter os elementos referidos no n.º 1 deste preceito, e dele devem constar todas as devidas ocorrências que se verificarem com relacionação àquele acto. Sendo necessário continuar a diligência noutro dia, proceder-se-á à imposição de selos (art. 425.º).

Veja-se o art. 836.º e correspondente anotação.

ARTIGO 850.º
(Obstáculos à realização da penhora)

1 — Se o executado, ou quem o represente, se recusar a abrir quaisquer portas ou móveis, ou se a casa estiver deserta e as portas e móveis se encntrarem fechados, observar-se-á o disposto no artigo 840.º.

2 — O executado ou a pessoa que ocultar alguma coisa com o fim de a subtrair à penhora fica sujeito às sanções correspondentes à litigância de má fé, sem prejuízo da responsabilidade criminal em que possa incorrer.

3 — O agente de execução que, no acto da penhora, suspeite da sonegação, insta pela apresentação das coisas ocultadas e adverte a pessoa da responsabilidade em que incorre com o facto da ocultação.

O executado que ocultar bens à penhora, perturbar ou dificultar a realização da realização da penhora, incorre em responsabilidade civil nos termos do art. 456.º (litigância de má fé), podendo ficar sujeito às sanções previstas nos arts. 347.º (resistência e coacção sobre funcionário) e 348.º (desobediência) do Código Penal, do que será advertido pelo respectivo agente de execução. Em igual responsabilidade incorrerão as pessoas que o auxiliarem nessa conduta ilícita.

ARTIGO 851.º
(Penhora de coisas móveis sujeitas a registo)

1 — À penhora de coisas móveis sujeitas a registo aplica-se, com as devidas adaptações, o disposto no artigo 838.º.

2 — A penhora de veículo automóvel é seguida de imobilização, designadamente através da imposição de selos e, quando possível, da apreensão dos respectivos documentos; a apreensão pode ser efectuada por qualquer autoridade administrativa ou policial, nos termos prescritos na legislação especial para a apreensão de veículo automóvel requerida por credor hipotecário; o veículo apenas é removido quando necessário ou, na falta de oposição à penhora, quando conveniente.

3 — O modelo dos selos é aprovado por portaria do Ministro da Justiça.

4 — A penhora de navio despachado para viagem é seguida de notificação à capitania, para que esta apreenda os respectivos documentos e impeça a saída.

5 — A penhora de aeronave é seguida de notificação à autoridade de controlo de operações do local onde ela se encontra estacionada, à qual cabe apreender os respectivos documentos.

1. A Portaria n.º 700/2003, de 31 de Julho, aprovou o modelo dos selos de penhora de veículos automóveis, constante do seu anexo III.

2. O preceito refere-se à especialidade da penhora de *coisas móveis sujeitas a registo*: automóveis [23], navios [24], aeronaves [25]. A penhora efectua-se mediante comunicação electrónica à con-

---

[23] Registo da propriedade automóvel: Dec.-Lei n.º 54/75, de 12 de Fevereiro; Dec.-Lei n.º 182/2002, de 20/8. Rectif. 1.ª s., n.º 191-A, de 20/8.
[24] Registo Comercial: Dec.-Lei n.º 42644, de 14 de Novembro de 1959, art. 4.º, alíneas *a)* e *f)*. O Dec.-Lei n.º 2775/95, de 25/10 aprovou o Código do Registo de Bens Móveis, ainda não regulamentado.
[25] Dec.-Lei n.º 133/88, de 15 de Maio, art. 6.º, *i)* (I.N.A.C.).

servatória do registo competente, comunicação que vale como apresentação para o efeito da descrição. Enviado ao agente de execução o certificado do registo e a certidão de encargos, lavra aquele o competente auto de penhora (art. 849.º). O veículo automóvel no qual se aporá o selo referido na nota 1, fica imobilizado, com apreensão, sempre que possível, dos respectivos documentos.

3. A penhora do navio despachado para viagem (art. 830.º, n.º 2) é comunicada à conservatóriado registo comercial competente (Dec.-Lei n.º 403/86, de 3/12), sendo notificada a capitania do porto onde o navio se encontra fundeado, para se proceder à apreensão dos documentos e ser impedida a sua saída. Sobre o modo de fazer navegar o navio penhorado, veja-se o disposto no art. 852.º.

4. A penhora de aeronave é comunicada para registo ao Instituto Nacional de Aviação Civil.

5. No mais, não especialmente regulado, aplica-se o disposto no art. 838.º.

ARTIGO 852.º
(Modo de fazer navegar o navio penhorado)

1 — O depositário de navio penhorado pode fazê-lo navegar se o executado e o exequente estiverem de acordo e preceder autorização judicial.

2 — Requerida a autorização, serão notificados aqueles interessados, se ainda não tiverem dado o seu assentimento, para responderem em cinco dias.
Se for concedida a autorização, avisar-se-á, por ofício, a capitania do porto.

1. Regula as condições legais de que depende a navegação do navio penhorado, por iniciativa do depositário, no exercício das suas funções de administração. Não chega, para isso, o acordo entre o executado e o exequente, sendo sempre precisa a autorização judicial.

2. A autorização para fazer navegar o navio penhorado, a requerimento do exequente ou de qualquer dos credores com garantia real, tem o condicionalismo indicado no art. 853.º.

ARTIGO 853.º

(Modo de qualquer credor fazer navegar o navio penhorado)

1 — Independentemente de acordo entre o exequente e o executado, pode aquele, ou qualquer dos credores com garantia sobre o navio penhorado, requerer que este continue a navegar até ser vendido, contanto que preste caução e faça o seguro usual contra riscos.

2 — A caução deve assegurar os outros créditos que tenham garantia sobre o navio penhorado e as custas do processo.

3 — Sobre a idoneidade da caução e a suficiência do seguro são ouvidos o capitão do navio e os titulares dos créditos que cumpre acautelar.

4 — Se o requerimento for deferido, é o navio entregue ao requerente, que fica na posição de depositário, e dá-se conhecimento do facto à capitania do porto.

Indica o modo como o exequente ou qualquer credor com garantia real pode requerer que o navio penhorado continue a navegar, haja ou não, sobre esse ponto, acordo entre o exequente e o executado.

As condições de que depende o êxito da pretensão são duas: *a)* que o requerente preste caução que assegure os créditos que tenham garantia sobre o navio penhorado, e as custas do processo; *b)* que faça o seguro usual contra os riscos.

O processo da caução vem regulado nos arts. 981.º e segs.

Os riscos a que o preceito se refere são, não só aqueles que respeitam à navegação, como os que resultem eventualmente da circunstância da sua livre circulação poder comprometer a possibilidade da sua venda judicial, que a apreensão assegurava.

Se for deferido o requerimento, o requerente fica na posição de depositário do navio, o que não implica qualquer modificação dos poderes do depositário já nomeado, para outros bens, na mesma execução.

ARTIGO 854.º

(Dever de apresentação dos bens)

1 — O depositário é obrigado a apresentar, quando lhe for ordenado, os bens que tenha recebido, salvo o disposto nos artigos anteriores.

2 — Se os não apresentar dentro de cinco dias e não justificar a falta, é logo ordenado arresto em bens do depositário suficientes para garantir o valor do depósito e das custas e despesas acrescidas, sem prejuízo de procedimento criminal; ao mesmo tempo é executado, no próprio processo, para o pagamento daquele valor e acréscimos.

3 — O arresto é levantado logo que o pagamento esteja feito, ou os bens apresentados, acrescidos do depósito da quantia de custas e despesas, que será imediatamente calculada.

1. Uma das fundamentais obrigações do depositário é a de restituir a coisa depositada com os seus frutos (Cód. Civ., art. 1187.º). O depositário judicial tem de cumprir essa obrigação no prazo de 5 dias, sempre que tal lhe for ordenado. Se o não fizer, será logo executado, no próprio processo, para pagamento do valor do depósito, custas e despesas acrescidas, sendo de imediato ordenado arresto em bens do depositário suficientes para garantir esses valores; isto sem prejuízo do procedimento criminal que vier a instaurar-se-lhe.

2. A aplicação das medidas coercivas mencionadas no n.º 1 não dependem da demonstração de conduta dolosa ou culposa do depositário.

ARTIGO 855.º
(Aplicação das disposições relativas à penhora de imóveis)

É aplicável, subsidiariamente, à penhora de bens móveis o disposto, na subsecção anterior, para a penhora dos imóveis.

Para evitar repetições inúteis, o legislador manda aplicar subsidiariamente à penhora de bens móveis o disposto para a penhora dos imóveis, e à penhora de direitos, também subsidiariamente, o disposto para a penhora das coisas imóveis e das coisas móveis (art. 863.º).

Como essa aplicação é subsidiária, só pode recorrer-se a ela se não houver regulamentação própria na respectiva subsecção.

SUBSECÇÃO V

Penhora de direitos

ARTIGO 856.º
(Penhora de créditos)

1 — A penhora de créditos consiste na notificação ao devedor, feita com as formalidades da citação pessoal e sujeita ao regime desta, de que o crédito fica à ordem do agente de execução.

2 — Cumpre ao devedor declarar se o crédito existe, quais as garantias que o acompanham, em que data se vence e quaisquer outras circunstâncias que possam interessar à execução. Não podendo ser feitas no acto da notificação, serão as declarações prestadas, por meio de termo ou de simples requerimento, no prazo de 10 dias, prorrogável com fundamento justificado.

3 — Se o devedor nada disser, entende-se que ele reconhece a existência da obrigação, nos termos da indicação do crédito à penhora.

4 — Se faltar conscientemente à verdade, o devedor incorre na responsabilidade do litigante de má fé.

5 — O exequente, o executado e os credores reclamantes podem requerer ao juiz a prática, ou a autorização para a prática, dos actos que se afigurem indispensáveis à conservação do direito de crédito penhorado.

6 — Se o crédito estiver garantido por penhor, faz-se apreensão do objecto deste, aplicando-se as disposições relativas à penhora de coisas móveis, ou faz-se a transferência do direito para a execução; se estiver garantido por hipoteca, faz-se no registo o averbamento da penhora.

1. A penhora de créditos é realizada pela notificação ao terceiro devedor de que o crédito fica à ordem do agente de execução. A notificação é feita com as formalidades prescritas, nos arts. 233.º e 234.º, para a citação pessoal. O notificado tem o ónus de declarar se o crédito existe, sendo-lhe impostas sanções se faltar à verdade, nos termos do art. 456.º (multa e indemnização como litigante de

má-fé). O seu silêncio significa o reconhecimento do crédito nos termos estabelecidos no acto da penhora. O reconhecimento expresso deve ser acompanhado das informações previstas no n.º 2 do artigo anotando. Se o terceiro negar a existência do crédito, será aplicável o disposto no art. 858.º; se reconhecer a obrigação, mas alegar que ela depende de prestação do executado, aplicar-se-á o art. 859.º.

2. Se o crédito penhorado estiver garantido por penhor, há que distinguir se este recai sobre certa coisa móvel ou sobre créditos ou outros direitos (Cód. Civ., art. 666.º, n.º 1); no primeiro caso, procede-se à apreensão da coisa dada em penhor; no segundo caso, esses direitos são transferidos para a execução.

3. Se o crédito penhorado estiver garantido por hipoteca (Cód. Civ., arts. 686.º e s.), faz-se, por averbamento à inscrição da hipoteca, o registo da penhora [Cód. Reg. Pred., art. 101.º, n.º 1, a)].

ARTIGO 857.º ([26])
(Penhora de títulos de créditos)

1 — A penhora de direitos incorporados em títulos de créditos e valores mobiliários titulardos não abrangidos pelo n.º 12 do art. 861.º-A realiza-se mediante a apreensão do título, ordenando-se ainda, sempre que possível, o averbamento do ónus resultante da penhora.
2 — Se o direito incorporado no título tiver natureza obrigacional, cumprir-se-á ainda o disposto acerca da penhora de direitos de crédito.
3 — Os títulos de créditos apreendidos são depositados em instituição de crédito, à ordem do solicitador de execução ou, na sua falta, da secretaria.

1. Valores mobiliários: Dec.-Lei n.º 486/99, de 13/11; Dec.-Lei n.º 91/2003, de 30/4; Dec.-Lei n.º 122/2002, de 4/5.

2. *Título de crédito* é o documento necessário para exercer o direito literal e autónomo nele mencionado ([27]). Os direitos que o

---

([26]) Decl. rectif. n.º 5-C/2003, de 30 de Abril.
([27]) Ferrer Correia, *Lições de Direito Comercial*, 1966, t. 3.º, pág. 3.

título de crédito incorpora podem ter natureza *obrigacional* (*v.g.*, a letra de câmbio), *real* (*v.g.*, a cautela de penhor), ou *social* (*v.g.*, a acção de uma sociedade anónima) ([28]). Em sentido amplo, que é o empregado neste preceito, a designação de títulos de crédito abrange os *valores mobiliários*. Estes são as acções, as obrigações, os títulos de participação e quaisquer outros valores, seja qual for a sua natureza ou forma de representação (titulada ou escritural), emitidos por quaisquer pessoas ou entidades, públicas ou privadas, em conjuntos homogéneos que confiram aos seus titulares direitos idênticos e sejam susceptíveis de negociação num mercado organizado [Cód. Mercado Valores Mobiliários ([29]), art. 3.º, n.º 1, *a)*].

3. A penhora dos direitos incorporados em títulos de crédito e valores mobiliários titulados (com excepção dos abrangidos pelo n.º 12 do art. 861.º-A), faz-se por apreensão do título e, sendo possível, o averbamento do ónus da penhora. Se o direito incorporado tiver natureza obrigacional será ainda o terceiro devedor notificado da penhora, com as formalidades da citação pessoal e sujeita ao regime desta (art. 856.º, n.ºs 1 a 5), de que o crédito fica à ordem do agente de execução. Os títulos de crédito apreendidos são depositados em instituição de crédito, à ordem do solicitador de execução, ou, na sua falta, da secretaria.

4. Além dos valores mobiliários titulados, isto é, daqueles que se identificam com os títulos ou papéis que os representam, há ainda os *valores mobiliários escriturais*, que, não tendo representação física (*v.g.*, os bilhetes de tesouro (Dec.-Lei n.º 279/98, de 17 de Setembro) ou os certificados de aforro (Dec.-Lei n.º 122/2002, de 4 de Maio), cuja existência depende do registos em conta (Dec.-Lei n.º 486/99, de 13/11, art. 46.º). À penhora de valores mobiliários escriturais ou titulados, integrados em sistema centralizado, registados ou depositados em intermediário financeiro ou registados junto do respectivo emitente, aplica-se a disciplina prevista no n.º 12 do art. 861.º-A.

---

[28] Amâncio Ferreira, *Curso de Processo de Execução*, 4.ª ed..
[29] Aprovado pelo Dec.-Lei n.º 486/99, de 13 de Novembro.

ARTIGO 858.º

**(Termos a seguir quando o devedor negue
a existência do crédito)**

1 — Se o devedor contestar a existência do crédito, são notificados o exequente e o executado para se pronunciarem, no prazo de 10 dias, devendo o exequente declarar se mantém a penhora ou desiste dela.

2 — Se o exequente mantiver a penhora, o crédito passa a considerar-se litigioso e como tal será adjudicado ou transmitido.

1. Prevê a hipótese de o terceiro-devedor, notificado nos termos do n.º 1 do art. 856.º, negar a existência do crédito penhorado. Neste caso, são notificados o executado e o exequente para, em 10 dias, se pronunciarem sobre a atitude tomada pelo terceiro devedor quanto à penhora, devendo o exequente declarar especificadamente se a mantém ou se desiste dela. No primeiro caso, a execução prossegue, passando o crédito a litigioso; no segundo caso, a penhora fica sem efeito, sendo ordenado o seu levantamento.

2. Há uma situação que não vem expressamente regulada neste artigo, mas que nele encontra a solução a adoptar. É o caso de o terceiro devedor não contestar a *existência* do crédito, mas declarar, nos termos do n.º 2 do art. 856.º, que as *condições* do crédito (montante, prazo, etc.,) são diferentes das mencionadas na penhora. Embora sem negar que exista uma relação creditícia entre ele e o executado, a verdade é que os esclarecimentos do devedor tornam incerto, para um eventual arrematante, o verdadeiro conteúdo do direito alienado. Ora, um simples exame desta matéria mostra que o propósito da lei é o de afastar da acção executiva a discussão dos termos da obrigação dos terceiros relativamente ao direito penhorado, remetendo para os meios ordinários essa definição. Parece-nos, por isso, de aplicar à hipótese a disciplina do preceito anotando. Se o exequente não aceitar as alterações, o crédito passará a considerar-se litigioso.

ARTIGO 859.º

(Termos a seguir quando o devedor alegue que a obrigação está dependente de prestação do executado)

1 — Se o devedor declarar que a exigibilidade da obrigação depende de prestação a efectuar pelo executado e este confirmar a declaração, é notificado o executado para que, dentro de 15 dias, satisfaça a prestação.

2 — Quando o executado não cumpra, pode o exequente ou o devedor exigir o cumprimento, promovendo a respectiva execução. Pode também o exequente substituir-se ao executado na prestação, ficando neste caso sub-rogado nos direitos do devedor.

3 — Se o executado impugnar a declaração do devedor e não for possível fazer cessar a divergência, observar-se-á, com as modificações necessárias, o disposto no artigo anterior.

4 — Nos casos a que se refere o n.º 2, pode a prestação ser exigida, por apenso no mesmo processo, sem necessidade de citação do executado, servindo de título executivo o despacho que haja ordenado o cumprimento da prestação.

1. Prevê-se aqui que o terceiro devedor do executado, ao ser notificado da penhora do respectivo crédito, venha opôr, à exigibilidade da obrigação, a excepção do não cumprimento do contrato, prevista no art. 428.º do Código Civil. Neste caso, o executado será notificado para, em 15 dias, satisfazer a prestação que o terceiro diz ser-lhe devida. Da atitude deste vai depender a possibilidade de adopção de vários procedimentos.

2. Se o executado contestar a excepção que o terceiro invocou, serão notificados o exequente e o executado para se pronunciarem, no prazo de 10 dias, devendo o exequente declarar se mantém a penhora ou desiste dela. Se desistir dela, com o desaparecimento da penhora, desaparece o problema; se a mantiver, o crédito passa a considerar-se litigioso.

3. Se o executado confirmar a declaração do terceiro e, notificado para, em 5 dias, satisfazer a prestação, o não fizer, pode o

exequente ou o devedor promover contra ele, sem necessidade de citação, a respectiva execução, por apenso aos autos onde foi ordenada a penhora do crédito, a que servirá de título executivo o despacho que ordenou o cumprimento da prestação.

4. Se, na hipótese prevista no número anterior, o exequente preferir, em vez da execução, remover o obstáculo à penhora satisfazendo a prestação ao terceiro, pode fazê-lo, ficando, nesse caso, sub-rogado nos direitos deste.

ARTIGO 860.º
(Depósito ou entrega da prestação devida)

1 — Logo que a dívida se vença, o devedor que não a haja contestado é obrigado a depositar a respectiva importância em instituição de crédito, à ordem do solicitador de execução ou, na sua falta, da secretaria, e a apresentar no processo o documento do depósito, ou a entregar a coisa devida ao agente de execução, que funcionará como seu depositário.
2 — Se o crédito já estiver vendido ou adjudicado e a aquisição tiver sido notificada ao devedor, será a prestação entregue ao respectivo adquirente.
3 — Não sendo cumprida a obrigação, pode o exequente ou o adquirente exigir a prestação, servindo de título executivo a declaração de reconhecimento do devedor, a notificação efectuada e a falta de declaração ou o título de aquisição do crédito.
4 — Verificando-se, em oposição à execução, no caso do n.º 3 do artigo 856.º, que o crédito não existia, o devedor responde pelos danos causados, nos termos gerais, liquidando-se a sua responsabilidade na própria oposição, quando o exequente faça valer na contestação o direito à indemnização.
5 — É aplicável o disposto no n.º 3 do artigo 861.º.

(Redacção Dec.-Lei n.º 199/2003, de 10 de Setembro).

1. Regula, nos n.ᵒˢ 1 a 4, o procedimento a adoptar pelo terceiro, devedor do crédito penhorado, que sobre ele tem o executado, quando

chegar ao vencimento da origação a cujo cumprimento ele reconheceu estar obrigado. Há que distinguir: se o crédito ainda não foi vendido ou adjudicado, o devedor pode optar entre depositar a prestação em instituição de crédito, à ordem do solicitador da execução, ou da secretaria quando aquele não intervier, ou entregá--la ao agente de execução, que funcionará como depositário. Se já tiver havido venda ou adjudicação, e a aquisição tiver sido notificada ao terceiro devedor, a prestação deve ser entregue ao adquirente.

Se o terceiro, vencido o crédito, não fizer o pagamento, pode o exequente ou o adquirente, conforme a fase da execução, exigir a prestação, nos termos do n.º 3 do preceito em apreço.

2. O n.º 4 foi aditado ao preceito em causa pelo Dec.-Lei n.º 38//2003, de 8 de Março, modificando substancialmente o regime vigente. Na verdade, anteriormente, a *presunção* de que o silêncio do terceiro, quando notificado da penhora, significava reconhecimento da existência da obrigação (art. 856.º, n.º 3), era *iludível*. Agora não é assim. Na oposição que venha a fazer, pode o terceiro provar a inexistência da obrigação, mas, neste caso, responde civilmente pelos danos a que a sua aparente aquiescência der efectivamente causa, desmotivando o exequente, que já se julgava garantido com o crédito penhorado, e por isso não tomou outras medidas ou providências para tornar efectiva a realização do seu direito. Esta responsabilização é feita nos «*termos gerais*», isto é, depende da demonstração prévia dos elementos que a lei civil exige para se verificar a responsabilidade civil por factos ilícitos, fundada em culpa (Cód. Civ., art. 483.º e segs.).

3. O n.º 5 por, sua vez, foi aditado a este artigo, pelo Dec.-Lei n.º 199/2003, de 10 de Setembro.

Este acrescentamento teve o propósito de tornar aplicável, na penhora de créditos, o que já se dispunha, no n.º 3 do art. 861.º, para a penhora de rendas, abonos, vencimentos ou salários. A regra, num caso e noutro, é a de permitir ao exequente, quando já tenha decorrido o prazo para a oposição, sem esta ser deduzida, ou julgada a oposição improcedente, que requeira lhe sejam entregues as quantias depositadas até ao valor da dívida exequenda, depois de descontado o montante relativo a despesas de execução, calculadas nos termos do n.º 3 do art. 821.º.

É uma medida prática que permite, com os frutos da coisa ou direito penhorado, fazer imediata aplicação que antecipe o pagamento da dívida exequenda, e até pode pôr fim à execução.

ARTIGO 860.º-A
(Penhora de direitos ou expectativas de aquisição)

1 — À penhora de direitos ou expectativas de aquisição de bens determinados pelo executado aplica-se, com as adaptações necessárias, o preceituado nos artigos antecedentes acerca da penhora de créditos.

2 — Quando o objecto a adquirir for uma coisa que esteja na posse ou detenção do executado, cumprir-se-á ainda o previsto nos artigos referentes à penhora de imóveis ou de móveis, conforme o caso.

3 — Consumada a aquisição, a penhora passa a incidir sobre o próprio bem transmitido.

1. Este preceito, aditado ao Código pela reforma de 1995/96, veio regular uma situação não prevista no texto primitivo daquele diploma: a penhora de direitos ou expectativas de aquisição, pelo executado, de determinados bens. São os casos, por exemplo, do direito potestativo atribuído ao *promitente comprador* por um contrato-promessa de compra e venda com eficácia real (Cód. Civ., arts. 413.º, n.º 1, e 830.º); da expectativa que é atribuída ao *preferente* por uma preferência com eficácia real (Cód. Civ., art. 421.º); da expectativa de aquisição concedida, por contrato de locação-financeira, ao *locatário* (Dec.-Lei n.º 149/95, de 24 de Junho, art. 1.º); da expectativa também reconhecida pelo vendedor ao *comprador* com reserva de propriedade, de adquirir o bem negociado logo que pague a totalidade do preço (Cód. Civ., art. 409.º, n.º 1). Estes e outros direitos e expectativas de aquisição é que constituem o objecto da penhora aqui considerada.

2. De um modo geral, o regime aplicável a penhora das expectativas de aquisição é o que regula a penhora de créditos (art. 856.º). Porém, se o objecto a adquirir estiver na posse ou detenção do executado, àquelas formalidades acrescerão as que a lei manda ter em conta para a penhora dos próprios bens (arts. 838.º e 848.º).

3. Se, efectuada a penhora da expectativa de adquisição, vier a verificar-se que esta teve lugar, isto é, por exemplo, se o direito de preferência que cabia ao executado sobre determinado bem lhe foi reconhecido, passando ele, na pendência da acção executiva, a ser seu proprietário, a penhora da expectativa converte-se em penhora da coisa adquirida. O facto tem especial importância em atenção à regra de que são inoponíveis à execução os actos de disposição, oneração ou arrendamento dos *bens penhorados* (Cód. Civ., art. 819.º).

ARTIGO 861.º
(Penhora de rendas, abonos, vencimentos ou salários)

1 — Quando a penhora recaia sobre rendas, abonos, vencimentos, salários ou outros rendimentos periódicos, é notificado o locatário, o empregador ou a entidade que os deva pagar para que faça, nas quantias devidas, o desconto correspondente ao crédito penhorado e proceda ao depósito em instituição de crédito.

2 — As quantias depositadas ficam à ordem do solicitador de execução ou, na sua falta, da secretaria, mantendo-se indisponíveis até ao termo do prazo para a oposição do executado, caso este se não oponha, ou, caso contrário, até ao trânsito em julgado da decisão que sobre ela recaia.

3 — Findo o prazo de oposição, se esta não tiver sido deduzida, ou julgada a oposição improcedente, o exequente pode requerer que lhe sejam entregues as quantias depositadas, que não garantam crédito reclamado, até ao valor da dívida exequenda, depois de descontado o montante relativo a despesas de execução referido no n.º 3 do artigo 821.º.

1. Esta especificidade da penhora de créditos alargou, no seu n.º 1, a previsão que este diploma fazia, acrescentando-lhe agora os salários e os outros rendimentos periódicos do executado. Têm de se cumprir os termos gerais da penhora de créditos (arts. 856.º, 858.º a 860.º), observando-se, naturalmente, os limites a que esta deve obedecer (art. 824.º).

2. Quanto ao n.º 3 leia-se a nossa nota 3 ao art. 860.º.

ARTIGO 861.º-A [30]

(Penhora de depósitos bancários)

1 — A penhora que incida sobre depósito existente em instituição legalmente autorizada a recebê-lo é feita, preferentemente, por comunicação electrónica e mediante despacho judicial, que poderá integrar-se no despacho liminar, quando o houver, aplicando-se as regras referentes à penhora de créditos, com as especialidades constantes dos números seguintes.

2 — Sendo vários os titulares do depósito, a penhora incide sobre a quota-parte do executado na conta comum, presumindo-se que as quotas são iguais.

3 — Quando não seja possível identificar adequadamente a conta bancária, é penhorada a parte do executado nos saldos de todos os depósitos existentes na intituição ou instituições notificadas, até ao limite estabelecido no n.º 3 do artigo 821.º; se, notificadas várias instituições, este limite se mostrar excedido, cabe ao agente de execução a ele reduzir a penhora efectuada.

4 — Para os efeitos do número anterior, são sucessivamente observados, pela entidade notificada e pelo agente de execução, os seguintes critérios de preferência na escolha da conta ou contas cujos saldos são penhorados:

a) Preferem as contas de que o executado seja único titular àquelas de que seja contitular e, entre estas, as que têm menor número de titulares àquelas de que o executado é primeiro titular;

b) As contas de depósito a prazo preferem às contas de depósito à ordem.

5 — A notificação é feita directamente às instituições de crédito, com a menção expressa de que o saldo existente, ou a quota-parte do executado nesse saldo, fica cativo desde a data da notificação e, sem prejuízo do disposto no n.º 8, só é movimentável pelo agente de execução, até ao limite estabelecido no n.º 3 do artigo 821.º.

---

[30] Decl. rectificação n.º 5-C/2003, de 30 de Abril.

6 — Além de conter a identificação exigida pelo n.º 7 do artigo 808.º, a notificação identifica o executado, indicando o seu nome, domicílio ou sede, quando conhecido, número de bilhete de identidade ou documento equivalente e número de identificação fiscal; não constitui nulidade a falta de indicação de apenas um dos dois últimos elementos, sem prejuízo de para ambos se proceder nos termos do n.º 3 do artigo 833.º.

7 — As entidades notificadas devem, no prazo de 15 dias, comunicar ao agente de execução o montante dos saldos existentes, ou a inexistência de conta ou saldo; seguidamente, comunicam ao executado a penhora efectuada.

8 — O saldo penhorado pode, porém, ser afectado, quer em benefício, quer em prejuízo do exequente, em consequência de:

a) Operações de crédito decorrentes do lançamento de valores anteriormente entregues e ainda não creditados na conta à data da penhora;

b) Operações de débito decorrentes da apresentação a pagamento, em data anterior à penhora, de cheques ou realização de pagamentos ou levantamentos cujas importâncias hajam sido efectivamente creditadas aos respectivos beneficiários em data anterior à penhora.

9 — Sem prejuízo do disposto no número anterior, a instituição é responsável pelos saldos bancários nela existentes à data da notificação e fornecerá ao tribunal extracto onde constem todas as operações que afectem os depósitos penhorados após a realização da penhora.

10 — Às instituições que prestem colaboração ao tribunal nos termos deste artigo é devida uma remuneração pelos serviços prestados na averiguação da existência das contas bancárias e na efectivação da penhora dos saldos existentes, a qual constitui encargo nos termos e para os efeitos do Código das Custas Judiciais.

11 — Findo o prazo de oposição, se esta não tiver sido deduzida, ou julgada a oposição improcedente, o exequente pode requerer que lhe sejam entregues as quan-

tias penhoradas, que não garantam crédito reclamado, até ao valor da dívida exequenda, depois de descontado o montante relativo a despesas de execução referido no n.º 3 do artigo 821.º

12 — Com excepção da alínea b) do n.º 4, os números anteriores aplicam-se, com as necessárias adaptações, à penhora de valores mobiliários escriturais ou titulados, integrados em sistema centralizado, registados ou depositados em intermediário financeiro ou registados junto do respectivo emitente.

1. Os depósitos podem ser «à ordem», com pré-aviso, a prazo não mobilizáveis antecipadamente e depósitos constituídos em regime especial.

Esta matéria suscitou algumas dificuldades na aplicação de dois princípios que entre si conflituam: o dever de cooperação com a descoberta da verdade e o direito ou dever de sigilo bancário.

A reforma do processo civil, que se consubstanciou nos Decretos-Leis n.º 329-A/95 e 180/96, de 8 de Outubro e 25 de Setembro, respectivamente, estendendo ao processo civil a dispensa do sigilo já estabelecida para o processo penal (art. 599.º, n.º 4) e aditando ao Código de Processo o art. 861.º-A, veio dar solução a este problema, que a nova redacção dada ao mesmo preceito pela reforma actual ajudou a concretizar.

2. Hoje, portanto, a penhora de depósito bancário consiste em notificação preferentemente feita por comunicação electrónica, ao banco depositário, de que o saldo da conta ou das contas que nele existirem em nome do executado passam a ficar à ordem do agente de execução. Esta notificação depende do despacho judicial e será feita observando-se as regras referentes à penhora de créditos, com aplicação das especialidades constantes do preceito anotando.

3. O n.º 12 torna extensivo o regime da penhora do saldo de depósito bancário à penhora dos valores mobiliários escriturais ou titulados (art. 857.º e correspondente anotação) integrados em sistema centralizado ou depositada em instituição financeira autorizada, ou registadas junto do respectivo emitente.

ARTIGO 862.º
(Penhora de direito a bens indivisos e de quotas em sociedades)

1 — Se a penhora tiver por objecto quinhão em património autónomo ou direito a bem indiviso não sujeito a registo, a diligência consiste unicamente na notificação do facto ao administrador dos bens, se o houver, e aos contitulares, com a expressa advertência de que o direito do executado fica à ordem do agente de execução, desde a data da primeira notificação efectuada.

2 — É lícito aos notificados fazer as declarações que entendam quanto ao direito do executado e ao modo de o tornar efectivo, podendo ainda os contitulares dizer se pretendem que a venda tenha por objecto todo o património ou a totalidade do bem.

3 — Quando o direito seja contestado, a penhora subsistirá ou cessará conforme a resolução do exequente e do executado, nos termos do artigo 858.º

4 — Quando todos os contitulares façam a declaração prevista na segunda parte do n.º 2, procede-se à venda do património ou do bem na sua totalidade, salvo se o juiz, para tal solicitado, o entender inconveniente para o fim da execução.

5 — O disposto nos números anteriores é aplicável, com as necessárias adaptações, à penhora do direito real de habitação periódica e de outros direitos reais cujo objecto não deva ser apreendido, nos termos previstos na subsecção anterior.

6 — Na penhora de quota em sociedade, além da comunicação à conservatória de registo competente, nos termos do n.º 1 do artigo 838.º, é feita a notificação da sociedade, aplicando-se o disposto no Código das Sociedades Comerciais quanto à execução da quota.

1. Os arts. 825.º, 826.º e 827.º, inscritos na parte que trata dos «bens bens que podem ser penhorados», indicam as limitações a que deve obedecer tanto a penhora dos «bens comuns do casal», como

a penhora em caso de «comunhão ou compropriedade», e, finalmente, quando se tratar de bens a penhorar na «execução contra o herdeiro».

O preceito em anotação indica *como se faz a penhora* que tiver por objecto o quinhão em património autónomo e o direito a bens indivisos não sujeitos a registo (n.ᵒˢ 1 a 4).

O melhor entendimento destas normas resultará de se ter presente o conjunto dessas disposições, e as notas que elas nos mereceram, especialmente na referência ao direito substantivo correspondente.

2. A penhora faz-se por notificação ao administrador dos bens, se o houver, e aos contitulares, com a expressa advertência de que o direito do executado fica à ordem do agente de execução, desde a data da primeira notificação efectuada. Havendo unanimidade entre os titulares a venda pode ter por objecto todo o património ou a totalidade do bem, salvo se o juiz entender esse procedimento inconveniente para o fim da execução.

3. A lei manda também aplicar o regime dos n.ᵒˢ 1 a 4, à penhora do direito real da habitação periódica [31], e à dos outros direitos reais cujo objecto não deva ser apreendido [32].

4. A penhora de quotas das sociedades comerciais, ou das sociedades civis sob forma comercial, está sujeita a registo [(Cód. Reg. Com. [33]), art. 3.º, *f*)].

A penhora faz-se, de harmonia com o disposto nos n.ᵒˢ 1 a 4 do artigo anotando, com a notificação à sociedade de que a quota fica à ordem do agente de execução, e comunicação electrónica à conservatória do registo comercial competente para efeito da inscrição no registo. O Código das Sociedades Comerciais trata, no seu art. 239.º, da execução da quota.

---

[31] Dec-Lei n.º 275/93, de 5 de Agosto; Dec.-Lei n.º 180/99, de 22 de Maio.
[32] Exemplo: «nua propriedade», Castro Mendes, *Acção Executiva*, pág. 111.
[33] Aprov.ᵈᵒ Dec-lei n.º 403/86, de 3 Dezembro; alt. Decs-Leis n.º 349/89, de 13 de Outubro; n.º 238/91, de 2 de Julho; n.º 31/93, de 12 Fev.; 267/93, de 31 Julho; n.º 216/94, de 20 de Agosto; n.º 328/95 de 9 Dez.; n.º 257/96, de 31 Dez.; 368/98, de 23 Nov.; n.º 172/99, de 20 de Maio; n.º 198/99, de 8 Jan.; n.º 375-A/99, de 23 Set.; n.º 410/99, de 15 Out.; n.º 533/99, de 11 Dez. (rectif. 29/2/00); n.º 273/01, de 13 Out.

ARTIGO 862.º-A
(Penhora de estabelecimento comercial)

1 — A penhora do estabelecimento comercial faz-se por auto, no qual se relacionam os bens que essencialmente o integram, aplicando-se ainda o disposto para a penhora de créditos, se do estabelecimento fizerem parte bens dessa natureza, incluindo o direito ao arrendamento.

2 — A penhora do estabelecimento comercial não obsta a que possa prosseguir o seu funcionamento normal, sob gestão do executado, nomeando-se, sempre que necessário, quem a fiscalize, ao qual se aplicam, com as necessárias adaptações, os preceitos referentes ao depositário.

3 — Quando, porém, o exequente fundadamente se oponha a que o executado prossiga na gestão do estabelecimento, designar-se-á administrador, com poderes para proceder à respectiva gestão ordinária.

4 — Se estiver paralisada ou dever ser suspensa a actividade do estabelecimento penhorado, designar-se-á depositário para a mera administração dos bens nele compreendidos.

5 — A penhora do direito ao estabelecimento comercial não afecta a penhora anteriormente realizada sobre bens que o integrem, mas impede a penhora posterior sobre bens nele compreendidos.

6 — Se estiverem compreendidos no estabelecimento bens ou direitos cuja oneração a lei sujeita a registo, deve o exequente promovê-lo, nos termos gerais, quando pretenda impedir que sobre eles possa recair penhora ulterior.

1. Foi o Dec.-Lei n.º 329-A/95, de 12 de Dezembro, que, aditando este artigo ao Código de Processo Civil, veio regular, pela primeira vez, a penhora do estabelecimento comercial como uma unidade. A redacção actual foi-lhe dada pelo Dec.-Lei n.º 38/03, de 8 de Março.

2. A penhora do estabelecimento comercial é hoje feita por auto, elaborado pelo agente de execução, de acordo com o modelo oficial constante da Portaria Min. n.º 700/2003, de 31 de Julho; se do esta-

belecimento fizerem parte direitos de crédito, incluindo o direito ao arrendamento, aplicar-se-á o disposto no art. 856.º, fazendo-se as notificações a que ali se alude.

3. A penhora do estabelecimento comercial não afecta a penhora ou penhoras que anteriormente tenham sido realizadas sobre bens que o constituem, mas impede a penhora posterior sobre bens nele compreendidos, a não ser que se trate de bens sujeitos a registo, os quais obedecem a um condicionalismo diferente. Realmente, embora a penhora do estabelecimento comercial, no seu todo, não implique a necessidade do registo, a verdade é que se fizerem parte do estabelecimento penhorado bens ou direitos cuja oneração a lei sujeite a registo, deve o exequente promovê-lo, nos termos gerais, se quizer impedir que sobre esses bens possa recair penhora posterior.

4. Vejamos agora os efeitos que a penhora do estabelecimento comercial produz sobre o seu normal funcionamento.
A regra é a de que, estando a funcionar, o estabelecimento continuará o seu funcionamento normal sob gestão do executado, nomeando-se, quando necessário, quem o fiscalize; a este olheiro, que tem a seu cargo fiscalizar aquela gestão, manda a lei aplicar, com as necessárias adaptações, os preceitos referentes ao depositário. Se puder aplicar-se esta solução ela será, manifestamente, a preferível, sob o ponto de vista económico, para todos: executado, exequente e outros credores. Se porém, o exequente tiver razões, fundadas em factos concretos, que façam duvidar da boa gestão do executado, o exequente pode obter que o juiz, perfilhando essas razões, designe um administrador, que substitua o executado no exercício daquelas funções. Finalmente, se à data da penhora estiver realizada a actividade comercial do estabelecimento, ou vier a ser ordenado o encerramento deste, o juiz designará um depositário para fazer a mesma administração dos bens que o compõem.

5. Para o caso de o estabelecimento a penhorar se encontrar instalado num centro comercial, veja-se: Antunes Varela, em anotação ao Ac. S. T. J., de 20/1/98, na *Rev. Leg. Jur.* ano 131.º, págs. 138 e 373.

ARTIGO 863.º
(Disposições aplicáveis à penhora de direitos)

É subsidiariamente aplicável à penhora de direitos o disposto nas subsecções anteriores para a penhora das coisas imóveis e das coisas móveis.

Veja-se o que escrevemos em anotação ao art. 855.º.

SUBSECÇÃO VI

Oposição à penhora

ARTIGO 863.º-A
(Fundamentos da oposição)

1 — Sendo penhorados bens pertencentes ao executado, pode este opor-se à penhora com algum dos seguintes fundamentos:

a) Inadmissibilidade da penhora dos bens concretamente apreendidos ou da extensão com que ela foi realizada;

b) Imediata penhora de bens que só subsidiariamente respondam pela dívida exequenda;

c) Incidência da penhora sobre bens que, não respondendo, nos termos do direito substantivo, pela dívida exequenda, não deviam ter sido atingidos pela diligência.

2 — Quando a oposição se funde na existência de patrimónios separados, deve o executado indicar logo os bens, integrados no património autónomo que responde pela dívida exequenda, que tenha em seu poder e estejam sujeitos à penhora.

1. Os artigos 863.º-A a 863-B foram aditados a este Código pelo Dec.-Lei n.º 329-A/95, criando, assim, um incidente processual, que designou por «oposição à penhora», o qual permite ao executado obter o levantamento da penhora que tenha incidido sobre bens seus, quando se verifiquem certas ofensas à lei, que este preceito indica como fundamentos da oposição. O Dec.-Lei n.º 38/2003 intro-

duziu, nesta matéria, algumas pequenas alterações, que a não modificaram substancialmente.

2. O primeiro fundamento desta oposição consiste em terem sido penhorados bens do executado que a lei de processo declara absoluta (art. 822.º), relativa (art.º 823.º) ou parcialmente impenhoráveis (art. 824.º).

Será o caso de haver sido penhorado um túmulo pertencente ao executado; ou um objecto seu, que ele emprega no exercício da sua profissão, não se verificando qualquer dos casos previstos no n.º 2 do art. 823.º; ou a *totalidade* do salário auferido pelo executado, *na parte em que excedeu* os limites previstos no art. 824.º

3. A ilegalidade indicada em segundo lugar como fundando a oposição, é a que se manifesta, em execução movida contra o devedor principal e o devedor subsidiário, quando se penhorarem bens deste, *antes* de excutidos todos os bens daquele (art. 828.º).

Como casos de penhorabilidade subsidiária vejam-se, por exemplo, o da responsabilidade do fiador (Cód. Civ., art. 638.º), o da existência de garantia real (cit. cód., art. 639.º); o da responsabilidade do sócio pelas dívidas sociais (cit. cód., art. 997.º, n.º 2); o da responsabilidade de um dos cônjuges pelo pagamento de dívidas da responsabilidade de ambos (cit. cód., art. 1695, n.º 1).

Para este último caso, o da existência de patrimónios separados, em que não foi guardada a ordem da penhorabilidade dos bens que os compõem, o executado, quando vier opor-se à penhora com esse fundamento, indicará logo quais os bens da comunhão a dividir, que tem em seu poder e estejam sujeitos à penhora.

4. Finalmente vamos observar o disposto na alínea *c)* do n.º 1 do preceito em análise.

Há casos em que a lei civil, por razões especiais, isenta certos bens do devedor da responsabilidade de responderem pelo pagamento de certas dívidas. As partes, p.e., podem convencionar entre si, não se tratando de matéria subtraída à sua disponibilidade, que a responsabilidade do devedor fique limitada a *alguns dos seus bens* no caso da obrigação não ser voluntariamente cumprida (art. 602.º Cód. Civ.). Outra situação abrangida pela previsão legal: na substituição fideicomissária (Cód. Civ., art. 2286.º) os credores pessoais do fiduciário não têm o direito de se pagar pelos bens sujeitos ao fideicomisso (art. 2293.º do Cód. Civ.). Em qualquer destas duas hipóteses, se o exequente, na execução contra o devedor, penhorar bens com ofensa desses preceitos legais, comete uma ilegalidade que dá ao executado direito a opor-se à penhora e a obter o seu levantamento.

ARTIGO 863.º-B
(Processamento do incidente)

1 — A oposição é apresentada:

a) **No prazo de 20 dias a contar da citação, quando esta é efectuada após a penhora;**

b) **No prazo de 10 dias a contar da notificação do acto da penhora, quando a citação o anteceda.**

2 — Quando não se cumule com a oposição à execução, nos termos do n.º 2 do artigo 813.º, o incidente de oposição à penhora segue os termos dos artigos 303.º e 304.º, aplicando-se ainda, com as necessárias adaptações, o disposto nos n.ᵒˢ 1 e 3 do artigo 817.º

3 — A execução só é suspensa se o executado prestar caução; a suspensão circunscreve-se aos bens a que a oposição respeita, podendo a execução prosseguir sobre outros bens que sejam penhorados.

4 — A procedência da oposição à penhora determina o levantamento desta.

1. Contém as regras de processamento do incidente da oposição à penhora. Este só tem regras processuais próprias quando não se cumule com a oposição à execução (arts. 813 e s.). Quando se cumular com a oposição à execução seguirá normalmente, os termos desta.

2. Se a oposição for recebida, a execução poderá ser suspensa quanto aos bens a que a penhora respectiva disser respeito, se o executado prestar caução (arts. 981.º e s.)

3. Este incidente de oposição à penhora só está previsto para o caso de os bens penhorados *pertencerem ao executado*. Para a hipótese da penhora ofender a posse ou qualquer direito incompatível com o direito de terceiro, pode este defender-se deduzindo

embargos de terceiro contra aquela diligência judicial (arts. 351.º a 359.º).

SECÇÃO IV

Cotações e concurso de credores

SUBSECÇÃO I

Citações

ARTIGO 864.º (34)

(Citações)

1 — A citação do executado, do cônjuge e dos credores é efectuada nos termos gerais; mas só a do executado pode ter lugar editalmente.

2 — O agente de execução cita o executado no acto da penhora, sempre que ele esteja presente, ou, não estando, no prazo de cinco dias contados da realização da última penhora.

3 — No mesmo prazo, o agente de execução cita:

a) **O cônjuge do executado, quando a penhora tenha recaído sobre bens imóveis ou estabelecimento comercial que o executado não possa alienar livremente, ou sobre bens comuns do casal, para os efeitos constantes do artigo seguinte, e, sendo caso disso, para declarar se aceita a comunicabilidade da dívida, nos termos do artigo 825.º;**

b) **Os credores que sejam titulares de direito real de garantia, registado ou concebido, para reclamarem o pagamento dos seus créditos;**

c) **As entidades referidas nas leis fiscais, com vista à defesa dos possíveis direitos da Fazenda Nacional;**

d) **O Instituto de Gestão Financeira da Segurança Social, com vista à defesa dos direitos da segurança social.**

4 — Sendo penhorados abonos, vencimentos ao salários, a citação tem lugar ao mesmo tempo que a noti-

---

(34) Rectif. Decl. n.º 5-C/2003, de 30 de Abril.

ficação ao empregador do executado de que deve reter determinada quantia a penhorar.

5 — Juntamente com os elementos exigidos pelo artigo 235.º, com as necessárias adaptações, é entregue ao citando cópia do auto de penhora.

6 — Ao executado é comunicado que, no prazo da oposição e sob pena de condenação como litigante de má fé, nos termos gerais, deve indicar os direitos, ónus e en-cargos não registáveis que recaiam sobre o bem penhorado, bem como os respectivos titulares, e que pode requerer a substituição dos bens penhorados ou a substituição da penhora por caução, nas con-dições e nos termos da alínea a) do n.º 3 e do n.º 5 do artigo 834.º

7 — A citação do executado é substituída por notificação quando tenha tido lugar a citação prévia, bem como quando, citado o executado para a execução de determinado título, se cumule depois, no mesmo processo, a execução de outro título, aplicando-se, neste caso, o artigo 235.º, devidamente adaptado, sem prejuízo de a notificação se fazer na pessoa do mandatário, quando constituído.

8 — Os credores a favor de quem exista o registo de algum direito real de garantia sobre os bens penhorados são citados no domicílio que conste do registo, salvo se tiverem outro domicílio conhecido.

9 — Os titulares de direito real de garantia sobre bem não sujeito a registo são citados no domicílio que tenha sido indicado no acto da penhora ou que seja indicado pelo executado.

10 — A falta das citações prescritas tem o mesmo efeito que a falta de citação do réu, mas não importa a anulação das vendas, adjudicações, remissões ou pagamentos já efectuados, dos quais o exequente não haja sido exclusivo beneficiário, ficando salvo à pessoa que devia ter sido citada o direito de ser indemni-zada, pelo exequente ou outro credor pago em vez dela, segundo as regras do enriquecimento sem causa, sem prejuízo da responsabilidade civil, nos termos gerais, da pessoa a quem seja imputável a falta de citação.

1. A *citação do executado* pode ocorrer antes ou depois da penhora (arts. 812.º, n.ºˢ 1, 2 e 7; 812.º-A, n.ºˢ 1 e 2; 812.º-B, n.ºˢ 1 a 3; e 864.º, n.º 2). Quem a faz é o agente de execução, que deve dar cumprimento ao disposto para as citações no art. 235.º. No caso da penhora incidir sobre abonos, vencimentos ou salários, notificar-se--á o empregador do executado para fazer os necessários descontos. Ao contrário dos outros intervenientes, que não podem ser citados editalmente, o executado pode ser citado por essa forma quando se desconheça o seu paradeiro. A citação do executado é substituída por notificação se tiver havido citação prévia, ou no caso de cumulação de execuções.

2. A citação do *cônjuge* do executado tem lugar: *a)* quando a penhora tenha recaído sobre bens imóveis ou estabelecimento que o executado não possa alienar livremente; *b)* quando tenham sido penhorados bens comuns do casal; e *c)* para declarar, sendo caso disso, se aceita a comunicabilidade da dúvida.

Relativamente aos casos da alínea *a)* deve distinguir-se entre os casamentos contraídos sob o regime da separação de bens (Cód. Civ., arts. 1735.º a 1736.º), dos contraídos sob qualquer dos regimes de comunhão de bens, quer a comunhão geral (arts. 1732.º a 1736.º), quer a comunhão de adquiridos (art. 1721.º a 1731.º). No regime da separação de bens cada um dos cônjuges conserva o domínio e fruição de todos os seus bens presentes e futuros, podendo dispor deles livremente ([35]). Não há por isso, comunidade de bens; se houver bens que pertençam a ambos os cônjuges, o regime que lhes é aplicável é o que regula a compropriedade. Nos regimes de comunhão é que existe essa comunidade de bens, dispondo a lei civil que a alienação ou oneração de bens imóveis e de estabelecimento comercial, próprios ou comuns, carece do consentimento de ambos os cônjuges (Cód. Civ., art. 1682.º-A, n.º 1). O estabelecimento comercial pode ou não compreender a propriedade de imóveis, mas é, em regra, um factor importante para a economia familiar, o que explica que se proíba a sua alienação ou oneração por um só dos cônjuges, mesmo que ele seja o seu proprietário exclusivo.

A citação do cônjuge do executado também tem lugar quando a penhora recair sobre *bens comuns* do casal. No regime da comu-

---

([35]) Presentemente há uma execução: a alienação, oneração, arrendamento ou constituição de outros direitos pessoais de gozo sobre a casa de morada da família carece sempre do consentimento de ambos os cônjuges — Cód. Civ., art. 1682.º-A, n.º 2.

nhão geral de bens são bens comuns do casal todos os bens dos cônjuges existentes à data do casamento ou posteriormente adquiridos por eles, com excepção dos referidos no art. 1733.º do Cód. Civil. No regime da comunhão de adquiridos são bens próprios os referidos nos arts. 1722.º, 1723.º, 1726.º, 1727.º, 1728.º; os restantes são bens comuns.

Finalmente o cônjuge ainda é citado quando se verificarem as situações previstas nos n.ºs 1 e 2 do art. 825, para os efeitos aí indicados.

A falta de citação do cônjuge tem o mesmo efeito que a falta de citação do réu (art. 194.º), ou seja, produz a nulidade de tudo o que se processar na execução a partir do momento em que essa citação devia ter tido lugar, com excepção das vendas, remissões ou pagamentos já efectuados, desde que o exequente não tenha sido exclusivo beneficiário.

3. *Os credores* que intervêm no concurso são apenas os titulares de um direito real de garantia sobre os bens penhorados e aqueles que tiverem obtido uma segunda penhora sobre esses bens, numa outra execução (arts.865, n.º 1 e 871.º).

São direitos reais de garantia: as hipotecas voluntárias (Cód. Civ. arts. 686.º e s.); as hipotecas legais (Cit. Cód. arts. 704.º e s.); as hipotecas judiciais (Cit. Cód., arts. 710.º e s.); a consignação de rendimentos (Cit. Cód., art. 656.º) o penhor (Cit. Cód., art. 666.º e s.); os privilégios creditórios (Cit. Cód., arts. 733.º e s.); o direito de retenção (Cit. Cód., arts. 754.º e s.); o arresto (Cód. Cit., arts. 622.º e 822.º n.º 2), e a penhora (Cit. Cód. art. 822.º, n.º 1).

Como se sabe, a nossa lei processual civil adoptou, entre os modelos da execução singular e da execução colectiva, uma espécie intermédia que se tem designado como e*xecução singular com uma componente concursal:* a execução é somente impulsionada pelo credor-exequente, ao lado do qual *apenas* podem intervir os *credores com garantia real* sobre os bens penhorados, por estes bens serem transmitidos livres dos direitos de garantia (art. 824.º, n.º 2, do Cód. Civ.).

Os credores são citados no domicílio que conste do registo, ou no domicílio que tenha sido indicado a quando da penhora, ou venha a ser indicado pelo executado, quando se tratar de bens não sujeitos a registo. Com a reforma processual de 2003 passou a não se proceder à citação *edital* dos credores e do cônjuge do executado; o executado, porém, pode ser citado editalmente, por incerteza do lugar em que se encontre (arts. 244.º e segs.).

ART. 864.º-A *Livro III, Título III — Do processo de execução*

O executado é considerado litigante de má fé (arts. 456.º a 459.º) se, havendo direitos reais cuja constituição não exija registo, não der culposamente conhecimento em juízo desse facto no prazo da oposição.

Se o credor, devidamente citado, não vier reclamar o seu crédito, perde a garantia, mantendo-se, porém, o crédito que tiver.

À falta de citação dos credores é aplicável o regime geral (arts. 194.º e segs.), com as alterações previstas no n.º 10 do artigo em anotação.

4. A lei manda ainda citar as entidades referidas nas leis fiscais, para a defesa de possíveis direitos da Fazenda Nacional, e o Instituto de Gestão Financeira da Segurança Social para defesa dos seus direitos.

5. Os credores com garantia real que não tiverem sido citados, devendo sê-lo, poderão reclamar os seus créditos até à transmissão dos bens penhorados.

ARTIGO 864.º-A
(Estatuto processual do cônjuge do executado)

O cônjuge do executado, citado nos termos da alínea a) do n.º 3 do artigo anterior, é admitido a deduzir, no prazo de 10 dias, ou até ao termo do prazo concedido ao executado, se terminar depois daquele, oposição à execução ou à penhora e a exercer, no apenso de verificação e graduação de créditos e na fase do pagamento, todos os direitos que a lei processual confere ao executado, sem prejuízo de poder também requerer a separação dos bens do casal, nos termos do n.º 5 do artigo 825.º, quando a penhora recaia sobre bens comuns.

(Red. Dec.-Lei n.º 199/2003, de 10 de Setembro, rectificado no D.R., 1.ª s., n.º 253, de 31/10).

1. Este preceito define o estatuto processual de qualquer dos cônjuges quando a execução é movida contra o outro cônjuge, conforme as circunstâncias que determinam a sua citação.

2. Se o cônjuge do executado for citado na situação prevista no n.º 1 do art. 825.º, deve requerer *a separação de bens* ou juntar

certidão comprovativa da pendência da acção em que a separação já tenha sido requerida. Não tendo o cônjuge, no prazo de que dispõe para a oposição, requerido a separação de bens (art. 1406.º) ou apresentado aquela certidão, a execução prossegue sobre os bens comuns (art. 825.º, n.º 4). Se tiver requerido a separação, ou juntado certidão comprovativa de que a requereu, em processo pendente, a execução fica suspensa até à partilha (art. 825.º, n.º 7).

Se o cônjuge do executado for citado nos termos do n.º 2 do art. 825.º, deve tomar posição sobre a comunicabilidade da dívida alegada pelo exequente. Quando o cônjuge aceitar a comunicabilidade da dívida, com o fundamento que lhe foi atribuído, ou nada disser, a execução prossegue, agora também contra o cônjuge, considerando-se comum a dívida, para efeitos da execução, sem prejuízo da oposição que contra ela deduza. Se, porém, recusar a comunicabilidade da dívida e requerer a separação de bens, a execução fica suspensa relativamente aos bens comuns até à partilha; se negar a comunicabilidade, mas não requerer a separação de bens, nem apresentar certidão de ter feito esse pedido em acção pendente, a execução prossegue nos bens comuns.

Se o cônjuge do executado for citado nos termos da alínea *a)* do n.º 3 do art. 864.º, assume direitos idênticos aos que a lei reconhece ao executado, designadamente os de deduzir oposição à execução ou à penhora (arts. 813.º a 820.º e arts. 863.º-A e 863.º-B), bem como os direitos que a lei processual àquele confere na fase do pagamento (arts. 872.º e segs.).

ARTIGO 864.º-B

Este artigo foi revogado pelo art. 4.º do Dec.-Lei n.º 38.º/2003, de 8/3, constando hoje do teor do art. 864.º-A.

SUBSECÇÃO II
Concurso de credores

ARTIGO 865.º
(Reclamação dos créditos)

1 — Só o credor que goze de garantia real sobre os bens penhorados pode reclamar, pelo produto destes, o pagamento dos respectivos créditos.

2 — A reclamação tem por base um título exequível e é deduzida no prazo de 15 dias, a contar da citação do reclamante.

3 — Os titulares de direitos reais de garantia que não tenham sido citados podem reclamar espontaneamente o seu crédito até à transmissão dos bens penhorados.

4 — Não é admitida a reclamação do credor com privilégio creditório geral, mobiliário ou imobiliário, quando:

a) A penhora tenha incidido sobre bem só parcialmente penhorável, nos termos do artigo 824.º, renda, outro rendimento periódico, ou veículo automóvel; ou

b) Sendo o crédito do exequente inferior a 190 UC, a penhora tenha incidido sobre moeda corrente, nacional ou estrangeira, depósito bancário em dinheiro; ou

c) Sendo o crédito do exequente inferior a 190 UC, este requeira procedentemente a consignação de rendimentos, ou a adjudicação, em dação em cumprimento, do direito de crédito no qual a penhora tenha incidido, antes de convocados os credores.

5 — Quando, ao abrigo do n.º 3, reclame o seu crédito quem tenha obtido penhora sobre os mesmos bens em outra execução, esta é sustada quanto a esses bens, quando não tenha tido já lugar sustação nos termos do artigo 871.º.

6 — A ressalva constante do n.º 4 não se aplica aos privilégios creditórios dos trabalhadores.

7 — O credor é admitido à execução, ainda que o crédito não esteja vencido; mas se a obrigação for incerta ou ilíquida, torná-la-á certa ou líquida pelos meios de que dispõe o exequente.

8 — As reclamações são autuadas num único apenso ao processo da execução.

1. Como se tem vindo a afirmar, o Código vigente somente admite, no concurso, a intervenção de credores que disponham de um direito real de garantia sobre os bens penhorados, ou que tiverem obtido uma segunda penhora sobre esses bens, numa outra execução [arts. 864.º, n.º 1, *a)* e 871.º, n.º 1]. Foi a circunstância de

a venda judicial produzir a extinção das garantias reais (Cód. Civ., art. 824.º, n.º 2) que impôs este desvio ao modelo da execução singular, que o legislador de 61 resolveu adoptar. Por isso, sempre que não chegar a fazer-se a venda pública (penhora de dinheiro ou equivalente, consignação de rendimentos, admissão do pagamento em prestações), como não há a ameaça daquela extinção, também não há lugar ao concurso ([36]).

O credor que não dispuzer de garantia real sobre os bens penhorados não é admitido ao concurso, mas pode propor uma execução em que penhore esses bens, usando, seguidamente, do direito que lhe é assegurado pelo art. 871.º e no n.º 5 do preceito anotando.

2. São títulos executivos os indicados no art. 46.º. Se o credor não estiver munido de título executivo, poderá usar do meio regulado pelo art. 869.º para o obter.

A reclamação é processada num único apenso. Quanto à intervenção obrigatória de advogado veja-se o art. 60.º.

3. Os credores desconhecidos não são citados mas, em contrapartida, podem reclamar os seus créditos até à transmissão dos bens penhorados.

4. O crédito pode não estar vencido, mas a obrigação deve ser certa e líquida; se o não for, o reclamante dispõe, para a tornar tal, dos meios atribuídos pela lei ao exequente (arts. 803.º e 805.º).

ARTIGO 866.º
(Impugnação dos créditos reclamados)

1 — Findo o prazo para a reclamação de créditos, ou apresentada reclamação nos termos do n.º 3 do artigo 865.º, dela são notificados o executado, o exequente e os credores reclamantes; à notificação ao executado aplica-se o artigo 235.º, devidamente adaptado, sem prejuízo de a notificação se fazer na pessoa do mandatário, quando constituído.

([36]) Veja-se ainda a exclusão da reclamação de créditos na acção executiva simplificada: Dec.-Lei n.º 274/97, de 8 de Outubro, art. 2.º.

ART. 866.º Livro III, Título III — Do processo de execução

2 — As reclamações podem ser impugnadas pelo exequente e pelo executado no prazo de 15 dias, a contar da respectiva notificação.

3 — Também dentro do prazo de 15 dias, a contar da respectiva notificação, podem os restantes credores impugnar os créditos garantidos por bens sobre os quais tenham invocado também qualquer direito real de garantia, incluindo o crédito exequendo, bem como as garantias reais invocadas, quer pelo exequente, quer pelos outros credores.

4 — A impugnação pode ter por fundamento qualquer das causas que extinguem ou modificam a obrigação ou que impedem a sua existência.

5 — Se o crédito estiver reconhecido por sentença que tenha força de caso julgado em relação ao impugnante, a impugnação só pode basear-se em algum dos fundamentos mencionados nos artigos 814.º e 815.º, na parte em que forem aplicáveis.

1. A reforma de 2003 retirou deste preceito um despacho liminar que aí se previa.

2. A impugnação dos créditos reclamados só é permitida aos credores que tenham invocado qualquer garantia sobre os mesmos bens. É que os credores privilegiados ou preferentes não são pagos pelo produto da venda de quaisquer bens do executado, mas apenas pelo produto da venda dos bens de garantia.

3. Ficou esclarecido, pela redacção dada ao n.º 3, que é admitida a impugnação do crédito exequendo, o que anteriormente parecia duvidoso.

4. A norma restritiva do n.º 5, que limita a impugnação de créditos reconhecidos por sentença aos fundamentos mencionados nos arts. 814.º e 815.º, só é aplicável ao impugnante relativamente ao qual aquela sentença tenha força de caso julgado. Era também um ponto discutido.

ARTIGO 867.º
(Resposta do reclamante)

O credor cujo crédito haja sido impugnado mediante defesa por excepção pode responder nos 10 dias seguintes à notificação das impugnações apresentadas.

Solução idêntica à adoptada para a resposta à contestação em processo sumário declarativo (art. 785.º).

ARTIGO 868.º
(Termos posteriores — Verificação e graduação dos créditos)

1 — Se a verificação de algum dos créditos impugnados estiver dependente de produção de prova, seguir-se-ão os termos do processo sumário de declaração, posteriores aos articulados; o despacho saneador declarará, porém, reconhecidos os créditos que o puderem ser, embora a graduação de todos fique para a sentença final.

2 — Se nenhum dos créditos for impugnado ou a verificação dos impugnados não depender de prova a produzir, proferir-se-á logo sentença que conheça da sua existência e os gradue com o crédito do exequente, sem prejuízo do disposto no n.º 4.

3 — Quando algum dos créditos graduados não esteja vencido, a sentença de graduação determinará que, na conta final para pagamento, se efectue o desconto correspondente ao benefício da antecipação.

4 — Haver-se-ão como reconhecidos os créditos e as respectivas garantias reais que não forem impugnados, sem prejuízo das excepções ao efeito cominatório da revelia, vigentes em processo declarativo, ou do conhecimento das questões que deviam ter implicado rejeição liminar da reclamação.

5 — O juiz pode suspender os termos do apenso de verificação e graduação de créditos posteriores aos articulados, até à realização da venda, quando considere provável que o produto desta não ultrapassará o valor das custas da própria execução.

6 — A graduação será refeita se vier a ser verificado algum crédito que, depois dela, seja reclamado nos termos do n.º 3 do artigo 865.º.

1. Processo sumário de declaração: arts. 783.º a 790.º.

2. A revelia é apurada de harmonia com o disposto no art. 484.º, tendo, porém, em conta as excepções previstas no art. 485.º.

3. As custas saiem sempre precípuas, isto é, com precedência absoluta, do produto dos bens penhorados (art. 455.º).
Se o concurso disser respeito a coisas *móveis* as garantias reais sujeitas a registo (Cód. Civ., art. 687.º) são: hipoteca sobre móveis sujeitos a registo [Dec.-Lei n.º 54/75, de 12/2, art. 5.º, n.º 1, alínea c)]; o penhor de créditos hipotecários ou garantidos por consignação de rendimentos [Cód. Reg. Pred., art. 2.º, n.º 1, alínea o); Dec.-Lei n.º 54/75, art. 5.º, n.º 1, alínea d)]; o penhor de quotas de sociedades comerciais e civis sob forma comercial [Cód. Reg. Com., art. 3.º, alínea f)]; o penhor das partes de capital das cooperativas de responsabilidade limitada [Cód. Reg. Com., art. 4.º, c)]; o penhor de valores mobiliários escriturais [Cód. Val. Mob., art. 56.º, n.º 2, l)] e titulados (Cit. Dip., art. 88.º, n.º 1).
São garantias reais ou causas legítimas de preferência, as indicadas no n.º 2 do art. 604.º do Código Civil, a que acrescem, pela lei adjectiva, o arresto não convertido e a penhora (veja-se a nota 3 ao art. 864.º).

4. As regras para a graduação dos créditos são as indicadas pelo direito substantivo.
Quanto a bens móveis, há que ter em conta:

a) Privilégio mobiliário especial dos créditos por despesas de justiça feitas directamente no interesse comum dos credores, para a conservação, execução ou liquidação de bens móveis (Cód. Civ., arts. 738.º, n.º 1 e 746.º);

b) Penhor (Cód. Civ., arts. 666.º, n.º 1 e 750.º);

c) Direito de retenção (Cód. Civ., arts. 754.º e 758.º);

d) Privilégio mobiliário geral relativo a salários em atraso (Lei n.º 17/86, de 14/6, art. 12.º, n.ºˢ 1 e 4 e Cód. Civ., art. 737.º);

e) Privilégio mobiliário especial e geral aos créditos do Estado (Cód. Civ., arts. 736.º, n.º 1 e 747.º);
f) Privilégio mobiliário geral por crédito de impostos às autarquias locais [Cód. Civ., arts. 736.º, n.º 1, e 747.º, n.º 1, alínea *a)*];
g) Privilégio mobiliário geral relativos aos créditos da Segurança Social (Dec.-Lei n.º 103/80, de 9/5, art. 10.º, n.ᵒˢ 1 e 2);
h) Hipoteca [Cód. Civ., arts. 686.º, n.º 1, e 688.º, n.º 1, *f)*];
i) Consignação de rendimentos (Cód. Civ., art. 656.º, n.º 1);
j) Penhora (Cód. Civ., art. 822.º, n.º 1 e 835.º).

Quanto aos bens imóveis devem considerar-se:

a) Privilégio imobiliário relativos aos créditos por despesas de justiça feitas no interesse comum dos credores (arts. 743.º e 747.º);
b) Privilégio imobiliário relativo a salários em atraso [Lei n.º 17/86, de 14/6, art. 12.º, n.º 1, *b)*];
c) Privilégio imobiliário respeitante aos créditos do Estado, designadamente imposto sobre o rendimento das pessoas singulares e colectivas (Cód. IRS, art. 104.º; Cód. IRC, art. 93.º);
d) Privilégio imobiliário relativo à Contribuição Autárquica [Cód. Civ., arts. 744.º, n.º 1, e 748.º, *b)*];
e) Privilégio imobiliário respeitante aos créditos da Segurança Social (Dec.-Lei n.º 103/80, 9/5, art. 11.º);
f) Direito de retenção (Cód. Civ., arts. 754.º e 759.º, n.º 2);
g) Hipoteca (Cód. Civ., art. 686.º);
h) Consignação de rendimentos (Cód. Civ., art. 656.º);
i) Penhora (Cód. Civ. art. 822.º, n.º 2).

ARTIGO 869.º
(Direito do credor que tiver acção pendente ou a propor contra o executado)

1 — O credor que não esteja munido de título exequível pode requerer, dentro do prazo facultado para a reclamação de créditos, que a graduação dos créditos, relativamente aos bens abrangidos pela sua garantia, aguarde a obtenção do título em falta.

2 — Recebido o requerimento referido no número anterior, é notificado o executado para, no prazo de 10 dias, se pronunciar sobre a existência do crédito invocado.

3 — Se o executado reconhecer a existência do crédito, considera-se formado o título executivo e reclamado o crédito nos termos do requerimento do credor, sem prejuízo da sua impugnação pelo exequente e restantes credores; o mesmo sucede quando o executado nada diga e não esteja pendente acção declarativa para a respectiva apreciação.

4 — Quando o executado negue a existência do crédito, o credor obtém na acção própria sentença exequível, reclamando seguidamente o crédito na execução.

5 — O exequente e os credores interessados são réus na acção, provocando o requerente a sua intervenção principal, nos termos dos artigos 325.º e seguintes, quando a acção esteja pendente à data do requerimento.

6 — O requerimento não obsta à venda ou adjudicação dos bens, nem à verificação dos créditos reclamados, mas o requerente é admitido a exercer no processo os mesmos direitos que competem ao credor cuja reclamação tenha sido admitida.

«7 — Os efeitos do requerimento caducam se:

a) Dentro de 20 dias a contar da notificação de que o executado negou a existência do crédito, não for apresentada certidão comprovativa da pendência da acção;

b) O exequente provar que não se observou o disposto no n.º 5, que a acção foi julgada improcedente ou que esteve parada durante 30 dias, por negligência do autor, depois do requerimento a que este artigo se refere;

c) Dentro de 15 dias a contar do trânsito em julgado da decisão, dela não for apresentada certidão».

1. Regula o caso de o credor poder forjar o título executivo na pendência da própria reclamação. Corresponde ao *protesto por preferências* do § ún. do art. 938.º do Código de 1876, melhorado e actualizado.

O preceito tem como destinatário o credor que tenha garantia real sobre os bens penhorados e ainda não tenha título executivo, mas possa obtê-lo em acção já proposta ou a propôr.

2. O título considera-se formado, e a reclamação apresentada, se o executado, notificado nos termos do n.º 2, reconhecer a existência do crédito, ou quando nada disser e não estiver ainda proposta a acção declarativa. Se o executado negar a existência do crédito, a formação ou não do título dependerá do que se decidir na acção declarativa. São réus nesta acção, em litisconsórcio necessário, o executado, o exequente e os credores que disponham de garantia real sobre os mesmos bens. O requerimento a que se refere o n.º 1 apenas suspende os termos da reclamação dos créditos, e não os da execução, caducando aquela suspensão nos casos previstos no n.º 7.

ARTIGO 870.º
(Suspensão da execução nos casos de falência)

Qualquer credor pode obter a suspensão da execução, a fim de impedir os pagamentos, mostrando que foi requerido processo especial de recuperação da empresa ou de falência do executado.

Veja-se o Código da Insolvência e da Recuperação de Empresas, aprovado pelo Dec.-Lei n.º 53/2004, de 18 de Março.

ARTIGO 871.º
(Pluralidade de execuções sobre os mesmos bens)

Pendendo mais de uma execução sobre os mesmos bens, é sustada, quanto a estes, aquela em que a penhora tenha sido posterior, mediante informação do agente de execução, a fornecer ao juiz nos 10 dias imediatos à realização da segunda penhora ou ao conhecimento da penhora anterior, ou, a todo o tempo, a requerimento do exequente, do executado ou de credor citado para reclamar o seu crédito.

A sustação só respeita aos bens em que foi feita *segunda* penhora. Se houver outros bens penhorados, a execução pode prosseguir quanto a estes.

SECÇÃO V

Pagamento

SUBSECÇÃO I

Modos de pagamento

ARTIGO 872.º

(Modos de o efectuar)

1 — O pagamento pode ser feito pela entrega de dinheiro, pela adjudicação dos bens penhorados, pela consignação judicial dos seus rendimentos ou pelo produto da respectiva venda.

2 — É admitido o pagamento em prestações da dívida exequenda, nos termos previstos nos artigos 882.º a 885.º.

Como se sabe, o fim último da acção executiva é obter que o devedor que incumpriu, faça a prestação a que está obrigado. Tratando-se de execução para pagamento de quantia certa, a lei indica e regula os vários modos por que pode ser feito esse pagamento: por entrega de dinheiro (art. 874.º); por adjudicação (arts. 875.º a 878.º); por consignação de rendimentos (arts. 879.º a 881.º); por pagamento em prestações (art. 882.º a 885.º), e pela entrega aos credores do produto da venda dos bens apreendidos para esse efeito (arts. 886.º a 911.º).

O Dec.-Lei n.º 47.690 substituiu, no texto, «*adjudicação* dos seus rendimentos» por «*consignação* dos seus rendimentos, usando, assim, a terminologia da lei civil (Cód. Civ., art. 656.º).

ARTIGO 873.º

(Termos em que pode ser efectuado)

1 — As diligências necessárias para a realização do pagamento efectuam-se independentemente do prosseguimento do apenso da verificação e graduação de créditos, mas só depois de findo o prazo para a sua reclamação; exceptua-se a consignação de rendimentos, que pode ser requerida pelo exequente e deferida logo a seguir à penhora.

2 — O credor reclamante só pode ser pago na execução pelos bens sobre que tiver garantia e conforme a graduação do seu crédito.

3 — Sem prejuízo da exclusão do n.º 4 do artigo 865.º, a quantia a receber pelo credor com privilégio creditório geral, mobiliário ou imobiliário, é reduzida até 50% do remanescente do produto da venda, deduzidas as custas da execução e as quantias a pagar aos credores que devam ser graduados antes do exequente, na medida do necessário ao pagamento de 50% do crédito do exequente, até que este receba o valor correspondente a 250 UC.

4 — O disposto no n.º 3 não se aplica aos privilégios creditórios dos trabalhadores.

SUBSECÇÃO II

Entrega de dinheiro

ARTIGO 874.º

(Pagamento por entrega de dinheiro)

1 — Tendo a penhora recaído em moeda corrente, depósito bancário em dinheiro ou outro direito de crédito pecuniário cuja importância tenha sido depositada, o exequente ou qualquer credor que deva preteri-lo é pago do seu crédito pelo dinheiro existente.

2 — Constitui entrega de dinheiro o pagamento por cheque ou transferência bancária.

O pagamento por entrega de dinheiro é sempre uma entrega em moeda corrente, ao exequente ou a qualquer outro credor que deva preferi-lo, no montante do seu crédito ou de parte dele. Essa entrega depende de existir, em juízo, moeda corrente que tenha sido penhorada, por ter sido encontrada em poder do executado, ou quando tenha sido penhorado crédito em dinheiro cuja importância tenha sido depositada (arts. 860.º, n.º 1, a 861.º, n.º 1), ou, ainda, na situação similar de ter sido penhorado um depósito bancário do executado (art. 861.º-A). Valem, para este efeito, dinheiro, o cheque ou a transferência bancária.

SUBSECÇÃO III
Adjudicação

ARTIGO 875.º
(Requerimento para adjudicação)

1 — O exequente pode pretender que bens penhorados, não compreendidos nos artigos 902.º e 903.º, lhe sejam adjudicados para pagamento, total ou parcial, do crédito.

2 — O mesmo pode fazer qualquer credor reclamante, em relação aos bens sobre os quais tenha invocado garantia; mas, se já houver sido proferida sentença de graduação de créditos, a pretensão do requerente só é atendida quando o seu crédito haja sido reconhecido e graduado.

3 — O requerente deve indicar o preço que oferece, não podendo a oferta ser inferior ao valor a que alude o n.º 2 do artigo 889.º.

4 — Cabe ao agente de execução fazer a adjudicação; mas se à data do requerimento já estiver anunciada a venda por propostas em carta fechada, esta não se sustará e a pretensão só será considerada se não houver pretendentes que ofereçam preço superior.

5 — A adjudicação de direito de crédito pecuniário não litigioso é feita pelo valor da prestação devida, efectuado o desconto correspondente ao período a decorrer até ao vencimento, à taxa legal de juros de mora, salvo se, não sendo próxima a data do vencimento, o requerente pretender que se proceda nos termos do disposto no n.º 3 e nos artigos 876.º e 877.º.

6 — A adjudicação de direito de crédito é feita a título de dação *pro solvendo*, se o requerente o pretender e os restantes credores não se opuserem, suspendendo-se a instância quando a execução não deva prosseguir sobre outros bens.

7 — Sendo próxima a data do vencimento, podem os credores acordar, ou o juiz determinar, a suspensão da execução sobre o crédito penhorado até ao vencimento.

8 — Rendas, abonos, vencimentos, salários ou outros rendimentos periódicos podem ser directamente entregues ao adjudicatário, nos termos do n.º 3 do artigo 861.º.

1. A adjudicação de bens penhorados é uma das formas de pagamento admitidas por lei, no processo executivo. Representa uma alienação directa de bens, feita pelo devedor ao seu credor, para satisfação de um crédito deste. Substancialmente é uma dação «pro solvendo» (Cód. Civ., art. 840.º), da qual só se distingue por depender unicamente da vontade do credor que a propõe.

2. Tanto o exequente, como qualquer credor reclamante, pode pretender que bens penhorados, que não sejam destinados por lei a ser vendidos nas bolsas ou por venda directa, lhes sejam adjudicados para pagamento, total ou parcial, dos seus créditos. A diferença está em que o exequente pode manifestar esse propósito em relação a qualquer dos bens penhorados, enquanto que os credores reclamantes só o podem fazer relativamente a bens sobre os quais tenham invocado garantia ([37]). O requerente deve indicar o preço que oferece pelos bens que pretende adjudicar, o qual não pode ser inferior a 70% do valor base desses bens (art. 889.º, n.º 2). É ao agente de execução (art. 808.º) que compete fazer a adjudicação. Os efeitos da adjudicação dependem do momento processual em que a pretensão — que não está sujeita a prazo — for apresentada. Se o for antes de ordenada a venda, o procedimento que regula esta é substituído pelo processo da adjudicação constante dos arts. 876.º a 878.º. Se ela for posterior à determinação da venda, a pretensão só será considerada se não houver pretendentes que ofereçam preço superior.

A adjudicação de direitos de crédito está especialmente prevista e regulada nos n.ᵒˢ 5, 6 e 7 do preceito em anotação.

ARTIGO 876.º
(Publicidade do requerimento)

1 — Requerida a adjudicação, é esta publicitada nos termos do artigo 890.º, com a menção do preço oferecido.

([37]) Se já houver sentença de verificação e graduação dos créditos só são admitidos a pedir a adjudicação se o seu crédito tiver sido apreciado e graduado.

2 — O dia, a hora e o local para a abertura das propostas são notificados ao executado, àqueles que podiam requerer a adjudicação e, bem assim, aos titulares de direito de preferência, legal ou convencional com eficácia real, na alienação dos bens.

3 — A abertura das propostas tem lugar perante o juiz, se se tratar de bem imóvel, ou, tratando-se de estabelecimento comercial, se o juiz o determinar, nos termos do artigo 901.º-A; nos restantes casos, o agente de execução desempenha as funções reservadas ao juiz na venda de imóvel, aplicando-se, devidamente adaptadas, as normas da venda por propostas em carta fechada.

1. Ao requerimento de adjudicação manda a lei dar a mesma publicidade da venda executiva, acrescentando-lhe a menção do preço oferecido. Os meios adoptados para publicitar a adjudicação são os editais e anúncios a que se refere o n.º 1 do art. 890.º.

2. Manda-se notificar o despacho que fixa o dia para abertura das propostas não apenas ao executado e aos credores preferentes, mas também aos titulares de direitos reais, com preferência sobre os bens em causa, para que estes possam exercer os seus direitos.

ARTIGO 877.º
(Termos da adjudicação)

1 — Se não aparecer nenhuma proposta e ninguém se apresentar a exercer o direito de preferência, aceitar-se-á o preço oferecido pelo requerente.

2 — Havendo proposta de maior preço, observar-se-á o disposto nos artigos 893.º e 894.º.

3 — Se o requerimento de adjudicação tiver sido feito depois de anunciada a venda por propostas em carta fechada e a esta não se apresentar qualquer proponente, logo se adjudicarão os bens ao requerente.

1. Concentraram-se neste artigo as duas hipóteses que podem ocorrer: aparecerem propostas ou apresentar-se alguém disposto a exercer o direito de preferência, ou, pelo contrário, nem aparecerem propostas, nem se apresentar alguém a preferir. No primeiro caso,

aplicar-se-ão as regras ditadas pela lei para a venda executiva (arts. 893.º e 894.º); no segundo caso, aceitar-se-á o preço oferecido pelo requerente.

2. A norma prevê, ainda, uma outra situação. A adjudicação foi requerida depois de anunciada a venda por propostas em carta fechada, mas, na hora e local designados para abertura das propostas, verificou-se que nenhuma fora apresentada. A solução adoptada parece óbvia: os bens são logo adjudicados ao requerente.

ARTIGO 878.º
(Regras aplicáveis à adjudicação)

É aplicável à adjudicação de bens, com as necessárias adaptações, o disposto nos artigos 887.º e 888.º, nos n.ºs 1 a 3 do artigo 898.º e nos artigos 900.º, 901.º e 908.º a 911.º.

(Red. Dec.-Lei n.º 199/2003, de 10 de Setembro).

SUBSECÇÃO IV
Consignação de rendimentos

ARTIGO 879.º
(Termos em que pode ser requerida e efectuada)

1 — Enquanto os bens penhorados não forem vendidos ou adjudicados, o exequente pode requerer ao agente de execução que lhe sejam consignados os rendimentos de imóveis ou de móveis sujeitos a registo, em pagamento do seu crédito.

2 — Sobre o pedido é ouvido o executado, sendo a consignação de rendimentos efectuada, se ele não requerer que se proceda à venda dos bens.

3 — Não tem lugar a citação dos credores quando a consignação seja antes dela requerida e o executado não requeira a venda dos bens.

4 — A consignação efectua-se por comunicação à conservatória, aplicando-se, com as devidas adaptações, o disposto nos n.ºs 1, 2, 6 e 7 do artigo 838.º.

5 — O registo da consignação é feito por averbamento ao registo da penhora.

1. A consignação de rendimentos — a anticrese do nosso antigo direito ([38]) — consiste na afectação do rendimento de certos bens à satisfação de determinado crédito (Cód. Civ., arts. 656.º a 665.º).

A consignação judicial só pode ser requerida pelo exequente enquanto os bens penhorados não forem vendidos ou adjudicados, e depende da concordância do executado, que, não concordando, pode sempre requerer que se proceda à venda dos bens. O objecto da consignação de rendimentos, neste caso, é o rendimento de imóveis, ou de móveis sujeitos a registo.

2. É claro que ficando a dívida para ser paga deste modo, não haverá lugar à venda, e por isso, também, ao concurso de credores.

ARTIGO 880.º
(Como se processa em caso de locação)

1 — A consignação de rendimentos de bens que estejam locados é notificada aos locatários.
2 — Não havendo ainda locação ou havendo de celebrar-se novo contrato, os bens são locados pelo agente de execução, mediante propostas ou por meio de negociação particular, observando-se, com as modificações necessárias, as formalidades prescritas para a venda de bens penhorados.
3 — Pagas as custas da execução, as rendas serão recebidas pelo consignatário até que esteja embolsado da importância do seu crédito.
4 — O consignatário fica na posição de locador, mas não pode resolver o contrato, nem tomar qualquer decisão relativa aos bens, sem anuência do executado; na falta de acordo, o juiz decidirá.

Supõe o caso, mais frequente, de a coisa penhorada ter sido locada e regula o modo de tornar efectiva a consignação, quer em relação às locações já feitas, quer em relação àquelas a que se tem de proceder.

Parece que as regras enunciadas se aplicarão a todos os casos em que os bens produzam frutos civis.

([38]) Lobão, *Notas a Mello*, L. 1, tit. 8 § 20; Coelho da Rocha, *Instituições*, §§ 688 e s.; Dias Ferreira, *Código Civil Anotado*, vol. II, pág. 136.

ARTIGO 881.º

(Efeitos)

1 — Efectuada a consignação e pagas as custas da execução, a execução extingue-se, levantando-se as penhoras que incidam em outros bens.

2 — Se os bens vierem a ser vendidos ou adjudicados, livres do ónus da consignação, o consignatário será pago do saldo do seu crédito pelo produto da venda ou adjudicação, com a prioridade da penhora a cujo registo a consignação foi averbada.

3 — O disposto nos números anteriores é aplicável, com as necessárias adaptações, à consignação de rendimentos de títulos de crédito nominativos, devendo a consignação ser mencionada nos títulos e averbada nos termos da respectiva legislação.

Refere os efeitos que produz a consignação de rendimentos, quando aceite, na acção executiva: pagas as custas, a execução extingue-se, ficando o credor a receber os rendimentos dos bens consignados até completa satisfação do seu crédito; se, antes disso acontecer, os bens forem vendidos ou adjudicados, livres do ónus da consignação, o consignatário será pago do *saldo* do seu crédito pelo produto dessa venda ou adjudicação, com a prioridade da penhora a que foi averbada a consignação. Quanto aos demais credores há que distinguir: se a consignação teve lugar antes de citados para o concurso, não podem interferir na execução; se teve lugar depois da citação dos credores, parece que estes podem pedir a renovação da execução extinta, mas somente quanto aos bens sobre que incida a garantia real invocada pelo requerente [39].

---

[39] Neste sentido, invocando o disposto no n.º 2 do art. 920.º, cfr. Lopes Cardoso, *Manual da Acção Executiva* (3.ª ed.), pág. 556; Teixeira de Sousa, *Acção Executiva Singular*, pág. 359; José Lebre de Freitas e Armindo Ribeiro Mendes, *Código de Processo Civil Anotado*, vol. 3.º, pág. 550.

SUBSECÇÃO V

Do pagamento em prestações

ARTIGO 882.º

(Requerimento para pagamento em prestações)

1 — É admitido o pagamento em prestações da dívida exequenda, se exequente e executado, de comum acordo, requererem a suspensão da instância executiva.

2 — O requerimento para pagamento em prestações é subscrito por exequente e executado, devendo conter o plano de pagamento acordado e podendo ser apresentado até à transmissão do bem penhorado ou, no caso de venda mediante propostas em carta fechada, até à aceitação de proposta apresentada.

1. Esta matéria foi introduzida no Código de Processo pela Reforma de 1995/96. Tem pequenas alterações na redacção do n.º 2, feitas pelo Dec.-Lei n.º 38/2003, de 8 de Março.

2. O preceito admite que a obrigação exequenda seja paga em prestações suspendendo-se a acção executiva, quando o exequente e o executado o requeiram, conjuntamente, até à transmissão do bem penhorado, ou, no caso de venda mediante propostas em carta fechada, até a aceitação de proposta apresentada. O requerimento conterá o plano do pagamento acordado entre as partes.

3. A penhora feita na execução valerá como *garantia* do crédito exequendo, podendo as partes convencionar outras garantias, substitutivas ou adicionais dessa (art. 883.º).

4. O art. 885.º prevê e regula a hipótese de haver credor reclamante, cujo crédito esteja vencido, que venha requerer o *prosseguimento da execução* para satisfação do seu crédito.

ARTIGO 883.º

(Garantia do crédito exequendo)

1 — Na falta de convenção em contrário, vale como garantia do crédito exequendo a penhora já feita na execução, que se manterá até integral pagamento, sem prejuízo do disposto no artigo 885.º.

2 — O disposto no número anterior não obsta a que as partes convencionem outras garantias adicionais, ou substituam a resultante da penhora.

Veja-se a nota 4 ao artigo anterior.

ARTIGO 884.º
(Consequência da falta de pagamento)

A falta de pagamento de qualquer das prestações, nos termos acordados, importa o vencimento imediato das seguintes, podendo o exequente requerer o prosseguimento da execução para satisfação do remanescente do seu crédito.

1. A norma faz aplicação, a esta hipótese, da perda do benefício do prazo prevista no art. 781.º do Código Civil relativamente à dívida liquidável em prestações. Esse efeito produz-se quando o devedor deixar de cumprir alguma das prestações. Em primeiro lugar, porém, como escreveria Vaz Serra, é necessário que haja *uma só dívida*, pagável em prestações; se houver várias prestações, representando cada uma delas uma dívida distinta, o incumprimento de uma dessas prestações não extingue o benefício do prazo. E o Mestre acrescentava: O que aqui se supõe é «que uma dívida, que deveria em princípio ser paga de uma vez, se estabelece que será paga em diferentes prestações [40]». Em segundo lugar é ainda necessário, para fazer aplicação do preceito, que a não realização da prestação seja imputável ao devedor; se o não pagamento foi devido, por exemplo, a facto de credor ou a caso fortuito, o devedor não está em mora (art. 804.º, n.º 2, do Cód. Civil), não podendo, por isso, ser-lhe aplicada aquela sanção [41].

ARTIGO 885.º
(Tutela dos direitos dos restantes credores)

1 — Fica sem efeito a sustação da execução se algum credor reclamante, cujo crédito esteja vencido, requerer o prosseguimento da execução para satisfação do seu crédito.

---

[40] Vaz Serra, *Do cumprimento como modo de extinção das obrigações*, pág. 174 (*B.M.J.*, n.º 50).
[41] Rodrigues Bastos, *Notas ao Código Civil*, vol. III, pág. 235.

2 — No caso previsto no número anterior é notificado o exequente para, no prazo de 10 dias, declarar se:

a) Desiste da garantia a que alude o n.º 1 do artigo 883.º;

b) Requer também o prosseguimento da execução para pagamento do remanescente do seu crédito, ficando sem efeito o pagamento em prestações acordado.

3 — A notificação a que alude o número anterior é feita com a cominação de, nada dizendo o exequente, se entender que desiste da penhora já efectuada.

4 — Desistindo o exequente da penhora, o requerente assume a posição de exequente, aplicando-se, com as necessárias adaptações, o disposto nos n.ºˢ 2 a 4 do artigo 920.º.

5 — O disposto nos números anteriores é aplicável quando o exequente e o executado acordem na suspensão da instância, nos termos do n.º 4 do artigo 279.º.

A admissão do acordo a que alude o art. 882.º foi uma medida extremamente útil, cuja utilidade pode medir-se pelo sem número de acções executivas em que esse acordo tem tido lugar. Mas o legislador não podia esquecer o legítimo interesse dos outros credores em satisfazer os seus créditos, que aquela suspensão da execução podia dificultar. É isso que pretende acautelar com o artigo em anotação, com adopção do procedimento que se indica.

SUBSECÇÃO VI

Venda

DIVISÃO I

Disposições gerais

ARTIGO 886.º

(Modalidades de venda)

1 — A venda pode revestir as seguintes modalidades:

a) Venda mediante propostas em carta fechada;

b) Venda em bolsas de capitais ou de mercadorias;

c) Venda directa a pessoas ou entidades que tenham direito a adquirir os bens;

d) Venda por negociação particular;
e) Venda em estabelecimento de leilões;
f) Venda em depósito público.

2 — O disposto nos artigos 891.º e 901.º para a venda mediante propostas em carta fechada aplica-se, com as devidas adaptações, às restantes modalidades de venda e o disposto nos artigos 892.º e 896.º a todas, exceptuada a venda directa.

O preceito indica as diversas modalidades que pode revestir a venda executiva: venda mediante propostas em carta fechada (arts. 889.º a 901.º-A); venda em bolsas de capitais ou de mercadorias (art. 902.º); venda directa (art. 903.º); venda por negociação particular (art. 904.º e 905.º); venda em estabelecimento de leilões (arts. 906.º e 907.º); e venda em depósito público (art. 907.º-A).

Além da especificidade de tratamento de cada uma destas modalidades, as regras dos arts 892.º a 896.º são aplicáveis, com as devidas adaptações, a todas elas, exceptuada a venda directa.

ARTIGO 886.º-A
(Determinação da modalidade de venda
e do valor base dos bens)

1 — Quando a lei não disponha diversamente, a decisão sobre a venda cabe ao agente de execução, ouvidos o exequente, o executado e os credores com garantia sobre os bens a vender.

2 — A decisão tem como objecto:

a) **A modalidade da venda, relativamente a todos ou a cada categoria de bens penhorados, nos termos da alínea *e)* do artigo 904.º, da alínea *b)* do n.º 1 do artigo 906.º e do n.º 3 do artigo 907.º;**

b) **O valor base dos bens a vender;**

c) **A eventual formação de lotes, com vista à venda em conjunto de bens penhorados.**

3 — Quando o considere vantajoso ou algum dos interessados o pretenda, pode o agente de execução fazer preceder a fixação do valor base dos bens das diligências

necessárias à determinação do respectivo valor de mercado.

4 — A decisão é notificada ao exequente, ao executado e aos credores reclamantes de créditos com garantia sobre os bens a vender.

5 — Se o executado, o exequente ou um credor reclamante discordar da decisão, cabe ao juiz decidir; da decisão deste não há recurso.

Quando a lei não dispuser outra coisa, cabe ao agente de execução, ouvidos o exequente, o executado e os credores com garantia real sobre os bens a vender, escolher a modalidade da venda, fixar o valor dos bens e eventualmente pronunciar-se sobre a formação de lotas. As decisões do agente de execução são passíveis de reclamação para o juiz, que decidirá, em cinco dias, sem recurso.

ARTIGO 886.º-B
(Instrumentalidade da venda)

1 — A requerimento do executado, a venda dos bens penhorados sustar-se-á logo que o produto dos bens já vendidos seja suficiente para pagamento das despesas da execução, do crédito do exequente e dos credores com garantia real sobre os bens já vendidos.

2 — Na situação prevista no n.º 7 do artigo 828.º, a venda inicia-se sempre pelos bens penhorados que respondam prioritariamente pela dívida.

3 — No caso previsto no artigo 842.º-A, pode o executado requerer que a venda se inicie por algum dos prédios resultante da divisão, cujo valor seja suficiente para o pagamento; se, porém, não conseguir logo efectivar-se a venda por esse valor, serão vendidos todos os prédios sobre que recai a penhora.

A venda forçada é sempre uma violência exercida sobre o património do executado, que só é justificável quando tem por fim coagir o devedor a cumprir as obrigações que assumiu, ou que a lei lhe impõe, e *na medida necessária* à obtenção desse resultado. Essa moderação com que o Estado, mediante a acção das instituições judiciárias, deve intervir, encontra expressão na própria lei de processo, por mais de uma vez, como acontece com a *penhora*, que deve limitar-se «aos bens necessários ao pagamento da dívida e das despesas previsíveis da execução» (art. 821.º, n.º 3), regra que está em perfeita harmonia com as cautelas que, para a *venda*, dispõe o preceito anotando, nos seus três números.

ARTIGO 886.º-C
(Venda antecipada de bens)

1 — Pode o juiz autorizar a venda antecipada de bens, quando estes não possam ou não devam conservar-se, por estarem sujeitos a deterioração ou depreciação, ou quando haja manifesta vantagem na antecipação da venda.

2 — A autorização pode ser requerida, tanto pelo exequente ou executado, como pelo depositário; sobre o requerimento são ouvidas ambas as partes ou aquela que não for o requerente, excepto se a urgência da venda impuser uma decisão imediata.

3 — Salvo o disposto nos artigos 902.º e 903.º, a venda é efectuada pelo depositário, nos termos da venda por negociação particular, ou pelo agente de execução, nos casos em que o executado ou o detentor tenha assumido as funções de depositário.

Este preceito representa aparentemente um aditamento ao Código de 1961, feito pelo Dec.-Lei n.º 38/2003, mas, na realidade, ele reproduz, com muito próxima redacção, o que constava do primitivo art. 851.º, que, por sua vez, se inspirava no disposto no art. 826.º do velho Código de 39. Em ambos se tratava da venda antecipada de bens penhorados, mas situados como estavam esses preceitos na subsecção que tratava da penhora de bens *móveis*, só aos bens desta natureza, que ameaçassem deteriorar-se ou depreciar-se, se conservados em depósito, seriam aplicáveis ([42]). Era o caso, por exemplo, de se penhorarem frutos maduros, já colhidos, cuja demora em serem vendidos poria totalmente em risco o aproveitamento do seu valor comercial. Mas o legislador de 2003, transferindo a norma, do âmbito da penhora de móveis para o das disposições gerais da

---

([42]) Neste sentido, José Alberto dos Reis, *Processo de Execução*, vol. 2.º, n.º 43, a págs. 174 e segs.; Eurico Lopes Cardoso, *Manual da Acção Executiva*, 3.ª ed., pág. 457.

venda executiva, incluiu no tema legal a venda antecipada de imóveis sujeito a deterioração ou de depreciação, ou que se mostre ser vantajoso vender antecipadamente. Quer dizer: o meio preventivo que o diploma legal continha para autorizar o depositário, sem formalismos de maior, a «*vender umas batatas ou uma peça de carne, sujeita a deterioração*» ([43]), actos quasi unicamente de administração, volveu-se agora, com aquela deslocação, em autorização judicial concedida ao depositário (ou ao agente de execução) para venderem, com igual simplicidade, prédios rústicos ou urbanos penhorados na execução. O propósito, em si mesmo respeitável, de aligeirar as exigências processuais, de que está imbuída a última reforma processual, não deve fazer esquecer a necessidade de garantir os valores patrimoniais dos litigantes. O hibridismo que resulta, para o artigo anotando, da sua transplantação, é um bom exemplo desse aligeiramento processual sem contrapartida.

ARTIGO 887.º
(Dispensa de depósito aos credores)

1 — O exequente que adquira bens pela execução é dispensado de depositar a parte do preço que não seja necessária para pagar a credores graduados antes dele e não exceda a importância que tem direito a receber; igual dispensa é concedida ao credor com garantia sobre os bens que adquirir.

2 — Não estando ainda graduados os créditos, o exequente não é obrigado a depositar mais que a parte excedente à quantia exequenda e o credor só é obrigado a depositar o excedente ao montante do crédito que tenha reclamado sobre os bens adquiridos.

3 — No caso referido no número anterior, os bens imóveis adquiridos ficam hipotecados à parte do preço não depositada, consignando-se a garantia no título de transmissão e não podendo esta ser registada sem a hipoteca, salvo se o adquirente prestar caução bancária em valor correspondente; os bens de outra natureza são entregues ao adquirente quando este preste caução correspondente ao seu valor.

---

[43] Alberto dos Reis, *loc. cit.*.

4 — Quando, por efeito da graduação de créditos, o adquirente não tenha direito à quantia que deixou de depositar ou a parte dela, é notificado para fazer o respectivo depósito em 10 dias, sob pena de ser executado nos termos do artigo 898.º, começando a execução pelos próprios bens adquiridos ou pela caução.

1. A regra formulada nos n.ᵒˢ 1 e 2 deste artigo é a de que o exequente e os outros credores reclamantes podem adquirir os bens que forem postos à venda ficando dispensados de depositar a parte do preço correspondente à quantia que têm direito a receber. É aplicação da figura civil da compensação (Cód. Civ., art. 847.º). Se o credor adquirente tem a haver da execução 500 e os bens adquiridos custaram 1000, não se justificaria que pagasse mais do que 500. É claro que dentro do modelo de concurso de credores que está em vigor, o credor reclamante só goza desta dispensa relativamente aos bens sobre que incide a sua garantia (art. 873.º, n.º 2).

2. O preceito é aplicável a todas as modalidades de venda, com excepção das que são feitas em bolsas de capitais ou mercadorias, e as realizadas em estabelecimentos de leilões, que são reguladas — umas e outras — por disciplina própria. Mas é extensível à adjudicação de bens, por força do disposto no art. 878.º.

3. Como consequência de, actualmente, a venda judicial poder ocorrer antes ou depois de graduação dos créditos, a lei viu-se na necessidade, de, na norma em exame, regular essas duas situações: se a venda tiver lugar depois de verificados e graduados os créditos, a regra que enunciamos no n.º 1, é aplicável sem qualquer limitação; se tiver lugar antes de graduados os créditos, como ainda se desconhecem as quantias que o exequente e os credores têm efectivamente direito a receber, faz-se esse cálculo atendendo, quanto ao exequente, ao montante da quantia exequenda, e quanto aos outros credores, ao montante do crédito que tenham reclamado, ficando os *imóveis* adquiridos hipotecados à parte do preço não depositada, e a entrega dos bens de outra natureza dependente da prestação de caução correspondente ao seu valor. Se pela verificação dos créditos se vier a apurar que o exequente ou o credor reclamante, que adquiriu os bens, não tinha direito à importância que descontou, ou a parte dela, será notificado para, em dez dias, depositar a quantia em falta; se o não fizer, seguir-se-á o procedi-

mento previsto no art. 898.º, começando a execução pelos próprios bens adquiridos ou pela caução.

ARTIGO 888.º
(Cancelamento dos registos)

Após o pagamento do preço e do imposto devido pela transmissão, o agente de execução promove o cancelamento dos registos dos direitos reais que caducam nos termos do n.º 2 do artigo 824.º do Código Civil e não sejam de cancelamento oficiosao pela conservatória.

1. Como se sabe, o primeiro efeito da compra e venda é o da transmissão da propriedade da coisa ou da titularidade do direito vendidos (Cód. Civ., art. 879.º n.º 1). Mas se a venda for forçada, como acontece com a venda executiva, tem outro efeito específico: o dessa transmissão se fazer ficando os bens transmitidos livres dos direitos de garantia que os onerem, bem como dos demais direitos reais constituídos em certas circunstâncias — aquela é um efeito *translativo;* este é um efeito *expurgatório*.

2. O art. 824.º do Código ao libertar, no seu n.º 2, os bens transmitidos pela venda executiva, dos encargos que os onervam, faz uma distinção perfeitamente clara, entre *«direitos reais de garantia»* e os *«demais direitos reais»*, que toda a doutrina considera abrangerem os chamados direitos reais de gozo.
Se quisermos determinar o modo como essa liberação se verifica, constataremos que áquelas duas diferentes designações correspondem regimes legais também diversos.
Quanto aos direitos reais de garantia [44], esses caducam todos com realização da venda forçada. E não podia ser de outro modo. Considerados já no concurso de credores, serviram à verificação dos créditos e à sua graduação conforme as garantias apresentadas, com o que se esgotou praticamente a sua eficácia jurídica; resta agora proceder aos pagamentos respectivos, pelo que a lei transfere tais direitos para o produto da venda dos bens que garantiam.

---

[44] Consignação de rendimentos; penhor; hipoteca; privilégio; direito de retenção (Cód. Civ., Art. 604, n.º 2); penhora e arresto não convertido (Cód. Civ., art. 622.º).

Capítulo Único — Do processo comum   **ART. 888.º**

O facto da venda tem, assim, eficácia extintiva desses direitos que, por isso, caducam (⁴⁵).

Quanto aos direitos reais de gozo (⁴⁶), há que distinguir os que são sujeitos a registo, daqueles que o não são. Os primeiros extinguem-se se tiverem registo *posterior* ao de qualquer arresto, penhora ou garantia; mas se o seu registo for *anterior* àqueles actos, os direitos reais de gozo subsistem. Se os direitos em causa não não forem sujeitos a registo, aplica-se a mesma regra, mas o momento de referência, que faz a diferença de tratamento, é o da data da sua constituição. Assim, se o usufruto sobre bens imóveis, que é sujeito a registo (Cód. Reg. Pred., art. 2.º, n.º 1, *a)*, tiver sido *registado posteriormente* ao registo do arresto ou da penhora a favor do exequente, ou ao da garantia real do credor reclamante, extingue-se com a venda executiva. Do mesmo modo, tratando-se de usufuto de um móvel não está sujeito a registo, o usufruto também se extingue com a venda se tiver sido *constituído depois* da penhora.

Como se explica esta diferente regulamentação?

É que no caso dos direitos reais de gozo, o que está primeiramente em causa, é a regra da inoponibilidade, à execução, de quaisquer actos de disposição, oneração ou arrendamento dos bens, praticados depois da *penhora* (Cód. Civ., art. 819.º); prosseguindo a execução, essa inoponibilidade relativa converte-se, com a venda, em inoponibilidade absoluta, produzindo a extinção do direito. Aqui o direito de terceiro não *caduca*, nem se transfere para o produto da venda dos respectivos bens, porque isso constituiria violação clara e directa ao disposto no citado art. 819.º do Código Civil. Admitir que esses actos, de disposição ou oneração, praticados depois de registada a penhora, são inoponíveis à execução, como se nunca tivessem existido, e, simultaneamente, aceitar que o titular hipotético, de um eventual direito de indemnização, poderia vir competir com

---

(⁴⁵) Como se sabe, *caducidade*, em sentido amplo, traduz a extinção de uma posição jurídica, pela verificação de um facto jurídico *stricto sensu* dotado de eficácia extintiva. (Menezes Cordeiro, *Tratado de Direito Civil*, t. III, pág. 355).

(⁴⁶) Devem entender-se abrangidos nesta designação os direitos da propriedade (Cód. Civ., art. 1306.º); de usufruto (Cód. Civ. art. 1446.º e s.); de uso e habitação (Cód. Civ., arts. 1484.º e s.); de superfície (Cód. Civ., arts. 1528.º e s); servidões (Cód. Civ., art. 1543.º), e o direito real de habitação periódica (Dec.-Lei n.º 275/93, de 5 de Agosto).

os credores reclamantes, na distribuição do produto da venda executiva, afigura-se-me uma flagrante contradição [47].

3. Discutiu-se, durante algum tempo, face aos textos legais anteriores, se o cancelamento dos registos devia ser ordenado oficiosamente pelo juiz, e quando. Na reforma operada pelo Dec.-Lei n.º 38//2003 atribuiu-se ao agente de execução o encargo de promover o cancelamento dos registos, que não seja dever de ofício da própria conservatória realizar.

DIVISÃO II

Venda mediante propostas em carta fechada

ARTIGO 889.º

(Valor base e competência)

1 — Quando a penhora recaia sobre bens imóveis que não hajam de ser vendidos de outra forma, são os bens penhorados vendidos mediante propostas em carta fechada.

2 — O valor a anunciar para a venda é igual a 70% do valor base dos bens.

3 — A venda faz-se no tribunal da execução, salvo se o juiz, oficiosamente ou a requerimento dos interessados, ordenar que tenha lugar no tribunal da situação dos bens.

1. A venda mediante propostas em carta fechada é a modalidade regra da venda executiva de bens imóveis; excepcionalmente pode também servir para a venda de estabelecimento comercial de valor consideravelmente elevado (art. 901.º-A). Há, porém, casos em que, pela titularidade dos bens, ou pela sua natureza, a lei adopta outras modalidades: venda em bolsas (art. 902.º); venda directa (art. 903.º); venda por negociação particular (arts. 904.º e 905.º) e venda em estabelecimento de leilão (art. 906.º.).

---

[47] No entanto leia-se, em sentido contrário, em Teixeira de Sousa, *Acção Executiva Singular,* pág. 394: «Relativamente aos direitos reais e pessoais de gozo que se extinguem com a venda executiva, o produto da venda cumpre uma função indmnizatória. O titular do direito deve ser ressarcido dessa extinção através de uma quantia retirada do produto de venda, correspondente ao valor económico do seu direito».

2. A determinação da modalidade da venda e o estabelecimento do valor base dos bens é feito de harmonia com o disposto no art. 886.º-A.

3. O n.º 3 fixa o tribunal competente como sendo o da execução, mas admite, por razões óbvias, que seja o tribunal da situação dos bens.

ARTIGO 890.º
(Publicidade da venda)

1 — Determinada a venda mediante propostas em carta fechada, designa-se o dia e a hora para a abertura das propostas, com a antecipação necessária para ser publicitada mediante editais, anúncios e inclusão na página informática da secretaria de execução, sem prejuízo de, por iniciativa oficiosa ou sugestão dos interessados na venda, serem utilizados ainda outros meios que sejam considerados eficazes.
2 — Os editais são afixados pelo agente de execução, com a antecipação de 10 dias, nas portas da secretaria de execução e da sede da junta de freguesia em que os bens se situem, bem como na porta dos prédios urbanos a vender.
3 — Os anúncios são publicados, com igual antecipação, em dois números seguidos de um dos jornais mais lidos da localidade da situação dos bens, ou, se na localidade não houver periódico ou este se publicar menos de uma vez por semana, de um dos jornais que nela sejam mais lidos, salvo se o agente de execução, em qualquer dos casos, os achar dispensáveis, atento o diminuto valor dos bens.
4 — Nos editais e anúncios menciona-se o nome do executado, a secretaria por onde corre o processo, o dia, hora e local da abertura das propostas, a identificação sumária dos bens, o valor base da venda e o valor apurado nos termos do n.º 2 do artigo anterior.
5 — Se a sentença que se executa estiver pendente de recurso ou estiver pendente oposição à execução ou à penhora, faz-se menção do facto nos editais e anúncios.

1. É claro que interessa a todos — exequente, executado e credores — que a realização da venda executiva chegue ao conhecimento do maior número possível de pessoas, eventuais compradores dos bens que vão ser vendidos. No mínimo, a lei exige, para tal, que a venda seja publicitada por editais afixados em certos lugares públicos, por anúncios publicados em jornais e pela inserção dessa notícia na página informática da secretaria de execução.

2. Os editais e os anúncios têm o conteúdo indicado no n.º 4 deste preceito; a sua afixação e publicação fazem-se com a antecedência e pelo modo previstos nos n.ºˢ 2 e 3. É ao agente de execução que pertence a responsabilidade da publicidade da venda. É de salientar que ele pode, atendendo ao deminuto valor dos bens a vender, dispensar a publicação dos anúncios nos jornais (n.º 3 *in fine*).

ARTIGO 891.º
(Obrigação de mostrar os bens)

Durante o prazo dos editais e anúncios é o depositário obrigado a mostrar os bens a quem pretenda examiná-los; mas pode fixar as horas em que, durante o dia, facultará a inspecção, tornando-as conhecidas do público por qualquer meio.

1. A publicidade da venda ficaria em pouco menos que nada se os interessados não pudessem examinar os bens que estão à venda. É o depositário que deve mostrá-los, nas horas do dia que mais lhe convier, mas de que avisará o público por modo eficaz. A lei não distingue entre bens móveis e imóveis, pelo que é aplicável em qualquer destes casos.

A expressão «durante o prazo dos editais e dos anúncios», quer significar o tempo que decorre desde a afixação dos editais e publicação dos anúncios e o dia designado para a abertura das propostas.

2. Esta regra é muito antiga. «Os bens no tempo dos pregões — escrevia Pereira e Sousa — devem estar expostos à venda». E acrescentava: se os bens de sua natureza são devíduos, como o trigo, o vinho, o azeite faz-se venda por amostras (*Primeiras Linhas sobre Processo Civil*, tomo III, nota 844 a pág. 59 — ed. de 1819).

ARTIGO 892.º
(Notificação dos preferentes)

1 — Os titulares do direito de preferência, legal ou convencional com eficácia real, na alienação dos bens são notificados do dia, da hora e do local aprazados para a abertura das propostas, a fim de poderem exercer o seu direito no próprio acto, se alguma proposta for aceite.

2 — A falta de notificação tem a mesma consequência que a falta de notificação ou aviso prévio na venda particular.

3 — À notificação prevista no n.º 1 aplicam-se as regras relativas à citação, salvo no que se refere à citação edital, que não terá lugar.

4 — A frustração da notificação do preferente não preclude a possibilidade de propor acção de preferência, nos termos gerais.

1. A nossa ordem jurídica admite a existência de um *direito de preferência*, que é a faculdade reconhecida aos seus titulares, de se substituírem ao adquirente de certas coisas ou direitos, assumindo os encargos que a este pertenciam ([48]).

O direito de preferência pode ser *legal*, quando atribuído directamente pela lei, ou *convencional*, quando alguém assuma obrigação de dar preferência a outrem na compra de determinada coisa (Cód. Civ., art. 414.º). O direito de preferência convencional, isto é, constante de pactos de preferência, pode gozar ou não, de eficácia real (Cód. Civ., art. 421.º, n.º 1). Se o direito de preferência não gozar de eficácia real, não é atendido na execução. Entre outros podem indicar-se como gozando de direito de preferência real: *a)* o comproprietário, no caso de venda ou dação em cumprimento, a estranhos, da quota de qualquer dos consortes (Cód. Civ., art. 1409.º); *b)* os proprietários de terrenos confinantes, de área inferior à unidade de cultura (Dec.-Lei n.º 384/88, de 25/10), nos casos de venda ou dação em cumprimento de qualquer dos prédios a quem não seja proprietário confinante (Cód. Civ., art. 1380.º); *c)* o proprietário de prédio onerado com a servidão legal de passagem, no caso de venda ou dação

---

([48]) Castro Mendes, *Acção Executiva*, pág. 202; Menezes Cordeiro, *Direitos Reais*, pág. 1107

em cumprimento do prédio dominante (Cód. Civ., art. 1555.º); *d)* os co-herdeiros, na venda ou dação em cumprimento, a estranhos, de um quinhão hereditário (Cód. Civ., art. 2130.º); *e)* o proprietário do solo, na venda ou dação em cumprimento do direito de superfície (Cód. Civ., art. 1535.º, n.º 1); *b)* o arrendatário de prédio urbano ou de fracção autónoma, na compra e venda, ou na dação em cumprimento, do local arrendado há mais de um ano (Regime Arrendamento Urbano, arts. 47.º e 83.º); *g)* o senhorio, no trespasse, por venda ou dação em cumprimento, do estabelecimento comercial (Regime Arrendamento Urbano, art. 116.º); *h)* os sócios, na sociedade por quotas, depois a sociedade, ou uma pessoa por esta designada, na venda ou na adjudicação judicial da quota de um dos sócios (Cód. Soc. Com., Dec.-Lei n.º 262/86, de 2/9, art. 239.º, n.º 5); *i)* os arrendatários, há, pelo menos, 3 anos, do prédio rústico, no caso de venda ou dação em cumprimento deste (Dec.-Lei n.º 385/88, de 25 de Outubro, art. 28.º, n.º 1).

2. A falta de notificação dos preferentes tem, na execução, as mesmas consequências que a falta de notificação ou aviso prévio na venda particular, isto é, dá-lhes o direito de exercerem a chamada *acção de preferência*, do art. 1410.º do Código Civil.

ARTIGO 893.º
(Abertura das propostas)

1 — As propostas são entregues na secretaria do tribunal e abertas na presença do juiz, devendo assistir à abertura o agente de execução e podendo a ela assistir o executado, o exequente, os reclamantes de créditos com garantia sobre os bens a vender e os proponentes.
2 — Se o preço mais elevado for oferecido por mais de um proponente, abre-se logo licitação entre eles, salvo se declararem que pretendem adquirir os bens em compropriedade.
3 — Estando presente só um dos proponentes do maior preço, pode esse cobrir a proposta dos outros; se nenhum deles estiver presente ou nenhum quiser cobrir a proposta dos outros, procede-se a sorteio para determinar a proposta que deve prevalecer.

4 — As propostas, uma vez apresentadas, só podem ser retiradas se a sua abertura for adiada por mais de 90 dias depois do primeiro designado.

1. As propostas podem ser entregues até ao momento da abertura; esta tem sempre lugar no juízo onde pender a execução.

2. A possibilidade de licitação, entre os proponentes do maior preço, aproveita evidentemente àquele ou àqueles que estiverem presentes ou representados no acto da abertura; só por desnecessidade se não faz alusão no texto à possibilidade de o proponente se fazer representar para o efeito.

3. O facto de a lei fazer expressamente alusão à hipótese de um só dos proponentes estar presente no acto da abertura das propostas, para lhe outorgar a faculdade de licitar, não obsta evidentemente a que, estando presentes (ou representados) mais do que um, embora não todos, também esses possam cobrir a proposta apresentada ([49]).

ARTIGO 894.º
(Deliberação sobre as propostas)

1 — Imediatamente após a abertura ou depois de efectuada a licitação ou o sorteio a que houver lugar, são as propostas apreciadas pelo executado, exequente e credores que hajam comparecido; se nenhum estiver presente, considera-se aceite a proposta de maior preço, sem prejuízo do disposto no n.º 3.

2 — Se os interessados não estiverem de acordo, prevalece o voto dos credores que, entre os presentes, tenham maioria de créditos sobre os bens a que a proposta se refere.

3 — Não serão aceites as propostas de valor inferior ao previsto no n.º 2 do artigo 889.º, salvo se o exequente, o executado e todos os credores com garantia real sobre os bens a vender acordarem na sua aceitação.

([49]) *B.M.J.*, n.º 124, pág. 219.

ART. 895.º Livro III, Título III — Do processo de execução

1. Da abertura das propostas e da sua aceitação será lacrado, pelo agente de execução, o auto a que se refere o art. 899.º.

2. Em princípio não são admissíveis propostas de preço inferior a 70% do valor base dos bens; trata-se de uma útil medida destinada a prevenir os conluios dolosos, que, desde sempre, ensombraram a venda judicial. Pode afastar-se esta regra, mas para isso será necessário o parecer unânime de todos os interessados: exequente, executado e credores com garantia real.

3. Nas outras deliberações, designadamente quanto à aceitada proposta, funciona o critério da maioria dos créditos verificados relativamente aos bens a que a proposta disser respeito.

ARTIGO 895.º
(Irregularidades ou frustração da venda
por meio de propostas)

1 — As irregularidades relativas à abertura, licitação, sorteio, apreciação e aceitação das propostas só podem ser arguidas no próprio acto.

2 — Na falta de proponentes ou de aceitação das propostas, tem lugar a venda por negociação particular.

1. As irregularidades a que alude o n.º 1 são nulidades secundárias a que a lei atribui um regime de arguição próprio, que faz excepção à regra geral prescrita no art. 205.º.

2. Na redacção primitiva deste preceito no Código de 1961, na falta de proponentes ou de aceitação das propostas os interessados presentes ou, na sua falta, o juiz, resolveriam logo sobre a forma como devia fazer-se a venda. A alternativa era optar entre a arrematação em hasta pública e a venda por negociação particular. Como a última reforma processual acabou com a arrematação, como forma de venda executiva, deixou de haver escolha: verificada a hipótese, a única solução é a da venda por negociação particular, como o artigo passou a dispor.

ARTIGO 896.º
(Exercício do direito de preferência)

1 — Aceite alguma proposta, são interpelados os titulares do direito de preferência presentes para que declarem se querem exercer o seu direito.

2 — Apresentando-se a preferir mais de uma pessoa com igual direito, abre-se licitação entre elas, sendo aceite o lance de maior valor.

3 — Aplica-se ao preferente, devidamente adaptado, o disposto no n.º 1 do artigo seguinte.

1. Corresponde aos primitivos arts. 897.º, n.º 4 e 904.º, n.º 6.

2. Os preferentes devem ter sido previamente *notificados* ([50]) do dia, da hora e do local da abertura das propostas, nos termos previstos no art. 892.º

3. Uma vez reconhecido o direito de preferência, o preferente passa a agir, na acção, como proponente aceite, correspondendo-lhe os respectivos direitos, deveres e posição processual.

ARTIGO 897.º
(Caução e depósito do preço)

1 — Os proponentes devem juntar à sua proposta, como caução, um cheque visado, à ordem do solicitador de execução ou, na sua falta, da secretaria, no montante correspondente a 20% do valor base dos bens, ou garantia bancária no mesmo valor.

2 — Aceite alguma proposta, é o proponente, ou preferente, notificado para, no prazo de 15 dias, depositar numa instituição de crédito, à ordem do solicitador da execução ou, na sua falta, da secretaria, a totalidade ou a parte do preço em falta, com a cominação prevista no artigo seguinte.

([50]) A notificação segue, neste caso, as regras relativas à citação, salvo no que se refere à citação edital (art. 892.º, n.º 3).

1. Deve ter sido a relativa frequência com que os proponentes de compra abandonavam esse projecto, dando lugar a uma sucessão de providências, muitas vezes improfícuas, que levou o legislador a exigir que a proposta de compra venha logo acompanhada de uma caução, que se traduz em cheque visado no montante correspondente a vinte por cento do valor base dos bens, ou de garantia bancária no mesmo valor. Não me parece muito feliz o emprego da palavra «caução» usada no n.º 1; do que se trata, na realidade, é de uma proposta de compra, com oferta de um princípio de pagamento.

2. O valor base dos bens é fixado pelo agente de execução, ouvidos o exequente, o executado e os credores com garantia real, decisão de que pode recorrer-se para o juiz da execução (art. 886.º-A, n.ºs 1 a 5).

3. Se o proponente for o exequente, ter-se-á em atenção o disposto no art. 887.º e seus números; o mesmo se dirá quando as propostas forem de credores cujos créditos tenham garantia real sobre o objecto da venda.

ARTIGO 898.º
(Falta de depósito)

1 — Quando o proponente ou o preferente não deposite o preço, o agente de execução liquida a respectiva responsabilidade, devendo ser promovido perante o juiz o arresto em bens suficientes para garantir o valor em falta, acrescido das custas e despesas, sem prejuízo de procedimento criminal, e sendo o proponente ou preferente, simultaneamente, executado no próprio processo para pagamento daquele valor e acréscimos.

2 — O arresto é levantado logo que o pagamento seja efectuado, com os acréscimos calculados.

3 — Ouvidos os interessados na venda, o agente de execução pode, porém, determinar, no caso previsto no n.º 1, que a venda fique sem efeito, aceitando a proposta de valor imediatamente inferior ou determinando que os bens voltem a ser vendidos mediante novas propostas em carta fechada ou por negociação particular, não sendo o

proponente ou preferente remisso admitido a adquiri-los novamente e perdendo o valor da caução constituída nos termos do n.º 1 do artigo 897.º.

4 — O preferente que não tenha exercido o seu direito no acto de abertura e aceitação das propostas pode efectuar, no prazo de cinco dias, contados do termo do prazo do proponente ou preferente faltoso, o depósito do preço por este oferecido, independentemente de nova notificação, a ele se fazendo a adjudicação.

Regula as consequências da falta do depósito a que se refere o n.º 2 do artigo antecedente. O agente de execução pode, em alternativa, praticar as medidas previstas nos n.ºs 1 a 3 para obter a realização do compromisso, ou determinar que a venda fique sem efeito, com o condicionalismo prevenido no n.º 4 deste preceito.

ARTIGO 899.º
(Auto de abertura e aceitação das propostas)

Da abertura e aceitação das propostas é, pelo agente de execução, lavrado auto em que, além das outras ocorrências, se mencione, para cada proposta aceite, o nome proponente, os bens a que respeita e o seu preço. Os bens identificar-se-ão pela referência à penhora respectiva.

Manda lavrar, pelo agente de execução, um *único* auto de abertura e aceitação, das propostas, onde se mencionará, *por cada proposta aceite*, o nome do proponente, os bens a que respeita e o seu preço.

Não se mencionam, no auto, as propostas que não foram aceites.

ARTIGO 900.º
(Adjudicação e registo)

1 — Mostrando-se integralmente pago o preço e satisfeitas as obrigações fiscais inerentes à transmissão, os bens são adjudicados e entregues ao proponente ou preferente, emitindo o agente de execução o título de transmissão a seu favor, no qual se identificam os bens, se certifica o pagamento do preço ou a dispensa do depósito do mesmo

e se declara o cumprimento ou a isenção das obrigações fiscais, bem como a data em que os bens foram adjudicados.

2 — Seguidamente, o agente de execução comunica a venda ao conservador do registo predial competente, o qual procede ao respectico registo e, oficiosamente, ao cancelamento das inscrições relativas aos direitos que tenham caducado com a venda, aplicando-se, com as necessárias adaptações, os n.ºs 1, 2, 6 e 7 do artigo 838.º.

1. O pagamento da totalidade do preço e a satisfação das obrigações fiscais inerentes à transmissão ([51]) são condições indispensáveis à adjudicação e entrega dos bens, pelo agente de execução, ao proponente ou preferente.

2. O n.º 2 do artigo anotando foi-lhe acrescentado pelo Dec.-Lei n.º 38/2003. Como se sabe após reforma de 2003 passou a competir ao agente de execução promover o cancelamento do registo dos direitos reais que caducam nos termos do n.º 2 do art. 824.º do Código Civil ([52]).

ARTIGO 901.º
(Entrega dos bens)

O adquirente pode, com base no título de transmissão a que se refere o artigo anterior, requerer contra o detentor, na própria execução, a entrega dos bens, nos termos prescritos no artigo 930.º, devidamente adaptados.

O art. 900.º prevê que, pago integralmente o preço e satisfeitas as obrigações inerentes à transmissão, os bens serão adjudicados e entregues ao adquirente, a quem o agente de execução entregará também o título de transmissão, que lhe cabe emitir.

O artigo em anotação prevê que o detentor dos bens vendidos ponha dificuldades nessa entrega. Em vez de ter de lançar mão do

---

([51]) *Código do Imposto Municipal sobre Transmissões Onerosas de Imóveis*, aprovado pelo Dec.-Lei n.º 287/2003, de 12 de Novembro.

([52]) Veja-se para a venda executiva, em termos gerais, o art. 888.º do Código de Processo.

meio possessório previsto inicialmente neste Código, a chamada «posse judicial avulsa», a reforma de 95/96 trouxe para a própria execução a resolução dessa dificuldade, mandando seguir o modelo adoptado na execução para entrega de coisa certa (art. 930.º). Parece--nos que a situação deve considerar-se como um incidente processual, visto que a recusa da entrega representa nesta modalidade executiva uma anormalidade no decurso legal previsto para a lide [53]. O responsável é o que detiver sem título e recuse a entrega.

ARTIGO 901.º-A
(Venda de estabelecimento comercial)

1 — A venda de estabelecimento comercial de valor consideravelmente elevado tem lugar mediante propostas em carta fechada, quando o juiz o determine, sob proposta do agente de execução, do exequente, do executado ou de um credor que sobre ele tenha garantia real.

2 — O juiz determina se as propostas serão abertas na sua presença, sendo-o sempre na presença do agente de execução.

3 — Aplicam-se, devidamente adaptadas, as normas dos artigos anteriores.

(Aditado pelo Dec.-Lei n.º 38/2003, de 8/3).

1. A modalidade da venda a adoptar é, em primeiro lugar, aquela que a lei indicar. Quando a lei o não fizer, a decisão sobre a modalidade da venda fica a cargo do agente de execução, com prévia audiência dos interessados; se estes vierem a discordar da decisão tomada, decidirá o juiz, sem recurso (art. 886.º-A).

2. É descricionário o poder atribuído ao juiz para decidir sobre a conveniência de adoptar a modalidade da venda designada por propostas em carta fechada, mas essa decisão está condicionada ao valor do estabelecimento, que tem de ser consideravelmente elevado, e de ter havido proposta, nesse sentido, do agente da execução, do exequente, do executado ou de um credor com garantia real. Não havendo essa proposta, a venda será feita por negociação particular.

---

[53] Em sentido contrário: Lebre de Freitas, *Código de Processo Civil Anotado*, vol. 3.º, pág. 594.

DIVISÃO III

Outras modalidades de venda

ARTIGO 902.º

(Bens vendidos nas bolsas)

1 — São vendidos nas bolsas de capitais os títulos de crédito que nelas tenham cotação.

2 — Se na área de jurisdição do tribunal da execução houver bolsas de mercadorias, nelas se venderão as mercadorias que aí forem cotadas.

A venda na bolsa de capitais é obrigatória para os títulos que nelas têm cotação, seja qual for a comarca onde corra a execução, ao passo que a venda na bolsa de mercadorias só é obrigatória quando exista bolsa de mercadorias na área da jurisdição do tribunal da execução.

A venda é directamente solicitada pelo agente de execução e realizada por um corretor, nos termos do art. 397.º do Cód. Val. Mobiliários [54].

ARTIGO 903.º

(Venda directa)

Se os bens houverem, por lei, de ser entregues a determinada entidade, ou tiverem sido prometidos vender, com eficácia real, a quem queira exercer o direito de execução específica, a venda ser-lhe-á feita directamente.

O preceito refere-se a entidades que tenham o exclusivo da transacção de certos valores, como sucedia, por exemplo, à data da publicação do Código, com o trigo, cujo exclusivo de adquisição pertencia ao correspondente organismo corporativo, Federação Nacional dos Produtores do Trigo [55], mais tarde substituída pela E.P.A.C., exclusivos que vieram a desaparecer com o tipo de mercado que se adoptou.

---

[54] Dec.-Lei n.º 486/99, de 13 de Novembro (rectif. 31/12/99 e 10/01/00); alt. Dec.-Lei n.º 61/02, de 20 de Março; Dec.-Lei n.º 38/2003, de 8 de Março; Dec.-Lei n.º 107/2003, de 4 de Junho.

[55] Lopes Cardoso, *Manual da Acção Executiva*, pág. 54, da 3.ª ed..

ARTIGO 904.º

(Casos em que se procede à venda
por negociação particular)

A venda é feita por negociação particular:

a) Quando o exequente propõe um comprador ou um preço, que é aceite pelo executado e demais credores;

b) Quando o executado propõe um comprador ou um preço, que é aceite pelo exequente e demais credores;

c) Quando haja urgência na realização da venda, reconhecida pelo juiz;

d) Quando se frustre a venda por propostas em carta fechada, por falta de proponentes, não aceitação das propostas ou falta de depósito do preço pelo proponente aceite;

e) Quando se frustre a venda em depósito público, por falta de proponentes ou não aceitação das propostas, e, atenta a natureza dos bens, tal seja aconselhável. ·

O legislador, dando mais uma evidente prova da sua confiança na natureza humana, alarga bastante os casos em que se aplica modalidade de venda, comparativamente com o que dispunha o art. 886.º deste código, na sua versão original. Conjuntamente com esse alargamento, há uma quase supressão da ingerência do juiz na escolha da venda por negociação particular, ficando praticamente limitada à hipótese prevista na alínea *c)*; nos casos das alíneas *a)* e *b)* os interessados resolvem por si; nos casos das alíneas *d)* e *e)*, a adopção dessa modalidade resulta necessariamente da frustação de outras modalidades experimentadas.

Quanto ao processo da venda, veja-se o art. 905.º.

ARTIGO 905.º

(Realização da venda por negociação particular)

1 — Ao determinar-se a venda por negociação particular, designa-se a pessoa que fica incumbida, como mandatário, de a efectuar.

2 — Da realização da venda pode ser encarregado o solicitador de execução, por acordo de todos os credores e sem oposição do executado, ou, na falta de acordo ou havendo oposição, por determinação do juiz.

3 — Não se verificando os pressupostos do número anterior, para a venda de imóveis é preferencialmente designado mediador oficial.

4 — O preço é depositado directamente pelo comprador numa instituição de crédito, à ordem do solicitador de execução ou, na sua falta, da secretaria, antes de lavrado o instrumento da venda.

5 — Estando pendente recurso da sentença que se executa ou oposição do executado à execução ou à penhora, faz-se disso menção no acto de venda.

6 — A venda de imóvel em que tenha sido, ou esteja sendo, feita construção urbana, ou de fracção dele, pode efectuar-se no estado em que se encontre, com dispensa da licença de utilização ou de construção, cuja falta de apresentação o notário fará consignar na escritura, constituindo ónus do adquirente a respectiva legalização.

1. O emprego do verbo «determinar» não é, no caso, muito correcto. A venda por negociação particular só é verdadeiramente «determinada» na situação prevista na alínea c) do art. 904.º, isto é, quando o juiz reconhece haver urgência na realização da venda. Nas outras hipóteses, a adopção desta modalidade de venda executiva resulta, ou do acordo dos interessados [alíneas a) e b)] ou da frustação de outras formas de venda [alíneas d) e e)]. Parece, por isso, que quando a venda se fizer por essa modalidade em resultado do acordo entre exequente, executado e credores, desse acordo deve constar a pessoa escolhida para a efectuar. Quando a adopção da venda por negociação particular for consequência de ter fracassado a tentativa de realizar a venda por proposta em carta fechada, ou em depósito público, deve ser ao agente de execução que deverá caber a obrigação de negociar a venda. No caso de urgência é o juiz que fará a escolha. O regime a que fica sujeito o negociador é o do mandato (Cód. Civ., arts. 1157.º e segs.).

2. Sobre imediação imobiliária veja-se o Dec.-Lei n.º 285/92, de 19 de Dezembro.

3. O preço deve ser igual ou superior ao valor base dos bens a vender [art. 886.º-A, n.º 2, b)].

ARTIGO 906.º

(Venda em estabelecimento de leilão)

1 — A venda é feita em estabelecimento de leilão:

a) Quando o exequente, o executado, ou credor reclamante com garantia sobre o bem em causa, proponha a venda em determinado estabelecimento e não haja oposição de qualquer dos restantes; ou

b) Quando, tratando-se de coisa móvel, o agente de execução entenda que, atentas as características do bem, se deve preterir a venda por negociação particular nos termos da alínea *e)* do artigo 904.º.

2 — No caso previsto na alínea *b)* do número anterior, o agente de execução, ao determinar a modalidade da venda, indica o estabelecimento de leilão incumbido de a realizar.

3 — A venda é feita pelo pessoal do estabelecimento e segundo as regras que estejam em uso, aplicando-se o n.º 5 do artigo 905.º e, quando o objecto da venda seja uma coisa imóvel, o disposto no n.º 6 do mesmo artigo.

4 — O gerente do estabelecimento deposita o preço líquido em instituição de crédito, à ordem do solicitador de execução, ou, na sua falta, da secretaria, e apresenta no processo o respectivo conhecimento, nos cinco dias posteriores à realização da venda, sob cominação das sanções aplicáveis ao infiel depositário.

ARTIGO 907.º

(Irregularidades da venda)

1 — Os credores, o executado e qualquer dos licitantes podem reclamar contra as irregularidades que se cometam no acto do leilão. Para decidir as reclamações o juiz pode examinar ou mandar examinar a escrituração do estabelecimento, ouvir o respectivo pessoal, inquirir as testemunhas que se oferecerem e proceder a quaisquer outras diligências.

2 — O leilão será anulado quando as irregularidades cometidas hajam viciado o resultado final da licitação, sendo o dono do estabelecimento condenado na reposição do que tiver embolsado, sem prejuízo da indemnização pelos danos que haja causado.

3 — Sendo anulado, o leilão repete-se noutro estabelecimento e, se o não houver, procede-se à venda por propostas em carta fechada, se for caso disso, ou por negociação particular.

O n.º 1 não alude directamente ao exequente, mas é claro que o inclui no grupo dos credores; seria absurdo supor que ao exequente não era reconhecida legitimidade para reclamar. A reclamação é dirigida ao juiz, que é natural que oiça, primeiro que tudo, o dono do estabelecimento, que da reclamação pode sair até condenado. A irregularidade consistirá na prática de quaisquer actos que não estejam incluídos no exercício normal da actividade de leiloeiro. Só a irregularidade substancial que influir no resultado final da licitação, isto é, que se projectar no apuramento do produto da venda, é que justifica a anulação desta e a condenação do leiloeiro a restituir tudo o que tiver recebido, e ainda a indemnizar os lesados pelos danos que lhes tiver causado. Se o leilão for anulado, repete-se noutro estabelecimento do género, e só quando não houver este, se procederá à venda nos termos gerais.

ARTIGO 907.º-A

(Venda em depósito público)

1 — São vendidos em depósito público os bens que tenham sido para aí removidos e não devam ser vendidos por outra forma.

2 — As vendas referidas neste artigo têm periodicidade mensal e são publicitadas em anúncios publicados nos termos do n.º 3 do artigo 890.º e mediante a afixação de editais no armazém e na página informática da secretaria de execução, contendo a relação dos bens a vender e a menção do n.º 5 do artigo 890.º.

3 — O modo de realização da venda em depósito público é objecto de regulamento próprio, que tem em conta a natureza dos bens a vender.

(Aditado pelo Dec.-Lei n.º 38/2003, de 8/3).

A Portaria n.º 941/03, de 5 de Setembro (II.ª s., n.º 205, de 5/9) estabelece os procedimentos e condições em que se processa a venda em depósitos públicos de bens penhorados nos termos deste preceito.

DIVISÃO IV

Da invalidade da venda

ARTIGO 908.º

(Anulação da venda e indemnização do comprador)

1 — Se, depois da venda, se reconhecer a existência de algum ónus ou limitação que não fosse tomado em consideração e que exceda os limites normais inerentes aos direitos da mesma categoria, ou de erro sobre a coisa transmitida, por falta de conformidade com o que foi anunciado, o comprador pode pedir, no processo de execução, a anulação da venda e a indemnização a que tenha direito, sendo aplicável a este caso o disposto no artigo 906.º do Código Civil.

2 — A questão é decidida pelo juiz, depois de ouvidos o exequente, o executado e os credores interessados e de examinadas as provas que se produzirem, salvo se os elementos forem insuficientes, caso em que o comprador é remetido para a acção competente, a intentar contra o credor ou credores a quem tenha sido ou deva ser atribuído o preço da venda.

3 — Feito o pedido de anulação do negócio e de indemnização do comprador antes de ser levantado o produto da venda, este não será entregue sem a prestação de caução; sendo o comprador remetido para a acção competente, a caução será levantada, se a acção não for proposta dentro de 30 dias ou estiver parada, por negligência do autor, durante três meses.

1. Trata da invalidade da venda executiva em favor do comprador (proponente, adjudicatário ou consignatário dos rendimentos).

Fundamentos: a) existência de algum ónus ou limitação que não fosse tomado em consideração e que exceda os limites inerentes aos direitos da mesma categoria; ou, *b)* erro sobre a coisa transmitida, por falta de conformidade com o que foi anunciado.

Antes de entrarmos na apreciação destes fundamentos devemos advertir que nos parece aplicável à venda executiva a teoria geral dos vícios da vontade, sem perder de vista, no entanto, os condicionalismos legais a que ela está sujeita.

2. Socorrendo-nos do preceituado no art. 905.º do Código Civil, de onde a expressão «ónus ou limitações» foi importada, podemos ter como certo que o vício jurídico que neste caso se prevê, é o do adquirente receber um direito diminuído em relação àquele que era suposto ter-lhe sido oferecido. O termo *ónus* é empregado neste preceito em sentido técnico, designando, em geral, encargos ou limitações do gozo da propriedade ([56]). Estão, portanto, aí compreendidos os direitos reais de gozo que oneram a coisa vendida, e a acompanhem depois da venda, mas não os direitos reais de garantia, que, como sabemos, na *venda forçada* são transferidos para o produto da alienação (Cód. Civ., art. 824.º, n.º 3), não podendo, assim, a sua existência anterior prejudicar, de qualquer modo, o adquirente. Quanto a outras limitações podemos pensar na defesa dos interesses históricos e artísticos sujeitos a disciplina legal administrativa, assim como razões de ordem hidrológica ([57]). O que conta é o facto de o adquirente não poder exercer pacificamente as faculdades de domínio sobre a coisa comprada, porque um terceiro tem um direito de aproveitamento dela, ou de proibição, que possa ser usado contra o comprador.

Desaparecidos por qualquer modo os ónus ou limitações a que o direito estava sujeito fica sanada a anulabilidade da venda. A anulabilidade persiste, porém, se a existência dos ónus ou limitações já houver causado prejuízo ao comprador, ou se este já tiver pedido em juízo a anulação da venda (art. 906.º, n.ºs 1 e 2, do Cód. Civ.).

3. Na segunda parte do n.º 1 indica-se como causa da invalidade da venda executiva, a reclamação do comprador, e o erro sobre a coisa transmitida, por falta de conformidade com o que foi anunciado. O erro tanto pode dizer respeito à *identidade* da coisa, como às suas qualidades. Assim, se for anunciado que a coisa a vender

---

([56]) Rubino, *La compravendita*, pág. 697.
([57]) Rodrigues Bastos, *Notas ao Código Civil*, vol. IV, pág. 94.

é um automóvel Opel, com certa matrícula, e se vendeu, na verdade, um automóvel Austin, com matrícula diferente, deu-se erro quanto à identidade do objecto; se, diferentemente, se anunciar que está em venda um prédio rústico sito em Cabanas, com a área de 100 hectares, e outros sinais identificativos, que o comprador averigua estarem certos, menos quanto à área, que em vez de 100 h., tem apenas 50 ^{h}, pode ele, ao abrigo do preceito em anotação, pedir a anulação da venda e a indemnização a que se julgue com direito.

Salienta-se que, no caso, a lei está a regular a anulabilidade da *venda forçada*, em preceito especial que, neste domínio, substitui e afasta as normas gerais sobre a anulabilidade da venda dos bens onerados, nos arts. 905.º a 912.º. Quando o legislador quis aplicar a regulamentação civil geral ao caso da venda executiva, disse-o expressamente, como fez, no artigo em apreço, com a remissão para o art. 906.º, para a sanação e consequente convalescência do contrato. Fica, pois, claro que não é aplicável à venda executiva a anulação por simples erro, nem a essencialidade deste, isto é, a prova de que, conhecendo a situação verdadeira, o adquirente não teria licitado (Cód. Civ., arts. 254.º e 909.º). Desde que o comprador fizer prova dos ónus ou limitações que diminuem o valor da coisa, e não eram do seu conhecimento quando a adquiriu, ou demonstre que a que foi vendida é outra da que foi anunciada, ou tem qualidades diferentes das que foram publicitadas, tem direito a obter a anulação da venda e a indemnização pelos danos sofridos, sem necessidade de demonstrar outros requisitos. Este tratamento favorável é mais um dos cuidados de que a lei usa para credibilizar a venda forçada.

4. O pedido de anulação e de indemnização nos casos previstos neste artigo é formulado na própria acção executiva onde se procedeu à venda, mas se o juiz não tiver aí todos os elementos necessários a uma consciensiosa decisão, o comprador é remetido para os meios ordinários, devendo propor a competente acção contra o credor ou credores a quem tenha sido ou deva ser atribuído o preço da venda.

5. Os prazos para propor a acção são os previstos pela lei civil, tendo em conta (dada a tentativa de resolução do problema na própria acção executiva) o disposto nos arts. 333.º, n.º 1 e 327.º do Código Civil.

6. O levantamento do produto da venda fica dependente da prestação de caução, nos termos do n.º 3.

ARTIGO 909.º
(Casos em que a venda fica sem efeito)

1 — Além do caso previsto no artigo anterior, a venda só fica sem efeito:

a) Se for anulada ou revogada a sentença que se executou ou se a oposição à execução ou à penhora for julgada procedente, salvo quando, sendo parcial a revogação ou a procedência, a subsistência da venda for compatível com a decisão tomada;

b) Se toda a execução for anulada por falta ou nulidade da citação do executado, que tenha sido revel, salvo o disposto no n.º 3 do artigo 921.º;

c) Se for anulado o acto da venda, nos termos do artigo 201.º;

d) Se a coisa vendida não pertencia ao executado e foi reivindicada pelo dono.

2 — Quando, posteriormente à venda, for julgada procedente qualquer acção de preferência ou for deferida a remição de bens, o preferente ou o remidor substituir-se-ão ao comprador, pagando o preço e as despesas da compra.

3 — Nos casos previstos nas alíneas *a)*, *b)* e *c)* do n.º 1, a restituição dos bens tem de ser pedida no prazo de 30 dias a contar da decisão definitiva, devendo o comprador ser embolsado previamente do preço e das despesas de compra; se a restituição não for pedida no prazo indicado, o vencedor só tem direito a receber o preço.

1. Trata das causas de anulabilidade da venda, a favor do executado ou dos credores, e da sua ineficácia por reivindicação do verdadeiro dono da coisa vendida.

2. A revogação da sentença que sirva de título executivo tanto pode ser proferida em recurso ordinário como em recurso extraordinário de revisão.

3. Se a execução correr à revelia do executado (art. 483.º) e este não tiver sido citado, quando o deva ser, ou houver fundamento para declarar nula a citação (arts. 198.º e 864.º), pode o executado requerer *a todo o tempo*, no processo de execução, que esta seja anulada (art. 921.º), o que dá lugar a que se anule tudo o que no processo se tenha praticado, mas essa nulidade não alcança a venda efectuada se, a partir dela, tiver decorrido já o tempo necessário para a usucapião (Cód. Civ., arts. 1287.º e segs.); nesse caso, o executado ficará apenas com direito de exigir ao exequente, no caso de dolo ou má fé deste, a indemnização do prejuízo sofrido, se esse direito não tiver, entretanto, prescrito (Cit., art. 921.º, n.ºs 2 e 3).

4. A alínea *c)* do n.º 1 prevê que a venda fique sem efeito quando o próprio *acto da venda* for anulado nos termos do art. 201.º, isto é, por nulidades secundárias. Este preceito tem hoje um campo de aplicação restrito, uma vez que, sendo a modalidade tipo da venda executiva a venda mediante propostas em carta fechada, nesse tipo de venda as irregularidades relativas à abertura, licitação, sorteio, apreciação e aceitação das propostas *só podem ser arguidas no próprio acto*, e não muito depois da venda, como é na situação que se prevê e regula no artigo que estamos a anotar (art. 895.º).

5. A alínea *d)* do n.º 1 supõe o caso de a venda forçada ter tido por objecto coisa não pertencente ao executado. Em termos gerais a venda de bens alheios é nula (arts. 892.º a 904.º). A nulidade do contrato resulta da circunstância de o direito não ter sido transferido como efeito imediato do consenso das partes. Isto na compra e venda consensual. Na venda executiva há algumas diferenças a ter em conta. Nesta, o tribunal vende, não no exercício de um poder originariamente pertencente ao devedor ou ao credor, mas em virtude de um poder autónomo que é de reconhecer à própria essência da função judiciária [58]. A aquisição tem efeito derivativo, pelo que só são transferidos para o adquirente os direitos que o executado tinha sobre a coisa vendida *(Nemo plus juris transferre potest quam ipse haberet)* [59]. Como a coisa vendida não estava no património do devedor não podia ter sido transferida, deste para o

---

[58] G. A. Micheli, *Esecuzione Forzata*, pág. 107.
[59] Rodrigues Bastos, *Notas ao Código Civil*, vol. III, pág. 283, e vol. IV, págs. 85 e segs..

património do comprador, razão por que, perante o verdadeiro proprietário, aquela venda não tem a menor eficácia jurídica e ele pode, sem pedir a anulação do acto, limitar-se a reivindicar a coisa, como está legitimado a fazer em todos os casos em que coisas suas estejam em poder de terceiro sem título que justifique essa detenção. A evicção pode ser exercida a qualquer tempo.

6. O art. 825.º do Código Civil, conjuntamente com o art. 894.º do mesmo diploma legal, resolvem o conflito que a evicção da coisa vendida suscita entre o adquirente na execução e aqueles a quem foi atribuído o respectivo preço, o que fazem com aplicação dos princípios gerais aplicáveis à venda ordinária de bens alheios (arts. 892.º a 904.º do Cód. Civil); a diferença fundamental que há entre estas duas situações é a de que o direito de repetição do que o adquirente pagou se funda, na venda ordinária, na obrigação que o vendedor tem de garantir ao comprador a transmissão da coisa, enquanto que na venda em execução esse direito está fundado no princípio do enriquecimento sem causa, dos credores e do executado (arts. 473.º a 482.º do Cód. Civ.), aplicando-se, no mais, as regras da venda voluntária.

No n.º 3 daquele art. 825.º prevê-se uma situação interessante: não houve dolo de qualquer dos credores ou do executado, e este tem situação económica que assegura a restituição do preço; nesse caso, em vez de desencadear a complexa acção de repetir dos credores o que receberam, indo depois estes exigir do executado os seus créditos, a lei consente-lhe que se substitua aos credores, exigindo directamente do executado o preço que pagou pelo bem. Não há prejuízo para ninguém: nem para o comprador, a quem é restituído o preço, nem para os credores que não chegam a ser incomodados, nem para o executado que, com a venda, viu extintos os créditos de que era devedor.

ARTIGO 910.º
(Cautelas a observar no caso de protesto pela reivindicação)

1 — Se, antes de efectuada a venda, algum terceiro tiver protestado pela reivindicação da coisa, invocando direito próprio incompatível com a transmissão, lavrar-se-á termo de protesto; nesse caso, os bens móveis não serão entregues ao comprador senão mediante as cautelas estabelecidas nas alíneas b) e c) do n.º 1 do artigo 1384.º

e o produto da venda não será levantado sem se prestar caução.

2 — Se, porém, o autor do protesto não propuser a acção dentro de 30 dias ou a acção estiver parada, por negligência sua, durante três meses, pode requerer-se a extinção das garantias destinadas a assegurar a restituição dos bens e o embolso do preço; em qualquer desses casos o comprador, se a acção for julgada procedente, fica com o direito de retenção da coisa comprada, enquanto lhe não for restituído o preço, podendo o proprietário reavê-lo dos responsáveis, se houver de o satisfazer para obter a entrega da coisa reivindicada.

1. Regula o caso de ter havido *protesto* antes de efectuada a venda. O protesto é um meio preventivo que a lei põe à disposição do dono da coisa ou do titular do respectivo direito real, não só de advertir o pretenso adquirente do risco da evicção, como de acautelar a entrega das coisas móveis e o levantamento do preço da venda. Feito o protesto, se o pretenso comprador insiste na compra é porque quer correr aquele risco justificando-se perfeitamente que, a partir daí, só possa reclamar a restituição do preço, e não a indemnização por eventuais danos que venha a sofrer por causa da compra que fez.

2. A caução a que alude o n.º 1 é prestada nos termos estabelecidos pelos arts. 981.º e segs.. Se houver negligência por parte do autor do protesto, quer na propositura da acção reivindicatória, quer no seu normal prosseguimento, as mencionadas garantias extinguem-se, mas são substituídas, no caso de procedência da acção, pelo direito de retenção (arts. 754.º e segs., Cód. Civ.) que é reconhecido ao comprador relativamente à coisa comprada.

ARTIGO 911.º
(Cautelas a observar no caso de reivindicação sem protesto)

O disposto no artigo anterior é aplicável, com as necessárias adaptações, ao caso de a acção ser proposta, sem protesto prévio, antes da entrega dos bens móveis ou do levantamento do produto da venda.

SECÇÃO VI

Remição

ARTIGO 912.º

(A quem compete)

Ao cônjuge que não esteja separado judicialmente de pessoas e bens e aos descendentes ou ascendentes do executado é reconhecido o direito de remir todos os bens adjudicados ou vendidos, ou parte deles, pelo preço por que tiver sido feita a adjudicação ou a venda.

1. O direito de remição consiste na faculdade reconhecida a certas pessoas da família do executado de se substituírem aos adquirentes de bens deste, na sua venda ou adjudicação executiva.

A remição é muito antiga no nosso direito, tendo sido reconhecida em favor, primeiramente do executado e de sua mulher, e mais tarde alargada a outros familiares.

É uma espécie de preferência *familiar*, fundada não em razões de carácter patrimonial, mas no claro propósito de evitar que os bens sobre os quais ela se exerce, saiam do âmbito da família do executado.

2. São titulares do direito de remição: *a)* o cônjuge; *b)* os descendentes ou ascendentes do executado.

O direito de remição prevalece sobre o direito de preferência (art. 914.º), sendo que, quando tiver havido licitação entre os preferentes, a remição se exercerá sobre o valor mais alto que tiver sido oferecido.

O direito de remição é, assim, atribuído aos herdeiros legitimários (Cód. Civ., art. 2157.º) do executado, pela ordem estabelecida no art. 915.º.

O cônjuge que esteja separado judicialmente de pessoas e bens perde, a partir do trânsito da sentença que decreta a separação, o direito de remir, na venda executiva dos bens do seu cônjuge.

ARTIGO 913.º

(Exercício do direito de remição)

1 — O direito de remição pode ser exercido:

a) No caso de venda por propostas em carta fechada, até à emissão do título de transmissão dos bens para o proponente ou no prazo e nos termos do n.º 4 do artigo 898.º;

b) Nas outras modalidades de venda, até ao momento da entrega dos bens ou da assinatura do título que a documenta.

2 — Aplica-se ao remidor, que exerça o seu direito no acto de abertura e aceitação das propostas em carta fechada, o disposto no artigo 897.º, com as adaptações necessárias, bem como o disposto nos n.ᵒˢ 1 a 3 do artigo 898.º, devendo o preço ser integralmente depositado quando o direito de remição seja exercido depois desse momento, com o acréscimo de 5% para indemnização do proponente se este já tiver feito o depósito referido no n.º 2 do artigo 897.º, e aplicando-se, em qualquer caso, o disposto no artigo 900.º.

Regula o exercício do direito de remição.

Quanto ao *prazo* em que pode ser exercido há que distinguir duas situações: se se trata de venda por propostas em carta fechada (que é a regra) o direito pode ser exercido até à emissão do título de transmissão, ou, na falta de depósito do preço ou do seu remanescente, por parte do proponente, no prazo de cinco dias após essa falta; se se tratar de outra modalidade de venda, até à entrega dos bens ou do título de transmissão respectivo.

ARTIGO 914.º
(Predomínio da remição sobre o direito de preferência)

1 — O direito de remição prevalece sobre o direito de preferência.

2 — Se houver, porém, vários preferentes e se abrir licitação entre eles, a remição tem de ser feita pelo preço correspondente ao lanço mais elevado.

O direito de remição prevalece sobre o direito de preferência, legal ou convencional.

ARTIGO 915.º

(Ordem por que se defere o direito de remição)

1 — O direito de remição pertence em primeiro lugar ao cônjuge, em segundo lugar aos descendentes e em terceiro lugar aos ascendentes do executado.

2 — Concorrendo à remição vários descendentes ou vários ascendentes, preferem os de grau mais próximo aos de grau mais remoto; em igualdade de grau, abre-se licitação entre os concorrentes e prefere-se o que oferecer maior preço.

3 — Se o requerente da remição não puder fazer logo a prova do casamento ou do parentesco, dar-se-lhe-á prazo razoável para a junção do respectivo documento.

Na prática qualquer das pessoas a quem a lei atribui o direito de remição pode exercê-lo antes de findar o prazo para a declaração; o que sucede é que só atingido esse momento é que pode estabelecer-se quem tem melhor direito, se outros se tiverem, entretanto, apresentado a remir.

O mais qualificado dos interessados a quem a lei atribui o direito de remição é o cônjuge. Vêm depois os descendentes. Aí já há possibilidade de haver concorrência que a lei, aliás, prêve e regula. Assim, se se apresentarem a exercer o direito vários filhos do executado, cada um por si, abrir-se-á licitação entre eles, sendo aceite aquele que tiver oferecido melhor preço. Admitindo, porém, que concorrem um filho com um neto do executado, aquele afastará este do direito de remir. Por último, podem remir os ascendentes do executado, passando-se com eles o mesmo que acaba de expor-se quanto ao exercício desse direito pelos seus descendentes.

SECÇÃO VII

Extinção e anulação da execução

ARTIGO 916.º

(Cessação da execução pelo pagamento voluntário)

1 — Em qualquer estado do processo pode o executado ou qualquer outra pessoa fazer cessar a execução, pagando as custas e a dívida.

2 — Quem pretenda usar desta faculdade, solicita na secretaria, ainda que verbalmente, guias para depósito da parte líquida ou já liquidada do crédito do exequente que não esteja solvida pelo produto da venda ou adjudicação de bens; feito o depósito, susta-se a execução, a menos que ele seja manifestamente insuficiente, e tem lugar a liquidação de toda a responsabilidade do executado.

3 — O pagamento pode também ser feito mediante entrega directa ao agente de execução.

4 — Quando o requerente junte documento comprovativo de quitação, perdão ou renúncia por parte do exequente ou qualquer outro título extintivo, suspende-se logo a execução e liquida-se a responsabilidade do executado.

Uma vez que a execução é um meio posto à disposição do credor para obter o cumprimento de determinada obrigação (Cód. Civ., art. 817.º), desde que o devedor mostre o desejo de a cumprir, não devem ser opostas dificuldades a que o faça. Basta ao executado solicitar guias de depósito da parte líquida, ou já liquidada, do crédito do exequente, e depositar o montante dessas guias, ou entregar a quantia correspondente ao agente de execução, o que, demonstrado no processo, determinará a imediata *suspensão deste*; procede-se seguidamente à liquidação da responsabilidade total do executado. Esta iniciativa pode ser tomada por qualquer outra pessoa, com natural exclusão do exequente. Chama-se a isto, tradicionalmente, remir a execução. Se a obrigação exequenda se extinguir por qualquer outra causa legal (*v.g.*, quitação, perdão ou renúncia do credor) bastará que o requerente faça prova documental desse facto, procedendo-se logo à liquidação total da responsabilidade do executado.

ARTIGO 917.º
(Liquidação da responsabilidade do executado)

1 — Se o requerimento for feito antes da venda ou adjudicação de bens, liquidar-se-ão unicamente as custas e o que faltar do crédito do exequente.

ART. 917.º *Livro III, Título III — Do processo de execução*

2 — Se já tiverem sido vendidos ou adjudicados bens, a liquidação tem de abranger também os créditos reclamados para serem pagos pelo produto desses bens, conforme a graduação e até onde o produto obtido chegar, salvo se o requerente exibir título extintivo de algum deles, que então não é compreendido; se ainda não estiver feita a graduação dos créditos reclamados que tenham de ser liquidados, a execução prossegue somente para verificação e graduação desses créditos e só depois se faz a liquidação.

3 — A liquidação compreende sempre as custas dos levantamentos a fazer pelos titulares dos créditos liquidados e é notificada ao exequente, aos credores interessados, ao executado e ao requerente, se for pessoa diversa.

4 — O requerente depositará o saldo que for liquidado, sob pena de ser condenado nas custas a que deu causa e de a execução prosseguir, não podendo tornar a suspender-se sem prévio depósito da quantia já liquidada, depois de deduzido o produto das vendas ou adjudicações feitas posteriormente e depois de deduzidos os créditos cuja extinção se prove por documento. Feito este depósito, ordenar-se-á nova liquidação do acrescido, observando-se o preceituado nas disposições anteriores.

5 — Se o pagamento for efectuado por terceiro, este só fica sub-rogado nos direitos do exequente mostrando que os adquiriu nos termos da lei substantiva.

Há que distinguir se foram ou não já vendidos ou adjudicados bens na execução. Se não foram, a liquidação abrangerá apenas as custas da execução e o crédito do exequente, na parte que estiver ainda em dívida; se foram vendidos ou adjudicados bens, mas ainda não há sentença com trânsito em julgado que tenha feito a verificação e graduação de outros créditos, a execução prossegue somente para sua apreciação procedendo-se, depois, à liquidação; se houver vendas ou adjudicações feitas na execução, e nela se encontre já efectuada a verificação e graduação de outros créditos, a liquidação abrangerá não apenas as custas e o crédito do exequente, mas também os créditos reclamados que tiverem por garantia os bens que foram objecto daquelas vendas ou adjudicações. A liquidação será notificada ao exequente, ao executado, aos credores interessados e ao requerente, se for um terceiro.

O requerente deve efectuar o depósito, nos termos do n.º 4 do artigo em anotação. O terceiro que efectuar o pagamento fica sub--rogado nos direitos do exequente se se verificarem as condições que a lei civil exige para tal, isto é, se o credor que recebe a prestação tiver expressamente sub-rogado o terceiro nos seus direitos até ao momento do cumprimento (Cód. Civ., art. 589.º); se o terceiro for garante do cumprimento, ou se, por outra causa, estiver directamente interessado na satisfação do crédito (Cód. Civ., art. 592.º, n.º 1).

ARTIGO 918.º
(Desistência do exequente)

1 — A desistência do exequente extingue a execução; mas, se já tiverem sido vendidos ou adjudicados bens sobre cujo produto hajam sido graduados outros credores, a estes será paga a parte que lhes couber nesse produto.

2 — Se estiver pendente oposição à execução, a desistência da instância depende da aceitação do opoente.

1. A desistência do exequente (arts. 287.º e segs.) é uma das causas de extinção da acção executiva.

A segunda parte do n.º 1 refere-se à situação prevista na primeira parte do n.º 2 do art. 917.º: já ter havido venda ou adjudicação de bens, e também já haver sido proferida sentença no apenso da verificação e graduação de créditos, em relação aos bens alienados. Nesse caso — e como se dispõe nesse preceito — a execução prossegue para efectivação do pagamento dos créditos respectivos.

2. Na situação prevista no n.º 2 há uma instância subordinada que é necessário ter em conta. Daí ficar a desistência da execução dependente do acordo do opositor.

ARTIGO 919.º
(Extinção da execução)

1 — A execução extingue-se logo que se efectue o depósito da quantia liquidada, nos termos do artigo 917.º,

ou depois de pagas as custas, tanto no caso do artigo anterior como quando se mostre satisfeita pelo pagamento coercivo a obrigação exequenda ou ainda quando ocorra outra causa de extinção da instância executiva.

2 — A extinção é notificada ao executado, ao exequente e aos credores reclamantes.

1. A execução extingue-se: *a)* com o *pagamento* das custas e da dívida, feito pelo executado ou por terceiro (Cód. Civ., art. 767.º, n.º 1); *b)* com a *extinção da obrigação* exequenda, por qualquer das causas previstas na lei (art. 916.º, n.º 4) — dação em cumprimento, consignação em depósito, compensação, novação, remissão, confusão — (arts. 837.º a 873.º Cód. Civ.); *c)* com a *desistência* do exequente, depois de pagas as custas (arts. 918.º e 919.º); *d)* com a *extinção da instância* executiva (arts. 812.º, n.ᵒˢ 2 e 5; 820.º; 300.º, n.º 3) ou *deserção* dela (art. 285.º); *e)* com o *pagamento coercivo*.

2. A reforma de 2003 eliminou a exigência, feita pela legislação anterior, da prolação de um despacho ou sentença julgando extinta a execução. Esse efeito hoje produz-se *ope legis*, pela só verificação de alguma das causas que lhe põem termo, *depois de pagas as custas*, como cautelosamente exige este preceito.

ARTIGO 920.º
(Renovação da execução extinta)

1 — A extinção da execução, quando o título tenha trato sucessivo, não obsta a que a acção executiva se renove no mesmo processo para pagamento de prestações que se vençam posteriormente.

2 — Também o credor cujo crédito esteja vencido e haja reclamado para ser pago pelo produto de bens penhorados que não chegaram entretanto a ser vendidos nem adjudicados, pode requerer, no prazo de 10 dias contados da notificação da extinção da execução, o prosseguimento desta para efectiva verificação, graduação e pagamento do seu crédito.

3 — O requerimento faz prosseguir a execução, mas somente quanto aos bens sobre que incida a garantia real invocada pelo requerente, que assumirá a posição de exequente.

4 — Não se repetem as citações e aproveita-se tudo o que tiver sido processado relativamente aos bens em que prossegue a execução, mas os outros credores e o executado são notificados do requerimento.

1. O título tem trato sucessivo quando se referir a prestações periódicas. Assim, p.e., tendo uma sentença condenado certa pessoa a pagar a outra determinada quantia durante dez anos, se o réu não pagar as prestações vencidas à data da sentença, pode o credor executá-lo para obter dele a satisfação desse seu crédito. Supondo que consegue esse objectivo, a execução extingue-se. Mas se, vencidas outras prestações, o devedor deixar, igualmente, de as pagar, o credor não necessita de instaurar outra execução, bastando que, aproveitando a faculdade que este preceito lhe reconhece, *renove* a execução executiva, no mesmo processo, para obter, agora, o pagamento das prestações que, entretanto, se tenham tornado exigíveis.

2. A lei torna extensiva esta faculdade de requerer a renovação da instância executiva ao credor cujo crédito esteja vencido e haja reclamado para ser pago pelo produto dos bens penhorados que não chegaram, entretanto, a ser vendidos, desde que o requeira no prazo de dez dias contados da notificação da extinção da execução. A execução prossegue apenas quanto aos bens sobre que incida a garantia real invocada pelo reclamante, para efectiva verificação, graduação e pagamento do seu crédito. Não está abrangido nesta faculdade o credor que tenha intervindo na execução em consequência de uma segunda penhora, como se prevê no art. 871.º.

ARTIGO 921.º
(Anulação da execução, por falta ou nulidade
de citação do executado)

1 — Se a execução correr à revelia do executado e este não tiver sido citado, quando o deva ser, ou houver fundamento para declarar nula a citação, pode o executado requerer a todo o tempo, no processo de execução, que esta seja anulada.

2 — Sustados todos os termos da execução, conhece-se logo da reclamação; e, se for julgada procedente, anula-se tudo o que no processo se tenha praticado.

3 — A reclamação pode ser feita mesmo depois de finda a execução; se, porém, a partir da venda tiver decorrido já o tempo necessário para a usucapião, o executado ficará apenas com o direito de exigir do exequente, no caso de dolo ou de má fé deste, a indemnização do prejuízo sofrido, se esse direito não tiver prescrito entretanto.

1. Trata da anulação da execução por *falta* ou *nulidade* da citação do executado que seja revel.

A revelia do executado quer significar que este não teve qualquer intervenção no processo executivo, por si ou por seu mandatário.

A *falta* de citação verifica-se, em termos gerais, quando ocorrer algum dos factos indicados no art. 195.º.

Há *nulidade* de citação quando não hajam sido, na sua realização, observadas as formalidades prescritas por lei como, em termos gerais, preceitua o art. 198.º; não é, porém, aplicável o n.º 4 desse artigo, porque, para anulação da acção executiva é suficiente a conjugação da revelia do executado com qualquer dos factos processuais indicados: a falta da sua citação ou a irregularidade desta (⁶⁰).

2. A nulidade de que trata este preceito é de conhecimento oficioso e pode ser arguida pelo executado, a todo o tempo, quer na pendência da execução, quer depois da extinção desta.

3. Se a nulidade for arguida devem ser ouvidos o exequente, o adquirente dos bens e os credores interessados. Se a arguição for atendida, serão anulados todos os termos da execução, com excepção naturalmente do requerimento executivo, o que implica a invalidade da venda executiva [alínea b) do n.º 1 do art. 909.º], consequência, porém, que não se verificará se já tiver decorrido o prazo necessário para a usucapião [Cód. Civ., arts. 1287.º e 1294.º, alínea a)], hipótese em que o executado poderá apenas exigir do exequente, no caso de dolo ou de má-fé deste, a indemnização do prejuízo sofrido, se este direito não tiver já prescrito (Cit. Cód., arts. 298.º e 498.º, n.º 1).

(⁶⁰) Alberto dos Reis, *Processo de Execução*, vol. II, pág. 444; Lopes Cardoso, *Manual da Acção Executiva*, 3.ª ed., pág. 694; M. Teixeira de Sousa, *Acção Executiva Singular*, 1998, pág. 412, citando o ac. da Rel. Lxa., de 13.5.77, na *Col. Jur.*, ano 1977, t. 3, pág. 612.

4. Nos termos da alínea e) do art. 771.° o recurso de revisão é admitido quando, tendo decorrido a acção e a execução à revelia, por falta absoluta de intervenção do réu, se mostrar que faltou a sua citação, ou que é nula a citação feita.

São situações algo semelhantes, a da alínea e) do art. 771.° e o preceituado no artigo 921.°. Mas são muito diferentes. Diferem nos fundamentos, no objecto e nos efeitos. Realmente o *requisito essencial*, no caso da revisão, é a revelia do demandado, tanto na *acção* como na *execução*; no caso da nulidade do art. 921.° basta a revelia na *execução*. O *objecto da revisão* é uma decisão judicial transitada em julgado, que se pretende ver revogada; o *objecto da arguição* do art. 921.° é a acção executiva, no seu todo, que se pretende anular. Finalmente as consequências da procedência são diversas na medida em que o recurso revoga a decisão recorrida, em respeito ao caso julgado, enquanto que a nulidade do art. 921.° produz a invalidade de todo o processado na execução em causa, pela presunção de que ao executado não foi dada oportunidade para defender os seus direitos na acção executiva.

SECÇÃO VIII

Recursos

ARTIGO 922.°

(Apelação)

Cabe recurso de apelação, nos termos do n.° 1 do artigo 678.°, das decisões que tenham por objecto:

***a*) A liquidação não dependente de simples cálculo aritmético;**

***b*) A verificação e graduação dos créditos;**

***c*) Oposição fundada nas alíneas *g*) ou *h*) do artigo 814.° ou na 2.ª parte do artigo 815.°, ou constituindo defesa de mérito à execução de título que não seja sentença.**

ARTIGO 923.°

(Agravo)

Das decisões não previstas no artigo anterior cabe agravo só até à Relação, sem prejuízo dos n.ᵒˢ 2 e 3 do artigo 678.° e da ressalva do n.° 2 do artigo 754.°.

ART. 923.º Livro III, Título III — Do processo de execução

1. Estes artigos tratam da espécie de recursos ordinários admitidos na acção executiva.

Antes de escolher a espécie de recurso que deve utilizar o intérprete deve ter em conta as disposições gerais sobre recursos, constantes dos arts. 676.º a 690.º. Depois de averiguar se a decisão em causa admite recurso (arts. 678.º e 679.º) e se o interessado pode dele recorrer (art. 680.º), em caso afirmativo é que o interessado deve escolher a espécie de recurso de que vai usar. As espécies de recurso, na acção executiva, são duas: a apelação e o agravo. Nesta matéria o legislador seguiu o critério usado para os recursos na acção declarativa, que foi o de indicar, no art. 922.º, taxativamente, os casos em que cabe recurso de apelação, e mandar seguir todos os outros casos a espécie de agravo. Vejamos, pois, em que casos é que se segue a apelação.

2. Em primeiro lugar vem indicada a decisão que tenha por objecto a *liquidação* não dependente de simples cálculo aritmético. É o caso previsto no art. 805.º, n.º 4.

Em segundo lugar indica-se a sentença de verificação e graduação dos créditos reclamados. É a decisão final do concurso de credores regulado nos arts. 865.º a 868.º.

Depois. manda seguir-se a apelação nas decisões proferidas na *oposição à execução* quando esta tenha por fundamento a invocação de facto extintivo ou modificativo da obrigação, como a prescrição do direito ou da obrigação, ou, quando se tratar de sentença homologatória de confissão ou transacção, a oposição se fundar na nulidade ou anulabilidade desses actos. São os fundamentos da oposição previstos no art. 814.º, alíneas *g)* ou *h)*. Se a oposição disser respeito a execução baseada em *sentença arbitral*, por *anulabilidade* desta (art. 815.º, *in fine*), é ainda a apelação que deve empregar-se no recurso que se interponha da decisão proferida. Por último, cabe também apelação no recurso a interpor da decisão que tenha por objecto oposição à execução baseada em título que não seja sentença e se fundar em facto que seria lícito deduzir como defesa no processo de declaração (art. 816.º).

3. O efeito e o regime de subida é o indicado para os recursos no processo declarativo.

ARTIGOS 924.º A 927.º

Estes preceitos, que regulavam o processo sumário de execução, foram revogados pelo art. 4.º do Dec.-Lei n.º 38/2003, de 8/4, por essa forma processual ter sido abolida na reforma da acção executiva levada a cabo por aquele diploma.

SUBSECÇÃO III
Da execução para entrega de coisa certa

ARTIGO 928.º
(Citação do executado)

Na execução para entrega de coisa certa, o executado é citado para, no prazo de 20 dias, fazer a entrega ou opor--se à execução.

(Red. Dec.-Lei n.º 199/2003, de 10 de Setembro).

1. Se a prestação consistir na entrega de coisa determinada — dispõe o art. 827.º do Código Civil — o credor tem a faculdade de requerer, em execução, que a entrega lhe seja feita judicialmente. Os arts. 928.º a 931.º adjectivam aquela norma substantiva.

A expressão «coisa certa», que o artigo anotando emprega, não abrange «uma certa quantia em dinheiro» desde que este não tenha interesse artístico ou numismático, porque para cumprimento das obrigações pecuniárias deve usar-se a execução para pagamento de quantia certa, que melhor serve à cobrança do crédito.

2. São aplicáveis a esta modalidade da execução os preceitos dos arts. 810.º, 811.º, 811.º-A e 812.º, menos quanto às referências ali feitas à penhora, acto que aqui não tem lugar.

Perdeu-se, a nosso ver, uma boa oportunidade de, adaptando a execução para entrega de coisa certa à filosofia da reforma, se dispor que a execução começaria por apreensão da coisa, seguida da citação do executado para se opôr à entrega, querendo, em vinte dias. Não se vê razão para que os princípios adoptados na execução-tipo não tenham sido aplicados às outras modalidades de acção executiva. A indicação, porém, que se faz, de ser o executado citado para «fazer a entrega» da coisa, não deixa dúvidas de que se quis manter o modelo de 1939.

3. Se o pedido de entrega disser respeito a imóveis e o devedor da prestação for casado, parece-nos que a execução deve ser dirigida

também contra o cônjuge, se o regime de bens for um dos regimes de comunhão (art. 28.º-A, n.º 3).

ARTIGO 929.º
(Fundamentos e efeitos da oposição)

1 — O executado pode deduzir oposição à execução pelos motivos especificados nos artigos 814.º, 815.º e 816.º, na parte aplicável, e com fundamento em benfeitorias a que tenha direito.

2 — Se o exequente caucionar a quantia pedida a título de benfeitorias, o recebimento da oposição não suspende o prosseguimento da execução.

3 — A oposição com fundamento em benfeitorias não é admitida quando, baseando-se a execução em sentença condenatória, o executado não haja oportunamente feito valer o seu direito a elas.

(Red. Dec.-Lei n.º 199/2003 de 10 de Setembro).

Já nos referimos, no lugar próprio, aos fundamentos da oposição previstos nos arts. 814.º, 815.º e 816.º. O que há de peculiar no preceito em apreço é o novo fundamento da oposição, consistente na invocação de benfeitorias nas coisas cuja entrega se pede, feitas pelo executado (Cód. Civ., arts. 216.º, 1273.º a 1275.º).

Se o devedor estiver obrigado a entregar certa coisa, mas dispuser de um crédito contra o seu credor, que resultar de despesas feitas por causa dela, goza do direito de retenção (Cód. Civ., art. 754.º). É a invocação deste direito que justifica que o exequente, querendo prosseguir na execução, depois de deduzida oposição com esse fundamento, tenha que prestar caução pela «quantia pedida a título de benfeitorias». É razoável o cuidado, mas o que não parece justo é que o exequente seja obrigado a caucionar a importância que o executado quiser, e que pode ser disparatadamente exagerada para as benfeitorias realmente feitas.

A reserva constante do n.º 3 é facilmente compreensível.

ARTIGO 930.º
(Entrega da coisa)

1 — À efectivação da entrega da coisa são subsidiariamente aplicáveis, com as necessárias adaptações, as dis-

posições referentes à realização da penhora, procedendo-se às buscas e outras diligências necessárias, se o executado não fizer voluntariamente a entrega; a entrega pode ter por objecto bem do Estado ou de outra pessoa colectiva referida no n.º 1 do artigo 823.º.

2 — Tratando-se de coisas móveis a determinar por conta, peso ou medida, o agente de execução manda fazer, na sua presença, as operações indispensáveis e entrega ao exequente a quantidade devida.

3 — Tratando-se de imóveis, o agente de execução investe o exequente na posse, entregando-lhe os documentos e as chaves, se os houver, e notifica o executado, os arrendatários e quaisquer detentores para que respeitem e reconheçam o direito do exequente.

4 — Pertencendo a coisa em compropriedade a outros interessados, o exequente é investido na posse da sua quota-parte.

5 — Efectuada a entrega da coisa, se a decisão que a decretou for revogada ou se, por qualquer outro motivo, o anterior possuidor recuperar o direito a ela, pode requerer que se proceda à respectiva restituição.

A aplicação do artigo pressupõe que o executado, devidamente citado, não fez a entrega nem deduziu oposição, ou que, tendo-a deduzido, ela não teve efeito suspensivo, ou já improcedeu. Então apreende-se a coisa e faz-se a sua entrega ao exequente, com observância dos termos que o preceito refere, conforme se trate de certas coisas móveis, de coisas móveis a determinar por conta, peso ou medida, de coisas imóveis, ou da quota-parte do executado, se a coisa lhe pertencer apenas como comproprietário.

A entrega é feita pelo agente de execução.

ARTIGO 930.º-A
(Desocupação de casa de habitação principal)

1 — Se a execução se destinar à entrega de casa de habitação principal do executado, é aplicável o disposto no artigo 61.º do Regime do Arrendamento Urbano.

2 — Quando a entrega do imóvel suscite sérias dificuldades no realojamento do executado, o agente de exe-

ART. 931.º Livro III, Título III — Do processo de execução

cução comunica antecipadamente o facto às entidades assistenciais competentes.

Este preceito foi aditado ao Código pela reforma de 95/96, complementando o disposto no art. 61.º do Regime de Arrendamento Urbano (Dec.-Lei n.º 321-B/90, de 15 de Outubro). Se a entrega for a da casa principal do executado, deve suspender-se a sua efectivação quando ela puser em risco, por razões de doença aguda, a vida da pessoa que nela se encontra, desde que tal seja comprovado por atestado médico, que deve indicar, de modo fundamentado, o prazo durante o qual se deve sustar a entrega. Fora do caso de doença aguda o preceito anotando prevê que o realojamento do executado possa suscitar sérias dificuldades, caso em que incumbe ao agente de execução levar antecipadamente o conhecimento do facto às entidades assistenciais competentes.

ARTIGO 931.º
(Conversão da execução)

1 — Quando não seja encontrada a coisa que o exequente devia receber, este pode, no mesmo processo, fazer liquidar o seu valor e o prejuízo resultante da falta da entrega, observando-se o disposto nos artigos 378.º, 380.º e 805.º, com as necessárias adaptações.

2 — Feita a liquidação, procede-se à penhora dos bens necessários para o pagamento da quantia apurada, seguindo-se os demais termos do processo de execução para pagamento de quantia certa.

Quando, não obstante a realização das diligências referidas no art. 930.º, se não conseguir encontrar a coisa para ser entregue ao exequente, pode este — e só ele — requerer que a acção prossiga, como acção executiva para pagamento de quantia certa, a fins de lhe ser pago o valor da coisa a entregar, acrescido do montante do prejuízo resultante da falta da sua entrega. Previamente terá o exequente que proceder à liquidação da quantia em dívida, nos termos do disposto no art. 805.º, referido ao preceituado nos arts. 378.º e 380.º. Depois disso seguir-se-ão os termos reguladores da nova execução para pagamento de quantia certa (arts. 810.º e segs.).

ARTIGO 932.º

Este artigo que regulava de modo especial a subida dos agravos foi revogado pelo Dec.-Lei n.º 38/2003, de 8/4 (art. 4.º); agora passou a aplicar-se o regime geral de subida.

SUBSECÇÃO IV

Da execução para prestação de facto

ARTIGO 933.º

(Citação do executado)

1 — Se alguém estiver obrigado a prestar um facto em prazo certo e não cumprir, o credor pode requerer a prestação por outrem, se o facto for fungível, bem como a indemnização moratória a que tenha direito, ou a indemnização do dano sofrido com a não realização da prestação; pode também o credor requerer o pagamento da quantia devida a título de sanção pecuniária compulsória, em que o devedor tenha sido já condenado ou cuja fixação o credor pretenda obter no processo executivo.

2 — O devedor é citado para, em 20 dias, deduzir oposição à execução, podendo o fundamento da oposição consistir, ainda que a execução se funde em sentença, no cumprimento posterior da obrigação, provado por qualquer meio.

3 — O recebimento da oposição tem os efeitos indicados no artigo 818.º, devidamente adaptado.

1. O objecto da obrigação pode consistir na prestação de um facto pessoal do devedor, facto positivo, se o devedor se obriga a fazer alguma coisa, ou facto negativo, se se obriga a abster-se de praticar certos actos, ou de adoptar certa conduta. O facto deve satisfazer a quatro condições: ser possível; ser lícito; ser pessoal, relativamente ao devedor; e apresente algum interesse para o credor. O facto não deve ser impossível [61], porque ao impossível ninguém está obrigado (nulla impossibilium obligatio est); deve ser lícito porque

---

[61] Por exemplo: apagar o Sol.

ninguém pode obrigar-se a ter uma conduta imoral e contrária à lei [62]; deve ser pessoal, no que respeita ao devedor, por isso que, em princípio, ninguém pode contrair obrigações para onerar um terceiro; finalmente deve apresentar algum interesse [63] para o credor, visto que só assim pode revestir o carácter jurídico da obrigação.

Quando o título executivo impuser ao devedor a prestação de um facto, o modo processual de obter o cumprimento coercivo desse dever está regulado nos arts. 933.º a 942.º; sob a designação de «execução para prestação de facto». Para escolher, de entre esse articulado, o que corresponde à execução a propor, há que distinguir se o facto a prestar é *positivo*, isto é, se se traduz numa acção, ou se é *negativo*, ou seja, se implica uma abstenção. No primeiro caso, aplicam-se as regras contidas nos arts. 933.º a 940.º; no segundo caso as regras dos arts. 941.º e 942.º.

2. Sendo o facto positivo há que distinguir se o facto é fungível ou infungível; no primeiro caso, a lei consente ao credor requerer, em execução, que o facto seja prestado por outrém à custa do devedor (Cód. Civ., art. 828.º) [64]; no segundo, o credor apenas pode usar da acção executiva para ser indemnizado pelo incumprimento, pelo equivalente pecuniário da prestação que não foi feita. Deve considerar-se fungível o facto quando o comportamento devido possa ser plenamente desempenhado por um terceiro [65]. Quanto ao prazo, não constando este do título executivo, vem a matéria regulada nos arts. 939.º e 940.º.

3. O legislador do Dec.-Lei n.º 282/83, de 16 de Agosto, inspirando-se na *astreinte* francesa, sanção de índole exclusivamente destinada a assegurar o pronto cumprimento das decisões judiciais, introduziu no Código Civil, art. 829.º-A, a *sanção pecuniária compulsória*, com fins semelhantes, que é uma pena cominada pelo juiz a tanto por dia de atraso, ou a tanto por cada infracção no cumprimento de prestações de facto infungível, imposta por uma decisão judicial a um réu relapso ou contumaz. A obrigação a que se refere a decisão cominatória pode ter origem contratual ou legal e não é indispensável que

---

[62] Por exemplo: assassinar uma pessoa.
[63] Pode não ser um interesse económico; basta que seja um interesse moral (art. 398.º, n.º 2 do Cód. Civil).
[64] Sem prejuízo da indemnização devida pela mora.
[65] R. Bastos, *Notas ao Código Civil*, IV, págs. 8 e 9.

diga respeito ao direito das obrigações. É a esta sanção que se refere o n.º 1 do preceito em apreço.

No n.º 3, a lei afasta-se do critério usado para a execução para pagamento de quantia certa no art. 814.º, ao permitir que, mesmo no caso de a execução se basear em sentença, possa servir de fundamento à oposição o facto extintivo consistente no cumprimento posterior da obrigação, provado por qualquer meio.

Toda esta matéria da execução para prestação de facto é dominada pelo princípio de que o devedor nunca pode ser materialmente coagido a cumprir especificamente a obrigação a que está sujeito. É por isso que, tanto nas *obrigações de fazer*, como nas de *não fazer* há *possibilidade* (que nas obrigações positivas infungíveis é *necessidade*) de converter a execução de facto em execução para pagamento de quantia certa.

4. O credor pode, no requerimento executivo, optar entre pedir a prestação por outrém [66] do facto obrigacional positivo, acrescido de *indemnização moratória*, ou apenas o pedido de *indemnização compensatória*. No primeiro caso aplicar-se-á o disposto nos arts. 931.º; no segundo caso, o art. 935.º. São regulados especificadamente os casos da prestação pelo exequente, à custa do executado (arts. 936.º a 938.º); da fixação de prazo para a prestação (arts. 939.º e 940.º); da obrigação implicar um facto negativo (arts. 941.º e 942.º) — a que nos referiremos quando analisarmos esses preceitos.

ARTIGO 934.º
(Conversão da execução)

Findo o prazo concedido para a oposição à execução, ou julgada esta improcedente, tendo a execução sido suspensa, se o exequente pretender a indemnização do dano sofrido, observar-se-á o disposto no artigo 931.º.

Prevê-se neste artigo a hipótese de, tendo o credor optado pelo pedido de indemnização compensatória, estar já finda a fase da oposição, mantendo-se a execução. Neste caso, o credor pode, no mesmo processo, liquidar o valor do dano que sofreu com a não prestação do facto, nos termos dos arts. 805.º, 378.º e 380.º. Feita

---

[66] Mesmo no caso infungibilidade, uma vez que esta é estabelecida a favor do credor, que, portanto, pode renunciar a ela.

a liquidação, procede-se à penhora dos bens necessários para o pagamento da quantia apurada, seguindo-se os demais termos do processo de execução para o pagamento de quantia certa. A essa quantia acrescerá o pagamento da quantia devida a título de sanção pecuniária compulsória (Cód. Civ., art. 829.º-A) que, eventualmente, tenha sido imposta ao devedor.

ARTIGO 935.º
(Avaliação do custo da prestação e realização
da quantia apurada)

1 — Se o exequente optar pela prestação do facto por outrem, requererá a nomeação de perito que avalie o custo da prestação.
2 — Concluída a avaliação, procede-se à penhora dos bens necessários para o pagamento da quantia apurada, seguindo-se os demais termos do processo de execução para pagamento de quantia certa.

Na hipótese prevista neste artigo há que avaliar o custo da prestação do facto por outra pessoa; essa avaliação é feita por um só perito, nomeado pelo juiz, a requerimento do exequente (art. 568.º).
Apurada a quantia a que essa prestação por outrem dará lugar procede-se à penhora, seguindo-se os demais termos da execução para pagamento de quantia certa (arts. 821.º a 923.º).

ARTIGO 936.º
(Prestação pelo exequente)

1 — Mesmo antes de terminada a avaliação ou a execução regulada no artigo anterior, pode o exequente fazer, ou mandar fazer sob sua direcção e vigilância, as obras e trabalhos necessários para a prestação do facto, com a obrigação de dar contar no tribunal da execução; a liquidação da indemnização moratória devida, quando pedida, tem lugar juntamente com a prestação de contas.
2 — Na contestação das contas é lícito ao executado alegar que houve excesso na prestação do facto, bem como, no caso previsto na última parte do número anterior, impugnar a liquidação da indemnização moratória.

Entre as várias situações que se nos deparam na execução para prestação de facto pode supor-se que o exequente, antes ou depois da avaliação a que se refere o artigo anterior, resolve ser ele próprio a fazê-la, por si ou por outra pessoa, sob a sua direcção e vigilância. A lei consente-lhe que o faça, mas, neste caso, obriga-o a prestar contas daquela execução, a fim de se liquidar a quantia que, somada à indemnização moratória, constituirá a responsabilidade do executado. As contas serão prestadas nos termos gerais (arts. 1014.º e 1018.º), podendo ser contestadas pelo devedor com o fundamento de que elas excedem o montante que foi previsto para a realização da prestação, na avaliação realizada nos termos do n.º 1 do art. 935.º.

ARTIGO 937.º
(Pagamento do crédito apurado a favor do exequente)

1 — Aprovadas as contas, o crédito do exequente é pago pelo produto da execução a que se refere o artigo 935.º.

2 — Se o produto não chegar para o pagamento, seguir-se-ão, para se obter o resto, os termos estabelecidos naquele mesmo artigo.

Feito o apuramento da quantia em dívida — custo da prestação realizada, mais a indemnização moratória — o seu pagamento far-se-á pelo produto dos bens penhorados (art. 935.º, n.º 2), e, se ele não bastar, penhorar-se-ão outros bens, seguindo, no mais, os termos da execução para pagamento de quantia certa.

ARTIGO 938.º
(Direito do exequente quando não se obtenha
o custo da avaliação)

Tendo-se excutido todos os bens do executado sem se obter a importância da avaliação, o exequente pode desistir da prestação do facto, no caso de não estar ainda iniciada, e requerer o levantamento da quantia obtida.

Contempla a hipótese de, tendo o exequente optado pela prestação do facto por outrem, ou resolvido ser ele próprio a fazer a prestação, ter-se verificado, excutidos os bens do executado, não chegarem eles para obter a importância avaliada como correspondendo ao custo da prestação. Nestas circunstâncias, há que distinguir se o exequente aguardou que se chegasse ao fim da execução destinada a obter a quantia correspondente ao custo provável das obras e trabalhos a realizar, ou se, pelo contrário, resolveu dar logo início a estes, sem esperar pelo depósito daquela quantia. *No primeiro caso*, é-lhe permitido desistir da prestação do facto, considerando-se ressarcido da obrigação com o levantamento, sem mais formalidades, da quantia que se tiver obtido; quando assim suceder a execução extingue--se (arts. 910.º, n.º 1, e 466.º, n.º 2) (67). *No segundo caso*, isto é, se já tiver sido iniciada a prestação do facto, não é reconhecida ao exequente aquela faculdade, aguardando os autos que sejam conhecidos outros bens ao executado para prosseguir a execução.

ARTIGO 939.º
(Fixação do prazo para a prestação)

1 — Quando o prazo para a prestação não esteja determinado no título executivo, o exequente indica o prazo que reputa suficiente e requer que, citado o devedor para, em 20 dias, dizer o que se lhe oferecer, o prazo seja fixado judicialmente; o exequente requer também a aplicação da sanção pecuniária compulsória, nos termos da 2.ª parte do n.º 1 do artigo 933.º.

2 — Se o executado tiver fundamento para se opor à execução, deve logo deduzi-la e dizer o que se lhe ofereça sobre o prazo.

ARTIGO 940.º
(Fixação do prazo e termos subsequentes)

1 — O prazo é fixado pelo juiz, que para isso procederá às diligências necessárias.

2 — Se o devedor não prestar o facto dentro do prazo, observar-se-á, sem prejuízo da 2.ª parte do n.º 1 do artigo

---

(67) *No mesmo sentido*: José Alberto dos Reis, *Processo de Execução*, vol. II, págs. 562 e segs.; e Miguel Teixeira de Sousa, *Acção Executiva Singular*, pág. 57. *Em sentido contrário*, sustentando que, não obstante o levantamento do depósito pelo exequente, o executado fica responsável pelo pagamento do restante: Castro Mendes, *Acção Executiva*, 1980, pág. 250; Anselmo de Castro, *A Acção Executiva Singular, Comum e Especial*, 2.ª ed., pág. 372; Lebre de Freitas e Ribeiro Mendes, *Código de Processo Civil Anotado*, vol. 3.º, pág. 665.

939.º, o disposto nos artigos 933.º a 938.º, mas a citação prescrita no artigo 933.º é substituída por notificação e o executado só pode deduzir oposição à execução nos 20 dias posteriores, com fundamento na ilegalidade do pedido da prestação por outrem ou em qualquer facto ocorrido posteriormente à citação a que se refere o artigo anterior e que, nos termos dos artigos 814.º e seguintes, seja motivo legítimo de oposição.

1. Estes dois artigos regulam a prévia fixação judicial do *prazo para a prestação*, quando ele não conste do respectivo título executivo. Não se trata, porém, como poderia deduzir-se numa leitura discuidada, do prazo da obrigação de prestar, porque esse obedece à regra geral vencendo-se a obrigação com a interpelação, ou seja, no caso, com a citação para a execução. Trata-se, sim, de fixar o período de tempo que deve demorar a prestação do facto. Logo no requerimento executivo o exequente tem de requerer a fixação judicial do prazo, indicando aquele que reputa suficiente para a sua prestação, e pedindo a citação do executado para em vinte dias não só se pronunciar quanto à suficiência do prazo, mas também para deduzir a oposição que tiver quanto à execução. O prazo é fixado pelo juiz depois deste ter mandado proceder às diligências que entender necessárias.

2. Fixado o prazo deve o executado prestar o facto dentro desse prazo; se o não fizer, serão aplicados os arts. 933.º a 938.º, com as seguintes alterações: *a)* o executado é *notificado* e não citado, porque já se fez a sua citação; *b)* pela mesma razão a oposição à execução que ele pode deduzir, em vinte dias, só pode ter por fundamento a ilegalidade do pedido da prestação por outrem, ou qualquer facto ocorrido posteriormente à citação e que, nos termos dos arts. 814.º a 816.º, seja motivo legítimo de oposição.

ARTIGO 941.º
(Violação da obrigação, quando esta tenha por objecto um facto negativo)

1 — Quando a obrigação do devedor consista em não praticar algum facto, o credor pode requerer, no caso de violação, que esta seja verificada por meio de perícia e

que o tribunal ordene a demolição da obra que porventura tenha sido feita, a indemnização do exequente pelo prejuízo sofrido e o pagamento da quantia devida a título de sanção pecuniária compulsória, em que o devedor tenha sido já condenado ou cuja fixação o credor pretenda obter no processo executivo.

2 — O executado é citado, podendo no prazo de 20 dias deduzir oposição à execução nos termos dos artigos 814.º e seguintes; a oposição ao pedido de demolição pode fundar-se no facto de esta representar para o executado prejuízo consideravelmente superior ao sofrido pelo exequente.

3 — Concluindo pela existência da violação, o perito deve indicar logo a importância provável das despesas que importa a demolição, se esta tiver sido requerida.

4 — A oposição fundada em que a demolição causará ao executado prejuízo consideravelmente superior ao que a obra causou ao exequente suspende a execução, em seguida à perícia, mesmo que o executado não preste caução.

1. Se o devedor estiver obrigado a não praticar algum acto e vier a praticá-lo, tem o credor o direito de exigir que a obra, se obra feita houver, seja demolida à custa do que se obrigou a não a fazer (Cód. Civ., art. 829.º, n.º 1). Entende-se geralmente que as prestações de facto negativo aqui reguladas não compreendem o dever genérico de abstenção, cuja violação dá lugar à responsabilidade civil extra-contratual, mas apenas as obrigações impostas por lei, especialmente em atenção a certas pessoas e à tutela de direitos absolutos, assim como as que decorrem de relações pessoais de fonte negocial. Os arts. 841.º e 842.º destinam-se a dar ao credor os meios necessários para tornar efectivo aquele direito. Esse direito à demolição cessa, porém, havendo apenas lugar à indemnização nos termos gerais, se o prejuízo da demolição para o devedor for consideravelmente superior ao prejuízo sofrido pelo credor (Cód. Civ., art. 829.º, n.º 2, fazendo aplicação da regra geral constante do art. 566.º, n.º 1).

2. A execução para prestação de facto negativo, *havendo obra feita*, é sempre específica, isto é, o credor tem o direito de exigir a demolição dela e a indemnização pelo prejuízo sofrido, mas não lhe

é lícito optar pela indemnização sem destruição da obra, como acontece na execução para prestação de facto positivo (68). Isto, porém, sem prejuízo da situação prevista no n.º 2 do artigo em anotação, em que a demolição é substituída pela indemnização que a violação da abstenção tenha determinado.

3. É sempre indispensável que o exequente disponha de um título executivo (art. 45.º, n.º 2), judicial [art. 46.º, a)] ou extrajudicial [art. 46.º, c)] que reconheça o dever de não praticar o acto. O acto de perícia é essencial neste tipo de execuções, mas não substitui o título executivo. O que faz é somente verificar se houve violação e, em caso afirmativo, indicar o custo da demolição do que se construiu, de modo a alcançar a reconstituição da situação natural anterior.

4. Se a violação do dever de abstenção (facto negativo) se não tiver traduzido em actos susceptíveis de reparação natural, como só é devida indemnização compensatória, o processo próprio é, a meu vez, a execução para pagamento da quantia certa, consequente à sentença que tiver julgado verificada a violação e ordenado o ressarcimento dos prejuízos sofridos pelo autor.

Exemplo: A., médico, examina no seu consultório B., e constata que este apresenta sintomas de epilepsia. Mais tarde B., é convidado por C., que é industrial, para um importante lugar na sua empresa, mas A., seu amigo, informa-o da doença de B., que pode interferir no desempenho do seu novo cargo, o que leva C., a desistir da contratação. O que pode fazer B., para se ressarcir dos prejuízos que a quebra daquele dever de sigilo determinou? Não há dúvida que o segredo profissional impõe ao médico (como regra) o dever de não comunicar a terceiros o estado de saúde dos seus doentes, e que, no caso, a violação desse dever pode ter ocasionado prejuízos avaliáveis em dinheiro. Mas B., não pode aqui usar do processo do art. 941.º; realmente o perito não pode, neste caso, verificar a violação, porque a inconfidência não produz qualquer modificação no mundo exterior. Nesta hipótese, B., terá de mover uma acção declarativa contra A., provando o facto da quebra do sigilo e pedindo a condenação de A., a indemnizá-lo pelos danos a que essa sua conduta deu lugar.

---

(68) Neste sentido: Anselmo de Castro, *A Acção Executiva Singular*, 2.ª ed., pág. 380; Castro Mendes, *Direito Processual Civil*, III, n.º 507; Lebre de Freita, *Acção Executiva*, 2.ª ed., pág. 329. Em sentido contrário: Lopes Cardoso, *Manual da Acção Executiva*, 2.ª ed., pág. 744.

É claro que a condenação, que eventualmente venha a ser proferida, será executada em execução para pagamento de quantia certa, visto já estar apurado o dano e a medida da indemnização compensatória.

ARTIGO 942.º
(Termos subsequentes)

1 — Se o juiz reconhecer a falta de cumprimento da obrigação, ordenará a demolição da obra à custa do executado e a indemnização do exequente, ou fixará apenas o montante desta última, quando não haja lugar à demolição.
2 — Seguir-se-ão depois, com as necessárias adaptações, os termos prescritos nos artigos 934.º a 938.º.

Veja-se a anotação ao artigo anterior.

ARTIGO 943.º

Este artigo, que regulava a subida dos agravos na execução para prestação de facto (positivo ou negativo), foi revogado pelo art. 4.º Dec.-Lei n.º 38/2003, de 8/3, passando a aplicar-se o regime geral do art. 734.º.

TÍTULO IV
DOS PROCESSOS ESPECIAIS

1. Este Código trata, no título IV do seu livro III, a matéria referente aos «processos especiais».

Sob o ponto de vista formal, o *processo*, considerado como uma série ordenada de actos, assume, tanto nas acções declarativas como nas executivas (art. 4.º, n.º 1), fundamentalmente duas formas: a de processo comum e a de processo especial (art. 460.º, n.º 1). Na maior parte dos casos o reconhecimento da existência de certo direito (ou da sua reparação) obtém-se com observância de um ritualismo que é *comum* a grande número de relações jurídicas materiais; há, porém, casos em que esse ritualismo se mostra desajustado à natureza específica de algumas dessas relações jurídicas contravertidas, por exigirem a prática de operações ou a assunção de posições, que ali eram desnecessárias, mas que aqui se mostram indispensáveis ao reconhecimento (ou ao cumprimento compulsivo) das correspondentes obrigações. É para estes últimos casos que o legislador se viu obrigado a estabelecer alguns modelos próprios de procedimento: são esses os *processos especiais*.

O Código presentemente prevê e regula 14 processos especiais (arts. 942.º a 1510.º). Outros processos especiais existem fora deste diploma, em matérias que nunca foram tratadas neste Código, ou que dele saíram para constituírem disciplinas à parte, como sucede, por exemplo, com o arrendamento urbano (Dec.-Lei n.º 321-B/90, de 15/10) e com os processos admitidos nos registos e no notariado.

2. Já, em anotação aos arts. 460.º e seguintes, aludimos ao conceito de processos especiais e às disposições por que eles devem regular-se, assim como ao regime de recursos a que estão sujeitos [69]. Não nos repetiremos aqui.

Acontece, por vezes, que o legislador, para a declaração da mesma categoria de direitos, formula mais do que um procedimento. É o que sucede, por exemplo, com a prestação de contas, em que, não obstante ter regulado um processo para prestação de contas do tutor ou curador (art. 1020.º), e outro para a prestação de contas de depositário judicial (art. 1023.º), não deixou de estabelecer um processo para todos os outros casos, a que chamou de prestação de contas em geral (art. 1014.º). Tendo todos esses processos o fim comum da prestação de contas, que justifica a sua *especialidade*, os primeiros podem considerar-se *especialíssimos* em relação ao último.

As normas que regulam os processos especiais são de natureza excepcional, face às que disciplinam o processo comum, pelo que nos parece que elas não podem ser aplicadas por analogia (Código Civil, art. 11.º; Código de Processo Civil, art. 460.º, n.º 2).

CAPÍTULO I

DAS INTERDIÇÕES E INABILITAÇÕES

ARTIGO 944.º

(Petição inicial)

Na petição inicial da acção em que requeira a interdição ou inabilitação, deve o autor, depois de deduzida a

---

[69] No vol. II, págs. 226 e segs., da 3.ª ed. destas *Notas ao Código de Processo Civil*.

sua legitimidade, mencionar os factos reveladores dos fundamentos invocados e do grau de incapacidade do interditando ou inabilitando e indicar as pessoas que, segundo os critérios da lei, devam compor o conselho de família e exercer a tutela ou curatela.

1. O artigo em anotação indica os requisitos a que deve obedecer a petição inicial para a interdição ou inabilitação.
O n.º 1 do art. 138.º do Código Civil preceitua que podem ser *interditos* do exercício dos seus direitos todos aqueles que por anomalia psíquica, surdez-mudez ou cegueira se mostrem incapazes de governar suas pessoas e bens.
Por sua vez dispõe o art. 152.º do mesmo Código que podem ser *inabilitados* os indivíduos cuja anomalia psíquica, surdez-mudez ou cegueira, embora de carácter permanente, não seja de tal modo grave que justifique a sua interdição, assim como aqueles que pela sua habitual prodigalidade ou pelo abuso de bebidas alcoólicas ou de estupefacientes se mostrem incapazes de reger convenientemente o seu património.
«A expressão anomalia psíquica abrange não só as deficiências de intelecto, de entendimento ou de descernimento, como as deficiências da vontade ou da própria afectividade ou sensibilidade. Para servirem de fundamento à interdição, estas anomalias devem ser *duradouras* ou *habituais*, e não meramente *acidentais* ou *transitórias*» [70].
A incapacidade acidental vem regulada no art. 257.º do Código Civil.
Na redação primitiva o Código tratava separadamente os processos de interdição e os de inabilitação. A reforma processual de 95/96 passou a regulá-los em conjunto.

2. A interdição pode ser requerida pelo cônjuge do interditando, pelo tutor ou curador deste, por qualquer parente sucessível ou pelo Ministério Público. Se o interditando estiver sob o poder paternal, só têm legitimidade para a requerer os progenitores que exerçam aquele poder e o Ministério Público (Código Civil, art. 141.º).
O cônjuge separado judicialmente de pessoas e bens pode requerer a interdição, mas não o divorciado, embora este possa fazê-lo em representação de filhos menores do interditando.

---

[70] Pires de Lima e Antunes Varela, *Código Civil Anotado*, vol. I, pág. 92.

Os parentes sucessíveis a que alude a lei, são os parentes do interditando em qualquer grau da linha recta e até ao 6.º grau da linha colateral; essa faculdade não é extensível aos afins.

3. Embora as atribuições do Conselho de Família sejam, perante a lei actual, reduzidíssimas, cabe-lhe, pelo menos, vigiar o modo como o tutor exerce as suas funções (Cód. Civ., art. 152.º) ([71]).

Para a indicação das pessoas que devem compor o conselho de família, o requerente terá em atenção o que dispõem os arts. 1951.º a 1953.º do Código Civil.

ARTIGO 945.º
(Publicidade da acção)

Apresentada a petição, se a acção estiver em condições de prosseguir, o juiz determina a afixação de editais no tribunal e na sede da junta de freguesia da residência do requerido, com menção do nome deste e do objecto da acção, e publicar-se-á, com as mesmas indicações, anúncio num dos jornais mais lidos na respectiva circunscrição judicial.

O preceito tem dois propósitos em vista: *a)* assegurar que só se dá publicidade à acção depois de o juiz verificar que estão reunidas as condições para o seu prosseguimento, defendendo assim o arguido de um conhecimento público da sua enfermidade, dado extemporânea e porventura malevolamente; *b)* acautelar terceiros do risco que correm celebrando negócios com o requerido (art. 956.º, n.º 2, e art. 149.º do Código Civil).

ARTIGO 946.º
(Citação)

1 — O requerido é citado para contestar, no prazo de 30 dias.

([71]) «Outra inovação a assinalar — escreve-se no preâmbulo do Dec.-Lei n.º 329--A/95, de 12/12 — consiste na eliminação do conselho de família, quer no decretamento quer no levantamento da providência. (...) A dispensa da intervenção do conselho de família é compensada com o reforço dos poderes de indagação oficiosa do juiz, que poderá efectuar as diligências que entender necessárias, para além daquelas que são tipificadas na lei: interrogatório do arguido e exame pericial».

2 — É aplicável à citação o disposto na parte geral; a citação por via postal não terá, porém, cabimento, salvo quando a acção se basear em mera prodigalidade do inabilitando.

1. Segundo preceitua este artigo, a citação faz-se com observância dos princípios gerais que regulam este acto (arts. 228.º a 252.º-A), mas com rigorosa exclusão da citação por via postal, que só poderá ser utilizada quando a acção se basear na prodigalidade do inabilitando. Essa exclusão é feita em atenção à delicadeza das situações que normalmente servem de fundamento a estes processos.

2. Para o caso de o citando estar impossibilitado de receber a citação, ou de, uma vez citado, ficar em estado de revelia absoluta, regula o disposto no art. 947.º.

3. No Código de 1939 só se ordenava a citação do arguido quando se fundasse o pedido em incapacidade parcial; a partir do Código de 1961 mandou-se fazer a citação em qualquer dos casos, situação que hoje se mantém relativamente à interdição e à inabilitação.

ARTIGO 947.º
(Representação do requerido)

1 — Se a citação não puder efectuar-se, em virtude de o requerido se encontrar impossibilitado de a receber, ou se ele, apesar de regularmente citado, não tiver constituído mandatário no prazo de contestação, o juiz designa, como curador provisório, a pessoa a quem provavelmente competirá a tutela ou a curatela, que não seja o requerente, que será citada para contestar em representação do requerido; não o fazendo, aplica-se o disposto no artigo 15.º.

2 — Se for constituído mandatário judicial pelo requerido ou pelo respectivo curador provisório, o Ministério Público, quando não seja o requerente, apenas terá intervenção acessória no processo.

Capítulo I — Das interdições e inabilitações **ART. 949.º**

Embora sabendo que, nos casos de interdição, a maior parte das vezes o requerido não estará em condições de ser citado, o legislador manda, no art. 946.º, que se tente a sua citação, dada a gravidade que representa privar uma pessoa da possibilidade de livremente se governar e de administrar os seus bens. Porém, tendo presente aquela realidade, previne e regula a representação do citando em tais circunstâncias, com a nomeação de curador provisório, que será citado para contestar. Se o não fizer, e não tiver sido, entretanto, constituído mandatário, aplicar-se-á o art. 15.º (defesa do incapaz pelo Ministério Público). Deste modo, se nem o requerido nem o curador provisório tiverem deduzido oposição ou constituído mandatário, o M.º P.º terá intervenção principal no processo como representante do incapaz; caso contrário, terá nele intervenção acessória (art. 334.º).

ARTIGO 948.º
(Articulados)

À contestação, quando a haja, seguir-se-ão os demais articulados admitidos em processo ordinário.

Os articulados são as peças em que as partes expõem os fundamentos da acção e da defesa e formulam os pedidos correspondentes (arts. 151.º e 152.º).
A matéria dos articulados na acção ordinária vem tratada nos arts. 467.º a 507.º.

ARTIGO 949.º
(Prova preliminar)

Quando se trate de acção de interdição, ou de inabilitação não fundada em mera prodigalidade, haja ou não contestação, proceder-se-á, findos os articulados, ao interrogatório do requerido e à realização do exame pericial.

1. Findos os articulados proceder-se-á à instrução do processo, que consta essencialmente de dois actos: o interrogatório do requerido e o exame pericial ([72]).

([72]) Na versão primitiva deste código exigia-se também um parecer do conselho de família, que a reforma de 95/96 suprimiu.

2. Como o art. 950.º dispõe que devem assistir ao interrogatório do requerido o perito ou peritos nomeados, forçoso é que essa nomeação preceda a designação daquela diligência.

O objecto da prova pericial vem indicado no art. 388.º do Código Civil, sendo a produção dessa prova regulada nos arts. 568.º a 591.º, deste Código de Processo.

ARTIGO 950.º
(Interrogatório)

O interrogatório tem por fim averiguar da existência e do grau de incapacidade do requerido e é feito pelo juiz, com a assistência do autor, dos representantes do requerido e do perito ou peritos nomeados, podendo qualquer dos presentes sugerir a formulação de certas perguntas.

Regula a diligência do interrogatório do requerido, que é essencial, tanto nas interdições como nas inibições. Dele deve ser lavrado auto que reproduza as perguntas formuladas e as respostas obtidas.

ARTIGO 951.º
(Exame pericial)

1 — Logo após o interrogatório procede-se, sempre que possível, ao exame do requerido; podendo formar imediatamente juízo seguro, as conclusões da perícia são ditadas para a acta, fixando-se, no caso contrário, prazo para a entrega do relatório.

2 — Dentro do prazo marcado, pode continuar-se o exame no local mais apropriado e proceder-se às diligências que se mostrem necessárias.

3 — Quando se pronuncie pela necessidade da interdição ou da inabilitação, o relatório pericial deve precisar, sempre que possível, a espécie de afecção de que sofre o requerido, a extensão da sua incapacidade, a data provável do começo desta e os meios de tratamento propostos.

4 — Não é admitido segundo exame nesta fase do processo, mas quando os peritos não cheguem a uma conclusão segura sobre a capacidade ou incapacidade do arguido, será ouvido o requerente, que pode promover exame numa clínica da especialidade, pelo respectivo director, responsabilizando-se pelas despesas; para este efeito pode ser autorizado o internamento do arguido pelo tempo indispensável, nunca excedente a um mês.

Ao exame de que trata o preceito aplicam-se as normas reguladoras da prestação da prova pericial (arts. 568.º a 591.º), com as especialidades aqui previstas, de que se destaca a proibição de *segundo exame* (art. 590.º), embora possa ter lugar, na fase contenciosa da acção, uma *nova perícia* (art. 952.º, n.º 2).

ARTIGO 952.º
(Termos posteriores ao interrogatório e exame)

1 — Se o interrogatório e o exame do requerido fornecerem elementos suficientes e a acção não tiver sido contestada, pode o juiz decretar imediatamente a interdição ou inabilitação.
2 — Nos restantes casos, seguir-se-ão os termos do processo ordinário, posteriores aos articulados; sendo ordenado na fase de instrução novo exame médico do requerido, aplicar-se-ão as disposições relativas ao primeiro exame.

Com o interrogatório e o exame do requerido termina a fase processual que Alberto dos Reis designava *«fase inquisitória»*. Se aquelas diligências tiverem sido suficientes no sentido de demonstrarem a incapacidade do requerido, e o pedido não tiver sido contestado, o juiz deve decretar imediatamente a interdição ou a inabilitação que tiverem sido requeridas. Se não tiverem sido claras as conclusões nesse sentido, ou se a acção tiver sido contestada, o processo passa à sua fase seguinte, a *fase contenciosa*, na qual se seguirão os termos do processo ordinário posteriores aos articulados (arts. 508.º a 675.º, com exclusão dos arts. 589.º a 591.º).

ARTIGO 953.º
(Providências provisórias)

1 — Em qualquer altura do processo, pode o juiz, oficiosamente ou a requerimento do autor ou do representante do requerido, proferir decisão provisória, nos próprios autos, nos termos previstos no artigo 142.º do Código Civil.

2 — Da decisão que decrete a providência provisória cabe agravo que sobe imediatamente, em separado e sem efeito suspensivo.

1. Em qualquer altura do processo o juiz, reconhecendo que há necessidade urgente de providenciar quanto à pessoa e bens do arguido, pode, oficiosamente ou a requerimento do autor ou do representante do requerido, tomar uma de duas espécies de medidas provisórias, conforme as circunstâncias: ou nomeia tutor ou curador provisório, para a prática de certos actos urgentes, ou decreta a interdição ou inabilitação provisória (Cód. Civ., art. 142.º) do requerido.

2. Da decisão que ordene a providência provisória, qualquer que ela seja, cabe agravo, com o regime de subida e o efeito indicados no n.º 2.

ARTIGO 954.º
(Conteúdo da sentença)

1 — A sentença que decretar, definitiva ou provisoriamente, a interdição ou a inabilitação, consoante o grau de incapacidade do arguido e independentemente de se ter pedido uma ou outra, fixará, sempre que seja possível, a data do começo da incapacidade e confirmará ou designará o tutor e o protutor ou o curador e, se for necessário, o subcurador, convocando o conselho de família, quando deva ser ouvido.

2 — No caso de inabilitação, a sentença especificará os actos que devem ser autorizados ou praticados pelo curador.

3 — Se a interdição ou inabilitação for decretada em apelação, a nomeação do tutor e protutor ou do curador

e subcurador faz-se na 1.ª instância, quando baixe o processo.

4 — Na decisão da matéria de facto, deve o juiz oficiosamente tomar em consideração todos os factos provados, mesmo que não alegados pelas partes.

1. A fase contenciosa, em 1.ª instância, termina com a sentença. Se for decretada a interdição, a tutela será deferida pela ordem indicada no n.º 1 do art. 143.º do Código Civil, ou designado o tutor quando se der a hipótese do n.º 2 do mesmo preceito. Se for decretada a inabilitação, será nomeado curador, e especificados os actos que ele é autorizado a praticar (Cód. Civ., arts. 153.º e 156.º).

2. O n.º 4 é mais uma das excepções ao princípio dispositivo que este diploma contém ([73]).

3. A data do começo da incapacidade tem especial importância para o efeito da anulação dos actos praticados pelo arguido. Quanto aos actos celebrados pelo incapaz antes de anunciada a propositura da acção veja-se o que, sobre a invalidade dos actos, vai escrito em anotação ao art. 956.º.

ARTIGO 955.º
(Recurso de apelação)

1 — Da sentença de interdição ou inabilitação definitiva pode apelar o representante do arguido; pode também apelar o requerente, se ficar vencido quanto à extensão e limites da incapacidade.

2 — A apelação tem efeito meramente devolutivo; subsiste, porém, nos termos estabelecidos, a representação processual do interdito ou inabilitado, podendo o tutor ou curador nomeado intervir também no recurso como assistente.

1. Da sentença que decretar a interdição ou inabilitação definitiva não pode recorrer o arguido; essa faculdade só é reconhecida ao seu representante. O requerente pode igualmente recorrer, mas

---

([73]) Veja-se a anotação ao art. 3.º.

só em m*atéria da extensão e limites da incapacidade* em que tenha ficado vencido.

2. Nos processos especiais consideram-se de apelação os recursos interpostos da sentença ou de quaisquer despachos que decidam do mérito da causa (art. 463.º, n.º 5), mas, nas interdições e inibições, da decisão que decrete a *providência provisória* cabe agravo, a subir imediatamente, em separado e sem efeito suspensivo (art. 953.º, n.º 2). Da decisão definitiva cabe recurso até ao Supremo (arts. 312.º e 678.º).

ARTIGO 956.º
(Efeitos do trânsito em julgado da decisão)

1 — Passada em julgado a decisão final, observar-se-á o seguinte:

a) **Se tiver sido decretada a interdição, ou a inabilitação nos termos do artigo 154.º do Código Civil, serão relacionados no próprio processo os bens do interdito ou do inabilitado;**

b) **Se não tiver sido decretada a interdição nem a inabilitação, será dado conhecimento do facto por editais afixados nos mesmos locais e por anúncio publicado no mesmo jornal em que tenha sido dada publicidade à instauração da acção.**

2 — O tutor ou curador pode requerer, após o trânsito da sentença, a anulação, nos termos da lei civil, dos actos praticados pelo arguido a partir da publicação do anúncio referido no artigo 945.º; autuado por apenso o requerimento, serão citadas as pessoas directamente interessadas e seguir-se-ão os temos do processo sumário.

1. A alínea *a)* do n.º 1 regula para o caso de o tribunal ter entregue, no todo ou em parte, a administração dos bens do incapaz, ao curador. A alínea *b)* do mesmo número tem em vista reparar, em favor do arguido, as suspeitas que sobre a capacidade deste, que tenham resultado do anúncio da propositura da acção, quando a interdição ou a inabilitação não tenha sido decretada.

2. Quanto ao regime de anulabilidade dos actos do incapaz, vejam-se os arts. 148.º a 150.º do Código Civil.

ARTIGO 957.º
(Seguimento da acção mesmo depois da morte do arguido)

1 — Falecendo o arguido no decurso do processo, mas depois de feitos o interrogatório e o exame, pode o requerente pedir que a acção prossiga para o efeito de se verificar se existia e desde quando datava a incapacidade alegada.

2 — Não se procede neste caso a habilitação dos herdeiros do falecido, prosseguindo a causa contra quem nela o representava.

Se o arguido falecer na pendência da causa, mas depois do seu interrogatório e exame, a declaração da incapacidade do requerido pode ter grande projecção quanto à validade dos actos por ele praticados antes da propositura e na pendência desta, como se vê da anotação que fizemos ao art. 956.º.

ARTIGO 958.º
(Levantamento da interdição ou inabilitação)

1 — O levantamento da interdição ou inabilitação será requerido por apenso ao processo em que ela foi decretada.

2 — Autuado o respectivo requerimento, seguir-se-ão, com as necessárias adaptações, os termos previstos nos artigos anteriores, sendo notificados para deduzir oposição o Ministério Público, o autor na acção de interdição ou inabilitação e o representante que tiver sido nomeado ao interdito ou inabilitado.

3 — A interdição pode ser substituída por inabilitação, ou esta por aquela, quando a nova situação do incapaz o justifique.

Cessando a causa que determinou a interdição pode esta ser levantada a requerimento do próprio interdito, do seu cônjuge, do seu tutor ou do seu curador, de qualquer parente sucessível, ou do

ART. 981.º Livro III, Título IV — Dos processos especiais

Ministério Público (Cód. Civ., art. 151.º). O processo é o regulado neste artigo 958.º, onde se fixa a legitimidade para deduzir oposição ao pedido.

Quando a habilitação tiver tido por causa a prodigalidade ou o abuso de bebidas alcoólicas ou de estupefacientes, o seu levantamento não será deferido antes que decorram cinco anos sobre o trânsito em julgado da sentença que a decretou ou da decisão que haja desatendido um pedido anterior (Cód. Civ., art. 156.º).

O n.º 3 justifica-se por uma razão de economia processual [74].

ARTIGOS 959.º A 963.º

Estes preceitos, que regulavam especificadamente a interdição por surdez-mudez ou cegueira, e a inabilidade por prodigalidade, abuso de bebidas alcoólicas ou estupefacientes, foram revogados pelo art. 3.º do Dec.-Lei n.º 329-A/95, de 12/12.

ARTIGOS 964.º A 987.º

Estes preceitos que tratavam da cessação do arrendamento urbano, foram revogados pelo Dec.-Lei n.º 321-B/90, de 15/10, que aprovou o Regime de Arrendamento Urbano (RAU). No espaço anteriormente ocupado pelos arts. 981.º a 997.º figura hoje a disciplina reguladora «dos processos referentes às garantias das obrigações», de que nos ocuparemos imediatamente a seguir.

CAPÍTULO II
DOS PROCESSOS REFERENTES ÀS GARANTIAS DAS OBRIGAÇÕES

SECÇÃO I
Da prestação de caução

ARTIGO 981.º
(Requerimento para a prestação provocada de caução)

Aquele que pretenda exigir a prestação de caução indicará, além dos fundamentos da pretensão, o valor que deve ser caucionado, oferecendo logo as provas.

---

[74] Lopes Cardoso, *Código de Processo Civil Anotado*, 4.ª ed., pág. 522.

Cap. II — Dos processos referentes às garantias das obrigações   **ART. 982.º**

1. O actual Capítulo II, do Título IV, do Livro III ocupava, na redacção primitiva do Código, o Capítulo V, do Título I do Livro III, arts. 428.º a 443.º, sob a epígrafe «Cauções». Passou agora — e bem — a constituir um processo especial: referente às garantias das obrigações.
O primeiro desses processos é o da prestação de caução.

2. A caução é um dos meios de garantia do cumprimento das obrigações.
No capítulo VI, do título I do livro II do Código Civil, sob a designação «Garantias Especiais das Obrigações» vêm tratadas sucessivamente «a prestação de caução», «a fiança», a «consignação de rendimentos», o «penhor», a «hipoteca», os «privilégios creditórios», e «o direito de retenção», ocupando os arts. 623.º a 761.º.
Nem todas estas garantias especiais, porém, dão lugar a processos dessa natureza: assim é que a consignação de rendimentos, na parte em que pode ser aplicada como garantia das obrigações, constitui uma das formas do pagamento executivo, e é, como tal, regulada nos arts. 879.º a 881.º, não carecendo por isso de corresponder a um processo especial; os privilégios creditórios e o direito de retenção existem por força da lei e não têm de ser considerados na lei adjectiva porque «não se constituem, não se modificam, nem se extinguem mediante processo judicial ([75]), estando inteiramente tratados na lei substantiva (Cód. Civ., arts. 733.º a 761.º).

3. Os arts. 981.º a 987.º regulam o processo para a *prestação forçada* da caução; o art. 988.º é aplicável à prestação espontânea da caução, e os arts. 989.º e 990.º tratam dois casos especialíssimos: a caução a favor de incapazes, e a caução como incidente.

4. O requerente da caução tem de indicar: os fundamentos da pretensão, ou seja, as razões de facto e de direito em que se alicerça o pedido; o valor a caucionar; as provas que pretende usar para demonstrar a veracidade dos factos que invocou.

ARTIGO 982.º
(Citação do requerido)

1 — O requerido é citado para, no prazo de 15 dias, deduzir oposição ou oferecer caução idónea, devendo indicar logo as provas.

([75]) Alberto dos Reis, *Código de Processo Civil Anotado*, vol. II, 2.ª ed., pág. 141.

2 — Na contestação pode o réu limitar-se a impugnar o valor da caução exigida pelo autor; se, porém, apenas impugnar este valor, deve especificar logo o modo como pretende prestar a caução, sob cominação de não ser admitida a impugnação.

3 — Oferecendo-se caução por meio de hipoteca ou consignação de rendimentos, apresentar-se-á logo certidão do respectivo registo provisório e dos encargos inscritos sobre os bens e ainda a certidão do seu rendimento colectável, se o houver.

Citado o réu para, em quinze dias, deduzir a oposição que tiver, ou oferecer caução idónea, o requerido pode tomar uma destas posições: *a)* não diz coisa alguma; *b)* opõe-se à obrigação de caucionar; *c)* reconhece a obrigação, mas impugna o valor da caução exigida. No *primeiro caso* aplicam-se os arts. 484.º e 485.º, e se a revelia for operante consideram-se provados os factos articulados pelo autor; além disso, devolve-se a este a escolha da modalidade da caução a prestar (art. 985.º). No *segundo caso* suscita-se uma questão que tem de ser previamente decidida: a de saber se o requerido está ou não obrigado a prestar caução; essa questão resolve-se nos termos dos n.ᵒˢ 1 e 2 do art. 983.º. No *terceiro caso*, o processo a usar é o regulado no n.º 3 do art. 983.º.

ARTIGO 983.º

(Oposição do requerido)

1 — Se o réu contestar a obrigação de prestar caução, ou se, não deduzindo oposição, a revelia for inoperante, o juiz, após realização das diligências probatórias necessárias, decide da procedência do pedido e fixa o valor da caução devida, aplicando-se o disposto no artigo 304.º.

2 — Seguidamente, é o réu notificado para, em 10 dias, oferecer caução idónea seguindo-se, com as necessárias adaptações, o disposto acerca do oferecimento da caução ou da devolução ao autor do direito de indicar o modo da sua prestação.

3 — Se o réu tiver impugnado apenas o valor da caução, o autor impugnará na resposta a idoneidade da garantia oferecida, nos termos do disposto no artigo seguinte;

Cap. II — Dos processos referentes às garantias das obrigações   ART. 984.º

à decisão do juiz que fixe o valor da caução é aplicável o disposto nos números anteriores.

1. Se o réu contestar a obrigação de prestar caução, ou, não a contestando, a sua revelia for inoperante (art. 485.º), o processo seguirá os termos abreviados dos n.ᵒˢ 1 e 2 do preceito em anotação.

2. A situação prevista no n.º 3 é esta: o réu reconhece a obrigação de prestar caução, mas entende que o valor a caucionar não é o indicado pelo autor na sua petição. Para que o réu não faça dessa impugnação um uso dilatório, a lei impõe-lhe que indique o meio como pretende prestar a caução, sob cominação da impugnação não ser admitida (art. 982.º, n.º 2).

3. Sobre idoneidade da caução, veja-se a anotação ao artigo imediato.

ARTIGO 984.º
(Apreciação da idoneidade de caução)

1 — Oferecida a caução ou indicado o modo de a prestar, pode o autor, em 15 dias, impugnar a idoneidade da garantia, indicando logo as provas de que dispuser.

2 — Na apreciação da idoneidade da garantia ter-se-á em conta a depreciação que os bens podem sofrer em consequência da venda forçada, bem como as despesas que esta pode acarretar.

3 — Sendo impugnada a idoneidade da garantia oferecida, o juiz profere decisão após realização das diligências necessárias, aplicando-se o disposto no artigo 304.º; sendo a caução oferecida julgada inidónea, é aplicável o disposto no artigo seguinte.

1. A idoneidade da caução depende de duas condições: ser prestada por um dos meios admitidos pela lei; ser o seu valor suficiente para garantir a responsabilidade de quem a tem de prestar.

Se alguém for *obrigado* ou *autorizado por lei* a prestar caução, sem se designar a espécie que ela deve revestir, pode a garantia ser prestada por meio de depósito de dinheiro, títulos de crédito, pedras ou metais preciosos, ou por penhor, hipoteca ou fiança bancária. Se a caução não puder ser prestada por qualquer destes meios, é lícita a prestação de outra espécie de fiança, desde que o fiador renuncie ao benefício da excussão (Cód. Civ., art. 623.º, n.ᵒˢ 1 e 2).

Se alguém for *obrigado ou autorizado por negócio* jurídico a prestar caução, ou esta for *imposta pelo tribunal,* é permitido prestá--la por meio de qualquer garantia, real ou pessoal (Cód. Civ., art. 624.º, n.º 1).

Quanto ao valor da garantia prestada deve ele ser bastante mais elevado do que o montante da prestação em dívida, visto que é preciso ter em conta as despesas judiciais que ela, em princípio, também cobre, assim como a depreciação que os bens podem sofrer em consequência da venda forçada.

2. Se o autor impugnar a idoneidade da caução, com o fundamento de que ela não pode ser prestada pelo meio indicado, ou porque o seu valor não garante a responsabilidade assumida, ou porque o fiador não merece confiança, o juiz, praticadas as diligências necessárias, decidirá.

ARTIGO 985.º
(Devolução ao requerente do direito de indicar o modo de prestação da caução)

Se o réu não contestar, devendo a revelia considerar--se operante, nem oferecer caução idónea ou indicar como pretende prestá-la, devolve-se ao autor o direito de indicar o modo da sua prestação, de entre as modalidades previstas em convenção das partes ou na lei.

Na versão original do Código, a revelia do réu, neste processo especial, produzia o efeito cominatório pleno, isto é, o réu revel era logo condenado a caucionar o valor indicado na petição; hoje, porém, depois da reforma processual, a revelia do réu produz apenas os efeitos previstos, de modo geral, no art. 484.º, a que o artigo anotando acrescenta o efeito específico de devolver ao requerente o direito de indicar o modo de prestação que a caução deve revestir. As modalidades previstas na lei são as indicadas nos arts. 623.º, n.ᵒˢ 1 e 2, e 624.º, n.º 1 do Código Civil.

ARTIGO 986.º

(Prestação da caução)

Fixado o valor que deve ser caucionado e a espécie da caução, esta julgar-se-á prestada depois de efectuado o depósito ou a entrega de bens, ou averbado como definitivo o registo da hipoteca ou consignação de rendimentos, ou após constituída a fiança.

ARTIGO 987.º

(Falta de prestação da caução)

1 — Se o réu não prestar a caução fixada no prazo que lhe for assinado, pode o autor requerer a aplicação da sanção especialmente prevista na lei ou, na falta de disposição especial, requerer o registo de hipoteca ou outra cautela idónea.

2 — Quando a garantia a constituir incida sobre coisas móveis ou direitos não susceptíveis de hipoteca, pode o credor requerer que se proceda à apreensão do respectivo objecto para entrega ao titular da garantia ou a um depositário, aplicando-se o preceituado quanto à realização da penhora e sendo a garantia havida como penhor.

3 — Se, porém, os bens que o autor pretende afectar excederem o necessário para suficiente garantia da obrigação, o juiz pode, a requerimento do réu, depois de ouvido o autor e realizadas as diligências indispensáveis, reduzir a garantia aos seus justos limites.

1. Se a pessoa obrigada a prestar caução a não prestar, o credor tem o direito de requerer o registo de hipoteca sobre os bens do devedor, ou outra cautela idónea, salvo se for diferente a solução especialmente fixada na lei (Cód. Civ., art. 625.º, n.º 1).

2. Se, no caso de falta, a garantia incidir sobre coisas móveis, a hipoteca legal será substituída pela apreensão do respectivo objecto, nos termos do n.º 2 do preceito em anotação.

3. A garantia limita-se aos bens suficientes para assegurar o direito do credor; se houver excesso o réu pode pedir que se corrija o exagero (n.º 3, relacionado com o n.º 2 do art. 425.º do Cód. Civ.).

ARTIGO 988.º
(Prestação espontânea de caução)

1 — Sendo a caução oferecida por aquele que tem obrigação de a prestar, deve o autor indicar na petição inicial, além do motivo por que a oferece e do valor a caucionar, o modo por que a quer prestar.

2 — A pessoa a favor de quem deve ser prestada a caução é citada para, no prazo de 15 dias, impugnar o valor ou a idoneidade da garantia.

3 — Se o citado não deduzir oposição, devendo a revelia considerar-se operante, é logo julgada idónea a caução oferecida; no caso contrário, aplica-se, com as necessárias adaptações, o disposto nos artigos 983.º e 984.º.

4 — Quando a caução for oferecida em substituição de hipoteca legal, o devedor, além de indicar o valor dela e o modo de a prestar, formulará e justificará na petição inicial o pedido de substituição e o credor será citado para impugnar também este pedido, observando-se, quanto à impugnação dele, o disposto no número anterior relativamente à impugnação do valor e da idoneidade da caução.

1. Regula a prestação espontânea da caução.

Aqui, não há que pôr em causa a obrigação de prestar caução, visto o oferecimento dela implicar o reconhecimento da respectiva obrigação; ficam, assim, como temas do possível litígio, *o valor da caução* e a *idoneidade desta*.

2. A pessoa a favor de quem deve ser prestada a caução será citada para, em 15 dias, impugnar o valor ou a idoneidade da caução oferecida. Se não impugnar, e não se verificar alguma das excepções previstas no art. 485.º, a caução é logo julgada idónea; caso contrário, seguem-se os termos processuais previstos para o caso de haver oposição do requerido, com as necessárias adaptações.

3. De harmonia com o disposto no n.º 1 do art. 707.º do Código Civil o tribunal pode autorizar, nos casos de hipoteca legal, a requerimento do devedor, a substituição daquela por outra caução. Para adjectivar este preceito, a reforma de 1967 acrescentou ao texto primitivo desta norma o seu actual n.º 4, que dessa substitui-

ção se ocupa. O art. 705.º daquele Código indica quais os credores que têm hipoteca legal. Aplica-se à impugnação de que trata o n.º 4, na parte não directamente regulada, o que escrevemos na nota 2 a este preceito.

ARTIGO 989.º
(Caução a favor de incapazes)

O disposto nos artigos antecedentes é aplicável à caução que deva ser prestada pelos representantes de incapazes ou ausentes, quanto aos bens arrolados ou inventariados, com as seguintes modificações:

a) **A caução é prestada por dependência do arrolamento ou inventário;**

b) **Se o representante do incapaz ou do ausente não indicar a caução que oferece, observar-se-á o disposto para o caso de esse representante não querer ou não poder prestar a caução;**

c) **As atribuições do juiz relativas à fixação do valor, à apreciação da idoneidade da caução e à designação das diligências necessárias são exercidas pelo conselho de família, quando a este pertença conhecer da caução.**

1. No caso de ausência, os bens do ausente serão relacionados e só depois entregues ao curador provisório, ao qual será fixada caução pelo tribunal. Se o curador não prestar a caução, será nomeado outro em lugar dele (Cód. Civ., art. 93.º, n.ºs 1 e 3). Na curadoria definitiva também o tribunal pode exigir aos curadores definitivos ou a algum ou alguns deles que prestem caução, tendo em conta a espécie e valor dos bens e rendimentos que eventualmente hajam de restituir. Enquanto não prestar a caução fixada, o curador está impedido de receber os bens; estes são entregues, até ao termo da curadoria ou até à prestação de caução, a outro herdeiro ou interessado, que ocupará, em relação a eles, a posição de curador definitivo (Cód. Civ., art. 107.º, n.ºs 1 e 2).

Quanto aos menores sujeitos ao poder paternal, embora os pais, como regra, não estejam obrigados a prestar caução como administradores dos bens dos filhos, quando a estes couberem valores móveis, pode o tribunal, considerando o valor dos bens, exigi-la, a pedido de pessoas com legitimidade para a acção de inibição do poder paternal, que são o Ministério Público, qualquer parente do menor, pessoa a cuja guarda ele esteja confiado, de facto ou de direito. Se os pais não prestarem a caução que lhes for exigida é aplicável o que o art. 1470.º dispõe para o usufrutuário em iguais circunstâncias (Cód. Civ., arts. 1898.º).

2. A caução é prestada, nestes casos, como dependência do arrolamento, do inventário ou da relacionação dos bens.

ARTIGO 990.º
(Caução como incidente)

1 — O disposto nos artigos anteriores é também aplicável quando numa causa pendente haja fundamento para uma das partes prestar caução a favor da outra, mas a requerida é notificada, em vez de ser citada, e o incidente é processado por apenso.
2 — Nos casos previstos no n.º 4 do artigo 47.º, no n.º 3 do artigo 692.º, no n.º 4 do art. 740.º e no n.º 1 do artigo 818.º, o incidente é urgente.

Este processo especialíssimo é aplicável aos casos em que, numa causa pendente, uma das partes pode prestar caução a favor da outra. São os casos, p.e., da substituição da providência cautelar por caução (art. 387.º, n.º 3); da prestação de caução pelo apelante para que a apelação tenha efeito suspensivo (art. 692.º, n.º 3); da revista, quando ao recurso for atribuído efeito suspensivo (art. 724.º, n.º 2); da caução a prestar pelo opoente para obter a suspensão da execução (art. 818.º, n.º 1); do protesto pela reivindicação, na venda judicial (arts. 910.º e 911.º); da oposição mediante embargos de terceiro, quando for exigida caução (art. 356.º); no inventário, para entrega de bens antes da sentença passar em julgado (art. 1384.º).

O processo é o mesmo que o indicado para a prestação espontânea com diferença de que é sempre incidental e por isso o requerido — parte na causa principal — é *notificado*, e não *citado* para o incidente, o qual é sempre urgente nos casos indicados no n.º 2.

SECÇÃO II

Do reforço e substituição das garantias especiais das obrigações

ARTIGO 991.º
(Reforço ou substituição de hipoteca, consignação de rendimentos ou penhor)

1 — O credor que pretenda exigir reforço ou substituição da hipoteca, da consignação de rendimentos ou do penhor justificará a pretensão, indicando o montante da depreciação ou o perecimento dos bens dados em garantia e a importância do reforço ou da substituição, apresentando logo as provas.

2 — O requerido é citado para, no prazo de 15 dias, contestar o pedido ou impugnar o valor do reforço ou da substituição e indicar os bens que oferece, devendo apresentar logo as provas.

3 — Se pretender impugnar apenas o valor, deve o réu indicar logo os bens com que pretende reforçar ou substituir a garantia, sob pena de não ser admitida a impugnação.

4 — Quando a obrigação de reforçar ou substituir a garantia incumbir a terceiro, será demandado este, e não o devedor, para os efeitos referidos nos números anteriores.

1. Quando as garantias especiais das obrigações são prestadas, o valor que cobrem é sempre calculado de harmonia com o montante da importância que garantem. Sucede, porém, que, algumas vezes, ou porque a coisa dada em garantia perece ou diminui de valor, ou porque a responsabilidade resultante da obrigação aumenta, a garantia prestada mostra-se insuficiente para os fins que a justificaram. O remédio para tal situação é reforçá-la ou substituí-la. O preceito em anotação regula a parte adjectiva desse reforço ou substituição nos casos de hipoteca, consignação de rendimentos ou do penhor, de que trata o Código Civil nos arts. 701.º, 665.º e 678.º, respectivamente.

2. A coisa hipotecada pode perecer, ou os bens hipotecados podem tornar-se insuficientes para segurança da obrigação con-

traída, sem culpa alguma do credor ou do devedor. Foi para essa situação, segundo nos parece, que foi formulado o art. 701.º do Código Civil, que é aplicável também aos casos da consignação de rendimentos e do penhor, pela remissão que lhe é feita nos arts. 665.º e 678.º do mesmo diploma legal. Se a coisa perecer, ou a garantia se tornar insuficiente, por causa imputável ao *credor*, é claro que este não poderá invocar qualquer direito à substituição ou ao reforço. Se, por causa imputável ao devedor, diminuir a garantia do crédito, pode o credor exigir imediatamente a prestação, ou, se preferir, a substituição ou reforço da garantia (Cód. Civ., art. 780.º, n.ᵒˢ 1 e 2).

3. Da expressão *se tornar insuficiente*, empregada no n.º 1 do art. 701.º citado, resulta que é inoperante, para o efeito desse artigo, a insuficiência originária.

4. A inscrição da hipoteca sobre outros bens do devedor é por natureza provisória quando feita antes do trânsito em julgado da sentença que condenou o devedor no imediato cumprimento da obrigação, nos termos do n.º 1 do art. 701.º do Cód. Civ. [Cód. Reg. Pred., art. 92.º, n.º 1, *m)*].

5. Se a garantia foi *prestada por terceiro* e a diminuição dela foi devida a culpa do terceiro, poderá o credor exigir deste a sua substituição ou o seu reforço, ficando o mesmo sujeito à cominação aplicável ao devedor quando o não faça (Cód. Civ., art. 701.º, n.º 2).

6. Os arts. 991.º a 994.º regulam o que Alberto dos Reis chamava *processo especial-geral*, isto é, o conjunto de normas aplicável ao reforço e substituição das três garantias mencionadas, enquanto nos artigos seguintes se contemplam os *processos especialíssimos* do reforço e substituição da caução (arts. 995.º e 996.º) e da fiança (art. 997.º), cuja tramitação tem algumas, pequenas, regras próprias.

7. A hipoteca é tratada nos arts. 686.º a 732.º; a consignação de rendimentos, nos arts. 656.º a 665.º; e o penhor nos arts. 666.º a 685.º, todos do Código Civil.

8. O co-herdeiro só pode reforçar a hipoteca legal de que goza sobre os bens adjudicados ao devedor de tornas, para garantir o pagamento destas, se a garantia puder continuar a incidir sobre os

bens aí especificados. A mesma restrição é imposta ao legatário de dinheiro ou outra coisa fungível, relativamente à hipoteca legal de que goza sobre os bens sujeitos ao encargo do legado ou, na sua falta, sobre os bens que os herdeiros responsáveis houverem do testador (Cód. Civ., art. 709.º).

ARTIGO 992.º
(Oposição ao pedido)

1 — Se o réu contestar a obrigação de reforço ou de substituição da garantia, ou se, não deduzindo oposição, a revelia for inoperante, feita a avaliação ou realizadas as outras diligências necessárias, o juiz decidirá se a garantia deve ser reforçada ou substituída e fixará o valor do reforço ou substituição, aplicando-se o disposto no artigo 304.º.
2 — O juiz pode ordenar o simples reforço quando, pedida a substituição, se conclua não ter havido perecimento dos bens.
3 — Seguidamente, é o réu notificado para, no prazo de 10 dias, oferecer bens suficientes para o reforço ou substituição decretados, aplicando-se, com as necessárias adaptações, o disposto no artigo 984.º.
4 — Se a nova garantia oferecida estiver sujeita a registo, deve efectuar-se logo o seu registo provisório.
5 — Se o réu impugnar apenas o valor do reforço ou substituição pretendidos, é aplicável o disposto no n.º 3 do artigo 983.º, com as necessárias adaptações.

1. O limite do número de testemunhas e o registo dos depoimentos são os previstos para os incidentes da instância.

2. Nos termos do n.º 3 o requerido pode impugnar a idoneidade da nova garantia oferecida (art. 993.º).

3. Sobre o registo provisório veja-se o disposto 92.º do Cód. Reg. Predial.

ARTIGO 993.º
(Apreciação da idoneidade da garantia oferecida)

Se o réu não contestar o pedido, nem impugnar o valor do reforço ou substituição, limitando-se a oferecer bens para este efeito, aplica-se, com as necessárias adaptações, o previsto no artigo 984.º.

Este preceito é aplicável quando o réu não tiver contestado a obrigação ou impugnado o valor do reforço, indicar bens para esses fins.

Veja-se, sobre a matéria da idoneidade, o disposto no art. 984.º e respectiva anotação.

ARTIGO 994.º
(Não oferecimento de bens em reforço ou substituição da garantia)

1 — Se o réu não deduzir oposição, devendo a revelia considerar-se operante, nem oferecer bens para reforço ou substituição da garantia, ou se os bens oferecidos forem julgados insuficientes, consideram-se reconhecidos os factos articulados pelo autor, cabendo ao juiz decidir sobre a falta de cumprimento da obrigação e seus efeitos.

2 — A execução destinada a exigir o cumprimento imediato da obrigação que a substituição ou o reforço se destinava a garantir segue no mesmo processo.

Prevê-se neste preceito que o réu, devidamente citado, não fez coisa alguma: não contestou a obrigação, não impugnou o valor, nem ofereceu bens para o reforço. A consequência é a de se considerarem reconhecidos os factos articulados pelo autor, devendo o juiz, face a eles, tirar as conclusões de direito. O facto de não ser feito o reforço ou a substituição da garantia, por culpa do devedor, confere ao credor o direito de exigir o imediato cumprimento da obrigação que a substituição ou o reforço se destinavam a garantir (Cód. Civ., art. 780.º, em consonância com o n.º 2 do preceito em anotação). Além disso, o autor pode preferir, no caso de não prestação (de que é idêntica a falta de reforço ou substituição) requerer o registo de hipoteca dos bens do devedor, ou outra cautela idónea, salvo se for diferente a solução prevista na lei (Cód. Civ., art. 625.º, n.º 1).

ARTIGO 995.º
(Reforço e substituição da caução)

1 — O disposto nos artigos anteriores é aplicável à exigência de prestação de uma nova forma de caução, por se ter tornado imprópria ou insuficiente a que fora anteriormente prestada.

2 — Quando o credor pretenda apenas o reforço da caução, observar-se-á o processo estabelecido para o reforço da garantia, mediante a qual a caução tenha sido prestada.

3 — Se a caução tiver sido constituída judicialmente, a prestação de nova forma ou o reforço dela será requerido no mesmo processo, devendo observar-se, quanto ao próprio reforço, o disposto nas alíneas b) e c) do artigo 989.º.

Quando a caução prestada se torne insuficiente ou imprópria, por causa não imputável ao credor, pode este exigir que ela seja reforçada ou que seja prestada outra forma de caução (Cód. Civ., art. 626.º).

É esta norma de direito substantivo que é adjectivada pelo preceito em apreço, regulando os termos processuais que lhe correspondem.

ARTIGO 996.º
(Reforço ou substituição da caução prestada como incidente)

Quando a caução tenha sido prestada por uma das partes a favor da outra como incidente de causa, a substituição ou o reforço será requerido no processo de prestação, observando-se, com as necessárias adaptações, os termos prescritos para a prestação.

Quando a caução tiver sido prestada em juízo como incidente de causa já proposta, a substituição ou o reforço é requerido no processo da prestação, isto é, não se distribui nem apensa: encorpora-se naqueles autos ([76]).

([76]) Alberto dos Reis, *Código de Processo Civil Anotado*, 3.ª ed., pág. 185.

ARTIGO 997.º
(Reforço e substituição da fiança)

O disposto nos artigos anteriores é aplicável ao reforço e substituição da fiança, mas o devedor é citado para oferecer novo fiador ou outra garantia idónea.

1. Se algum devedor estiver obrigado a dar fiador, não é o credor forçado a aceitar quem não tiver capacidade para se obrigar ou não tiver bens suficientes para garantir a obrigação. Se o fiador nomeado mudar de fortuna, de modo que haja risco de insolvência, tem o credor a faculdade de exigir o *reforço* da fiança. Se o devedor *não reforçar* a fiança ou *não oferecer outra garantia* idónea dentro do prazo que lhe for fixado pelo tribunal, tem o credor o direito de exigir o imediato cumprimento da obrigação (Cód. Civ., art. 633.º).

O preceito em causa manda aplicar a este reforço ou substituição os termos dos arts. 995.º e 996.º.

2. Quanto ao penhor a lei civil reconhece ao credor pignoratício o direito de exigir a substituição ou o reforço do penhor, ou o cumprimento imediato da obrigação, se a coisa empenhada perecer ou se tornar insuficiente para segurança da dívida, nos termos fixados para a garantia hipotecária [Cód. Civ., art. 670.º, alínea *c)*].

Os termos processuais são os dos arts. 991.º e segs..

CAPÍTULO III

DA EXPURGAÇÃO DE HIPOTECAS E DA EXTINÇÃO DE PRIVILÉGIOS

ARTIGO 998.º
(Requerimento para a expurgação)

Aquele que pretenda a expurgação de hipotecas, pagando integralmente aos credores hipotecários, requererá que estes sejam citados para receberem a importância dos seus créditos, sob pena de esta ser depositada.

1. A expurgação é o benefício que a lei concede ao adquirente de bens hipotecados de obter a extinção dos encargos anteriormente registados, quer satisfazendo integralmente os créditos garantidos,

quer pagando o preço ou o valor dos bens hipotecados. À primeira vista a concessão desta faculdade pode parecer injusta, na medida em que sacrifica legítimos interesses dos credores hipotecários, que ficam, assim, impedidos não só de escolher a melhor oportunidade para realizar a venda dos bens, como também lhes frustra o recebimento dos interesses que, da aplicação do seu capital, tinham o direito de esperar ([77]). Estes inconvenientes, porém, devem ceder perante a finalidade superior de favorecer a circulação dos bens, facilitando a alienação do imóvel hipotecado, uma vez que sem essa possibilidade de fazer desaparecer os encargos que o oneravam, seria normalmente impossível encontrar para ele um adquirente ([78]).

2. A faculdade de expurgar pertence, segundo a lei, «àquele que adquiriu bens hipotecados» e que «não é pessoalmente responsável pelo cumprimento das obrigações garantidas».
Era este já o direito anterior ([79]).
Os credores não podem expurgar hipotecas anteriores à sua, para que esta fique em primeiro lugar, visto não terem a qualidade de adquirentes. Estes podem ter adquirido a título oneroso ou gratuito, no todo ou parte, o imóvel, em plena propriedade, nua propriedade ou usufruto. O adquirente sob condição suspensiva, porque não é ainda proprietário, não tem direito de expurgar a hipoteca antes do preenchimento da condição; já quanto ao adquirente sob condição resolutiva a solução é contrária, embora na doutrina as opiniões não sejam coincidentes quanto aos efeitos que venha a ter nesse acto a verificação da condição, com o regresso da propriedade ao alienante; parece que a melhor solução será a de manter os efeitos da expurgação, sem prejuízo da resolução do negócio ([80]).
O direito de expurgar mantém-se enquanto se mantiver a qualidade que derivou do acto adquisitivo; se o adquirente perdeu essa qualidade por ter, por sua vez, transmitido a coisa hipotecada a outra pessoa, é a esta, e só a ela, que pertence o direito de expurgar.

([77]) G. Gorla, *Del Pegno — Delle Ipoteche*, pág. 454.
([78]) Marty et Raynaud, *Traité de Droit Civil*, t. 3, n.º 384.
([79]) Guilherme Moreira, *Instituições*, vol. II, pág. 473 (2.ª ed.); Cunha Gonçalves, *Tratado de Direito Civil*, vol. V, pág. 502.
([80]) Colin et Capitant, *Traité de Droit Civil Français* (J. La Mourandière) t. 2, n.º 1835.

ART. 999.º   *Livro III, Título IV — Dos processos especiais*

Relativamente à exigência de não ser o pretenso expurgador pessoalmente responsável pelo cumprimento da obrigação da garantia, há que considerar algumas situações especiais. Assim, o cedente de um crédito hipotecário que tenha, depois, adquirido o imóvel onerado, pode exercer o direito de expurgação porque não tomou qualquer compromisso quanto ao crédito por ele cedido ([81]); o terceiro, que sem se obrigar pessoalmente, prestou a hipoteca, não pode expurgá-la, por que o exercício dessa faculdade diminuiria a garantia por ele assumida ([82]); os herdeiros ou sucessores a título universal não podem usar da faculdade expurgatória porque, como representantes do *de cujus* estão inibidos de fazer qualquer coisa que possa afectar os direitos provenientes da hipoteca.

A adquisição pode ter sido feita a título oneroso ou a título gratuito, e entre vivos ou *mortis causa* (legados). Para exercer a respectiva faculdade o adquirente deve demonstrar que registou o título adquisitivo, pois só depois desse registo efectuado os credores hipotecários são obrigados a reconhecer-lhe aquela qualidade.

3. O processo para expurgação de hipotecas por pagamento integral aos credores vem regulado nos arts. 998.º a 1000.º do Cód. Proc. Civil. Este processo só se usa quando os credores hipotecários se recusam a receber particularmente os seus créditos.

Nos casos da alínea *b)* do artigo 721.º do Cód. Civil o processo a adoptar será o previsto nos arts. 1002.º a 1004.º deste Código de Processo.

Há, ainda, as modalidades processuais que se prevêem para a expurgação das hipotecas legais (art. 1005.º) e de hipotecas que garantam prestações periódicas (art. 1006.º), como, por exemplo, a indemnização em forma de renda, a obrigação alimentar e o legado de prestação periódica.

ARTIGO 999.º

(**Citação dos credores inscritos**)

Feita a prova do facto que autoriza a expurgação, e junta certidão do registo de transmissão da coisa hipotecada a favor do requerente e das inscrições hipotecárias,

---

([81]) Cunha Gonçalves, *ob. cit.*, vol. V, pág. 507.
([82]) Aubry et Rau; *Cours de Droit Civil*, t. 3 (Esmain et Ponsard), § 293.º.

Capítulo III — Da expurgação de hipotecas   **ART. 1000.º**

marcar-se-á dia e hora para o pagamento, por termo, na secretaria, e ordenar-se-á a citação dos credores inscritos anteriormente ao registo de transmissão.

1. O processo regulado por este artigo serve para a expurgação quando se pretenda obtê-la pelo modo designado na alínea *a)* do art. 721.º do Código Civil. Este processo é de total garantia para os credores, que recebem a totalidade dos seus créditos. O requerente pode, neste caso, evitar o uso do processo especial fazendo o pagamento dos créditos directamente aos credores hipotecários e cobrando deles recibos de quitação e autorização para cancelamento das hipotecas. Só se justifica o recurso ao tribunal quando os credores se recusarem a tratar o assunto particularmente.

2. A citação deve ser feita nos termos dos arts. 228.º e segs., e não nos termos do art. 864.º.

3. É indispensável a junção da certidão de registo de transmissão, para assegurar a legitimidade do requerente, e a das inscrições hipotecárias, por ser pelo valor nelas mencionado que se farão os pagamentos.

ARTIGO 1000.º
(Cancelamento das hipotecas)

Pagas as dívidas hipotecárias e depositadas as quantias que não sejam recebidas, são expurgados os bens e mandadas cancelar as hipotecas registadas a favor dos credores citados.

A sentença que declarar os bens livres de hipotecas em consequência de expurgação não será proferida sem se mostrar que foram citados todos os credores hipotecários. O credor que, tendo a hipoteca registada, não for citado nem comparecer espontaneamente em juízo, não perde os seus direitos de credor hipotecário, seja qual for a sentença proferida em relação aos outros credores. Se o requerente da expurgação não depositar a quantia devida, nos termos da lei de processo, fica o requerimento sem efeito e não pode ser renovado, sem prejuízo da responsabilidade do requerente pelos danos causados aos credores (Código Civil, art. 723.º).

ARTIGO 1001.º

Este artigo, que se ocupava do processo de expurgação quando a transmissão tivesse sido feita judicialmente, foi revogado pelo art. 3.º do Dec.-Lei n.º 329.º-A/95, por se entender desnecessário, uma vez que, nesse caso, o interesse dos credores já estava acautelado pelo concurso de credores, que no processo se teria necessariamente realizado (art. 864.º e segs.).

ARTIGO 1002.º
(Expurgação nos outros casos)

1 — Em todos os outros casos, o requerente da expurgação declarará o valor por que obteve os bens, ou aquele em que os estima, se os tiver obtido por título gratuito ou não tiver havido fixação de preço, e requererá a citação dos credores para, em 15 dias, impugnarem esse valor, sob cominação de se entender que o aceitam.
2 — Não havendo impugnação e sendo a revelia operante, o adquirente depositará a importância declarada e os bens serão expurgados das hipotecas, mandando-se cancelar as respectivas inscrições e transferindo-se para o depósito os direitos dos credores.
3 — Em seguida são os credores notificados para fazer valer os seus direitos no mesmo processo, observando-se na parte aplicável o disposto nos artigos 865.º e seguintes.

Esta norma processual adjectiva o modo de expurgar a hipoteca admitido na alínea *b)* do art. 721.º do Código Civil, segundo o qual aquele que adquiriu bens hipotecados, registou o título de aquisição e não é pessoalmente responsável pelo cumprimento das obrigações garantidas tem o direito de expurgar a hipoteca declarando que está pronto a entregar aos credores, para pagamento dos seus créditos, até à quantia pela qual obteve os bens, ou aquela em que os estima, quando a aquisição tenha sido feita por título gratuito ou não tenha havido fixação de preço.

Os arts. 1002.º e 1003.º regularão, pois, todos os casos de expurgação que não sejam o previsto no art. 999.º.

ARTIGO 1003.º

(Impugnação do valor pelos credores)

1 — Os credores podem impugnar o valor se mostrarem que a quantia declarada é inferior à importância dos créditos hipotecários registados e dos privilegiados.

2 — Deduzida a impugnação ou não sendo a revelia operante, são os bens judicialmente vendidos pelo maior valor que obtiverem sobre o declarado pelo adquirente.

3 — Não sendo possível a venda judicial por não aparecerem propostas de valor superior ao referido no número anterior, subsiste o valor declarado, seguindo-se o disposto nos n.ºs 2 e 3 do artigo anterior.

Nas hipóteses tratadas nestes arts. 1002.º e 1003.º o adquirente propõe-se expurgar as hipotecas entregando aos credores, não os montantes das suas dívidas, como acontece na hipótese versada no art. 999.º, mas sim até à quantia pela qual obteve os bens, ou aquela em que os avalia, quando a aquisição tenha sido feita a título gratuito, ou sem fixação de preço. Resulta daí que os credores podendo vir a receber, pela expurgação das hipotecas, valores inferiores, ou até muito inferiores, aos montantes dos créditos que elas garantiam, devam ter um meio processual para controlar a veracidade da fixação desses valores. Esse meio é, precisamente, a impugnação de que trata o preceito anotando.

ARTIGO 1004.º

(Citação ou notificação dos credores)

Se os bens forem vendidos, depositado o preço e expurgados os bens, nos termos do artigo 888.º, observar-se-á, com as necessárias adaptações, o disposto nos artigos 864.º e seguintes.

Os credores já citados serão, nesta altura, apenas notificados: é uma das adaptações necessárias para a aplicação do disposto no art. 864.º [83].

---

[83] José Osório, *Projectos* de Revisão, no *B.M.J.*, n.º 104, pág. 77.

ARTIGO 1005.º
(Expurgação de hipotecas legais)

O disposto nos artigos antecedentes é aplicável à expurgação das hipotecas legais, com as seguintes modificações:

a) Para a expurgação de hipoteca constituída a favor de incapaz, é sempre citado o Ministério Público e o protutor, ou o subcurador, quando o haja;

b) O juiz, ouvidos os interessados e na falta de acordo, fixa o destino ou a aplicação da parte do produto correspondente à hipoteca legal por dívida ainda não exigível.

Os credores que têm hipoteca legal, segundo o Código Civil, são os indicados no art. 705.º desse diploma.

ARTIGO 1006.º
(Expurgação de hipoteca que garanta prestações periódicas)

Se a obrigação garantida tiver por objecto prestações periódicas, o juiz, ouvidos os interessados, decidirá sobre o destino ou a aplicação do produto da expurgação da hipoteca.

ARTIGO 1007.º
(Aplicação à extinção de privilégios sobre navios)

Os processos estabelecidos neste capítulo são aplicáveis à extinção de privilégios por venda ou transmissão gratuita de navios, devendo os credores incertos ser citados por éditos de 30 dias.

O art. 578.º do Código Comercial enumera taxativamente as dívidas que têm privilégio sobre o navio. Nos termos do n.º 3 do art. 579.º do mesmo Código, os privilégios dos credores sobre o navio extinguem-se pela venda voluntária.

Como se vê do preceito anotando, não existe hoje um processo próprio para a extinção de privilégios sobre navios, aplicando-se os preceitos dos arts. 998.º a 1001.º ou os arts. 1002.º a 1004.º, conforme a extinção for requerida com base em venda voluntária, ou resultar da aquisição do navio por título gratuito.

ARTIGOS 1008.º A 1012.º
[...]

Os arts. 1008.º a 1012.º, que tratavam, como processo especial, da «venda e adjudicação do penhor», foram revogados pelo art. 3.º do Dec.-Lei n.º 329-A/95, passando essa matéria a ser regulada pelas normas do processo executivo.

CAPÍTULO IV
DA VENDA ANTECIPADA DE PENHOR

ARTIGO 1013.º
(Venda antecipada do penhor)

1 — Se for requerida autorização para a venda antecipada, por fundado receio de perda ou de deterioração da coisa empenhada, são citados para contestar, no prazo de 10 dias, o credor, o devedor e o dono da coisa, que não sejam requerentes, e em seguida o tribunal decidirá, precedendo as diligências convenientes.

2 — Se for ordenado o depósito do preço, ficará este à ordem do tribunal, para ser levantado depois de vencida a obrigação.

3 — Enquanto a venda não for efectuada, o autor do penhor pode oferecer em substituição outra garantia real, cuja idoneidade será logo apreciada, suspendendo-se entretanto a venda.

Este artigo foi introduzido no Código pela reforma de 1967, para adjectivação do art. 674.º do Código Civil. Segundo esse preceito, sempre que haja receio fundado de que a coisa empenhada se perca ou deteriore, tem o credor, bem como o autor do penhor, a faculdade de proceder à venda antecipada da coisa, mediante prévia autorização judicial. Sobre o produto da venda fica o credor com os direitos que lhe cabiam em relação à coisa vendida, podendo o tribunal, no entanto, ordenar que o preço seja depositado. O autor do penhor tem a faculdade de impedir a venda antecipada da coisa, oferecendo outra garantia real idónea.

CAPÍTULO V
DA PRESTAÇÃO DE CONTAS

SECÇÃO I

Contas em geral

ARTIGO 1014.º

(Objecto da acção)

A acção de prestação de contas pode ser proposta por quem tenha o direito de exigi-las ou por quem tenha o dever de prestá-las e tem por objecto o apuramento e aprovação das receitas obtidas e das despesas realizadas por quem administra bens alheios e a eventual condenação no pagamento do saldo que venha a apurar-se.

1. A lei estabelece um processo especial-geral (arts. 1014.º a 1019.º) e processos-especialíssimos (arts. 1020.º a 1023.º). A prestação de contas pode ser forçada (arts. 1014.º a 1017.º), ou espontânea (art. 1018.º).

2. Em geral o administrador de bens alheios está obrigado a prestar contas da sua administração.
Estão obrigados a prestar contas, *v.g.*, o curador provisório dos bens do ausente (Cód. Civ., art. 95.º); o concedente na consignação de rendimentos (Cód. Civ., art. 662.º); o mandatário, findo o mandato (Cód. Civ., art. 1161.º); o tutor, quando cessar a sua gerência e sempre que o tribunal o exigir (Cód. Civ., art. 1944.º, n.º 1); o adoptante, sempre que o tribunal lho exija (Cód. Civ., art. 2002.º-A); o cabeça-de-casal, anualmente (Cód. Civil, art. 2093.º); o testamenteiro, anualmente (Cód. Civ., art. 2332.º); o depositário judiciário, no processo executivo (art. 843.º, n.º 1); o liquidatário, na liquidação judicial de sociedades (art. 1122.º).

ARTIGO 1014.º-A

(Citação para a prestação provocada de contas)

1 — Aquele que pretenda exigir a prestação de contas requererá a citação do réu para, no prazo de 30 dias, as apresentar ou contestar a acção, sob cominação de não

Capítulo V — Da prestação de contas   **ART. 1015.º**

poder deduzir oposição às contas que o autor apresente; as provas são oferecidas com os articulados.

2 — Se o réu não quiser contestar a obrigação de prestação de contas, pode pedir a concessão de um prazo mais longo para as apresentar, justificando a necessidade da prorrogação.

3 — Se o réu contestar a obrigação de prestar contas, o autor pode responder e, produzidas as provas necessárias, o juiz profere imediatamente decisão, aplicando-se o disposto no artigo 304.º. Se, porém, findos os articulados, o juiz verificar que a questão não pode ser sumariamente decidida, mandará seguir os termos subsequentes do processo comum adequados ao valor da causa.

4 — Da decisão proferida sobre a existência ou inexistência da obrigação de prestar contas cabe apelação, que subirá imediatamente, nos próprios autos e com efeito suspensivo.

5 — Decidindo-se que o réu está obrigado a prestar contas, é notificado para as apresentar dentro de 20 dias, sob pena de lhe não ser permitido contestar as que o autor apresente.

É claro que o problema de saber se existe, no caso, a obrigação de prestar contas, é uma questão prévia do conhecimento destas. Se tal questão for suscitada, a lei prevê que ela seja conhecida e decidida no próprio processo instaurado para a prestação, sob a veste de um mero incidente da instância, ou, se necessitar de mais largo conhecimento, segundo os termos do processo comum correspondente ao valor da causa ([84]). Da decisão que conhecer do mérito desta questão prejudicial cabe recurso de apelação, de harmonia com o disposto no n.º 4, que faz, assim, aplicação do preceituado no n.º 5 do art. 463.º.

ARTIGO 1015.º
(Termos a seguir quando o réu não apresente as contas)

1 — Quando o réu não apresente as contas dentro do prazo devido, pode o autor apresentá-las, sob a forma de

---

([84]) Na prestação de contas o valor é o da receita bruta (prevista ou apresentada), ou o da despesa, se esta lhe for superior (art. 307.º, n.º 3).

ART. 1015.º *Livro III, Título IV — Dos processos especiais*

conta corrente, nos 30 dias subsequentes à notificação da falta de apresentação, ou requerer prorrogação do prazo para as apresentar.

2 — O réu não é admitido a contestar as contas apresentadas, que são julgadas segundo o prudente arbítrio do julgador, depois de obtidas as informações e feitas as averiguações convenientes, podendo ser incumbida pessoa idónea de dar parecer sobre todas ou parte das verbas inscritas pelo autor.

3 — Se tiver sido citado editalmente e for revel, o réu pode, até à sentença, apresentar ainda as contas, seguindo-se, neste caso, o disposto nos artigos seguintes.

4 — Se o autor não apresentar as contas, o réu é absolvido da instância.

1. A aplicação ao requerido da cominação, prevista na lei, pela sua falta de apresentação das contas, só funciona se ele tiver sido advertido dessa consequência quando citado ou notificado para o fazer.

2. Sempre me pareceu demasiado violenta a medida constante do n.º 2, da proibição do réu poder, por qualquer forma, contestar as contas apresentadas pelo autor. É certo que ele teve a possibilidade de defender os seus direitos quando foi citado nos termos do art. 1014.º-A, e que o não quis fazer, mas a verdade é que há agora um elemento novo nos autos, que são as contas *prestadas pelo credor* em substituição do *devedor*, que vai ser a base da *obrigação* que será atribuída a este. Isto constitui, a meu ver, uma excepção demasiado radical ao sensato e prudente princípio do contraditório, e um manifesto esquecimento da regra da igualdade com que devem ser tratadas as partes.

3. Quando o recurso aos meios de indagação previstos no n.º 2 se mostrarem ainda insuficientes para determinação da quantia devida, pode o tribunal recorrer à arbitragem, nos termos do n.º 1 do art. 809.º [85].

---

[85] Neste sentido: acs. S.T.J., de 11/12/70 (*B.M.J.*, n.º 202, pág. 168); de 8/3/79 (*B.M.J.*, n.º 285, pág. 215).

ARTIGO 1016.º
(Apresentação das contas pelo réu)

1 — As contas que o réu deva prestar são apresentadas em forma de conta-corrente e nelas se especificará a proveniência das receitas e a aplicação das despesas, bem como o respectivo saldo.

A inobservância desta disposição, quando não corrigida no prazo que for marcado oficiosamente ou mediante reclamação do autor, pode determinar a rejeição das contas, seguindo-se o disposto nos n.ºs 1 e 2 do artigo anterior.

2 — As contas são apresentadas em duplicado e instruídas com os documentos justificativos.

3 — A inscrição nas contas das verbas de receita faz prova contra o réu.

4 — Se as contas apresentarem saldo a favor do autor, pode este requerer que o réu seja notificado para, dentro de 10 dias, pagar a importância do saldo, sob pena de, por apenso, se proceder a penhora e se seguirem os termos posteriores da execução por quantia certa; este requerimento não obsta a que o autor deduza contra as contas a oposição que entender.

1. A conta tem de *especificar* as verbas da receita e sua proveniência, e as da despesa e sua aplicação; a indicação *global* da receita e da despesa não satisfaz à exigência da lei.

2. Embora o n.º 2 não distinga, a verdade é que há verbas de que não é costume exigir recibo, estando, nesse caso, dispensado de os apresentar aquele que presta as contas, como se infere da última parte do n.º 5 do art. 1017.º.

3. Os n.ºs 3 e 4 fazem aplicação do princípio da confissão, sendo, por isso, só aplicáveis nas contas apresentadas pelo réu.

ARTIGO 1017.º
(Apreciação das contas apresentadas)

1 — Se o réu apresentar as contas em tempo, pode o autor contestá-las dentro de 30 dias, seguindo-se os termos,

subsequentes à contestação, do processo ordinário ou sumário, conforme o valor da acção.

2 — Na contestação pode o autor impugnar as verbas de receita, alegando que esta foi ou devia ter sido superior à inscrita, articular que há receita não incluída nas contas ou impugnar as verbas de despesa apresentadas pelo réu; pode também limitar-se a exigir que o réu justifique as verbas de receita ou de despesa que indicar.

3 — Não sendo as contas contestadas, é notificado o réu para oferecer as provas que entender e, produzidas estas, o juiz decide.

4 — Sendo contestadas algumas verbas, o oferecimento e a produção das provas relativas às verbas não contestadas têm lugar juntamente com os respeitantes às das verbas contestadas.

5 — O juiz ordenará a realização de todas as diligências indispensáveis, decidindo segundo o seu prudente arbítrio e as regras da experiência, podendo considerar justificadas sem documentos as verbas de receita ou de despesa em que não é costume exigi-los.

1. Na redacção primitiva do Código estavam previstos apenas três articulados: o da apresentação das contas, o da contestação e o da resposta, só depois da qual se mandavam aplicar, *sem mais articulados*, os termos do processo ordinário ou sumário, conforme o valor. A reforma processual alterou este sistema; mandando seguir os termos do processo comum, logo depois de produzida em juízo a contestação, e a resposta passou a só ser admitida quando à causa corresponda processo sumário, se tiver sido deduzida alguma excepção (art. 785.º); em contrapartida, se ao processo corresponder, segundo o valor, a forma ordinária, a prestação de contas que a lei quis agilizar dando-lhe forma especial, passou agora a usar a pesada vestimenta da acção ordinária.

Era preferível não se lhe ter mexido.

2. Não é de atribuir à falta de contestação (e portanto à falta de qualquer dos outros articulados) qualquer efeito cominatório.

Capítulo V — Da prestação de contas   ART. 1019.º

ARTIGO 1018.º
(Prestação espontânea de contas)

1 — Sendo as contas voluntariamente oferecidas por aquele que tem obrigação de as prestar, é citada a parte contrária para as contestar dentro de 30 dias.

2 — É aplicável neste caso o disposto nos dois artigos anteriores, devendo considerar-se referido ao autor o que aí se estabelece quanto ao réu, e inversamente.

Este preceito prevê e regula a prestação espontânea de contas. A prestação das contas é que indicará quem resulta delas ser credor ou devedor. O mandatário, por exemplo, que recebeu do mandante dinheiro e fez despesas com a execução do mandato, para além da remuneração a que terá direito, pode estar interessado em prestar contas, para obter que lhe seja pago o saldo que lhe é favorável. Nesse caso, pergunta-se, poderá o mandante impugnar a obrigação da prestação de contas, alegando, p.e., que o negócio entre ambos foi de outra natureza? Parece claro que sim. O processo, para conhecimento dessa questão prévia, deve ser o regulado no n.º 3 do art. 1014.º-A.

ARTIGO 1019.º
(Prestação de contas por dependência de outra causa)

As contas a prestar por representantes legais de incapazes, pelo cabeça-de-casal e por administrador ou depositário judicialmente nomeados são prestadas por dependência do processo em que a nomeação haja sido feita.

1. O cabeça-de-casal deve prestar contas anualmente. Nas contas entram como despesas os rendimentos entregues pelo cabeça-de-casal aos herdeiros ou ao cônjuge meeiro, nos termos do art. 2092.º do Código Civil, e bem assim o juro do que haja gasto à sua custa na satisfação dos encargos da administração. Havendo saldo positivo, será distribuído pelos interessados, segundo o seu direito, depois de deduzida a quantia necessária para os encargos do novo ano (Cód. Civ., art. 2093.º).

As contas são prestadas por dependência do inventário.

2. O interdito é equiparado ao menor, sendo-lhe aplicáveis, com as necessárias adaptações, as disposições que regulam a incapacidade por menoridade e fixam os meios de suprir o poder paternal (Cód. Civ., art. 139.º).

O tutor é obrigado a prestar contas as tribunal de menores quando cessar a sua gerência, ou, durante ela, sempre que o tribunal o exigir (Cód. Civ., art. 1944.º, n.º 1).

A administração do património do inabilitado pode ser entregue pelo tribunal, no todo ou em parte, ao curador. Neste caso haverá lugar à constituição do conselho de família e designação do vogal que, como subcurador, exerça as funções que na tutela cabem ao protutor. O curador deve prestar contas da sua administração (Cód. Civ., art. 154.º).

Também neste caso, sendo as contas prestadas na pendência da incapacidade, o processo da prestação é autuado por apenso ao processo em que se fez a nomeação do representante.

3. Sobre as contas do depositário judicial veja-se o disposto no art. 1023.º.

SECÇÃO II

**Contas dos representantes legais de incapazes
e do depositário judicial**

ARTIGO 1020.º

(Prestação espontânea de contas do tutor ou curador)

Às contas apresentadas pelo tutor ou pelo curador são aplicáveis as disposições da secção antecedente, com as seguintes modificações:

a) São notificados para contestar o Ministério Público e o protutor ou subcurador, ou o novo tutor ou curador quando os haja, podendo contestar no mesmo prazo qualquer parente sucessível do interdito ou inabilitado;

b) Não havendo contestação, o juiz pode ordenar, oficiosamente ou a requerimento do Ministério Público, as diligências necessárias e encarregar pessoa idónea de dar parecer sobre as contas;

c) Sendo as contas contestadas, seguem-se sempre os termos do processo sumário;

d) **O inabilitado é ouvido sobre as contas prestadas.**

1. O tutor é obrigado a prestar contas quando cessar a sua gerência ou, durante ela, sempre que o tribunal o exigir (Cód. Civ., art. 1944.º, n.º 1).

2. O curador do inabilitado deve prestar contas da sua administração quando lhe for entregue, pelo tribunal, no todo ou em parte, a administração do património daquele (Cód. Civ., art. 154.º, n.ᵒˢ 1, 2 e 3).

3. Parentes sucessíveis são os indicados no art. 2133.º do Código Civil.

4. O prazo para a contestação é o de 30 dias.

5. As contas a que se referem este artigo são as prestadas durante a incapacidade. Às contas finais, ou àquelas que forem judicialmente impugnadas pelo pupilo ou pelos seus herdeiros nos termos do art. 1947.º do Código Civil, se refere o art. 1022.º.

ARTIGO 1021.º
(Prestação forçada de contas)

1 — Se o tutor ou curador não prestar espontaneamente as contas, é citado para as apresentar no prazo de 30 dias, a requerimento do Ministério Público, do protutor, do subcurador ou de qualquer parente sucessível do incapaz; o prazo pode ser prorrogado, quando a prorrogação se justifique por juízos de equidade.
2 — Sendo as contas apresentadas em tempo, seguem-se os termos indicados no artigo anterior.
3 — Se as contas não forem apresentadas, o juiz ordenará as diligências que tiver por convenientes, podendo designadamente incumbir pessoa idónea de as apurar para, finalmente, decidir segundo juízos de equidade.

O processo é o indicado no artigo anterior.
Se o citado apresentar, no prazo legal, as contas da sua administração, seguem-se os termos indicados no art. 1020.º; se não apre-

sentar, o juiz averiguará, segundo juízos de equidade, como foram administrados os bens dos incapazes e a expressão económica dessa administração, tendo em conta os resultados que dela se conheçam. O juiz não procede aqui no uso de um poder discricionário, mas tem uma larga margem de liberdade, podendo nomear pessoa que se encarregue de lhe fornecer matéria de facto que lhe permita decidir.

ARTIGO 1022.º
(Prestação de contas, no caso de cessação da incapacidade ou de falecimento do incapaz)

1 — As contas que devem ser prestadas ao ex-tutelado ou ex-curatelado, nos casos de maioridade, emancipação, levantamento da interdição ou inabilitação, ou aos seus herdeiros, no caso de falecimento, seguem os termos prescritos na secção anterior, devendo ser ouvidos, no entanto, antes do julgamento, o Ministério Público e o protutor ou o subcurador, quando os haja.

2 — A impugnação das contas que tenham sido aprovadas durante a incapacidade faz-se no próprio processo em que foram prestadas.

3 — A impugnação será sempre deduzida no tribunal comum, sendo o processo de prestação requisitado ao tribunal onde decorreu.

Segundo a nossa lei civil as contas prestadas pela administração dos bens dos menores, incapazes, inabilitados e interditos não se consideram definitivas. A aprovação das contas não impede que elas sejam judicialmente impugnadas pelo pupilo, nos dois anos subsequentes à maioridade ou emancipação, ou pelos herdeiros dentro do mesmo prazo, a contar do falecimento do pupilo, se este falecer antes de concedido o prazo que lhe seria concedido se fosse vivo (Cód. Civ., art. 1947.º). É este preceito que o artigo em apreço adjectiva.

ARTIGO 1022.º-A

Os artigos anteriores são aplicáveis, com as necessárias adaptações:

a) **Às contas a prestar no caso do artigo 1920.º, n.º 2, do Código Civil;**

b) **As contas do administrador de bens do menor;**
c) **Às contas do adoptante.**

1. A lei civil prevê que, quando a má administração dos pais ponha em perigo o património do filho e não seja caso de inibição do exercício do poder paternal, possa o tribunal, a requerimento do Ministério Público ou de qualquer parente, decretar as providências que julgue adequadas, exigindo, designadamente a prestação de contas, sendo a estas que se refere a alínea *a)* do preceito anotando (Código Civil, art. 1920.º, n.ᵒˢ 1 e 2).

2. Quando haja lugar à instituição da administração dos bens do menor nos termos do art. 1922.º do Código Civil, o administrador tem, no âmbito da sua administração, os direitos e os deveres do tutor, pelo que é obrigado a prestar conta da sua administração, quando cessar a sua gerência, ou, durante ela, quando o tribunal o exigir.

3. O adoptante, nos termos do art. 2002.º-A do Código Civil deve prestar contas da sua administração sempre que o tribunal lho exija a requerimento do Ministério Público, dos pais naturais, ou do próprio adoptado, até dois anos depois de atingir a maioridade ou ter sido emancipado.

ARTIGO 1023.º
(Prestação de contas do depositário judicial)

1 — As contas do depositário judicial são prestadas ou exigidas nos termos aplicáveis dos artigos 1020.º e 1021.º.
São notificadas para as contestar e podem exigi-las tanto a pessoa que requereu o processo em que se fez a nomeação do depositário, como aquela contra quem a diligência foi promovida e qualquer outra que tenha interesse directo na administração dos bens.
2 — O depositário deve prestar contas anualmente, se antes não terminar a sua administração, mas o juiz, atendendo ao estado do processo em que teve lugar a nomeação, pode autorizar que as contas sejam prestadas somente no fim da administração.

ART. 1024.º *Livro III, Título IV — Dos processos especiais*

O depositário é obrigado a prestar contas como qualquer outro administrador de bens alheios, mesmo quando for o executado.

A prestação pode ser espontânea ou forçada.

Têm legitimidade para contestar as contas espontaneamente prestadas, ou para forçar a sua prestação, tanto a pessoa que requereu a diligência de que resultou o depósito, como qualquer pessoa que tenha interesse nos rendimentos respectivos.

As contas serão prestadas logo que termine o encargo, qualquer que seja a causa dessa extinção; se ele durar mais de um ano, serão, em princípio, prestadas anualmente, salvo a reserva da parte final do n.º 2.

CAPÍTULO VI

DA CONSIGNAÇÃO EM DEPÓSITO

ARTIGO 1024.º
(Petição)

1 — Quem pretender a consignação em depósito requererá, no tribunal do lugar do cumprimento da obrigação, que seja depositada judicialmente a quantia ou coisa devida, declarando o motivo por que pede o depósito.

2 — O depósito é feito na Caixa Geral de Depósitos, salvo se a coisa não puder ser aí depositada, pois nesse caso é nomeado depositário a quem se fará a entrega; são aplicáveis a este depositário as disposições relativas aos depositários de coisas penhoradas.

3 — Tratando-se de prestações periódicas, uma vez depositada a primeira, o requerente pode depositar as que se forem vencendo enquanto estiver pendente o processo, sem necessidade de oferecer o pagamento e sem outras formalidades; estes depósitos sucessivos consideram-se consequência e dependência do depósito inicial e o que for decidido quanto a este vale em relação àqueles.

4 — Se o processo tiver subido em recurso, os depósitos sucessivos podem ser feitos na 1.ª instância, ainda que não tenha ficado traslado.

Capítulo VI — Da consignação em depósito   **ART. 1025.º**

1. A consignação incidental está regulada no art. 1032.º.

2. A consignação em depósito é o meio *facultado* ao devedor que pretender liberar-se, mas que sem culpa sua, não pode fazê-lo.
Segundo dispõem os arts. 841.º e 842.º do Código Civil o devedor pode livrar-se da obrigação mediante o depósito da coisa devida: *a)* quando, sem culpa sua, não puder efectuar a prestação ou não puder fazê-lo com segurança, por qualquer motivo relativo à pessoa do credor ([86]); *b)* quando o credor estiver em mora. Esta faculdade pode ser exercida por terceiro a quem seja lícito efectuar a prestação.
Da mora do *credor* tratam os arts. 813.º a 816.º do Código Civil.

3. Sobre quem pode fazer a prestação, e, portanto, sobre quem pode consignar em depósito, vejam-se os arts. 767.º e segs. do Código Civil.

4. O autor tem de declarar o motivo porque pede o depósito, competindo-lhe o ónus da sua prova, em caso de impugnação, de harmonia com o preceito geral do art. 342.º, n.º 1, do Código Civil. Se não provar a veracidade do motivo que invocou, a acção improcede.

ARTIGO 1025.º

(Citação do credor)

1 — Feito o depósito, é citado o credor para contestar dentro do prazo de 30 dias.

2 — Se o credor, quando for citado para o processo de consignação, já tiver proposto acção ou promovido execução respeitante à obrigação, observar-se-á o seguinte:

a) Se a quantia ou coisa depositada for a pedida na acção ou na execução, é esta apensada ao processo de consignação e só este seguirá para se decidir sobre os efeitos do depósito e sobre a responsabilidade pelas custas, incluindo as da acção ou execução apensa;

b) Se a quantia ou coisa depositada for diversa, em quantidade ou qualidade, da que é pedida na acção ou exe-

---

([86]) Ac. S.T.J., de 24/10/58 (*B.M.J.*, n.º 80, pág. 388).

cução, é o processo de consignação, findos os articulados, apensado ao da acção ou execução e neste se apreciarão as questões suscitadas quanto ao depósito.

1. Se o motivo do depósito for a incerteza sobre a pessoa do credor, proceder-se-á à citação edital prevista no art. 251.º, e a representação dos incertos caberá ao Ministério Público nos termos do art. 16.º.

2. A defesa pode ser feita por impugnação ou por excepção (art. 487.º).

3. A hipótese de, sendo certo o credor, ser incerto o lugar onde se encontre, deve considerar-se abrangido na disposição genérica da alínea *a)* do n.º 1 do art. 841.º do Código Civil. Nesse caso, a citação edital efectuar-se-á nos termos dos arts. 248.º a 250.º do Código de Processo Civil, e a representação do ausente será assegurada nos termos do art. 15.º.

ARTIGO 1026.º
(Falta de contestação)

1 — Se não for apresentada contestação e a revelia for operante, é logo declarada extinta a obrigação e condenado o credor nas custas.
2 — Se a revelia do credor for inoperante, é notificado o requerente para apresentar as provas que tiver; produzidas estas e as que o juiz considerar necessárias, é proferida decisão, aplicando-se o disposto no artigo 304.º.

Se a revelia for operante (arts. 483.º e 484.º) a cominação é plena.

ARTIGO 1027.º
(Fundamentos da impugnação)

O depósito pode ser impugnado:

a) Por ser inexacto o motivo invocado;
b) Por ser maior ou diversa a quantia ou coisa devida;
c) Por ter o credor qualquer outro fundamento legítimo para recusar o pagamento.

Capítulo VI — Da consignação em depósito **ART. 1028.º**

Nos casos previstos nas alíneas *a)* e *c)*, o processo a seguir é o do art. 1028.º; no caso da alínea *b)* aplica-se o art. 1029.º.

O Código de 39 fazia figurar, no seu art. 1026.º, como fundamento da impugnação, a circunstância de já estar proposta, ao tempo em que foi oferecido o pagamento, acção ou execução destinada ao cumprimento da obrigação, embora não tivesse ainda sido citado o devedor.

Esse fundamento foi suprimido pelo Código actual.

Agora, se pender, ao tempo em que foi oferecido o pagamento, acção ou execução contra o devedor, uma de duas: ou o devedor já foi citado e deve observar-se o art. 1032.º, ou não foi ainda citado e deve cumprir-se o disposto no n.º 2 do art. 1025.º.

ARTIGO 1028.º
(Inexistência de litígio sobre a prestação)

1 — Se a eficácia liberatória do depósito for impugnada somente por algum dos fundamentos indicados nas alíneas *a)* e *c)* do artigo anterior, seguir-se-ão os termos do processo sumário, posterioress à contestação.

2 — Procedendo a impugnação, é o depósito declarado ineficaz como meio de extinção da obrigação e o requerente condenado nas custas, compreendendo as despesas feitas com o depósito. O devedor, quando seja o depositante, é condenado a cumprir como se o depósito não existisse e, pagas as custas, efectuar-se-á o pagamento ao credor pelas forças do depósito, logo que ele o requeira; nas custas da acção, da responsabilidade do devedor, compreendem-se também as despesas que o credor haja de fazer com o levantamento do depósito.

3 — Se a impugnação improceder, é declarada extinta a obrigação com o depósito e condenado o credor nas custas.

1. Os termos a seguir, no caso do n.º 1, são os do processo sumário de declaração, qualquer que seja o valor da acção: arts. 785.º a 792.º.

2. Deve aproximar-se o que dispõe o n.º 3 do que preceitua o n.º 1: a obrigação considera-se extinta, em qualquer dos casos, como resulta do art. 846.º do Código Civil.

ARTIGO 1029.º
(Impugnação relativa ao objecto da prestação)

1 — Quando o credor impugnar o depósito por entender que é maior ou diverso o objecto da prestação devida, deduzirá, em reconvenção, a sua pretensão, desde que o depositante seja o devedor, seguindo-se os termos, subsequentes à contestação, do processo ordinário ou sumário, conforme o valor; se o depositante não for o devedor, aplica-se o disposto no artigo anterior, com as necessárias adaptações.

2 — Se o pedido do credor proceder, será completado o depósito, no caso de ser maior a quantia ou coisa devida; no caso de ser diversa, fica sem efeito o depósito, condenando-se o devedor no cumprimento da obrigação.

3 — O credor que possua título executivo, em vez de contestar, pode requerer, dentro do prazo facultado para a contestação, a citação do devedor, seja ou não o depositante, para em 10 dias completar ou substituir a prestação, sob pena de se seguirem, no mesmo processo, os termos da respectiva execução.

1. Veja-se, quanto à reconvenção, o art. 501.º.

2. O credor não pode usar da reconvenção, nos termos do n.º 1, se o depositante não for o devedor, mas poderá usar da execução mesmo que o devedor seja pessoa diferente do depositante; no entanto nessa hipótese, como é óbvio, é o devedor que deve ser citado como executado.

ARTIGO 1030.º
(Processo no caso de ser duvidoso o direito do credor)

1 — Quando sejam conhecidos, mas duvidoso o seu direito, são os diversos credores citados para contestar ou para fazer certo o seu direito.

2 — Se, dentro do prazo de 30 dias, não for deduzida qualquer oposição ou pretensão, observar-se-á o disposto no artigo 1026.º, atribuindo-se aos credores citados direito ao depósito em partes iguais, quando o juiz não decida diversamente, nos termos do n.º 2 desse artigo.

3 — Se não houver contestação, mas um dos credores quiser tornar certo o seu direito contra os outros, deduzirá a sua pretensão dentro do prazo em que podia contestar, oferecendo tantos duplicados quantos forem os outros credores citados. O devedor é logo exonerado da obrigação e o processo continua a correr unicamente entre os credores, seguindo-se os termos do processo ordinário ou sumário, conforme o valor. O prazo para a contestação dos credores corre do termo daquele em que a pretensão podia ser deduzida.

4 — Havendo contestação, seguir-se-ão os termos prescritos nos artigos anteriores, conforme o fundamento.

5 — Com a impugnação fundada na alínea *b)* do art. 1027.º pode qualquer credor cumular a pretensão a que se refere o n.º 3. Nesse caso ficam existindo no mesmo processo duas causas paralelas e conexas, uma entre o impugnante e o devedor, outra entre aquele e os restantes credores citados.

1. Um dos motivos relativos à pessoa do credor que justifica o depósito nos termos da alínea *a)* do artigo 841.º do Código Civil é o da dúvida quanto à identidade do titular do direito. O devedor sabe que está obrigado à prestação, mas tem dúvidas, entre várias pessoas, sobre quem é o credor dela. Usa, então, do processo especialíssimo de que trata o artigo em anotação.

2. Nos casos previstos no n.º 3, não havendo contestação dos outros credores aplica-se a cominação correspondente à forma de processo comum que lhe corresponder.

ARTIGO 1031.º
(Depósito como acto preparatório de acção)

1 — O depósito para os efeitos do artigo 474.º do Código Comercial e disposições semelhantes é mandado fazer a requerimento do interessado; feito o depósito, é notificada a pessoa com quem o depositante estiver em conflito.

2 — O depósito não admite nenhuma oposição e as suas custas serão atendidas na acção que se propuser, apensando-se a esta o processo de depósito.

3 — Salvo acordo expresso entre o depositante e o notificado, o depósito não pode ser levantado senão por virtude da sentença proferida na acção a que se refere o número anterior.

4 — Na sentença se fixará o destino da coisa depositada e se determinarão as condições do seu levantamento.

Se o comprador de coisa móvel não cumprir com aquilo a que for obrigado, poderá o vendedor *depositar* a coisa, nos termos de direito, por conta do comprador, ou fazê-la revender (Cód. Com., art. 474.º). É esta função do depósito que o preceito em apreço regula.

ARTIGO 1032.º

(Consignação como incidente)

1 — Estando pendente acção ou execução sobre a dívida e tendo já sido citado para ela o devedor, se este quiser depositar a quantia ou coisa que julgue dever, há-de requerer, por esse processo, que o credor seja notificado para a receber, por termo, no dia e hora que forem designados, sob pena de ser depositada. Feita a notificação, observar-se-á o seguinte:

a) Se o credor receber sem reserva alguma, o processo finda; o credor é advertido desse efeito no acto do pagamento, consignando-se no termo a advertência feita;

b) Se receber com a declaração de que se julga com direito a maior quantidade, a causa continua, mas o valor dela fica reduzido ao montante em litígio, devendo seguir-se, quanto possível, os termos do processo correspondente a esse valor;

c) Não se apresentando o credor a receber, a obrigação tem-se por extinta a contar da data do depósito, se a final vier a julgar-se que o credor só tinha direito à quantia ou coisa depositada; se vier a julgar-se o contrário, seguir-se-á o disposto no n.º 2 do artigo 1029.º.

2 — O disposto no número anterior é aplicável aos casos previstos no n.º 2 do artigo 30.º do Código das Sociedades Comerciais e ainda ao caso de cessação da impugnação pauliana fundada na oferta do pagamento da dívida.

Os credores de qualquer sociedade comercial podem exercer os direitos da sociedade relativos às entradas não realizadas, a partir do momento em que elas se tornem exigíveis, ou *promover judicialmente as entradas antes de estas se terem tornado exigíveis*, nos termos do contrato, desde que isso seja necessário para a conservação ou satisfação dos seus direitos. A sociedade pode, porém, elidir o pedido desses credores, satisfazendo-lhes os seus créditos, com juros de mora quando vencidos, ou mediante o desconto correspondente à antecipação quando por vencer, e com as despesas acrescidas (Cód. Soc. Com., art. 30.º, n.ºs 1 e 2). É para exercer essa elisão que a lei também põe à disposição da sociedade a acção de que trata o artigo em anotação, conforme se vê do seu n.º 2.

ARTIGOS 1033.º A 1051.º

Os capítulos VII e VIII do título IV do livro III deste Código, correspondentes a regulamentação «dos meios possessórios» (arts. 1033.º a 1043.º) e «da posse ou entrega judicial» (arts. 1044.º a 1051.º) foram eliminados pelo art. 3.º do Dec.-Lei n.º 329-A/95, de 12 de Dezembro, deixando, assim, de existir os respectivos processos especiais.

CAPÍTULO IX

DA DIVISÃO DE COISA COMUM E REGULAÇÃO E REPARTIÇÃO DE AVARIAS MARÍTIMAS

SECÇÃO I

Divisão de coisa comum

ARTIGO 1052.º

(Petição)

1 — Todo aquele que pretenda pôr termo à indivisão de coisa comum requererá, no confronto dos demais consortes, que, fixadas as respectivas quotas, se proceda à

ART. 1052.º *Livro III, Título IV — Dos processos especiais*

divisão em substância da coisa comum ou à adjudicação ou venda desta, com repartição do respectivo valor, quando a considere indivisível, indicando logo as provas.

2 — Quando a compropriedade tenha origem em inventário judicial, processado no tribunal competente para a acção de divisão de coisa comum, esta corre por apenso ao inventário.

1. Dos vários processos especiais a que correspondiam as acções de arbitramento apenas sobreviveram à reforma processual este da «divisão de coisa comum», que também regula o da «divisão de águas» e a «repartição de avarias marítimas». Passaram, assim, para o processo comum: a «acção de prevenção contra o dano», «expropriação por utilidade particular», «cessação ou mudança de servidão», «demarcação», «destrinça de foros», «redução de prestações incertas» e todas as demais em que se pretendesse a realização de um arbitramento.

2. A acção de divisão de coisa comum tem como pressuposto a compropriedade de qualquer coisa, mobiliária ou imobiliária. Existe propriedade comum, ou compropriedade, como se sabe, quando duas ou mais pessoas são simultaneamente titulares do direito de propriedade sobre a mesma coisa (Cód. Civ., art. 1403.º, n.º 1), o que exclui manifestamente as coisas pertencentes a uma herança que ainda está por partilhar [87].

Nenhum dos comproprietários é obrigado a permanecer na indivisão, o que é reconhecido pelo n.º 1 do art. 1412.º do Código Civil, em correspondência com o princípio fundamental de que *«in communinone nemo compellitur in vitus detineri»*; a este princípio o nosso legislador após uma limitação, ao admitir um pacto de indivisão por tempo não superior a 5 anos, e convenções sucessivas, com aquela limitação temporal para cada uma delas. A cessação da indivisão, havendo acordo dos interessados pode fazer-se extrajudicialmente [88], *in natura* ou pela divisão do preço da sua venda. A cláusula de indivisão obriga não só os que participarem no acordo, como os seus sucessores; para com terceiros só vale, quando a com-

---

[87] Neste sentido: ac. S.T.J., de 10/12/87, no *B.M.J.*, n.º 372, pág. 403.

[88] Está sujeita à forma exigida para a alienação onerosa da coisa (Cód. Civ., art. 1413.º, n.º 2).

Capítulo IX — Da divisão de coisa comum   **ART. 1053.º**

propriedade respeitar a coisas imóveis, ou a coisas móveis sujeitas a registo, se for registada.

3. A indivisibilidade pode resultar da natureza da coisa ou de imposição da lei.

4. O n.º 2 acautela a regra de competência territorial destas acções, formulada no n.º 1 do art. 73.º, mandando que à divisão corresponda acção autónoma quando o inventário correu em comarca diferente da que tem competência para a divisão de coisa comum.

5. A acção deve ser proposta contra todos os comproprietários; é um caso nítido de litisconsórcio necessário (art. 28.º, n.º 2).

ARTIGO 1053.º
(Citação e oposição)

1 — Os requeridos são citados para contestar, no prazo de 30 dias, oferecendo logo as provas de que dispuserem.

2 — Se houver contestação ou a revelia não for operante, o juiz, produzidas as provas necessárias, profere logo decisão sobre as questões suscitadas pelo pedido de divisão, aplicando-se o disposto no artigo 304.º; da decisão proferida cabe apelação, que subirá imediatamente, nos próprios autos e com efeito suspensivo.

3 — Se, porém, o juiz verificar que a questão não pode ser sumariamente decidida, conforme o preceituado no número anterior, mandará seguir os termos, subsequentes à contestação, do processo comum, adequados ao valor da causa.

4 — Ainda que as partes não hajam suscitado a questão da indivisibilidade, o juiz conhece dela oficiosamente, determinando a realização das diligências instrutórias que se mostrem necessárias.

5 — Se tiver sido suscitada a questão da indivisibilidade e houver lugar à produção de prova pericial, os peritos pronunciar-se-ão logo sobre a formação dos diversos quinhões, quando concluam pela divisibilidade.

ART. 1054.º Livro III, Título IV — Dos processos especiais

A reforma de 95/96 reduziu a seis artigos toda a regulamentação da matéria da divisão da coisa comum. Dessa compressão resultou que a exposição não é muito clara. Fundamentalmente o que deve ter-se em vista é que a divisão de coisa comum contém, processualmente, duas partes distintas: uma em que se decide sobre a divisibilidade ou indivisibilidade da coisa, e se conhece do direito de cada um dos comproprietários a ela; outra em que, sendo a coisa divisível, se organizam os quinhões e se fará a sua adjudicação, ou, não sendo divisível, se fará a sua venda, realizando, depois, o pagamento das quotas em dinheiro. A primeira é uma fase *declarativa*, a segunda uma fase *executiva*.

Se houver contestação ou, mesmo não havendo, se a revelia não for operante (art. 485.º), o juiz, produzidas as provas, tem de tomar uma destas posições: se as questões suscitadas pelo pedido de divisão (entre as quais se conta sempre a da indivisibilidade da coisa) puderem ser sumariamente decididas, o juiz profere logo decisão sobre elas, cabendo, dessa decisão, recurso de apelação, que subirá imediatamente, nos próprios autos e com efeito suspensivo; se aquelas questões não permitirem ser sumariamente decididas, o juiz mandará seguir os termos subsequentes à contestação do processo comum, conforme o valor da causa. Procede-se depois à perícia, se for possível a divisão em substância, à conferência dos interessados e à adjudicação das quotas; se não for possível a divisão *in natura*, o que se segue é a venda da coisa e o pagamento das quotas em dinheiro.

Se não houver contestação e a revelia for operante, ou se a oposição for julgada improcedente, entendendo o juiz que nada obsta à divisão em substância, passa-se logo à fase da peritagem nos termos do art. 1054.º.

ARTIGO 1054.º
(Perícia, no caso de divisão em substância)

1 — Se não houver contestação, sendo a revelia operante, ou aquela for julgada improcedente e o juiz entender que nada obsta à divisão em substância da coisa comum, são as partes notificadas para, em 10 dias, indicarem os respectivos peritos, sob cominação de, nenhuma delas o fazendo, a perícia destinada à formação dos quinhões ser realizada por um único perito, designado pelo juiz.

2 — As partes são notificadas do relatório pericial, podendo pedir esclarecimentos ou contra ele reclamar, no prazo de 10 dias.

3 — Seguidamente, o juiz decide segundo o seu prudente arbítrio, podendo fazer preceder a decisão da realização de segunda perícia ou de quaisquer outras diligências que considere necessárias, aplicando-se o disposto no artigo 304.º.

ARTIGO 1055.º
(Indivisibilidade suscitada pela perícia)

Se não tiver sido suscitada a questão da indivisibilidade, mas a perícia concluir que a coisa não pode ser dividida em substância, seguem-se os termos previstos nos números 2 e 3 do artigo anterior, com as necessárias adaptações.

ARTIGO 1056.º
(Conferência de interessados)

1 — Fixados os quinhões, realizar-se-á conferência de interessados para se fazer a adjudicação; na falta de acordo entre os interessados presentes, a adjudicação é feita por sorteio.

2 — Sendo a coisa indivisível, a conferência terá em vista o acordo dos interessados na respectiva adjudicação a algum ou a alguns deles, preenchendo-se em dinheiro as quotas dos restantes. Na falta de acordo sobre a adjudicação, é a coisa vendida, podendo os consortes concorrer à venda.

3 — Ao pagamento das quotas em dinheiro aplica-se o disposto no artigo 1378.º, com as necessárias adaptações.

4 — Se houver interessados incapazes ou ausentes, o acordo tem de ser autorizado judicialmente, ouvido o Ministério Público.

5 — É aplicável à representação e comparência dos interessados o disposto no artigo 1352.º, com as necessárias adaptações.

ARTIGO 1057.º

(Divisão de águas)

O disposto nos artigos anteriores é aplicável, com as necessárias adaptações, à divisão de águas.

1. Pertencendo a água a dois ou mais co-utentes, todos devem contribuir para as despesas necessárias ao conveniente aproveitamento dela, na proporção do seu uso, podendo para esse fim executarem-se as obras necessárias e fazerem-se os trabalhos de pesquisa indispensáveis, quando se reconheça haver a perda ou diminuição de volume ou caudal. O co-utente não pode eximir-se do encargo, renunciando ao seu direito em benefício dos outros co-utentes, contra a vontade destes (Cód. Civ., art. 1398.º, n.ᵒˢ 1 e 2).

2. As águas fruídas em comum, cujo aproveitamento se faça segundo um costume estável e normal de distribuição seguido há mais de 20 anos (Cód. Civ., art. 1400.º), não carecem de divisão; consideram-se, porém, indivisas as águas cuja utilização se faça de harmonia com costumes abolidos (Cód. Civ., art. 1401.º). Como nenhum dos condóminos é obrigado a permanecer na indivisão (art. 1412.º) pode a divisão fazer-se amigavelmente por acordo entre todos os interessados (Cód. Civ., art. 1413.º, n.º 2), ou judicialmente, usando este processo especial dos arts. 1052.º a 1056.º.

A lei considera, para a divisão, duas situações: a de existir, ou a de não existir título que especifique o direito de cada um dos comproprietários. No primeiro caso é óbvio que terá de observar-se o que constar do título, interpretando-o de harmonia com o sentido habitualmente atribuído às expressões aí usadas (art. 1402.º Cód. Civ.); na falta de título, a divisão há-de fazer-se, quanto *à medida* da água, atendendo à área a regar, às necessidades da cultura que aí se fizer e à natureza dos respectivos terrenos, e quanto *ao modo* da divisão, pela repartição do caudal ou pelo tempo da repartição deste, conforme se conseguir melhor aproveitamento [89].

ARTIGOS 1058.º A 1062.º

Estes artigos sobejaram da reforma processual de 1995/96, que excluiu várias acções do domínio do processo especial. Foram, por isso, suprimidos pelo art. 3.º do Dec.-Lei n.º 329-A/95.

---

[89] Rodrigues Bastos, *Notas ao Código Civil*, vol. V (1997), pág. 161.

SECÇÃO II

Regulação e repartição de avarias marítimas

ARTIGO 1063.º
(Termos da regulação e repartição de avarias quando haja compromisso)

1 — O capitão do navio que pretenda a regulação e repartição de avarias grossas apresentará no tribunal compromisso assinado por todos os interessados quanto à nomeação de repartidores em número ímpar não superior a cinco.

2 — O juiz mandará entregar ao mais velho dos repartidores o relatório de mar, o protesto, todos os livros de bordo e mais documentos concernentes ao sinistro, ao navio e à carga.

3 — Dentro do prazo fixado no compromisso ou designado pelo juiz, os repartidores exporão desenvolvidamente o seu parecer sobre a regulação das avarias, num só acto assinado por todos. O prazo pode ser prorrogado, justificando-se a sua insuficiência.

4 — Se as partes não tiverem expressamente renunciado a qualquer oposição, apresentado o parecer dos repartidores, seguem-se os termos previstos nos n.ᵒˢ 2 e 3 do artigo 1054.º. No caso de renúncia, é logo homologado o parecer dos repartidores.

5 — Observar-se-ão os mesmos termos quando, por falta de iniciativa do capitão, a regulação e repartição sejam promovidas pelo proprietário do navio ou por qualquer dos donos da carga. No caso de o requerente não apresentar os documentos mencionados no n.º 2, é notificado o capitão do navio para, no prazo que for marcado, os apresentar, sob pena de serem apreendidos; o processo segue mesmo sem os documentos referidos, que são substituídos pelos elementos que puderem obter-se.

1. São reputadas avarias todas as despesas extraordinárias feitas com o navio ou com a sua carga conjunta ou separadamente, e todos os danos que acontecem ao navio e carga desde que começam os riscos do mar até que acabam (Código Comercial, art. 634.º).

Dividem-se as avarias em *grossas* ou comuns, que são as despesas extraordinárias e os sacrifícios feitos voluntariamente com o fim de evitar um perigo pelo capitão ou por sua ordem, para a segurança comum do navio e da carga desde o seu carregamento e partida até ao seu retorno e descarga; e *simples* ou particulares, que são as despesas causadas e o dano sofrido só pelo navio ou só pelas fazendas (Código Comercial, art. 635.º).

Nos arts. 1063.º a 1068.º trata-se apenas das avarias *grossas* ou comuns, pois só estas têm repartição proporcional entre a carga e a metade do valor do navio e do frete (Código Comercial, art. 636.º).

A regulação e a repartição das avarias grossas serão feitas de harmonia com os critérios fixados pelos arts. 639.º e seguintes do Código Comercial.

2. Os peritos incumbidos de regular e repartir avarias grossas são designados por *repartidores*, e embora a sua actuação tenha alguma semelhança com a dos árbitros no processo de arbitragem, não deve perder-se de vista que são simples peritos e que o processo é tão somente de *arbitramento*.

Havendo acordo dos interessados, os peritos serão em número de um, três ou cinco.

3. Só o tribunal do porto onde for ou devesse ser entregue a carga de um navio que sofreu avaria grossa é o competente para regular e repartir essa avaria (art. 78.º).

4. A renúncia à oposição tanto pode constar do compromisso, como de acto posterior, desde que seja expressa.

5. Só a inércia do capitão legitima o proprietário do navio ou qualquer dos donos da carga a agirem em juízo.

6. Quanto às responsabilidades do proprietário do navio, veja--se o Dec.-Lei n.º 202/98, de 10 de Julho.

ARTIGO 1064.º

(Anulação do processo por falta de intervenção, no compromisso, de algum interessado)

Se vier a apurar-se que no compromisso não interveio algum interessado, será, a requerimento deste, anulado tudo

o que se tenha processado. O requerimento pode ser feito em qualquer tempo, mesmo depois de transitar em julgado a sentença, e é junto ao processo de regulação e repartição.

Interessados são todos os proprietários do navio e da sua carga.

ARTIGO 1065.º
(Termos a seguir na falta de compromisso)

1 — Na falta de compromisso, o capitão ou qualquer dos proprietários do navio ou da carga requererá que se designe dia para a nomeação dos repartidores e se citem os interessados para essa nomeação.

2 — Se as partes não chegaram a acordo quanto à nomeação, o capitão ou, na sua falta, o representante do armador do navio, nomeia um, os interessados na respectiva carga nomeiam outro e o juiz nomeia um terceiro para desempate.

3 — Feita a nomeação, seguem-se os termos prescritos no artigo 1063.º.

ARTIGO 1066.º
(Limitação do alcance da intervenção no compromisso
ou na nomeação dos repartidores)

A intervenção no compromisso ou na nomeação dos repartidores não importa reconhecimento da natureza das avarias.

ARTIGO 1067.º
(Hipótese de algum interessado estrangeiro ser revel)

Se na regulação e repartição for interessado algum estrangeiro que seja revel, logo que esteja verificada a revelia é avisado, por meio de ofício, o agente consular da respectiva nação, a fim de representar, querendo, os seus nacionais.

O aviso a que se refere este preceito não substitui a citação do interessado, devendo ser expedido, como expressamente se lê no artigo anotando, *depois de verificada a revelia* daquele, o que só se dá se, após ter sido citado, ele não comparecer ou não se fizer representar.

ARTIGO 1068.º
(Prazos para a acção de avarias grossas)

A acção de avarias grossas só pode ser intentada dentro de um ano, a contar da descarga, ou, no caso de alijamento total da carga, da chegada do navio ao porto de destino.

CAPÍTULO X

DA REFORMA DE DOCUMENTOS, AUTOS E LIVROS

SECÇÃO I

Reforma de documentos

ARTIGO 1069.º
(Petição e citação para a reforma de títulos destruídos)

1 — Aquele que quiser proceder à reforma de títulos de obrigação destruídos descreverá os títulos e justificará sumariamente tanto o interesse que tenha na sua recuperação, como os termos em que se deu a destruição, oferecendo logo as provas de que dispuser.
2 — Se, em face das provas produzidas, se entender que o processo deve ter seguimento, é designado dia para a conferência dos interessados, sendo para ela citadas as pessoas que tenham emitido o título ou nele se tenham obrigado, bem como, sendo caso disso, os interessados incertos.

1. O art. 367.º do Código Civil determina que podem ser reformados judicialmente os documentos escritos que por qualquer modo tiverem desaparecido.
É do processo dessa reforma que se ocupam os arts. 1069.º e segs.

Capítulo X — Da reforma de documentos   **ART. 1070.º**

O art. 1069.º refere-se à reforma de títulos de obrigação, enquanto que o art. 1073.º trata da reforma dos documentos que não sejam títulos de obrigação.

Outra distinção faz a lei de processo, esta fundada no facto da causa determinante da reforma ser a destruição do título (art. 1069.º), ou a sua perda ou desaparecimento (art. 1072.º).

2. Não há regra especial de competência territorial para a propositura destas acções, pelo que se devem observar as regras dos arts. 85.º e 86.º ([90]).

3. É parte legítima como autor nestas acções todo aquele que tenha interesse na recuperação do título. Exemplos: o seu proprietário, o credor pignoratício, o devedor a quem ele foi penhorado, ou que o deu de penhor, o que tiver a posse do título em nome do dono deste.

A acção deve ser, por sua vez, dirigida, em princípio, contra as pessoas que tenham emitido o título ou nele se tenham obrigado (n.º 2), mas parece claro que se o requerente for o devedor, o credor também estará legitimado passivamente para intervir.

4. Na citação edital observar-se-á basicamente o que dispõe o art. 251.º.

5. A destruição de que trata o artigo pode ser total ou parcial, desde que, neste último caso, esteja afectada a sua validade.

6. As letras, acções, obrigações e mais títulos comerciais transmissíveis por meio de endosso, que tiverem sido destruídos ou perdidos, podem ser reformados judicialmente a requerimento do respectivo proprietário, justificando o seu direito e o facto que determina a reforma (Código Comercial, art. 484.º).

7. Os incertos, e que alude a segunda parte do n.º 2, serão citados editalmente (art. 233.º, n.º 6).

ARTIGO 1070.º
(Termos a seguir no caso de acordo)

1 — A conferência é presidida pelo juiz.

([90]) Neste sentido: Alberto dos Reis, *Processos Especiais*, vol. II, pág. 69. Em sentido contrário, sustentando a aplicabilidade, à hipótese, do art. 74.º, Gonçalves Dias, *Da Letra e da Livrança*, t. 3.º, n.º 193 e t. 4.º, pág. 239.

Se todos os interessados presentes acordarem na reforma, é esta ordenada oralmente, consignando-se no auto os requisitos essenciais do título e a decisão proferida.

2 — Transitada em julgado a decisão, pode o autor requerer que o emitente ou os obrigados sejam notificados para, dentro do prazo que for fixado, lhe entregarem novo título, sob pena de ficar servindo de título a certidão do auto.

A decisão dos interessados presentes obriga os ausentes que não tenham justificado a falta.

Se houver acordo quanto à reforma, a sentença que a ordenar só pode ser impugnada por algum interessado que não tenha comparecido mas tenha justificado, nesse momento, a sua falta de comparência; o recurso segue a regra das alçadas.

As custas, no caso do n.º 1, ficam a cargo daquele que deu causa à reforma; não se provando esse facto, pagará as custas o autor, nos termos do que preceitua o art. 449.º.

No caso do n.º 2 as custas ficam a cargo do executado, ou seja daquele que, em face da sentença, era obrigado a entregar o novo título.

ARTIGO 1071.º
(Termos no caso de dissidência)

1 — Na falta de acordo, devem os interessados dissidentes deduzir a sua contestação no prazo de 20 dias, seguindo-se os termos do processo ordinário ou sumário, conforme o valor, subsequentes à contestação.

2 — Se não houver contestação, o juiz ordenará a reforma do título em conformidade com a petição inicial e, depois do trânsito em julgado da sentença, aplicar-se--á o disposto no n.º 2 do artigo anterior, sendo a certidão do auto substituída por certidão da petição e da sentença.

1. Não havendo contestação, as custas ficam a cargo do autor, se a destruição não for imputável a alguém.

2. Mandando seguir, depois da contestação, os termos do processo ordinário ou sumário, conforme o valor, não quer dizer que, seguindo-se os termos do processo sumário, não possa haver resposta à contestação, se for arguida alguma excepção.

ARTIGO 1072.º
(Regras aplicáveis à reforma de títulos perdidos ou desaparecidos)

O processo estabelecido nos artigos anteriores é aplicável à reforma de títulos perdidos ou desaparecidos, com as seguintes modificações:

a) **Publicar-se-ão avisos, num dos jornais mais lidos da localidade em que se presuma ter ocorrido o facto da perda ou desaparecimento, ou, não havendo aí jornal, num dos que forem mais lidos na localidade, identificando-se o título e convidando-se qualquer pessoa que esteja de posse dele a vir apresentá-lo até ao dia designado para a conferência;**

b) **Se o título aparecer até ao momento da conferência, finda o processo, entregando-se logo o título ao autor se os interessados nisso concordarem. Se aparecer posteriormente, mas antes de transitar em julgado a sentença de reforma, convoca-se logo nova conferência de interessados para resolver sobre a entrega, findando então o processo;**

c) **Se o título não aparecer até ser proferida a decisão, a sentença que ordenar a reforma declarará sem valor o título desaparecido, devendo o juiz ordenar que lhe seja dada publicidade pelos meios mais adequados, sem prejuízo dos direitos que o portador possa exercer contra o requerente;**

d) **Quando o título reformado for algum dos indicados no artigo 484.º do Código Comercial, não se entregará novo novo título sem que o requerente preste caução à restituição do seu valor, juros ou dividendos.**

1. A hipótese regulada neste artigo contrapõe-se sob certo aspecto à regulada nos artigos anteriores: além, havia a certeza do título

ter sido total ou parcialmente destruído; aqui, apenas se ignora o destino que teve. É esta diferença que justifica a especialidade da regulamentação ([91]).

2. Se o título aparecer até ser proferida a decisão, a acção fica carecida de objecto e finda, por isso, logo, quer haja ou não concordância dos interessados quanto à entrega do título ao autor.
Se o aparecimento se der depois do trânsito da decisão que ordenou a reforma, esta subsiste, e é o documento original que fica carecido de eficácia.

3. A alínea d) é nova. Ela veio substituir o comando dos §§ 3.º e 5.º do art. 484.º do Código Comercial.
O Estado não carece de prestar a caução a que essa alínea se refere ([92]).

ARTIGO 1073.º
(Reforma de outros documentos)

Tratando-se da reforma de documentos que não possam considerar-se abrangidos pelo artigo 1069.º, observar-se--á, na parte aplicável, o que fica disposto nesta secção.

Abrange a reforma de todos os documentos que não sejam títulos de obrigação, ou autos.

SECÇÃO II

Reforma de autos

ARTIGO 1074.º
(Petição para a reforma de autos)

1 — Tendo sido destruído ou tendo desaparecido algum processo, pode qualquer das partes requerer a reforma, no tribunal da causa, declarando o estado em que esta se

---

([91]) José Osório, *Projectos de Revisão*, pág. 1.
([92]) *Parecer da Procuradoria-Geral da República*, de 23 de Março de 1972, no *B.M.J.*, n.º 221, pág. 58.

Capítulo X — Da reforma de documentos ART. 1075.º

encontrava e mencionando, segundo a sua lembrança ou os elementos que possuir, todas as indicações susceptíveis de contribuir para a reconstituição do processo.

2 — O requerimento é instruído com todas as cópias ou peças do processo destruído ou desencaminhado, de que o autor disponha, e com a prova do facto que determina a reforma, feita por declaração da pessoa em poder de quem se achavam os autos no momento da destruição ou do extravio.

1. Os arts. 1074.º a 1080.º regulam a reforma de processos destruídos ou desaparecidos na 1.ª instância; se a destruição ou o desaparecimento se verificou na Relação ou no Supremo, é aplicável o disposto no art. 1081.º.

2. As *partes* a que se refere o n.º 1 são as partes principais que intervêm ou intervieram no processo destruído ou desaparecido, o qual podia encontrar-se pendente ou já estar findo. O *tribunal da causa* é o tribunal em que pendeu o processo a reformar.

3. Se os autos se encontravam, ao tempo da destruição ou de extravio, em poder de um funcionário da secretaria, é este quem deve fazer a declaração a que alude o n.º 2.

ARTIGO 1075.º
(Conferência de interessados)

1 — O juiz marcará dia para a conferência dos interessados, se, ouvida a secretaria, julgar justificado o facto que motiva a reforma, e mandará citar as outras partes que intervinham no processo anterior para comparecerem nesse dia e apresentarem todos os duplicados, contrafés, certidões, documentos e outros papéis relativos aos autos que se pretenda reformar.

2 — A conferência é presidida pelo juiz e nela será também apresentado pela secretaria tudo o que houver arquivado ou registado com referência ao processo destruído ou extraviado. Do que ocorrer na conferência é lavrado auto, que especificará os termos em que as partes concordaram.

3 — O auto supre o processo a reformar em tudo aquilo em que haja acordo não contrariado por documentos com força probatória plena.

A reforma, supondo um acordo das partes, não representa uma *composição* sobre o litígio, presente ou passado, tratando-se apenas de uma *reconstituição* dos autos que desapareceram ou foram destruídos. O acordo recai, portanto, sobre a veracidade do sucedido, e por isso mesmo não pode valer contra o que estiver provado por documentos com força probatória plena ([93]). Se não houver acordo dos interessados, passa-se à fase seguinte, que é a regulada pelo art. 1076.º.

ARTIGO 1076.º
(Termos do processo na falta de acordo)

Se o processo não ficar inteiramente reconstituído por acordo das partes, qualquer dos citados pode, dentro de 10 dias, contestar o pedido ou dizer o que se lhe oferecer sobre os termos da reforma em que haja dissidência, oferecendo logo todos os meios de prova.

Discutia-se, na vigência do Código de 1939, se os interessados poderiam, além de se pronunciarem sobre os termos da reforma, impugnar o pedido formulado pelo autor, designadamente com a alegação de não estar demonstrada a destruição ou desaparecimento do processo. Já então o Prof. Alberto dos Reis sustentava a afirmativa ([94]) mas a letra da lei não abonava esta interpretação. Por isso o Código actual deixou expresso que os citados, além de se poderem pronunciar sobre os termos da reforma podem contestar o pedido desta ter lugar.

ARTIGO 1077.º
(Sentença)

Produzidas as provas, ouvidos os funcionários da secretaria, se for conveniente, e efectuadas as diligências necessá-

---

[93] José Osório, *Projectos de Revisão*, no *B.M.J.*, n.º 79, pág. 432.
[94] *Processos Especiais*, vol. II, pág. 87.

rias, segue-se a sentença, que fixará com precisão o estado em que se encontrava o processo, os termos reconstituídos em consequência do acordo ou em face das provas produzidas e os termos a reformar.

1. «Definida a posição das partes quanto aos termos do processo desaparecido e produzidas as provas, há a considerar não só os termos em que há acordo e aqueles que têm de ser reformados, mas ainda aqueles que a instrução e discussão da causa permitiu determinar. O Código não faz referência a estes últimos, mas se a sentença apenas pudesse verificar o acordo ou desacordo das partes, de nada serviriam os termos prescritos no artigo anterior» ([95]).

2. Não há, neste processo, fase de discussão. À instrução da causa, segue-se a sentença.

3. A acção só pode ser julgada improcedente se algum dos interessados contestar a veracidade do facto da destruição ou extravio, e esse ponto de vista vier a triunfar. Fora desse caso, há-de proceder-se à reforma, ainda que seja necessário repetir os articulados e proferir decisões novas (art. 1078.º).

4. Quanto a custas veja-se o art. 1080.º.

ARTIGO 1078.º
(Reforma dos articulados, das decisões e das provas)

1 — Se for necessário reformar os articulados, na falta de duplicados ou de outros documentos que os comprovem, as partes são admitidas a articular outra vez.

2 — Tendo sido proferidas decisões que não seja possível reconstituir, o juiz decidirá de novo como entender.

3 — Se a reforma abranger a produção de provas, serão estas reproduzidas, sendo possível, e, não o sendo, substituir-se-ão por outras.

O novo articulado é uma medida extrema; só pode ser usada quando, de todo em todo, for impossível fazer a reconstituição dos originais, e o mesmo se deve entender quanto às decisões.

([95]) José Osório, *ob. cit.*, pág. 123.

ARTIGO 1079.º
(Aparecimento do processo original)

Se aparecer o processo original, nele seguirão os termos subsequentes, apensando-se-lhe o processo da reforma. Deste processo só pode aproveitar-se a parte que se siga ao último termo lavrado no processo original.

O processo original prevalece, como é natural, sobre o processo reformado, na parte em que este pretendia suprir a falta daquele; mas aproveitam-se todos os termos *subsequentes à reforma*, embora o processado se passe a fazer no processo original.

ARTIGO 1080.º
(Responsabilidade pelas custas)

Os autos são reformados à custa de quem tenha dado causa à destruição ou extravio.

Quando não se provar quem deu causa à destruição ou ao extravio, a responsabilidade pelas custas será fixada de harmonia com o disposto nos arts. 446.º (se houver vencimento) ou 449.º (se não houver contestação).

ARTIGO 1081.º
(Reforma de processo desencaminhado ou destruído nos tribunais superiores)

1 — Desencaminhado ou destruído algum processo na Relação ou no Supremo, a reforma é requerida ao presidente do tribunal, sendo aplicável ao caso o disposto nos artigos 1074.º e 1075.º. Serve de relator o relator do processo desencaminhado ou destruído e, na sua falta, o que for designado em segunda distribuição.

2 — Se não houver acordo das partes quanto à reconstituição total do processo, observar-se-á o seguinte:

a) **Quando seja necessário reformar termos processados na 1.ª instância, os autos baixam ao tribunal em que tenha corrido o processo original, juntando-se o traslado, se o houver, e seguirão nesse tribunal os trâmites pres-**

critos nos artigos 1076.º a 1079.º, notificando-se os citados para os efeitos do disposto no artigo 1076.º; os termos processados em tribunal superior, que não possam ser reconstituídos, são reformados no tribunal respectivo, com intervenção, sempre que possível, dos mesmos juízes e funcionários que tenham intervindo no processo primitivo;

b) Quando a reforma for restrita a termos processados no tribunal superior, o processo segue nesse tribunal os trâmites estabelecidos nos artigos 1076.º a 1079.º, exercendo o relator as funções do juiz, sem prejuízo do disposto no n.º 3 do artigo 700.º; os juízes adjuntos intervêm quando seja necessário substituir algum acórdão proferido no processo original.

1. O preceito é aplicável tanto aos processos pendentes como aos processos findos e arquivados nas Relações ou no Supremo.

2. Do despacho do relator, proferido no processo de reforma, que não for de mero expediente, cabe reclamação para a conferência.

SECÇÃO III

Reforma de livros

ARTIGO 1082.º
(Reforma de livros das conservatórias)

1 — Havendo reclamações sobre a reforma de livros das conservatórias, recebido o processo remetido pelo conservador, são notificados os reclamantes e quaisquer outras pessoas interessadas para, dentro de dez dias, dizerem o que se lhes merecer e apresentarem ou requererem quaisquer provas.

2 — Efectuadas as diligências necessárias e ouvido o Ministério Público, são as reclamações decididas.

3 — A secretaria enviará à conservatória certidão de teor da decisão final, logo que esta transite em julgado.

1. Em matéria de Registo Predial, a reconstituição do registo e correspondente reforma vem tratada nos arts. 133.º a 139.º do Cód. Reg. Predial (Dec.-Lei n.º 224/84, de 6 de Julho).

2. Os arts. 25.º a 33.º do Código do Registo Civil (Dec.-Lei n.º 131//95, de 6 de Junho), regulam a reforma dos livros das conservatórias.

CAPÍTULO XI

DA ACÇÃO DE INDEMNIZAÇÃO CONTRA MAGISTRADOS

ARTIGO 1083.º
(Âmbito de aplicação)

O disposto no presente capítulo é aplicável às acções de regresso contra magistrados, propostas nos tribunais judiciais, sendo subsidiariamente aplicável às acções do mesmo tipo que sejam da competência de outros tribunais.

1. O juízes não podem ser responsabilizados pelas suas decisões, salvas as excepções consignadas na lei (Constituição da República, art. 216.º, n.º 2).

2. Os magistrados judiciais não podem ser responsabilizados pelas suas decisões. Só nos casos especialmente previstos na lei os magistrados judiciais podem ser sujeitos, em razão do exercício das suas funções, a responsabilidade civil, criminal ou disciplinar. Fora dos casos em que a falta constitua crime, a responsabilidade civil apenas pode ser efectivada mediante acção de regresso do Estado contra o respectivo magistrado, com fundamento em dolo ou culpa grave (Art. 5.º da Lei n.º 21/85, de 20/7, alterada pelas Leis 2/90, de 20/1; 10/94, de 5/5; 44/96, de 3/9; 81/98, 143/99, de 31/8; e de 3-B (2000), de 4/4).

3. Os magistrados do Ministério Público, fora dos casos em que uma falta sua constitua crime, só respondem civilmente mediante acção de regresso contra eles intentada pelo Estado (Estatuto do Ministério Público, aprovado pela Lei n.º 47/86, de 15/10, art. 77.º).

4. É dessas *acções de regresso* que trata o capítulo em anotação ([96]).

([96]) Fernando Thomaz, *Da responsabilidade à Responsabilização dos Juízes*, na Rev. Ord. Advs., ano 59.º, pág. 489.

ARTIGO 1084.º

(Tribunal competente)

A acção será proposta na circunscrição judicial a que pertença o tribunal em que o magistrado exerça as suas funções ao tempo em que ocorreu o facto que serve de fundamento ao pedido.

Trata da competência territorial.
A competência em razão da matéria é dos tribunais judiciais comuns (art. 66.º); quanto à hierarquia observar-se-ão as regras dos arts. 70.º a 72.º, e o art. 15.º do Estatuto dos Magistrados Judiciais (Lei n.º 21/85, de 30 de Julho), relativamente ao foro próprio que é reconhecido aos magistrados judiciais.

ARTIGO 1085.º

(Audiência do magistrado arguido)

1 — Recebida a petição, se não houver motivo para ser logo indeferida, é o processo remetido pelo correio, sob registo e com aviso de recepção, ao magistrado arguido, para, no prazo de 20 dias, a contar do recebimento do processo, dizer o que se lhe ofereça sobre o pedido e seus fundamentos e juntar os documentos que entender.

2 — Até ao fim do prazo, o arguido devolverá os autos pela mesma via, com resposta ou sem ela, ou entregá-los--á na secretaria judicial.

3 — Se deixar de fazer a remessa ou a entrega, pode o autor apresentar nova petição nos mesmos termos da anterior e o réu é logo condenado no pedido.

1. Os arts. 1085.º a 1090.º regulam uma fase inicial em que se aprecia a viabilidade da pretensão do autor.

2. Afigura-se-nos excessiva a cominação prevista no n.º 3.
Aceita-se que, na fase em que o processo se encontra, a falta de devolução dos autos justificasse que, apresentada nova petição, a acção fosse logo admitida, mas o que não parece razoável é que ela determine uma *condenação de preceito*, que a lei já retirou até do processo comum. Aliás, para que a cominação funcione é necessário

que ela conste da notificação a que se refere o n.º 1. A nova petição tem de ser, em tudo, uma repetição da anterior, para ser aplicada aquela drástica cominação.

ARTIGO 1086.º
(Decisão sobre a admissão da causa)

1 — Recebido o processo, decidir-se-á se a acção deve ser admitida.

2 — Sendo a causa da competência do tribunal de comarca, a decisão é proferida dentro de 15 dias. Quando for da competência da Relação ou do Supremo, os autos vão com vista aos juízes da respectiva secção, por cinco dias a cada um, concluindo pelo relator, e em seguida a secção resolve.

3 — O juiz ou o tribunal, quando não admitir a acção, condenará o requerente em multa e indemnização, se entender que procedeu com má fé.

1. A decisão sobre a admissão da acção é um julgamento provisório, que não vincula o tribunal quanto à decisão final.

2. A condenação como litigante de má-fé (art. 456.º) não é consequência necessária da não admissão da acção; o legislador, com tal preceito, apenas chama a atenção do juiz para esse aspecto, que deverá sempre considerar. Uma particularidade do regime é a de que o tribunal pode atribuir, nesse caso, indemnização ao réu sem este a pedir.

ARTIGO 1087.º
(Recurso de agravo)

Da decisão do juiz de direito ou da Relação que admita ou não admita a acção cabe recurso de agravo.

Este recurso está sujeito às regras gerais enunciadas pelo art. 678.º.

Capítulo XI — Da acção de indemnização   **ART. 1090.º**

ARTIGO 1088.º

(Contestação e termos posteriores)

1 — Admitida a acção é o réu citado para contestar, seguindo-se os mais termos do processo ordinário.

2 — O relator exerce até ao julgamento todas as funções que competem, em 1.ª instância, ao juiz de direito, sendo, porém, aplicável o disposto nos n.ºs 3 e 4 do artigo 700.º.

ARTIGO 1089.º

(Discussão e julgamento)

1 — Na Relação ou no Supremo o processo, quando esteja preparado para o julgamento final, vai com vista por cinco dias a cada um dos juízes que compõem o tribunal e, em seguida, faz-se a discussão e o julgamento da causa em sessão do tribunal pleno.

2 — Na discussão e julgamento perante o tribunal pleno observar-se-ão as das posições dos artigos 650.º a 656.º, com excepção das que pressupõem a separação entre o julgamento da matéria de facto e da matéria de direito. Concluída a discussão, o tribunal recolhe à sala das conferências para decidir toda a questão e lavrar o respectivo acórdão; o presidente tem voto de desempate.

ARTIGO 1090.º

(Recurso de apelação)

1 — Do acórdão da Relação que conheça, em 1.ª instância, do objecto da acção cabe recurso de apelação para o Supremo.

2 — Este recurso é interposto, expedido e julgado como o recurso de revista. O Supremo só pode alterar ou anular a decisão da Relação em matéria de facto nos casos excepcionais previstos no artigo 712.º.

1. É o único caso em que o recurso para o Supremo é de apelação, embora seja expedido e julgado como se fora uma revista. Esta especialidade justifica-se para o tribunal poder usar, relativamente à matéria de facto, os poderes que o art. 712.º confere aos tribunais da Relação.

2. Outra alteração ao sistema legal, quanto à regra da pluralidade das instâncias: se a acção for intentada no Supremo, da decisão final respectiva não há recurso.

ARTIGO 1091.º
(Tribunal competente para a execução)

Condenado o réu no pagamento de quantia certa, é competente para a execução o tribunal da comarca do domicílio do executado ou o da comarca mais próxima, quando ele exerça funções de juiz naquela comarca.

ARTIGO 1092.º
(Dispensa da decisão sobre a admissão da causa)

Se uma sentença transitada em julgado tiver deixado direito salvo para a acção de indemnização a que se refere este capítulo, não é necessária a decisão prévia regulada no artigo 1086.º, sendo logo citado o réu para contestar.

Neste caso não há fase de admissão, que se considera substituída pela força obrigatória do julgado.

ARTIGO 1093.º
(Indemnização em consequência de procedimento criminal)

Quando a indemnização for consequência necessária de facto pelo qual tenha sido promovido procedimento criminal, observar-se-ão, quanto à reparação civil, as disposições do Código de Processo Penal.

CAPÍTULO XII

DA REVISÃO DE SENTENÇAS ESTRANGEIRAS

ARTIGO 1094.º
(Necessidade da revisão)

1 — Sem prejuízo do que se ache estabelecido em tratados, convenções, regulamentos comunitários e leis espe-

Capítulo XII — Da revisão de sentenças estrangeiras   **ART. 1094.º**

ciais, nenhuma decisão sobre direitos privados, proferida por tribunal estrangeiro ou por árbitros no estrangeiro, tem eficácia em Portugal, seja qual for a nacionalidade das partes, sem estar revista e confirmada.
2 — Não é necessária a revisão quando a decisão seja invocada em processo pendente nos tribunais portugueses, como simples meio de prova sujeito à apreciação de quem haja de julgar a causa.

1. A expressão «direitos privados» torna claro que a sentença estrangeira proferida em matéria civil ou comercial pode ser revista e confirmada, mas já não a que verse direitos políticos, designamente as sentenças penais e as laborais ([97]).

2. A palavra decisão abrange as sentenças, acórdãos ou despachos ([98]).

3. O que torna necessária a revisão é a nacionalidade do tribunal, e não a nacionalidade das partes que podem, até, ser ambas de nacionalidade portuguesa.

4. A decisão estrangeira pode ser invocada como título executivo, como caso julgado, ou como meio de prova de um facto. No primeiro caso, a revisão é necessária, como dispõe expressamente o n.º 1 do art. 49.º; no segundo caso, é, também, indispensável para ter *eficácia* em Portugal, como preceitua o artigo em anotação; só quando se invoque como prova de um facto a revisão é dispensável ([99]).

5. Tratando-se de decisões arbitrais, o que decide da necessidade da revisão não é a nacionalidade dos árbitros mas o facto de a arbitragem ter funcionado em país estrangeiro.

6. A regra do n.º 1 abrange não só as decisões proferidas em processo contencioso, como as que o forem em processo de jurisdição voluntária ou equivalente.

([97]) Acs. Rel. Porto, de 13/2/96, ano XXI, t. 1, pág. 223; da Rel. Coimbra, de 24/2/81, na *Col. Jur.*, ano 6.º, t. 4, pág. 5.
([98]) Acs. S.T.J., de 24/10/89, no *B.M.J.*, n.º 190, pág. 275; de 18/1/74, no *B.M.J.*, n.º 233, pág. 135.
([99]) Assento do S.T.J., de 16/12/88, *D.R.*, 1.ª s., de 1/3/89.

7. As decisões para servirem de base a registo, dada a natureza e os fins desta, carecem de revisão e confirmação.

ARTIGO 1095.º
(Tribunal competente)

Para a revisão e confirmação é competente a Relação do distrito judicial em que esteja domiciliada a pessoa contra quem se pretende fazer valer a sentença, observando-se com as necessárias adaptações o disposto nos artigos 85.º a 87.º.

1. A competência hierárquica para a revisão pertence, conforme dispõe a alínea *d)* do art. 71.º, às Relações.

O preceito em anotação estabelece a competência territorial, determinando, dentre as várias Relações, a que deve ser eleita, estabelecendo-se o foro domiciliário do requerido, com aplicação subsidiária das regras de competência interna dos arts. 85.º a 87.º.

2. Para a execução da decisão, depois de revista e confirmada, é aplicável o art. 94.º.

3. Revista e confirmada uma sentença estrangeira que decretou a separação judicial de pessoas e bens entre os cônjuges, é competente, para a conversão em divórcio, o tribunal de 1.ª instância, e não a Relação ([100]).

ARTIGO 1096.º
(Requisitos necessários para a confirmação)

Para que a sentença seja confirmada é necessário:

a) **Que não haja dúvidas sobre a autenticidade do documento de que conste a sentença nem sobre a inteligência da decisão;**

b) **Que tenha transitado em julgado segundo a lei do país em que foi proferida;**

c) **Que provenha de tribunal estrangeiro cuja competência não tenha sido provocada em fraude à lei e não verse**

([100]) Ac. S.T.J., de 12/6/84, no *B.M.J.,* n.º 388, pág. 339.

sobre matéria da exclusiva competência dos tribunais portugueses;

d) Que não possa invocar-se a excepção de litispendência ou de caso julgado com fundamento em causa afecta a tribunal português, excepto se foi o tribunal estrangeiro que preveniu a jurisdição;

e) Que o réu tenha sido regularmente citado para a acção, nos termos da lei do país do tribunal de origem, e que no processo hajam sido observados os princípios do contraditório e da igualdade das partes;

f) Que não contenha decisão cujo reconhecimento conduza a um resultado manifestamente incompatível com os princípios da ordem pública internacional do Estado Português.

1. Indica as *condições* de que depende a confirmação da decisão revidenda; mas há ainda a ter em conta os *obstáculos* à confirmação a que alude o art. 1100.º, para usar a terminologia empregada pelo Prof. Alberto dos Reis.

2. A *autenticidade* significa o reconhecimento de que se está perante uma verdadeira decisão, e implica que o documento que a contém satisfaz aos requisitos formais da lei do lugar em que foi emitido e às exigências da nossa própria lei (art. 540.º). A *inteligência* da decisão quer dizer que esta traduz, com a necessária clareza, um acto de vontade, cujo objecto e alcance é compreensível [101]. A este respeito a jurisprudência tem variado: decisões há que entendem que essa inteligibilidade só respeita à parte decisória [102], e outros, pelo contrário, que respeita tanto à decisão como aos seus fundamentos [103]. Cremos que a natureza essencialmente *formal* [104] da revisão das sentenças estrangeiras, entre nós, justifica a adopção da primeira daquelas posições. O tribunal deve averiguar oficiosamente da existência deste requisito, como dispõe o art. 1101.º.

([101]) Ac. S.T.J., de 25/10/74, no *B.M.J.*, n.º 240, pág. 199.
([102]) Acs. S.T.J., de 11/1/77, no *B.M.J.*, n.º 263, pág. 198; de 14/6/83, no *B.M.J.*, n.º 328, pág. 514.
([103]) Ac. S.T.J., de 6/1/77, no *B.M.J.*, n.º 263, pág. 185.
([104]) Acs. S.T.J., de 20/3/81, no *B.M.J.*, n.º 305, pág. 235; de 5/12/89, no *A.J.*; n.º 4, pág. 89.

3. O conceito de *caso julgado* tem de avaliar-se à face da lei do país onde a decisão foi proferida. Este requisito presume-se, não tendo, portanto, o requerente da revisão o ónus da sua alegação e prova. O requerido é que pode estar interessado em demonstrar que ele se não verifica, para obstar assim à confirmação.

4. Na alínea *c)* a reforma processual de 1978 introduziu uma radical modificação. Onde anteriormente vigorava o princípio da *bilateralidade* bastará agora que o tribunal estrangeiro tenha decidido em matéria da sua competência, aferida esta pela sua lei nacional, desde que essa competêcia naõ tenha sido provocada em fraude à lei e não verse sobre matéria da competência *exclusiva* dos tribunais portugueses (art. 65.º-A).

5. O requisito da alínea *d)* pressupõe um caso de competência electiva: a acção tanto pode ser proposta num tribunal nacional como num estrangeiro. Nesta hipótese, intentada a acção num desses tribunais verifica-se prevenção da jurisdição relativamente aos outros. Só, portanto, tendo havido prevenção da jurisdição portuguesa é que a excepção da litispendência ou a do caso julgado impedem a confirmação da decisão estrangeira.

6. Constitui a «ordem pública internacional do Estado português» aquele conjunto de normas e concepções sobre a vida em sociedade que servem de base ao nosso sistema ético-jurídico. A lei usa aqui essa expressão para a distinguir da «ordem pública do direito interno», como será, por exemplo, a regra da livre disposição das partes em matéria contratual. Também aqui deve atender-se à decisão em si mesma, e não aos seus fundamentos ([105]), e principalmente ter em conta a verificação daqueles requisitos que a nossa ordem jurídica considera indispensáveis à prolação de decisões jurisprudenciais equitativas.

ARTIGO 1097.º
(Confirmação da decisão arbitral)

O disposto no artigo anterior é aplicável à decisão arbitral, na parte em que o puder ser.

([105]) Ac. S.T.J., de 24/10/69, no *B.M.J.*; n.º 190, pág. 275.

ARTIGO 1098.º
(Contestação e resposta)

Apresentado com a petição o documento de que conste a decisão a rever, é a parte contrária citada para, dentro de 15 dias, deduzir a sua oposição. O requerente pode responder nos 10 dias seguintes à notificação da apresentação da oposição.

1. O documento de que constar a decisão a rever deve estar devidamente legalizado (art. 540.º).

O requerente deve demonstrar, desde logo, que se verificam as condições referidas nas alíneas *a)* e *b)* do art. 1096.º, cuja verificação é da actividade oficiosa do tribunal, e formular o pedido de que a decisão seja revista e confirmada.

2. A resposta é sempre autorizada, mesmo que a oposição tenha sido directa.

3. O Código de 1939 dispunha expressamente que quaisquer diligências que as partes entendessem necessárias deviam ser requeridas na oposição ou na resposta.

O Código de 1961 eliminou essa parte da norma, mas da estrutura do processo actual resulta que continua a ser nos articulados o lugar próprio para serem requeridas diligências, sendo com eles que também devem ser juntos os documentos que interessem à apreciação do pedido.

ARTIGO 1099.º
(Discussão e julgamento)

1 — Findos os articulados e realizadas as diligências que o relator tenha por indispensáveis, é o exame do processo facultado, para alegações, às partes e ao Ministério Público, por 15 dias a cada um.

2 — O julgamento faz-se segundo as regras próprias do agravo.

1. Só se realizam as diligências que o relator tiver por indispensáveis. Do despacho do relator que negue a realização das que tiverem sido requeridas, cabe reclamação para a conferência (art. 700.º,

n.º 3). Deve ser reconhecido ao relator o poder de ordenar oficiosamente diligências que entenda indispensáveis para a boa decisão da causa.

2. No Código de 1939 usava-se um regime diferente: o processo ia logo com vista aos quatro juízes depois do relator, e por fim a este, sendo de sete dias o prazo da vista de cada um dos juízes. Intervinham, assim, sempre cinco juízes.
O regime actual é o do agravo, com a única excepção de que lhe é aplicável a disciplina da revista quanto ao vencimento (art. 728.º); o prazo das vistas é o do art. 752.º, n.º 1.

ARTIGO 1100.º
(Fundamentos da impugnação do pedido)

1 — O pedido só pode ser impugnado com fundamento na falta de qualquer dos requisitos mencionados no artigo 1096.º ou por se verificar algum dos casos de revisão especificados nas alíneas *a)*, *c)* e *g)* do artigo 771.º.

2 — Se a sentença tiver sido proferida contra pessoa singular ou colectiva de nacionalidade portuguesa, a impugnação pode ainda fundar-se em que o resultado da acção lhe teria sido mais favorável se o tribunal estrangeiro tivesse aplicado o direito material português, quando por este devesse ser resolvida a questão segundo as normas de conflitos da lei portuguesa.

1. Antes de mais, convém notar que o n.º 1 deste preceito remete para a alínea *g)* do art. 771.º, alínea que foi suprimida pelo Dec.--Lei n.º 38/03, de 8 de Março; essa alínea *g)* é actualmente a alínea *f)* do referido artigo, para onde deve entender-se feita a remissão da norma agora em anotação.

2. O preceito indica, no art. 1096.º, taxativamente, os fundamentos que podem servir de base ao pedido de revisão. A falta de qualquer deles justifica, portanto, o indeferimento do pedido. Além de satisfazer a esses requisitos o requerente tem, porém, de não incorrer em qualquer dos obstáculos constantes das alínea *a)*, *c)* e *f)* do art. 771.º. Esses obstáculos são, simultaneamente, fundamentos do recurso extraordinário de revisão: *a)* mostrar-se, por sentença

criminal passada em julgado, que foi proferida por prevaricação, concussão, peita, suborno ou corrupção do juiz ou de algum dos juízes que na decisão intervieram; *c)* apresentar-se documento de que a parte não tivesse conhecimento, ou de não tivesse podido fazer uso no processo em que foi proferida a decisão a rever e que, por si só, seja suficiente para modificar em sentido favorável à parte vencida; *f)* ser a sentença a rever contrária a outra que constitua caso julgado para as partes, formado anteriormente.

Como já aludimos, nas notas ao art. 1096.º, aos fundamentos do pedido, vamos tratar agora dos obstáculos à procedência ([106]).

3. A alegação do facto referido na alínea *a)* tem que ser imediatamente comprovada, com a junção da certidão da sentença condenatória transitada. Provado o facto, é negado o *exequatur*.

Na hipótese da alínea *c)* o documento tem de ser novo, ou seja, é preciso provar que a parte *não podia* tê-lo apresentado na pendência da causa onde foi proferida a sentença cuja revisão se pede; em segundo lugar, é necessário que esse documento, desacompanhado de qualquer outro elemento probatório, baste para destruir a prova produzida naqueles autos em que foi proferida a sentença em apreço.

Vejamos agora outro obstáculo que pode opor-se à concessão do *exequatur*: ser a sentença estrangeira contrária a outra que constitui caso julgado para as partes, formado anteriormente. Pode parecer difícil conciliar o disposto na alínea f) do art. 771.º, e o que preceitua a parte final do n.º 1 deste art. 1100.º. Alberto dos Reis pronunciava-se sobre esse ponto com extraordinária clareza. Vamos transcrevê-lo, substituindo os preceitos então em vigor, pelos actuais, uma vez que não há diferenças substanciais entre eles. «Já vimos que *a alínea d) do art. 1096.º* pressupõe dois requisitos: *a)* competência electiva; *b)* prevenção de jurisdição. Se foi o tribunal português que preveniu a jurisdição, a sentença estrangeira não pode ser confirmada, quer a acção já tenha sido julgada pelo tribunal português, quer ainda esteja pendente. Se foi o tribunal estrangeiro que preveniu a jurisdição, o facto de estar pendente ou de já ter sido julgada a mesma acção pelo tribunal português não obsta à confirmação. Concluímos daqui que o caso julgado anterior, formado em Portugal não pode ser alegado como fundamento de oposição à

---

[106] R. M. Moura Ramos, *A reforma do direito internacional civil*, na *Rev. Leg. Jur.*, ano 130.º, págs. 236 e segs..

confirmação da sentença, quando o tribunal estrangeiro era competente para a acção e preveniu a jurisdição. Se a mesma acção foi proposta em tribunal português e em tribunal estrangeiro, mas não era competente segundo as regras de conflitos de jurisdiçãox da lei portuguesa, então opera a *alínea c) do art. 1096.º*: a confirmação será negada com fundamento *nesta alínea*» ([107]).

4. Finalmente vamos ter em consideração o que dispõe o n.º 2 do preceito em exame. Regulou-se aí, com moderação, o chamado *privilégio da nacionalidade*, segundo o qual a pessoa singular ou colectiva, de nacionalidade portuguesa, contra a qual tenha sido proferida sentença estrangeira, *pode* impugnar a confirmação desta demonstrando que a decisão lhe teria sido mais favorável se o tribunal estrangeiro tivesse aplicado o direito material português, quando por este devesse ser resolvida a questão de harmonia com as normas de conflitos da lei portuguesa. Este normativo veio substituir a alínea *g)* do art. 1096.º que admitia o «privilégio de nacionalidade» como condição de reconhecimento, transformando-o, porém, em mero fundamento de impugnação do pedido e em dependência, portanto, da livre iniciativa da parte interessada. Este parece ser o único caso em que, levantada a questão, o tribunal da Relação apreciará a materialidade da causa, abrindo-se, deste modo, uma excepção à natureza formal da revisão.

ARTIGO 1101.º
(Actividade oficiosa do tribunal)

O tribunal verificará oficiosamente se concorrem as condições indicadas nas alíneas *a)* e *f)* do artigo 1096.º; e também negará oficiosamente a confirmação quando, pelo exame do processo ou por conhecimento derivado do exercício das suas funções, apure que falta algum dos requisitos exigidos nas alíneas *b), c), d)* e *e)* do mesmo preceito.

ARTIGO 1102.º
(Recurso da decisão final)

1 — Da decisão da Relação sobre o mérito da causa cabe recurso de revista.

---

[107] *Processos Especiais*, vol. II, pág. 194.

2 — O Ministério Público, ainda que não seja parte principal, pode recorrer com fundamento na violação das alíneas *c)*, *e)* e *f)* do artigo 1096.º.

1. Como a lei dispõe que da decisão do mérito da causa cabe recurso, fica-se sabendo que de todas as outras decisões recorríveis, que sejam proferidas no decurso do processo, cabe agravo.

Será aplicável a esta *revista* o disposto no n.º 2 do art. 721.º, ou seja, terá ela de ser sempre fundada em violação de lei substantiva?

Cremos que não.

O preceito em análise tem natureza especial, sobrepondo-se a sua aplicação à daquela norma.

2. Se o Ministério Público intervier como parte principal, é claro que pode usar do recurso, qualquer que seja o fundamento que invoque. Se intervier como parte acessória é que terá que observar a limitação a que alude o n.º 2.

3. Sobre as intervenções do M. P. veja.se o regime legal estabelecido pelos arts. 4.º a 6.º do respectivo Estatuto ([108]).

CAPÍTULO XIII

DA JUSTIFICAÇÃO DA AUSÊNCIA

ARTIGO 1103.º

(Petição — Citações)

1 — Quem pretender a curadoria definitiva dos bens do ausente deduzirá os factos que caracterizam a ausência e lhe conferem a qualidade de interessado e requererá que sejam citados o detentor dos bens, o curador provisório, o administrador ou procurador, o Ministério Público, se não for o requerente, e quaisquer interessados certos e, por éditos, o ausente e os interessados incertos.

2 — O ausente é citado por éditos de seis meses; o processo segue entretanto os seus termos, mas a sentença não será proferida sem findar o prazo dos éditos.

---

[108] Lei n.º 143/99, de 3 de Agosto.

3 — O processo de justificação da ausência é dependência do processo de curadoria provisória, se esta tiver sido deferida.

1. Em sentido vulgar diz-se ausente aquele que está fora do lugar onde tem o seu domicílio ou residência. Neste sentido a ausência equivale a não presença. Em sentido técnico-jurídico, ausente é o que desapareceu, ignorando-se o seu paradeiro e duvidando-se da sua existência; a ausência exige, assim, a incerteza absoluta sobre a existência de uma pessoa. Os códigos do século XIX continham uma regulamentação formalista da ausência, toda ela imbuída pela esperança do regresso do ausente. Os códigos modernos regulam o «desaparecimento» ou ausência qualificada, para o qual criaram processos mais rápidos e mais simples. A «ausência» e o «desaparecimento» têm de comum implicarem ambos uma incerteza sobre a existência da pessoa, mas este último tem como elemento distintivo ter a pessoa desaparecido em circunstâncias que fazem duvidar da sua sobrevivência, elemento que falta na ausência propriamente dita ([109]).

2. Para obviar aos inconvenientes que naturalmente resultam da existência de um património cujo titular não assume a sua administração, a lei previu e regulou dois procedimentos judiciais: um processo especial de «justificação da ausência» (arts. 1103.º a 1114.º) e um processo de jurisdição voluntária, que designou por «curadoria provisória dos bens do ausente» (arts. 1451.º a 1455.º).

É daquela justificação da ausência que nos vamos agora ocupar.

3. Decorridos dois anos sem se saber do ausente, se este não tiver deixado representante legal nem procurador bastante, ou cinco anos no caso contrário, pode o Ministério Público ou alguns dos interessados requerer a justificação da ausência (Cód. Civ., art. 99.º). São interessados, para esse efeito, o cônjuge não separado judicialmente de pessoas e bens, os herdeiros do ausente e todos os que tiverem sobre os bens direito dependente da condição da sua morte (Cit. Cód., art. 100.º). A *ausência declarada* é uma situação diferente a da *morte presumida*, embora tenham uma origem comum; é que o ausente é considerado ainda vivo, pelo que permanece titu-

---

([109]) Rodrigues Bastos, *Notas ao Código Civil*, vol. I, nota 1 ao art. 89.º.

lar das relações jurídicas que lhe correspondem, mantendo-se a tutela dos seus interesses, embora já temperada pela tutela dos interesses dos seus eventuais herdeiros e daqueles que tenham direito dependente da condição da sua morte. É, pois, um estado transitório, destinado a cessar com o seu regresso, com a prova da sua existência, com a prova da sua morte ou com a declaração de morte presumida (Cit. Cód., art. 112.º).

4. Se o processo de justificação da ausência tiver sido precedido do processo de curadoria provisória, será dependência deste, o que fixa a competência do tribunal, não havendo, portanto, lugar a distribuição [art. 211.º, n.º 1, alínea *a)*]; se não tiver sido precedido de curadoria provisória, o tribunal territorialmente competente para conhecer do processo de justificação será o do último domicílio que o ausente teve em Portugal (art. 85.º, n.º 2, *in fine*).

5. Na nota 3 a este preceito já indicamos quem deve considerar-se legitimado para requerer a justificação da ausência, nos termos do art. 100.º do Código Civil. Resta explicitar, aqui, que a expressão «os herdeiros do ausente» abrange todas as pessoas que seriam chamadas à sucessão se este tivesse falecido: os herdeiros legítimos (C. C., arts. 2131.º s.), legitimários (C. C., arts. 2156.º s.) e até testamentários (C. C., arts. 2179.º s.).

Segundo o art. 64.º do Código Civil de 1867 a qualidade de presumido herdeiro era calculada de harmonia com a situação *ao tempo das últimas notícias* recebidas do ausente. Vê-se dos trabalhos preparatórios do actual Código Civil que o Projecto primitivo [110] ainda continha essa solução, mas, após as revisões ministeriais foi suprimida essa referência temporal. Poderia partir-se daí para concluir que mudara o sistema. Nada mais errado, porém, de que essa conclusão. É que o artigo 103.º do Código Civil manda que, logo que julgada a partilha consequente da justificação, se faça «a entrega dos bens *aos herdeiros do ausente à data das últimas notícias*, ou aos herdeiros dos que depois tiverem falecido», o que mostra, a todas as luzes, que o legislador continuou a entender que os «herdeiros» do ausente são aquelas pessoas que lhe teriam sucedido se, à data das últimas notícias que dele houve, se tivesse aberto a sua sucessão.

---

[110] Manuel Gonçalves Pereira, *Da Ausência* (Anteprojecto para o novo Código Civil), sep. do *B.M.J.*, n.º 105, págs. 31 a 104.

ARTIGO 1104.º

(Articulados posteriores)

1 — Os citados podem contestar no prazo de 30 dias, podendo o autor replicar, se for deduzida alguma excepção, no prazo de 15 dias, a contar da data em que for ou se considerar notificada a apresentação da contestação.
2 — As provas serão oferecidas ou requeridas com os articulados.

1. Parece dever entender-se que estando o uso da réplica dependente de ter sido deduzida alguma excepção, o autor só pode versar nesta a matéria da excepção.

2. Sobre provas veja-se a nota 2 ao art. 1105.º.

ARTIGO 1105.º

(Termos posteriores aos articulados)

1 — Após os articulados, ou findo o prazo dentro do qual podia ter sido oferecida a contestação dos citados pessoalmente e dos interessados incertos, serão produzidas as provas e recolhidas as informações necessárias.
2 — Decorrido o prazo da citação do ausente, é proferida decisão, que julgará justificada ou não a ausência.

1. Os termos posteriores à produção dos articulados são meramente instrutórios. Não há audiência de discussão e julgamento. Entendemos, porém, que deve ser facultada aos advogados das partes uma oportunidade de se pronunciarem por escrito, mormente quando tiver havido produção de prova ou realização de diligências que suscitem a conveniência do seu exame crítico.

2. É aplicável ao registo e gravação dos depoimentos o disposto no art. 522.º-A (art. 463.º, n.º 2).

ARTIGO 1106.º

(Publicidade da sentença)

1 — A sentença que julgue justificada a ausência não produz efeito sem decorrerem quatro meses sobre a sua

publicação por edital afixado na porta da sede da junta de freguesia do último domicílio do ausente e por anúncio inserto num dos jornais mais lidos da comarca a que essa freguesia pertença e também num dos jornais de Lisboa ou do Porto, que aí sejam mais lidos.

2 — Bastará a publicação do anúncio no jornal de Lisboa ou do Porto, se na comarca não houver jornal.

ARTIGO 1107.º
(Conhecimento do testamento do ausente)

1 — Decorrido o prazo fixado no artigo anterior, pedir-se-á à repartição competente informação sobre se o ausente deixou testamento.

2 — Havendo testamento, requisitar-se-á certidão dele, se for público, ou ordenar-se-á a sua abertura, se for cerrado, providenciando-se para que este seja apresentado à entidade competente com a certidão do despacho que tenha ordenado a abertura; aberto e registado o testamento cerrado, será junta ao processo a respectiva certidão.

3 — Quando pelo testamento se mostrar que o requerente carece de legitimidade para pedir a justificação, a acção só prosseguirá se algum interessado o requerer.

A nossa lei distingue, quanto à forma dos testamentos, as formas comuns e as formas especiais.

As formas comuns são o testamento público e o testamento cerrado; as formas especiais são o testamento militar (público ou cerrado), o testamento marítimo, o testamento feito a bordo da aeronave, o testamento feito em caso de calamidade pública, e o testamento feito por português em país estrangeiro (Cód. Civ., arts. 2204.º a 2223.º).

ARTIGO 1108.º
(Entrega dos bens)

1 — Para deferimento da curadoria e entrega dos bens do ausente, seguir-se-ão os termos do processo de inventário, com intervenção do Ministério Público e nomeação do cabeça-de-casal.

ART. 1108.º *Livro III, Título IV — Dos processos especiais*

2 — São citadas para o inventário e intervirão nele as pessoas designadas no artigo 100.º do Código Civil.

3 — Nos 20 dias seguintes à citação, qualquer dos citados pode deduzir oposição quanto à data da ausência ou das últimas notícias, constante do processo, indicando a que considera exacta; havendo oposição, seguir-se-ão os termos do processo ordinário ou sumário, conforme o valor, notificando-se para contestar os restantes interessados.

4 — Quem se julgue com direito à entrega de bens, independentemente da partilha, pode requerer a sua entrega imediata; a decisão que a ordene nomeará os interessados curadores definitivos quanto a esses bens.

5 — A sentença final do inventário deferirá a quem competir a curadoria definitiva dos bens que não tiverem sido entregues nos termos do número anterior.

6 — Quando o tribunal exija caução a algum curador definitivo, e este a não preste, ordenar-se-á no mesmo processo, por simples despacho, a entrega dos bens a outro curador.

1. Este processo especial tem três fases distintas, a primeira, de natureza declarativa, que se destina a reconhecer e a declarar a ausência (arts. 1103.º a 1106.º); a segunda, de cariz já executivo, em que se faz o inventário e a partilha dos bens do ausente, com entrega destes aos seus presumidos herdeiros, que os recebem ainda a título de curadores definitivos (arts. 1107.º e 1108.º); e finalmente a última, em que se prevê o regresso do ausente, e o fim da curadoria (arts. 1111.º a 1114.º).

2. São citados para o inventário (arts. 1326.º a 1396.º) e intervirão nele, o cônjuge não separado judicialmente de pessoas e bens, os herdeiros do ausente e todos os que tiverem sobre os bens do ausente direito dependente da condição da sua morte. Os herdeiros a que se refere o art. 100.º do Código Civil são as pessoas que sucederiam ao ausente à data das últimas notícias que dele houve, ou os herdeiros dessas pessoas, se estas tiverem entretanto falecido.

Justificada a ausência, o tribunal requisitará certidões dos testamentos públicos e mandará proceder à abertura dos testamentos cerrados que existirem, a fim de serem tomados em conta na partilha e no deferimento da curadoria definitiva (Cód. Civ., art. 101.º). Os legatários, como todos aqueles que por morte do ausente teriam direito a bens determinados, podem requerer, logo que a ausência esteja justificada, independentemente da partilha, que esses bens lhe sejam entregues (Cód. Civ., art. 102.º). Na falta de declaração do testador sobre a entrega do legado, esta deve ser feita no lugar em que a coisa legada se encontrava ao tempo da morte (aqui, das últimas notícias) do testador, e no prazo de um ano a contar dessa data, salvo se por facto não imputável ao onerado se tornar impossível o cumprimento dentro desse prazo; se, porém, o legado consistir em dinheiro ou em coisa genérica que não exista na herança, a entrega deve ser feita no lugar onde se abrir a sucessão (aqui, onde se declarar justificada a ausência), dentro do mesmo prazo (Cód. Civ., art. 2270.º).

A entrega dos bens aos herdeiros só tem lugar depois da partilha. Enquanto não forem entregues os bens, a administração deles pertence ao cabeça-de-casal, designado nos termos dos artigos 2080.º e segs. do Código Civil (Cit. Cód., art. 103.º, n.ºs 1 e 2). Os herdeiros e demais interessados a quem tenham sido entregues os bens do ausente são havidos como curadores definitivos (Cód. Civ., art. 104.º). O tribunal pode exigir caução aos curadores definitivos ou a algum ou alguns deles, tendo em conta a espécie e valor dos bens e rendimentos que eventualmente hajam de restituir. Enquanto não prestar a caução fixada, o curador está impedido de receber os bens; estes são entregues, até ao termo da curadoria ou até à prestação da caução, a outro herdeiro ou interessado, que ocupará, em relação a eles, a posição de curador definitivo (Cód. Civ., art. 107.º). A caução destina-se a salvaguardar os direitos do ausente que regresse ou do qual se prove a existência. A sua exigência é uma faculdade do tribunal; o seu montante fica ao prudente arbítrio do juiz, e a forma de prestação é a dos arts. 981.º a 990.º.

No que respeita à fruição dos bens, no caso de curadoria definitiva, o Código Civil inspirou-se no art. 53.º do Código italiano, que praticamente reproduziu no seu art. 111.º, distinguindo a situação do cônjuge, ascendentes e descendentes do ausente, por um lado, e os restantes curadores, atribuindo aos primeiros a totalidade dos frutos percebidos, e aos restantes, dois terços desses rendimentos. A diferença justifica-se tendo em conta que as pessoas que compõem aquela primeira categoria são as que constituem, em sentido restrito, a família do ausente, e que, também sob esse aspecto, devem estar mais interessadas na conservação dos bens.

3. A justificação da ausência não tem influência sobre a manutenção ou extinção do vínculo conjugal, porque a ausência, na economia do nosso Código Civil, é um estado transitório, que cessará com o regresso do ausente ou com a notícia da sua existência e do lugar onde reside. O mesmo não pode dizer-se da morte presumida (Cód. Civ., art. 116.º). Por isso é que no art. 108.º do Cód. Civ., apenas se dá ao cônjuge não separado judicialmente de pessoas e bens, o direito de requerer, após essa justificação, inventário e partilha, assim como de exigir os alimentos a que tiver direito.

4. Segundo o art. 109.º do Código Civil, depois de justificada a ausência, os herdeiros (virtuais) do ausente são admitidos a repudiar (art. 2062.º) a sucessão deste ou a disposição dos respectivos direitos sucessórios (art. 2124.º). Repudiar uma sucessão que ainda não está aberta, ou alienar direitos sucessórios que ainda se não adquiriram, são situações completamente dissonantes com os princípios que regem o direito das sucessões, e que só razões de ordem prática levaram o legislador a admitir em matéria de ausência; porém o legislador acautelou esse aspecto da disciplina legal ao dispor que a eficácia do repúdio ou da disposição, assim como a aceitação da herança ou de legados, ficam sujeitos à condição resolutiva da sobrevivência do ausente. Quer dizer: o regresso do ausente, ou o conhecimento do lugar onde reside, opera como condição resolutiva e tudo o que o *herdeiro* tenha feito (*aceitação, repúdio, alienação*) torna-se completamente ineficaz (arts. 270.º e segs. Cód. Civil). Repare-se que este efeito só se produz em qualquer daqueles actos; o efeito do regresso do ausente, sobre outras matérias, tem disciplina própria.

5. A entrega dos bens aos curadores definitivos confere-lhes os direitos a que se refere o art. 94.º do Código Civil, designadamente a administração desses bens do ausente, a sua representação em juízo, e, em princípio, a fruição deles (Cód. Civ., art. 110.º). Como administrador compete ao curador praticar os actos de simples gestão, não podendo alienar certos bens ou onerá-los sem justificação judicial, sendo esta concedida, quando admissível, no processo regulado no art. 1441.º.

ARTIGO 1109.º
(Aparecimento de novos interessados)

1 — A partilha e as entregas feitas podem ser alteradas no próprio processo, a requerimento de herdeiro ou interessado que mostre dever excluir algum dos curadores nomeados ou concorrer com eles à sucessão, relativamente à data das últimas notícias do ausente; os curadores são notificados para responder.

2 — As provas serão oferecidas com o requerimento e as respostas.

3 — Na falta de resposta, será ordenada a emenda, deferindo-se a curadoria de harmonia com ela; havendo oposição, a questão será decidida depois de produzidas as provas indispensáveis, salvo se houver necessidade de mais ampla indagação, porque nesse caso os interessados serão remetidos para o processo comum.

O preceito em anotação prevê o caso de, após a partilha, e quando os bens já tenham sido entregues aos curadores, surgirem novos interessados na curadoria, situação que não será muito de estranhar se tivermos presente que só depois de justificada a ausência a lei (art. 101.º Cód. Civ.) manda que o tribunal tome providências para conhecer se há sucessão testamentária, e quais os seus termos. O aparecimento de novos interessados que, em relação à data das últimas notícias do ausente, produza a exclusão dos curadores, ou determine a admissão de outros, remedeia-se no próprio processo, emendando a partilha ou distribuindo encargos, conforme os casos, sem anular nada, como é próprio deste processo especial de justificação da ausência, de natureza tão virtual como se conhece.

ARTIGO 1110.º
(Justificação da ausência no caso de morte presumida)

O processo de justificação da ausência regulado nos artigos 1103.º a 1107.º é também aplicável ao caso de os interessados pretenderem obter a declaração da morte presumida do ausente e a sucessão nos bens ou a entrega deles, sem prévia instituição da curadoria definitiva.

1. No art. 114.º do Código Civil indicam-se os requisitos de presunção de morte baseada na ausência: o decurso de 10 anos sobre a data das últimas notícias, ou passados 5 anos se, entretanto, o ausente tiver completado 80 anos de idade; de qualquer modo, a declaração de morte presumida não será proferida antes de haverem decorrido 5 anos sobre a data em que o ausente, se fosse vivo, atingiria a maioridade; a declaração da morte presumida não depende de prévia instalação da curadoria provisória ou definitiva, e referir-se-á ao fim do dia das últimas notícias que dele houver.

2. O nosso país pôde escapar ileso a esse estranho «record» do século XX, de ver, no seu decurso, deflagrarem duas guerras mundiais, ocorrerem várias guerras civil, lançarem-se as primeiras bombas atómicas sobre a população civil, desenrolar-se esse pavoroso espectáculo dos campos de concentração e de morte, tudo que, a alguns de nós foi dado testemunhar, no breve instante de uma existência humana. Mas assistimos a tudo isso de longe, o que explica que não tenhamos sentido, como sentiram vários estrangeiros, a necessidade de regular, em termos mais expeditos, o desaparecimento de pessoas em consequência daqueles acontecimentos extraordinários.

3. Ainda que a lei o não dissesse expressamente, como faz no art. 115.º do Código Civil, a declaração de morte presumida produz os mesmos efeitos que a morte, mas não dissolve o casamento. Mesmo em relação a este, porém, o cônjuge do presumivelmente morto pode contrair novo casamento; neste caso, se o ausente regressar, ou houver notícia de que estava vivo quando foram celebradas as novas núpcias, considera-se o primeiro matrimónio dissolvido, por divórcio, à data de declaração de morte presumida.

ARTIGO 1111.º
(Notícia da existência do ausente)

Logo que haja fundada notícia da existência do ausente e do lugar onde reside, será notificado de que os seus bens estão em curadoria e de que assim continuarão enquanto ele não providenciar.

1. Encara-se aqui o momento de maior crise deste procidento judicial: sabe-se da *existência* do ausente e conhece-se, até, o lugar onde reside. A primeira coisa a fazer é dar-lhe conhecimento das

Capítulo XIII — Da justificação da ausência   **ART. 1112.º**

providências que se tomaram para conservação do seu património enquanto esteve ausente. A curadoria mantém-se, porém, enquanto não for requerida a entrega dos bens (Cód. Civ., art. 113.º).

2. Pelo regresso do ausente, ou pela notícia da sua existência e do lugar onde reside, termina a curadoria definitiva, a qual cessa também pela certeza da morte do ausente, ou pela declaração da sua morte presumida (Cód. Civ., art. 112.º).

A cessação da ausência produz efeitos tanto nas relações patrimoniais como nas relações familiares. O processo da cessação da curadoria está regulado nos arts. 1112.º a 1114.º.

ARTIGO 1112.º
(Cessação da curadoria no caso de comparecimento do ausente)

1 — Se o ausente comparecer ou se fizer representar por procurador e quiser fazer cessar a curadoria ou pedir a devolução dos bens, requererá, no processo em que se fez a entrega, que os curadores ou os possuidores dos bens sejam notificados para, em 10 dias, lhe restituírem os bens ou negarem a sua identidade.

2 — Não sendo negada a identidade, faz-se imediatamente a entrega dos bens e termina a curadoria, caso exista.

3 — Se for negada a identidade do requerente, este justificá-la-á no prazo de 30 dias; os notificados podem contestar no prazo de 15 dias e, produzidas as provas oferecidas com esses articulados e realizadas quaisquer outras diligências que sejam julgadas necessárias, será proferida decisão.

O ausente comparece, ou faz-se representar por procurador bastante, e exige, dos curadores ou de outros possuidores dos bens, a sua entrega.

A única questão que os possuidores podem apresentar é esta: o requerente não é a pessoa cuja ausência foi declarada, ou não está devidamente representado.

Resolvida a questão da identidade o processo está findo; a entrega é ordenada ou o pedido é indeferido.

Os termos correm no processo onde se fez a entrega.

ARTIGO 1113.º
(Liquidação da responsabilidade a que se refere o artigo 119.º do Código Civil)

Se o ausente tiver direito a haver o preço recebido por bens alienados depois de declarada a sua morte presumida, esse preço é liquidado no processo em que se haja feito a entrega dos bens e nos termos aplicáveis dos artigos 378.º e seguintes.

1. O Código Civil trata da *morte presumida* baseada na ausência, nos seus arts. 114.º a 121.º.

Decorridos 10 anos sobre a data das últimas notícias, ou passados 5 anos, se entretanto o ausente houver completado 80 anos de idade, podem, o seu cônjuge não separada judicialmente de pessoas e bens, os seus herdeiros e todos os que tiverem, do ausente, direito dependente da sua morte, requerer a declaração de morte presumida (Cód. Civ., art. 114.º, n.º 1). A declaração não será proferida antes de haverem decorrido cinco anos sobre a data em que o ausente, se fosse vivo, atingiria a maioridade. A declaração de morte presumida do ausente não depende de prévia instalação da curadoria provisória ou definitiva, e referir-se-á ao fim do dia das últimas notícias que dele houve (Cód. Civ., art. 114.º).

2. É diferente o efeito jurídico produzido pela «justificação da ausência» e pela declaração da morte presumida»; no primeiro caso há a instauração da curadoria do ausente e os meios que visam a entrega de bens, com eventual prestação de caução, são todas ainda de carácter conservatório e regulados pelos termos da curadoria enquanto que no segundo caso os efeitos são já os da morte real, com a única excepção da dissolução do casamento (Cód. Civ., arts. 114.º a 117.º).

3. Quanto à entrega dos bens, esta é feita aos curadores definitivos nos termos do que dispõem os arts. 103.º a 113.º do Código Civil, podendo ser-lhes exigida caução; na declaração de morte presumida a entrega é também feita aos interessados, mas já na qualidade de sucessores do ausente (Cód. Civ., art. 117.º), não sendo, por isso, admitido exigir-se-lhe caução. Na curadoria está-se, por isso, numa fase conservatória; na morte presumida há já uma vocação sucessória, embora ainda sujeita à condição resolutiva do regresso do ausente.

ARTIGO 1114.º
(Cessação da curadoria noutros casos)

Junta ao processo certidão comprovativa do falecimento do ausente, ou declarada a sua morte presumida, qualquer interessado pode pedir que a curadoria seja dada como finda e por extinta a caução que os curadores definitivos hajam prestado.

1. A curadoria definitiva termina: *a)* pelo regresso do ausente; *b)* pela notícia da sua existência em certo lugar; *c)* pela certeza da sua morte; *d)* pela declaração de morte presumida (Cód. Civ., art. 112.º).

2. Já nos ocupamos dos termos a seguir quando a curadoria definitiva tiver cessado pelas causas indicadas nas alíneas *a)*, *b)* e *d)*. Vamos indicar, agora, como proceder quando conhecida e comprovada a morte do ausente. O facto é de fundamental importância para a existência da curadoria. Cessou a incerteza sobre a sobrevivência do ausente, que se conhece ter morrido, onde e quando. Encontra-se, assim, aberta a sucessão. Acabou o período da conservação dos bens; há agora que fazer a vocação dos herdeiros (que o eram à hora da morte do autor da sucessão), relacionar os bens que compunham, a essa data, o seu património, e partilhá-los entre os chamados.

3. Quando da prova da morte do ausente resultar que ela ocorreu em data diversa da fixada na sentença, o direito à herança compete àqueles que, *naquela data*, lhes deveriam suceder, sem prejuízo das regras da usucapião (Cód. Civ.., art. 118.º).

4. Os direitos que eventualmente sobrevierem ao ausente desde que desapareceu sem dele haver notícias e que sejam dependentes da condição da sua existência passam às pessoas que seriam chamadas à titularidade deles se o ausente fosse falecido (Cód. Civ., art. 120.º).

Devem entender-se por direitos eventuais do ausente aqueles que lhe sobrevenham depois do facto da ausência, e não sejam consequência de direitos já adquiridos, como, por exemplo, o direito a uma herança aberta após o desaparecimento do ausente. A regra é só aplicável ao regime da curadoria definitiva.

ARTIGOS 1115.º A 1117.º

Os arts. 1115.º e 1116.º, que regulavam o processo especial para justificação da qualidade de herdeiro, foram revogados pelo art. 3.º do Dec.-Lei n.º 329-A/95, de 12 de Dezembro. O art. 1117.º, que se ocupava da repartição da herança por uma generalidade de pessoas, foi, igualmente, suprimido por aquele preceito legal. Deixou de haver processos especiais com esses objectos.

CAPÍTULO XIV

DA EXECUÇÃO ESPECIAL POR ALIMENTOS

ARTIGO 1118.º
(Termos que segue)

1 — Na execução por prestação de alimentos o exequente pode requerer a adjudicação de parte das quantias, vencimentos ou pensões que o executado esteja percebendo, ou a consignação de rendimentos pertencentes a este, para pagamento das prestações vencidas e vincendas, fazendo-se a adjudicação ou a consignação independentemente de penhora.

2 — Quando o exequente requeira a adjudicação das quantias, vencimentos ou pensões a que se refere o número anterior, é notificada a entidade encarregada de os pagar ou de processar as respectivas folhas para entregar directamente ao exequente a parte adjudicada.

3 — Quando requeira a consignação de rendimentos, o exequente indica logo os bens sobre que há-de recair e o agente de execução efectua-a relativamente aos que considere bastantes para satisfazer as prestações vencidas e vincendas, podendo para o efeito ouvir o executado.

4 — A consignação mencionada nos números anteriores processa-se nos termos dos artigos 879.º e seguintes, com as necessárias adaptações.

5 — O executado é sempre citado depois de efectuada a penhora e a sua oposição à execução ou à penhora não suspende a execução.

1. O direito a alimentos corresponde à obrigação que algumas pessoas têm para com outras de lhes fornecerem o mínimo necessário à sua subsistência. Por alimentos entende-se tudo o que é indispensável ao sustento, habitação e vestuário do carenciado, compreendendo também a instrução e educação do alimentado no caso deste ser menor (Cód. Civ., art. 2003.º). São pressupostos da obrigação alimentar a necessidade do alimentando e a disponibilidade económica do alimentante, além do vínculo existente entre ambos (casamento, parentesco, adopção, união de facto e negócio jurídico).

2. A execução por alimento segue, como regra, os termos da execução para pagamento da quantia certa (arts. 810.º a 927.º), com as regras especiais dos arts. 1119.º a 1121.º-A, tendo em vista a imperatividade e a urgência que caracterizam a cobrança de dívidas desta natureza. A adjudicação (arts. 875.º a 878.º) ou a consignação de rendimentos (arts. 879.º a 881.º) são feitas *independentemente da penhora*. A parte adjudicada é directamente entregue ao exequente; a consignação segue os termos comuns (art. 879.º). A oposição nunca suspende a execução.

ARTIGO 1119.º
(Insuficiência ou excesso dos rendimentos consignados)

1 — Quando, efectuada a consignação, se mostre que os rendimentos consignados são insuficientes, o exequente pode indicar outros bens e voltar-se-á a proceder nos termos do n.º 3 do artigo anterior.

2 — Se, ao contrário, vier a mostrar-se que os rendimentos são excessivos, o exequente é obrigado a entregar o excesso ao executado, à medida que o receba, podendo também o executado requerer que a consignação seja limitada a parte dos bens ou se transfira para outros.

3 — O disposto nos números anteriores é igualmente aplicável, consoante as circunstâncias, ao caso de a pensão alimentícia vir a ser alterada no processo de execução.

Não se trata, neste preceito, de alterar os alimentos fixados, por se haver constatado que circunstâncias supervenientes justificam a sua modificação, quanto à sua medida ou duração (art. 671.º, n.º 2). A situação aqui é outra: foi fixada a medida dos alimentos a prestar e fez-se a consignação de rendimento de determinados bens; nesta ocasião verifica-se que os rendimentos consignados são *insuficientes* para garantir o pagamento, ou que, pelo contrário, são *excessivos* para aquele fim. No primeiro caso, o exequente pode indicar outros bens para alargar a consignação; no segundo caso, é o executado que tem direito a receber o excesso, ou a ver a consignação reduzida de harmonia com o julgado.

À hipótese da *alteração* do julgado corresponde o processo previsto no art. 1121.º.

ARTIGO 1120.º
(Cessação da execução por alimentos provisórios)

A execução por alimentos provisórios cessa sempre que a fixação deles fique sem efeito, por caducidade da providência, nos termos gerais.

Se o credor por alimentos tivesse de aguardar a decisão final, com trânsito, para os receber, não viveria, na maioria dos casos, o suficiente para gozar do seu triunfo; antes disso morreria de fome. É por isso que a lei lhe permite, sempre como dependência da acção em que os *alimentos definitivos* sejam pedidos, que requeira a fixação de uma quantia mensal, a título de alimentos provisórios, para receber enquanto não houver sentença exequível na acção (art. 2007.º do Cód. Civ.).

O critério para a fixação dos alimentos definitivos (art. 2004.º) não é o mesmo que o usado para fixação dos provisórios: aqueles têm o conteúdo que já referimos na nota 1 ao art. 1118.º; estes destinam-se a assegurar o que for estritamente necessário para o sustento, habitação e vestuário do autor e também para despesas da demanda quando o autor não possa beneficiar do apoio judiciário (art. 399.º, n.º 2). A diferença compreende-se tendo em conta que os alimentos provisórios são arbitrados num juízo de probabilidade quanto à obrigação alimentar concretamente considerada [111].

O processo dos alimentos provisórios é regulado pelos art. 399.º e s..

---

[111] Rodrigues Bastos, *Notas ao Código Civil*, vol. VII, pág. 220.

Capítulo XIV — Da execução especial   ART. 1121.º-A

ARTIGO 1121.º
(Processo para a cessação ou alteração dos alimentos)

1 — Havendo execução, o pedido de cessação ou de alteração da prestação alimentícia deve ser deduzido por apenso àquele processo.

2 — Tratando-se de alimentos provisórios, observar-se-ão termos iguais aos dos artigos 399.º e seguintes.

3 — Tratando-se de alimentos definitivos, são os interessados convocados para uma conferência, que se realizará dentro de 10 dias. Se chegarem a acordo, é este logo homologado por sentença; no caso contrário, deve o pedido ser contestado no prazo de 10 dias, seguindo-se à contestação os termos do processo sumário.

4 — O processo estabelecido no número anterior é aplicável à cessação ou alteração dos alimentos definitivos judicialmente fixados, quando não haja execução. Neste caso, o pedido é deduzido por dependência da acção condenatória.

Já dissemos, na anotação ao artigo 1118.º, o que deve entender-se por direito a alimentos e quais os pressupostos da concessão da obrigação alimentar.

Pode acontecer, porém, que depois de fixados os alimentos, pelo tribunal ou pelo acordo das partes, se modifiquem as circunstâncias determinantes dessa fixação. Assim, se os rendimentos do alimentando aumentarem, ou as necessidades da vida diminuírem, a pensão alimentícia deve diminuir na mesma proporção; pelo contrário, se aqueles rendimentos baixarem, ou o custo de vida subir, a pensão deve ser aumentada, ou outras pessoas obrigadas a prestá-los (Cód. Civ., art. 2012.º). O processo a aplicar será, tratando-se de alimentos provisórios, o do n.º 2 do art. 401.º, e, sendo definitivos, o dos arts. 671.º, n.º 2 e 1121.º).

ARTIGO 1121.º-A
(Garantia das prestações vincendas)

Vendidos bens para pagamento de um débito de alimentos, não deverá ordenar-se a restituição das sobras da execução ao executado sem que se mostre assegurado

o pagamento das prestações vincendas até ao montante que o juiz, em termos de equidade, considerar adequado, salvo se for prestada caução ou outra garantia idónea.

É uma norma de sentido prático, formulada em defesa do interesse do credor dos alimentos, e até do devedor deles quando obrigado, por falta de liquidez, a vender bens para pagamento de débito alimentar.

CAPÍTULO XV

DA LIQUIDAÇÃO DE PATRIMÓNIOS

SECÇÃO I

Da liquidação judicial de sociedades

ARTIGO 1122.º
(Competência para a liquidação judicial)

O processo de liquidação judicial do património das sociedades, quer comerciais, quer civis, segue os seus termos no tribunal correspondente à sede social e por dependência da acção de dissolução, declaração de inexistência, nulidade ou anulação da sociedade, quando a tenha havido.

1. Os arts. 1122.º a 1130.º ocupam-se do processo de liquidação judicial das sociedades, consequente à sua dissolução, declaração de inexistência, nulidade ou anulação da sociedade.
A matéria substantiva relativa à liquidação das sociedades civis vem regulada nos arts. 1010.º a 1020.º do Código Civil.

2. Ver, quanto à liquidação nas sociedades comerciais, o Código das Sociedades Comerciais (Dec.-Lei n.º 262/86, de 2 de Setembro), arts. 146.º a 165.º.

3. O processo de liquidação segue por dependência à acção que lhe der causa; não tem, portanto, distribuição na 1.ª instância [art. 211.º, n.º 1, *a)*]. Se não tiver havido acção precedente, o tribunal competente é o da sede da sociedade.

ARTIGO 1123.º

(Requerimento)

Quando a liquidação deva efectuar-se ou prosseguir judicialmente, será requerida pela própria sociedade, por qualquer sócio ou credor, ou pelo Ministério Público, consoante os casos, devendo o requerente indicar logo quem deva exercer as funções de liquidatário, ou pedir a respectiva nomeação, se esta couber ao juiz.

1. A liquidação é a repartição do património da sociedade, consequente à sua dissolução (Cód. Civ., art. 1010.º). A dissolução judicial da sociedade pode ser requerida com fundamento previsto na lei ou no contrato ou ainda quando se verificar alguma das situações previstas nas *a)* a *d)* do n.º 1 do art. 142.º do Cód. Soc. Com..

2. Se não estiver indicada no contrato, a forma da liquidação é regulada pelos sócios; na falta de acordo de todos, observar-se-ão as disposições dos arts. 1011.º a 1020.º do Código Civil, e dos arts. 146.º a 165.º do Código das Sociedades Comerciais.

3. A liquidação compete aos administradores. Se o contrato confiar aos sócios a nomeação dos liquidatários e o acordo se revelar impossível, será a falta deste suprida pelo tribunal, por iniciativa de qualquer sócio ou credor (Cód. Civ., art. 1012.º).

ARTIGO 1124.º

(Designação dos liquidatários e fixação do prazo
da liquidação)

O juiz designará um ou mais liquidatários e fixará, se necessário, o prazo para a liquidação, podendo ouvir os sócios, administradores ou gerentes, sempre que o entenda conveniente.

1. A liquidação compete aos administradores. Se o contrato confiar aos sócios a nomeação dos liquidatários e o acordo se revelar impossível, será a falta deste suprida pelo tribunal, por iniciativa de qualquer sócio ou credor (Cód. Civ., art. 1012.º). Para as sociedades comerciais, salvo cláusula do contrato de sociedade ou

deliberação em contrário, os membros da administração da sociedade passam a ser liquidatários desta a partir do momento em que ela se considere dissolvida (Cód. Soc. Com., art. 151.º).

2. Se o prazo para a liquidação não estiver determinado, qualquer sócio ou credor pode requerer a sua determinação pelo tribunal (Cód. Civ., art. 1012.º, n.º 2).

3. A liquidação deve estar encerrada e a partilha aprovada no prazo de três anos a contar da data em que a sociedade se considere dissolvida, sem prejuízo de prazo inferior convencionado no contrato ou fixado por deliberação dos sócios (Cód. Soc. Com., art. 150.º, n.º 1).

ARTIGO 1125.º
(Operações da liquidação)

1 — Os liquidatários judiciais têm, para a liquidação, a mesma competência que a lei confere aos liquidatários extrajudiciais, salvo no que respeita à partilha dos haveres da sociedade.
2 — Os actos que para os liquidatários extrajudiciais dependem de autorização social ficam neste caso sujeitos a autorização do juiz.
3 — Se aos liquidatários não forem facultados os bens, livros e documentos da sociedade, ou as contas relativas ao último período da gestão, pode a entrega ser requerida ao tribunal, no próprio processo de liquidação.

1. A relação que liga os liquidatários à sociedade é, como acontece com a que liga os administradores a esta (Cód. Civ., art. 987.º), subordinada às normas reguladoras do mandato (Cód. Civ., art. 1158.º e segs.). São aplicáveis aos liquidatários não só as regras concernentes às obrigações e à responsabilidade dos administradores, como também todas as disposições a estes relativas, desde que não sejam derrogadas pela lei ou pelo pacto.

2. Os liquidatários que não forem administradores devem, logo que sejam nomeados, exigir dos administradores a entrega dos documentos e bens sociais, redigindo-se um inventário que permita conhecer o estado activo e passivo da sociedade, inventário que será

elaborado conjuntamente pelos administradores e liquidatários. Os administradores devem ainda apresentar aos liquidatários as contas da sua gestão, desde o último balanço até ao momento da entrega (Cód. Civ., art. 1014.º).

ARTIGO 1126.º
(Liquidação total)

1 — Feita a liquidação total, devem os liquidatários, no prazo de 30 dias, apresentar as contas e o projecto de partilha do activo restante, seguindo-se o disposto no artigo 1018.º, devendo os interessados cumular a oposição às contas com a que eventualmente queiram deduzir ao projecto de partilha do activo remanescente; se o não fizerem, qualquer sócio pode requerer a prestação de contas, nos termos dos artigos 1014.º-A e seguintes.

2 — Aprovadas as contas e liquidado integralmente o passivo social, é o valor do activo restante partilhado entre os sócios, de harmonia com a lei.

3 — O credor social cujo crédito não tenha sido satisfeito ou assegurado pode intervir no processo de liquidação, alegando que esta não foi completa e exigindo a satisfação do seu direito.

4 — Na própria sentença que julgue as contas é distribuído o saldo existente pelos sócios, segundo a parte que a cada um couber.

A liquidação diz-se *total* quando nela se fizer a cobrança de todas as dívidas activas, o pagamento de todo o passivo e a venda de todos os bens. Atingida essa situação resta aos liquidatários apresentarem espontaneamente contas da sua actuação, acompanhadas do projecto de partilha do que houver restado. Se assim não fizerem poderão as contas ser exigidas por qualquer dos sócios. A sentença, em qualquer dos casos, julgará as contas e distribuirá o saldo.

ARTIGO 1127.º
(Liquidação parcial e partilha em espécie)

1 — Se aos liquidatários parecer inconveniente a liquidação da totalidade dos bens e for legalmente permitida

a partilha em espécie, proceder-se-á a uma conferência de interessados, para a qual são também convocados os credores ainda não pagos, a fim de se apreciarem as contas da liquidação efectuada e se deliberar sobre o pagamento do passivo ainda existente e a partilha dos bens remanescentes.

2 — Satisfeitas as dívidas ou assegurado o seu pagamento, na falta de acordo sobre a partilha, são os bens entregues a um administrador nomeado pelo juiz, com funções idênticas às do cabeça-de-casal, podendo qualquer sócio requerer licitação sobre esses bens.

3 — Serão vendidos os bens que não forem licitados, organizando-se em seguida o mapa da partilha, que é homologado por sentença.

4 — À licitação, venda de bens e partilha são, neste caso, aplicáveis as disposições do processo de inventário, com as necessárias adaptações.

A liquidação *parcial* pode ter lugar em duas situações: *parecer* aos liquidatários inconveniente a liquidação da totalidade dos bens sendo legalmente permitida a partilha em espécie (art. 1127.º) [112]; ser efectivamente *impossível* proceder à liquidação total do activo da sociedade (art. 1128.º). No primeiro caso invocam-se razões de *conveniência*; no segundo uma razão de *necessidade*. O processo adoptado em ambas as hipóteses é o referido nos n.os 2 a 4 do artigo em anotação.

ARTIGO 1128.º
(Impossibilidade de obter a liquidação total)

Se os liquidatários alegarem impossibilidade de proceder à liquidação total do activo da sociedade e o tribunal, ouvidos os sócios e os credores sociais ainda não pagos, entender que não é possível remover os obstáculos encontrados pelos liquidatários, seguir-se-ão os termos previstos no artigo anterior.

Veja-se anotação ao artigo anterior.

---

[112] Mesmo que o contrato o não preveja, podem os sócios acordar em que a partilha dos bens se faça em espécie (Cód. Civ., art. 1018.º, n.º 4).

ARTIGO 1129.º

(Inobservância do prazo de liquidação)

1 — Expirado o prazo fixado para a liquidação sem que esta se mostre concluída, podem os liquidatários requerer a sua prorrogação, justificando a causa da demora.

2 — Se os liquidatários não requererem a prorrogação ou as razões da demora forem tidas por injustificadas, pode o tribunal ordenar a destituição dos liquidatários e proceder à sua substituição.

1. Veja-se o art. 1124.º e correspondente anotação, assim como o art. 1130.º.

ARTIGO 1130.º

(Destituição dos liquidatários)

Os liquidatários podem ainda ser destituídos, por iniciativa do juiz ou a requerimento do conselho fiscal da sociedade, de qualquer sócio ou credor, sempre que ocorra justa causa.

ARTIGO 1131.º

Este artigo, que mandava aplicar à liquidação da conta em participação, com as necessárias adaptações, o disposto nos arts. 1122.º e segs., foi revogado pelo art. 3.º do Dec.-Lei n.º 329-A/95, em razão de terem sido revogados os arts. 224.º e seguintes do Código Comercial, onde era regulada a conta em participação, matéria que passou a ser tratada, noutros moldes, pelo Dec.-Lei n.º 231/81, de 28/7.

SECÇÃO II

Da liquidação da herança vaga em benefício do Estado

ARTIGO 1132.º

(Citação dos interessados incertos no caso de herança jacente)

1 — No caso de herança jacente, por não serem conhecidos os sucessores, por o Ministério Público pretender con-

testar a legitimidade dos que se apresentarem, ou por os sucessores conhecidos haverem repudiado a herança, tomar-se-ão as providências necessárias para assegurar a conservação dos bens e em seguida são citados, por éditos, quaisquer interessados incertos para deduzir a sua habilitação como sucessores dentro de 30 dias depois de findar o prazo dos éditos.

2 — Qualquer habilitação pode ser contestada não só pelo Ministério Público, mas também pelos outros habilitandos nos 15 dias seguintes ao prazo marcado para o oferecimento dos artigos de habilitação.

3 — À contestação seguem-se os termos do processo ordinário ou sumário, conforme o valor.

1. O Estado como sucessor legítimo só é chamado à sucessão na falta ou repúdio de todos os outros sucessores legais previstos na lei [Cód. Civ., arts. 2157.º e 2133.º, n.º 1, alínea e)]. Mas para se produzir esse chamamento é necessário que a inexistência desses outros sucessíveis legítimos tenha sido judicialmente reconhecida, com a declaração de que a herança está vaga para o Estado (Cód. Civ., art. 2155.º). É o processo especial para se efectuar esse reconhecimento, e respectiva liquidação, que preenche estes arts. 1132.º a 1134.º.

2. *Herança jacente* é a herança aberta mas ainda não aceita nem declarada vaga para o Estado ([113]).

3. Reconhecida judicialmente a inexistência de outros sucessíveis legítimos, a herança é declarada vaga para o Estado, operando-se a sua aquisição de direito, sem necessidade de aceitação, não podendo o Estado repudiá-la (Cód. Civ., arts. 2154.º e 2155.º).

ARTIGO 1133.º
(Liquidação no caso de herança vaga)

1 — A herança é declarada vaga para o Estado se ninguém aparecer a habilitar-se ou se decaírem todos os que se apresentem como sucessores.

([113]) Capelo de Sousa, *Lições de Direito das Sucessões*, vol. II, pág. 53.

Capítulo XV — Da liquidação de patrimónios ART. 1134.º

2 — Feita a declaração do direito do Estado, proceder-se-á à liquidação da herança, cobrando-se as dívidas activas, vendendo-se judicialmente os bens, satisfazendo-se o passivo e adjudicando-se ao Estado o remanescente.

3 — O Ministério Público proporá, no tribunal competente, as acções necessárias à cobrança coerciva de dívidas activas da herança.

4 — Os fundos públicos e os bens imóveis só são vendidos quando o produto dos outros bens não chegue para pagamento das dívidas; pode ainda o Ministério Público, relativamente a quaisquer outros bens, cujo valor não seja necessário para pagar dívidas da herança, requerer que sejam adjudicados em espécie ao Estado.

Estabelece a forma de liquidação da herança que foi declarada vaga para o Estado.

ARTIGO 1134.º
(Processo para a reclamação e verificação dos créditos)

1 — Os credores da herança, que sejam conhecidos, são citados pessoalmente para reclamar os seus créditos, no prazo de 15 dias, procedendo-se ainda à citação edital dos credores desconhecidos.

2 — As reclamações formam um apenso, observando-se depois o disposto nos artigos 866.º a 868.º. Podem também ser impugnadas pelo Ministério Público, que é notificado do despacho que as receber.

3 — Se, porém, o tribunal for incompetente, em razão da matéria, para conhecer de algum crédito, será este exigido, pelos meios próprios, no tribunal competente.

4 — Se algum credor tiver pendente acção declarativa contra a herança ou contra os herdeiros incertos da pessoa falecida, esta prosseguirá no tribunal competente, habilitando-se o Ministério Público para com ele seguirem os termos da causa, mas suspendendo-se a graduação global dos créditos no processo principal até haver decisão final.

5 — Se estiver pendente acção executiva, suspendem-se as diligências destinadas à realização do pagamento, relativamente aos bens que o Ministério Público haja relacionado, sendo a execução apensada ao processo de liquidação, se não houver outros executados e logo que se mostrem julgados os embargos eventualmente deduzidos, aos quais se aplicará o disposto no número anterior.

6 — O requerimento executivo vale, no caso da apensação prevista no número anterior, como reclamação do crédito exigido.

7 — É admitido a reclamar o seu crédito, mesmo depois de findo o prazo das reclamações, qualquer credor que não tenha sido notificado pessoalmente, uma vez que ainda esteja pendente a liquidação. Se esta já estiver finda, o credor só tem acção contra o Estado até à importância do remanescente que lhe tenha sido adjudicado.

ARTIGO 1135.º A 1325.º

O Código tratava a secção III, do capítulo XV, sob a rubrica «liquidação em benefício dos credores», nos artigos acima referidos, da matéria da falência e da insolvência dos não comerciantes. Todos esses artigos foram, porém, revogados pelo Dec.-Lei n.º 132/93, de 23 de Abril, encontrando-se actualmente essa matéria regulada no Código da Insolvência e da Recuperação de Empresas, aprovado pelo Dec.-Lei n.º 53/2004, de 18 de Março. Este diploma já sofreu profundas alterações pelo Dec.-Lei n.º 200/2004, de 18 de Agosto, tendo-se feito a republicação do Código no D.R., 1.ª série, n.º 194, de 18.08.04.

CAPÍTULO XVI

DO INVENTÁRIO

SECÇÃO I

Disposições gerais

ARTIGO 1326.º

(Função do inventário)

1 — O processo de inventário destina-se a pôr termo à comunhão hereditária ou, não carecendo de realizar-

-se partilha judicial, a relacionar os bens que constituem objecto de sucessão e a servir de base à eventual liquidação da herança.

2 — Ao inventário destinado à realização dos fins previstos na segunda parte do número anterior são aplicáveis as disposições das secções subsequentes, com as necessárias adaptações.

3 — Pode ainda o inventário destinar-se, nos termos previstos nos artigos 1404.º e seguintes, à partilha consequente à extinção da comunhão de bens entre os cônjuges.

O processo de inventário é essencialmente aquele que se destina a pôr termo à comunhão hereditária, partilhando, entre os herdeiros, os bens da herança. É, por outras palavras, a *forma* adoptada pela lei para fazer a partilha judicial.

Acontece, com alguma frequência, haver um único herdeiro chamado à sucessão; neste caso o inventário judicial não tem obviamente a sua finalidade habitual, visando apenas a relacionação dos bens da herança, e, eventualmente, a liquidação desta (Cód. Civ., art. 2103.º). O processo a seguir é, até aí, o previsto para os outros inventários, com as necessárias adaptações.

Outra finalidade atribuída por lei ao processo de inventário é o de proceder à partilha consequente à extinção da comunhão de bens entre os cônjuges (Cód. Civ., arts. 1724.º e 1732.º).

Sucede, também, algumas vezes, que a lei mande arrolar determinados bens, assegurando a sua devolução por parte de quem os recebe. De harmonia com a actual redacção dada aos n.ºs 1 e 2 do preceito em anotação (*v.g.*, art. 93.º do Cód. Civ.) essa relacionação só pode considerar-se modalidade do inventário quando sirva a fazer o arrolamento de bens que constituem objecto de uma sucessão futura.

ARTIGO 1327.º
(Legitimidade para requerer ou intervir no inventário)

1 — Têm legitimidade para requerer que se proceda a inventário e para nele intervirem, como partes principais, em todos os actos e termos do processo:

a) Os interessados directos na partilha;

b) O Ministério Público, quando a herança seja deferida a incapazes, ausentes em parte incerta ou pessoas colectivas.

2 — Quando haja herdeiros legitimários, os legatários e donatários são admitidos a intervir em todos os actos, termos e diligências susceptíveis de influir no cálculo ou determinação da legítima e implicar eventual redução das respectivas liberalidades.

3 — Os credores da herança e os legatários são admitidos a intervir nas questões relativas à verificação e satisfação dos seus direitos, cumprindo ao Ministério Público a representação e defesa dos interesses da Fazenda Pública.

1. Trata da legitimidade para *requerer* que se proceda a inventário.

Como o inventário se destina a partilhar os bens da herança, estão naturalmente legitimados para o requererem os interessados directos nesse acto, isto é, os herdeiros do *de cujus*, e os seus cônjuges, se forem casados segundo o regime da comunhão. Diz-se herdeiro o que sucede na totalidade ou numa quota do património do falecido, assim se considerando também o que sucede no remanescente dos seus bens, não havendo especificação destes (Cód. Civ., art. 2030.º, n.ºs 2 e 3).

2. Além dos interessados directos na partilha é também admitido a requerer a instauração deste processo o Ministério Público, quando a herança seja deferida a *incapazes, ausentes em parte incerta* ou *pessoas colectivas* e aquele magistrado entender que o interesse do incapaz a quem a herança é deferida implica aceitação beneficiária, e ainda no caso em que algum dos herdeiros não possa, por motivo de ausência em parte incerta ou de incapacidade de facto permanente, outorgar em partilha extrajudicial (Cód. Civ., art. 2102.º).

3. Quanto à incapacidade temos de considerar em primeiro lugar a que resulta, para o herdeiro, da sua menoridade (Cód. Civ., arts. 122.º a 129.º), desde que não esteja emancipado por casamento que tenha contraído com a devida autorização (Cód. Civ., arts. 133.º e 1649.º). O mesmo há que dizer dos nascituros, concebidos ou não à data da abertura da sucessão, cujos direitos ficam dependentes apenas do seu nascimento (Cód. Civ., art. 66.º, n.º 2).

4. A legitimação concedida ao Ministério Público para requerer a instauração do inventário quando algum dos herdeiros se encontrar a*usente em parte incerta* (Cód. Civ., arts. 89.º a 113.º), ou estiver *incapacitado permanentemente* para intervir na partilha extrajudicial (Cód. Civ., art. 2002.º, n.º 2), destina-se a evitar a existência, por tempo indeterminado de patrimónios por partilhar, o que constituiria uma ocorrência socialmente indesejável.

5. Na sua versão original o art. 1326.º do Código de Processo Civil continha a indicação dos casos em que a herança só podia ser aceita a benefício de inventário: ser ela deferida a menor, interdito, inabilitado ou pessoa colectiva. Em qualquer desses casos a lei impunha a instauração de inventário, que, por isso, se designava por obriga*tório*. Essa parte do preceito foi, porém, totalmente suprimida pelo Dec.-Lei n.º 277/94, de 8 de Setembro. Actualmente a partilha pode fazer-se extrajudicialmente quando houver acordo de todos os interessados, devidamente representados e autorizados (Cód. Civ., art. 2102.º; Cód. Proc. Civ., arts. 1439.º e 1440.º), ou por inventário judicial, requerido nos termos da nota n.º 3 a este preceito.

6. Entre nós, a herança só se adquire por meio da aceitação. Com a aceitação, o sujeito passa da posição de chamado à de sucessor do falecido, isto é, à de *herdeiro* (Cód. Civ., art. 2050.º). A herança pode ser aceita pura e simplesmente ou a benefício de inventário. A aceitação a benefício de inventário faz-se requerendo inventário judicial, nos termos da lei de processo. Sendo a herança aceita a benefício de inventário, só respondem pelos encargos respectivos os bens inventariados, salvo se os credores ou legatários provarem a existência de outros bens. Sendo a herança aceita pura e simplesmente, a responsabilidade pelos encargos também não excede o valor dos bens herdados, mas incumbe, neste caso, ao herdeiro provar que na herança não existem valores suficientes para cumprimento dos encargos (Cód. Civ., art. 2071.º, n.ᵒˢ 1 e 2). Se o passivo da herança for superior ao seu activo, verificar-se-á a situação de insolvência da herança, com as suas consequências legais (art. 1361.º).

7. Os legatários e donatários, a que se refere o n.º 2, não têm legitimidade para requerer que se proceda a inventário, mas são admitidos a intervir nele, quando houver herdeiros legitimários, por isso que, nesse caso, pode haver necessidade de proceder à redução, por inoficiosidade, das liberalidades (Cód. Civ., arts. 2168.º a 2178.º). Sobre a forma da sua intervenção veja-se o art. 1331.º.

ART. 1329.º   *Livro III, Título IV — Dos processos especiais*

8. Estão nas mesmas condições dos interessados mencionados no número anterior, os credores da herança e os legatários relativamente à verificação e satisfação dos seus direitos, cumprindo ao M.º P.º a representação e defesa dos interesses da Fazenda Nacional.

9. Para habilitar o Ministério Público a, eventualmente, requerer instauração de inventário, quando ocorrer alguma das situações previstas na alínea b) do n.º 1, o conservador do registo civil deve dar notícia ao M.º P.º da comarca competente do falecimento de indivíduos com herdeiros menores, incapazes, ausentes em parte incerta ou pessoas colectivas (Cód. Reg. Civ., 210.º). Veja-se, também, nessa matéria, o disposto no art. 151.º, n.º 2 do Cód. Custas Judiciais.

ARTIGO 1328.º
(Notificações aos interessados)

As notificações aos interessados no inventário, ou respectivos mandatários judiciais, para os actos e termos do processo para que estão legitimados, nos termos do artigo anterior, e das decisões que lhes respeitem, são efectuadas conforme o disposto na parte geral deste Código.

Vejam-se os arts. 228.º, 229.º, 253.º, 255.º a 260.º.

ARTIGO 1329.º
(Representação de incapazes e ausentes)

1 — O incapaz é representado por curador especial quando o representante legal concorra com ele à herança ou a ela concorrerem vários incapazes representados pelo mesmo representante.

2 — O ausente em parte incerta, não estando instituída a curadoria, é também representado por curador especial.

3 — Findo o processo, os bens adjudicados ao ausente que carecerem de administração são entregues ao curador nomeado, que fica tendo, em relação aos bens entregues, os direitos e deveres do curador provisório, cessando a administração logo que seja deferida a curadoria.

Capítulo XVI — Do inventário   ART. 1329.º

1. Deve aproximar-se o disposto no n.º 1, do que preceituam os arts. 11.º do Código de Processo e o art. 1881.º, n.º 2 do Código Civil, cuja previsão completam.

2. Os n.ºˢ 2 e 3 prevêem o caso de não ter sido ainda nomeado curador provisório e regula o procedimento a adoptar enquanto a curadoria provisória não for instituída. O curador especial tem os direitos e deveres do curador provisório (Cód. Civ., art. 94.º).

3. Os *menores* sujeitos ao poder paternal são representados pelos seus pais (Cód. Civ., arts. 1877.º a 1904.º), nos termos da lei civil. Se houver conflito de interesses cuja resolução dependa da autoridade pública, entre qualquer dos pais e o filho sujeito ao poder paternal, ou entre os filhos ainda que, neste caso, algum deles seja maior, são os menores representados por um ou mais curadores especiais nomeados pelo tribunal (Cód. Civ., arts. 1881.º, n.º 2 e 1901.º a 1920.º-A).

O menor está obrigatoriamente sujeito a tutela em qualquer dos casos indicados nas alíneas *a)* a *c)* do n.º 1 do art. 1921.º do Código Civil, sendo-lhe aplicável o disposto nos arts. 1922.º a 1972.º do mesmo diploma.

4. O *interdito* é equiparado ao menor, sendo-lhe aplicáveis com as necessárias adaptações, as disposições que regulam a incapacidade por menoridade e fixam os meios de suprir o poder paternal (Cód. Civ., art. 139.º).

5. Podem ser ina*bilitados* os indivíduos cuja anomalia psíquica, surdez-mudez ou cegueira, embora de carácter permanente, não seja de tal modo grave que justifique a sua interdição, assim como aqueles que, pela sua habitual prodigalidade ou pelo uso de bebidas alcoólicas ou de estupefacientes, se mostrem incapazes de reger convenientemente o seu património. Os inabilitados são assistidos por um curador, a cuja autorização estão sujeitos os actos da disposição de bens entre vivos e todos os que, em atenção às circunstâncias de cada caso, forem especificados na sentença. A administração do património do inabilitado pode ser entregue pelo tribunal, no todo ou em parte, ao curador (Cód. Civ., arts. 152.º, 153.º e 154.º, n.º 1).

ARTIGO 1330.º

(Intervenção principal)

1 — É admitida, em qualquer altura do processo, a dedução de intervenção principal espontânea ou provocada relativamente a qualquer interessado directo na partilha.

2 — O cabeça-de-casal e demais interessados são notificados para responder, seguindo-se o disposto nos artigos 1343.º e 1344.º.

3 — O interessado admitido a intervir tem os direitos processuais a que se refere o n.º 2 do artigo 1342.º.

4 — A dedução do incidente suspende o andamento do processo a partir do momento em que deveria ser convocada a conferência de interessados.

Permite a qualquer interessado directo na partilha intervir, no inventário, mediante a dedução do incidente da instância denominado intervenção de terceiros (espontânea ou provocada): arts. 320.º a 329.º.

ARTIGO 1331.º

(Intervenção de outros interessados)

1 — Havendo herdeiros legitimários, os legatários e donatários que não hajam sido inicialmente citados para o inventário podem deduzir intervenção no processo e nele exercer a actividade para que estão legitimados, nos termos do n.º 2 do artigo 1327.º, aplicando-se, com as necessárias adaptações, o disposto no artigo anterior.

2 — Os titulares activos de encargos da herança podem reclamar no inventário os seus direitos, mesmo que estes não hajam sido relacionados pelo cabeça-de-casal, até à realização da conferência de interessados destinada à aprovação do passivo; se não o fizerem, não ficam, porém, inibidos de exigir o pagamento pelos meios comuns, mesmo que hajam sido citados para o processo.

Já vimos que o art. 1330.º permite aos interessados directos na partilha que intervenham no processo de inventário, quando não chamados a ele, por meio da dedução do incidente da intervenção principal, espontânea ou provocada (arts. 320.º e 329.º); no preceito em anotação permite-se, também, essa intervenção a «outros interessados», que não tendo interesse directo na partilha tenham interesse nela, e aos titulares activos de encargos da herança.

Tratando-se de sucessão legitimária (Cód. Civ., arts. 2156.º a 2178.º) é indubitável que os «outros interessados» são aqueles que se apresentem como titulares de direitos (legatários e donatários) que possam influir no cálculo da legítima (Cód. Civ., art. 2162.º) e determinar a redução das liberalidades, que eventualmente podem revelar-se inoficiosas (Cód. Civ., arts. 2168.º a 2178.º). Entre nós são herdeiros legitimários, isto é, com direito a legítima, o cônjuge, os descendentes, e os ascendentes, pela ordem e segundo as regras estabelecidas para a sucessão legítima (Cód. Civ., 2156.º e 2157.º).

Quanto aos credores da herança deve ter-se presente que ela responde pelas despesas com o funeral e sufrágios do seu autor, pelos encargos com a testamentaria, administração e liquidação do património hereditário, pelo pagamento das dívidas do falecido e pelo cumprimento dos legados (Cód. Civ., art. 2068.º). É nas questões relativas à verificação e satisfação dos seus créditos que os credores da herança são *admitidos a intervir* mesmo quando aqueles não tenham sido relacionados.

ARTIGO 1332.º

(Habilitação)

1 — Se falecer algum interessado directo na partilha antes de concluído o inventário, o cabeça-de-casal indica os sucessores do falecido, juntando os documentos necessários, notificando-se a indicação aos outros interessados e citando-se para o inventário as pessoas indicadas.

2 — A legitimidade dos sucessores indicados pode ser impugnada quer pelo citado, quer pelos outros interessados notificados, nos termos dos artigos 1343.º e 1344.º; na falta de impugnação, têm-se como habilitadas as pessoas indicadas, sem prejuízo de os sucessores eventualmente preteridos deduzirem a sua própria habilitação.

3 — Os citados têm os direitos a que se refere o n.º 2 do artigo 1342.º, a partir do momento da verificação do óbito do interessado a que sucedem.

4 — Podem ainda os sucessores do interessado falecido requerer a respectiva habilitação, aplicando-se, com as necessárias adaptações, o disposto nos números anteriores.

5 — Se falecer algum legatário, credor ou donatário que tenha sido citado para o inventário, podem os seus herdeiros fazer-se admitir no processo, seguindo-se os termos previstos no número anterior, com as necessárias adaptações.

6 — A habilitação do cessionário de quota hereditária e dos subadquirentes dos bens doados, sujeitos ao ónus de redução, faz-se nos termos gerais.

O preceito prevê vários casos de modificação subjectiva da instância, na pendência do inventário:

a) falecer algum dos interessados directos na partilha;

b) falecer algum legatário, credor ou donatário, depois de citado para o inventário;

c) ter sido, por acto *intervivos, cedida* uma das quotas hereditárias.

No primeiro caso deve advertir-se que não se trata aqui de cumulação de inventários: os herdeiros do falecido limitam-se a representar este nos direitos que este tinha no inventário a que concorria como interessado directo.

No segundo o falecido é um dos referidos nos n.os 2 e 3 do art. 1327.º.

No terceiro caso, não há tratamento especial; a habilitação faz-se nos termos gerais (art. 376.º).

ARTIGO 1333.º
(Exercício do direito de preferência)

1 — A preferência na alienação de quinhões hereditários dos interessados na partilha pode ser exercida incidentalmente no processo de inventário, salvo se envolver a resolução de questões de facto cuja complexidade se revele incompatível com a tramitação daquele processo.

2 — Apresentando-se a preferir mais de um interessado, observar-se-á o disposto no n.º 2 do artigo 1464.º.

3 — O incidente suspende os termos do processo a partir do momento em que deveria ser convocada a conferência de interessados.

4 — O não exercício da preferência no inventário não preclude o direito de intentar acção de preferência, nos termos gerais.

5 — Se for exercido direito de preferência fora do processo de inventário, pode determinar-se, oficiosamente ou a requerimento de algum dos interessados directos na partilha, a suspensão do inventário, nos termos do artigo 279.º.

1. O direito de preferência é a faculdade reconhecida a certa qualidade de pessoas de se substituir, num contrato, a um dos outorgantes, assumindo os direitos e os encargos deste na referida transacção. Embora pensado essencialmente para a compra e venda, a obrigação de preferência é susceptível de ter por objecto contratos onerosos de outra natureza, com ela compatíveis (Cód. Civ., arts. 414.º a 423.º).

2. O n.º 1 do art. 2130.º do Código Civil determina que, quando seja vendido ou dado em cumprimento a estranhos um quinhão hereditário, os co-herdeiros gozam do direito de preferência nos termos em que esse direito é reconhecido aos comproprietários nos arts. 1409.º e 1410.º, relativamente à venda ou dação em cumprimento da sua quota. O prazo de caducidade, havendo comunicação, é o de dois meses (Cód. Civ., art. 2130.º, n.º 2).

Esse direito pode ser exercido por meio da acção de preferência, ou, incidentalmente, no processo de inventário, nos termos do artigo em anotação.

3. Sobre a notificação para preferência vejam-se os arts. 1458.º a 1465.º.

ARTIGO 1334.º
(Tramitação dos incidentes do inventário)

É aplicável à tramitação dos incidentes do processo de inventário, não especialmente regulados na lei, o disposto nos artigos 302.º a 304.º.

ART. 1335.º *Livro III, Título IV — Dos processos especiais*

Este preceito substituiu as disposições especiais que regulavam a matéria dos incidentes no inventário, e que a reforma revogou (arts. 1399.º a 1403.º), por esta remissão para as disposições gerais reguladoras dos incidentes da instância.

ARTIGO 1335.º
(Questões prejudiciais e suspensão do inventário)

1 — Se, na pendência do inventário, se suscitarem questões prejudiciais de que dependa a admissibilidade do processo ou a definição dos direitos dos interessados directos na partilha que, atenta a sua natureza ou a complexidade da matéria de facto que lhes está subjacente, não devam ser incidentalmente decididas, o juiz determina a suspensão da instância, até que ocorra decisão definitiva, remetendo as partes para os meios comuns, logo que os bens se mostrem relacionados.

2 — Pode ainda ordenar-se a suspensão da instância, nos termos previstos nos artigos 276.º, n.º 1, alínea c), e 279.º, designadamente quando estiver pendente causa prejudicial em que se debata alguma das questões a que se refere o número anterior.

3 — A requerimento das partes principais, pode o tribunal autorizar o prosseguimento do inventário com vista à partilha, sujeita a posterior alteração, em conformidade com o que vier a ser decidido, quando ocorra demora anormal na propositura ou julgamento da causa prejudicial, quando a viabilidade desta se afigure reduzida ou quando os inconvenientes no diferimento da partilha superem os que derivam da sua realização como provisória.

4 — Realizada a partilha nos termos do número anterior, serão observadas as cautelas previstas no artigo 1384.º, relativamente à entrega aos interessados dos bens que lhes couberem.

5 — Havendo interessado nascituro, o inventário é suspenso desde o momento em que se deveria convocar a conferência de interessados até ao nascimento do interessado.

1. Este preceito foi formulado pela reforma processual 1995/96. Indicam-se aqui os casos em que é permitido ordenar a suspensão do inventário, e os modos de atenuar os efeitos perniciosos que dessa medida podem resultar. Com essa regulamentação pretende-se esclarecer dúvidas que sobre esta matéria têm sido suscitadas na jurisprudência dos nossos tribunais.

2. O n.º 1 prevê o facto de se suscitarem, na pendência do inventário, isto é, até ser proferido despacho determinativo da partilha, *questões* de que dependa a admissibilidade do processo ou a definição do direito dos interessados. Serão questões de que o tribunal possa conhecer incidentalmente, mas que podem ser definitivamente resolvidas pelos meios comuns, como será, por exemplo, a adquisição, pelo *de cujus*, por usucapião, do direito de certo imóvel, que se relaciona como pertencente à herança. Neste caso o juiz pode determinar a suspensão da instância remetendo as partes para os meios comuns, sem prejuízo de vir a autorizar, a requerimento de qualquer das partes principais, o prosseguimento do inventário, nas condições previstas e com as cautelas a que aludem os n.ºs 3 e 4 do artigo anotando.

3. O n.º 2 esclarece que é permitida a suspensão da instância no inventário por determinação do juiz, com fundamento na *pendência de causa prejudicial* sobre a admissibilidade do processo ou sobre a definição dos direitos dos interessados. Como exemplos podem referir-se a pendência da acção de investigação de paternidade ou maternidade, cuja procedência pode vir a afastar a admissão, no inventário, de todos os herdeiros chamados à sucessão, ou a pendência da acção anulatória no testamento, em que sejam admitidos herdeiros testamentários. Também nestes casos é autorizado o prosseguimento do inventário até à partilha provisória, nos termos dos n.ºs 3 e 4 deste preceito, quando o juiz, a requerimento das partes, entender que se verificam as condições previstas na lei. O poder é descricionário, mas afigura-se que é sindicável em recurso baseado na ilegalidade do fim.

4. Vejamos agora a hipótese prevista no n.º 5: haver interessado nascituro.
O art. 2033.º do Código Civil reconhece capacidade sucessória aos nascituros *concebidos* ao tempo da abertura da herança, e, sendo a sucessão testamentária, ainda aos nascituros não conce-

bidos, desde que sejam filhos de pessoa determinada, viva ao tempo da abertura da sucessão, e também na sucessão testamentária, às pessoas colectivas e às sociedades.

Para saber quais as pessoas que se devem considerar *concebidas ao tempo da abertura da sucessão* há-de ter-se em conta o período da concepção previsto no art. 1798.º, a não ser que outro venha a ser fixado nos termos do art. 1800.º. O nascituro não adquire qualquer direito subjectivo à sucessão com a abertura desta; ele terá apenas a expectativa de ser chamado à sucessão *no momento do seu nascimento completo e com vida* (art. 66.º Cód. Civ.) ([114]).

É a estes nascituros, já concebidos ao tempo da abertura da sucessão, que se refere o n.º 5 do preceito em anotação, mandando que, em tal caso, se suspendam os termos do inventário desde o momento em que deveria ser convocada a conferência de interessados (art. 1352.º) até ao nascimento do interessado.

5. E quando forem herdeiros testamentários *concepturos,* isto é, nascituros ainda não concebidos ao tempo da abertura da sucessão?

A sua capacidade sucessória não admite discussão desde que sejam filhos de pessoa determinada, viva ao tempo da abertura da sucessão, como dispõe a alínea *a)* do n.º 2 do citado art. 2033.º do Cód. Civil; como proceder, porém, à partilha entre herdeiros que se não sabe ainda se virão a existir?

O n.º 1 do art. 2240.º do Código Civil manda aplicar à herança deixada a nascituros não concebidos as disposições dos arts. 2237.º a 2239.º relativos à administração da herança deixada sob condição suspensiva, e daí que ela seja posta em administração, nos termos daquele art. 2237.º, assim se conservando até que nasçam todos os instutuídos, ou haja a certeza de que o seu nascimento se não pode já verificar.

ARTIGO 1336.º
(Questões definitivamente resolvidas no inventário)

1 — Consideram-se definitivamente resolvidas as questões que, no inventário, sejam decididas no confronto do cabeça-de-casal ou dos demais interessados a que alude o artigo 1327.º, desde que tenham sido regularmente admiti-

---

([114]) Rodrigues Bastos, *Notas ao Código Civil,* vol. VII, pág. 251.

dos a intervir no procedimento que precede a decisão, salvo se for expressamente ressalvado o direito às acções competentes.

2 — Só é admissível a resolução provisória, ou a remessa dos interessados para os meios comuns, quando a complexidade da matéria de facto subjacente à questão a dirimir torne inconveniente a decisão incidental no inventário, por implicar redução das garantias das partes.

Pode acontecer que no decurso do inventário se suscitem questões, de facto e de direito, de cuja resolução dependa a admissibilidade da partilha ou a definição do direito dos interessados nela. Essas questões são de muita e variada natureza, tendo, entre si, a característica comum que já se enunciou: depender da sua resolução a legalidade da partilha. Perante esse facto o juiz é autorizado a tomar uma destas atitudes; *a)* suspender a instância, remetendo as partes para os meios comuns ou aguardar a decisão de causa judicial; *b)* decidir a questão suscitada no inventário. No primeiro caso há a possibilidade de ser autorizado o prosseguimento do inventário com vista à realização de uma partilha *provisória*, isto é, sujeita a ser modificada de harmonia como for julgada a questão prejudicial nos meios competentes. No segundo caso, a questão que se tiver suscitado pode ser julgada definitivamente, ou com expressa reserva do direito dos interessados, às acções competentes.

Do confronto do artigo anotando com aquele que imediatamente o antecede resulta que só são definitivas as decisões de questões incidentais proferidas no inventário relativamente aos interessados nele, nos termos do art. 1327.º, desde que não tenha sido reservado expressamente o direito ao recurso às acções competentes.

ARTIGO 1337.º

(Cumulação de inventários)

1 — É permitida a cumulação de inventários para a partilha de heranças diversas:

a) **Quando sejam as mesmas as pessoas por quem hajam de ser repartidos os bens;**

b) **Quando se trate de heranças deixadas pelos dois cônjuges;**

c) Quando uma das partilhas esteja dependente da outra ou das outras.

2 — No caso referido na alínea *c)* do número anterior, se a dependência for total, por não haver, numa das partilhas, outros bens a adjudicar além dos que ao inventariado hajam de ser atribuídos na outra, não pode deixar de ser admitida a cumulação; sendo a dependência parcial, por haver outros bens, pode o juiz indeferi-la quando a cumulação se afigure inconveniente para os interesses das partes ou para a boa ordem do processo.

3 — Não obsta à cumulação a incompetência relativa do tribunal para algum dos inventários.

1. Este preceito regula a matéria da cumulação de inventários, nos três casos previstos no n.º 1, em termos mais largos dos adoptados para a coligação em geral.

Da alínea *a)* do n.º 1 vê-se que a única exigência feita pela lei é a de que sejam as mesmas as pessoas pelas quais hajam de ser repartidos os bens, sendo indiferente saber se os interessados estão ou não na mesma condição jurídica, isto é, se é o mesmo o grau de parentesco em relação aos autores daquelas heranças. A regra não abrange os legatários e o credores.

A alínea *b)* do n.º 1 supõe que faleceram os dois cônjuges não se tendo instaurado ainda, quando faleceu o segundo, inventário dos bens deixados pelo primeiro. Se se tiver procedido a inventário pelo que primeiro faleceu, a disciplina a observar é a do art. 77.º, n.º 3.

2. A competência para os inventários cumulados, no caso de dependência entre eles, é regulada pelo n.º 4 do art. 77.º.

SECÇÃO II

Das declarações do cabeça-de-casal e oposição dos interessados

ARTIGO 1338.º

(Requerimento do inventário)

1 — O requerente do inventário destinado a pôr termo à comunhão hereditária juntará documento comprova-

tivo do óbito do autor da sucessão e indicará quem deve, nos termos da lei civil, exercer as funções de cabeça-de--casal.

2 — Ao cabeça-de-casal incumbe fornecer os elementos necessários para o prosseguimento do inventário.

1. Quanto à declaração e à comunicação do óbito, vejam-se arts. 192.º a 210.º do Cód. Reg. Civil.

2. A figura do cabeça-de-casal tem uma larguíssima tradição entre nós.

Chama-se cabeça-de-casal — escrevia Coelho da Rocha antes da codificação — a pessoa que está na posse e administração da herança e a quem os co-herdeiros vêm pedir as partilhas [115]. Além dessas importantes funções de administração cabem-lhe, no processo de inventário, importantes encargos, devendo fornecer ao tribunal os elementos necessários quer à liquidação, quer à partilha da herança, como se estabelece no artigo em anotação.

ARTIGO 1339.º
(Nomeação, substituição, escusa ou remoção
do cabeça-de-casal)

1 — Para designar o cabeça-de-casal, o juiz pode colher as informações necessárias, e se, pelas declarações da pessoa designada, verificar que o encargo compete a outrem, deferi-lo-á a quem couber.

2 — O cabeça-de-casal pode ser substituído a todo o tempo, por acordo de todos os interessados directos na partilha e também do Ministério Público quando tiver intervenção principal no inventário.

3 — A substituição, escusa e remoção do cabeça-de-casal designado são incidentes do processo de inventário.

4 — Sendo impugnada a legitimidade do cabeça-de--casal, ou requerida escusa ou remoção deste, prossegue o inventário com o cabeça-de-casal designado, até ser decidido o incidente.

---

[115] Veja-se: Rodrigues Bastos, *Notas ao Código Civil*, vol. VII, págs. 297.º e segs., e os Autores aí referidos.

ART. 1339.º *Livro III, Título IV — Dos processos especiais*

1. O cargo de cabeça-de-casal incumbe: *a)* ao cônjuge sobrevivo, não separado judicialmente de pessoas e bens, se for herdeiro ou tiver meação nos bens do casal; *b)* ao testamenteiro, salvo declaração do testador em contrário; *c)* aos parentes que sejam herdeiros legais; *d)* aos herdeiros testamentários. De entre os parentes que sejam herdeiros legais, preferem os mais próximos em grau. De entre os herdeiros legais do mesmo grau de parentesco, ou de entre os herdeiros testamentários, preferem os que viviam com o falecido há pelo menos um ano à data da morte. Em igualdade de circunstâncias, prefere o herdeiro mais velho (Cód. Civ., art. 2080.º, n.ºs 1 a 4). Este preceito é supletivo, como se vê do disposto no art. 2084.º do mesmo diploma, que admite a designação, *por acordo* de todos os interessados, e do Ministério Público, como cabeça-de--casal, de qualquer outra pessoa.

Se a pessoa que tiver preferência for incapaz, exercerá as funções de cabeça-de-casal o seu representante legal (Cód. Civ., art. 2082.º).

Para o caso de todo o património hereditário ter sido distribuído em legados, servirá de cabeça-de-casal o legatário mais beneficiado; em igualdade de circunstâncias preferirá o mais velho (Cód. Civ., art. 2081.º). É *mais beneficiado* o que for assim considerado por acordo dos interessados; na falta de acordo far-se-á a avaliação dos legados. O art. 2081.º do Código Civil substitui, no seu todo, para o caso da herança distribuída em legados, o disposto no art. 2080.º que, por isso, não é aplicável nessa hipótese.

2. Embora o cargo de cabeça-de-casal seja obrigatório, admite *escusa* por parte do nomeado, com os fundamentos constantes das alíneas *a)* a *d)* do n.º 1 do art. 2085.º do Código Civil.

A escusa é a faculdade concedida àquele a quem cabe desempenhar certo cargo, de obter a dispensa de o exercer, quando se verifiquem determinadas condições indicadas pela lei. O escusado é beneficiado com a dispensa de cumprir o encargo. Se ao tempo da nomeação o cabeça-de-casal já tiver a seu favor qualquer das causas da escusa indicadas por lei, pode pedi-la, mesmo antes de assumir a função, mas também pode guardar-se para a solicitar mais tarde, sem que isso faça caducar o seu direito, como se infere da expressão «a todo o tempo», usada pelo legislador no n.º 1 do citado art. 2085.º. Se a causa for superveniente, também não há prazo a observar.

3. No Código Civil de 1867 o único fundamento *da remoção* do cabeça-de-casal era a demora dolosa na prossecução do inventário

(art. 2088.º). Em 1939 o Código de Processo passou a indicar os fundamentos e o processo da remoção (art. 1439.º). Actualmente os fundamentos são os que constam do art. 2086.º do Código Civil; quanto ao processo, se houver inventário pendente, a remoção constituirá incidente deste (n.º 3 do preceito anotando); se não houver, a remoção terá de ser pedida em acção declarativa.

ARTIGO 1340.º
(Declarações do cabeça-de-casal)

1 — Ao ser citado, é o cabeça-de-casal advertido do âmbito das declarações que deve prestar e dos documentos que lhe incumbe juntar.

2 — Prestado o compromisso de honra do bom desempenho da sua função, o cabeça-de-casal presta declarações, que pode delegar em mandatário judicial, das quais deve constar:

a) **A identificação do autor da herança, o lugar da sua última residência e a data e o lugar em que haja falecido;**

b) **A identificação dos interessados directos na partilha, bem como dos legatários, credores da herança e, havendo herdeiros legitimários, dos donatários, com indicação das respectivas residências actuais e locais de trabalho;**

c) **Tudo o mais necessário ao desenvolvimento do processo.**

3 — No acto de declarações, o cabeça-de-casal apresentará os testamentos, convenções antenupciais, escrituras de doação e certidões de perfilhação que se mostrem necessárias, assim como a relação de todos os bens que hão--de figurar no inventário, ainda que a sua administração não lhe pertença, bem como as respectivas cópias, nos termos do artigo 152.º, n.º 2.

4 — Não estando em condições de apresentar todos os elementos exigidos, o cabeça-de-casal justificará a falta e pedirá fundamentadamente a prorrogação do prazo para os fornecer.

ART. 1341.º *Livro III, Título IV — Dos processos especiais*

1. O compromisso de honra, que o cabeça-de-casal deve prestar, do bom desempenho da sua função, é acto pessoal que não pode, por isso, ser delegado; as declarações propriamente ditas já podem ser delegadas em mandatário judicial.

2. Os arts. 12.º a 44.º tratam do patrocínio judiciário.

3. O conteúdo das declarações devem indicar os elementos a que se refere o n.º 2 e fazer-se acompanhar dos documentos a que alude o n.º 3, logo nesse acto, ou no prazo que lhe for fixado.

4. As declarações do cabeça-de-casal não gozam de qualquer força probatória especial, estando sujeitas às regras formais que a lei geral indicar. As que não dependam de forma especial presumem-se exactas enquanto não forem impugnadas, caso em que ao cabeça-de-casal cabe demonstrar a sua veracidade.

ARTIGO 1341.º
(Citação dos interessados)

1 — Quando o processo deva prosseguir, são citados para os seus termos os interessados directos na partilha, o Ministério Público, quando a sucessão seja deferida a incapazes, ausentes em parte incerta ou pessoas colectivas, os legatários, os credores da herança e, havendo herdeiros legitimários, os donatários.

2 — O requerente do inventário e o cabeça-de-casal são notificados do despacho que ordene as citações.

1. É *menor* quem não tiver ainda completado dezoito anos de idade. Salvo disposição em contrário, os menores carecem de capacidade para o exercício de direitos. A incapacidade dos menores é suprida pelo poder paternal e, subsidiariamente pela tutela (Cód. Civ., arts. 122.º a 124.º). O poder de representação que pertence aos pais, no interesse dos filhos, compreende o exercício de todos os direitos e o cumprimento de todas as obrigações do filho, exceptuados os actos puramente pessoais. e aqueles que o menor tem o direito de praticar pessoal e livremente, e os actos respeitantes a bens cuja administração não pertença aos pais (Cód. Civ., 1881.º, n.º 1). A titularidade do poder paternal pertence, na constância do matrimónio,

a ambos os pais. Os arts. 1903.º a 1909.º do Código Civil regulam as modificações nesse poder que podem resultar das vicissitudes da relação matrimonial, e os arts. 1910.º a 1912.º disciplinam o exercício do poder paternal relativamente aos filhos nascidos fora do casamento dos pais.

O menor está obrigatoriamente sujeito a tutela: *a)* se os pais houverem falecido; *b)* se estiverem inibidos do poder paternal quanto à regência da pessoa do filho; *c)* se estiverem há mais de seis meses impedidos de facto de exercer o poder paternal; *d)* se forem incógnitos (Cód. Civ., art. 1921.º, n.º 1). Pretendendo a lei que a tutela seja um substitutivo do poder paternal, é natural que defina os direitos e obrigações do tutor, no art. 1935.º, como sendo os que são atribuídos aos pais, embora com as limitações constantes dos arts. 1936.º a 1947.º todos do Código Civil.

Se o menor estiver sujeito ao poder paternal ambos os pais devem ser citados; se estiver tutelado, será citado o tutor. Se não tiver representante geral, deve requerer-se a sua nomeação ao tribunal competente, sem prejuízo da imediata designação de um curador provisório pelo juiz da causa, em caso de urgência, de harmonia com o disposto no art. 11.º.

2. Podem ser *interditos* do exercício dos seus direitos todos aqueles que por anomalia psíquica, surdez-mudez ou cegueira se mostrem incapazes de governar suas pessoas e bens (Cód. Civ., art. 138.º, n.º 1).

O interdito, quanto à sua capacidade civil, é equiparado ao menor, com algumas excepções (Cód. Civ., arts. 139.º e s.).

Se tiver sido decretada a interdição, o interdito será citado na pessoa do seu tutor; caso contrário terá aplicação o art. 11.º do Cód. Proc. Civil.

3. Podem ser *inabilitados* os indivíduos cuja anomalia psíquica, surdez-mudez ou cegueira, embora de carácter permanente, não seja de tal modo grave que justifique a sua interdição, assim como aqueles que, por sua habitual prodigalidade ou pelo abuso de bebidas alcoólicas ou de estupefacientes, se mostrem incapazes de reger convenientemente o seu património (Cód. Civ., art. 152.º).

Os inabilitados são assistidos por um curador, a cuja autorização estão sujeitos os actos de disposição de bens entre vivos e todos os que, em atenção às circunstâncias de cada caso, forem especificados na sentença. A autorização pode ser judicialmente suprida (Cód. Civ., art. 153.º).

Enquanto que a interdição pressupõe como remédio específico a *representação,* a inabilitação contenta-se com a *assistência* que a lei manda prestar ao inabilitado, o qual, em regra, continuará à frente dos seus negócios, embora auxiliado por uma pessoa de bom conselho, que intervirá para completar a sua capacidade imperfeita. Ambos são citados (art. 13.º).

4. Os *falidos* são representados em juízo, em todos os processos de carácter patrimonial que interessem à falência, pelo respectivo liquidatário judicial.

5. Os *impossibilitados de facto* de receber a citação serão representadas por um curador especial; a representação cessa quando se julgar desnecessária ou quando se juntar documento que mostre ter sido declarada a interdição ou inabilitação e nomeado representante ao incapaz (art. 14.º).

6. A *ausência em parte incerta* é regulada, no nosso Código Civil, em três períodos: curadoria provisória (arts. 89.º a 98.º), curadoria definitiva (arts. 99.º a 113.º) e morte presumida (arts. 114.º a 121.º). Quanto à representação, em juízo, do ausente, activa ou passivamente, vejam-se os arts. 15.º e 17.º do Cód. Proc. Civil.

7. A representação da *pessoa colectiva,* em juízo e fora dele, cabe a quem os estatutos determinarem ou, na falta de disposição estatutária, à administração ou a quem por ela for designado. A designação de representantes por parte da administração só é oponível a terceiros quando se prove que estes a conheciam (Cód. Civ., art. 163.º).

8. O nosso Código Civil segue, em matéria de *legados,* a orientação do direito romano, admitindo conjuntamente o legado com eficácia obrigacional, que é o seu aspecto dominante, com o legado provido de eficácia real, aquele que é referido a coisa certa e determinada.

9. A herança responde pelas despesas com o funeral e sufrágios do seu autor, pelos encargos com a testamentaria, administração e liquidação do património hereditário, pelo pagamento das dívidas do falecido e pelo cumprimento dos legados (Cód. Civ., art. 2068.º), antes de efectuada a partilha; depois da partilha, cada um dos herdeiros responde por essas dívidas na proporção da quota que lhes

tenha cabido na herança (Cód. Civ., arts. 2097.º e 2098.º). No inventário compete à conferência de interessados deliberar sobre a aprovação do passivo e forma do seu pagamento (arts. 1352.º a 1362.º).

10. São herdeiros legitimários aqueles que têm direito a «legítima», isto é, a uma porção de bens de que o testador não pode dispor, por terem destino legal (Cód. Civ., art. 2156.º). São herdeiros legitimários o cônjuge, os descendentes e os ascendentes, pela ordem e segundo as regras estabelecidas para a sucessão legítima (Cód. Civ., art. 2157.º).

Como para o cálculo da legítima deve atender-se ao valor dos bens *doados* pelo autor da sucessão, podendo mostrar-se inoficiosas essas liberalidades (Cód. Civ., arts. 2162.º e 2168.º e segs.), com a sua consequente redução, é que a lei manda, nesse caso, citar os donatários, para que venham ao inventário defender os seus direitos nessa qualidade.

11. O âmbito da intervenção fixada a cada um dos citandos resulta do disposto no art. 1327.º.

ARTIGO 1342.º

(Forma de efectivar as citações)

1 — O expediente a remeter aos citandos incluirá cópia das declarações prestadas pelo cabeça-de-casal, sendo os mesmos advertidos do âmbito da sua intervenção, nos termos do artigo 1327.º, e da faculdade de deduzir oposição ou impugnação, nos termos dos artigos seguintes.

2 — Verificada, em qualquer altura, a falta de citação de algum interessado, é este citado com a cominação de que, se nada requerer no prazo de 15 dias, o processo se considera ratificado. Dentro desse prazo, é o citado admitido a exercer os direitos que lhe competiam, anulando-se o que for indispensável.

1. O n.º 1 substitui, no inventário, a disposição geral contida no art. 235.º. Os elementos enviados serão aqueles que disserem respeito aos interesses que o citando tem, na qualidade a que vem a juízo (veja-se o art. 1327.º e correspondente anotação).

ART. 1343.º   *Livro III, Título IV — Dos processos especiais*

2. O n.º 2 indica as consequências da falta de *citação* de qualquer dos interessados que a lei manda citar, em termos completamente diferentes da consequência da falta de citação dos réus na acção declarativa [art. 194.º, alínea *a)*].

ARTIGO 1343.º
(Oposição e impugnações)

1 — Os interessados directos na partilha e o Ministério Público, quando haja sido citado, podem, nos 30 dias seguintes à citação, deduzir oposição ao inventário, impugnar a legitimidade dos interessados citados ou alegar a existência de outros, impugnar a competência do cabeça-de-casal ou as indicações constantes das suas declarações, ou invocar quaisquer excepções dilatórias.

2 — A faculdade prevista no número anterior pode também ser exercida pelo cabeça-de-casal e pelo requerente do inventário, contando-se o prazo de que dispõem da notificação do despacho que ordena as citações.

3 — Quando houver herdeiros legitimários, os legatários e donatário são admitidos a deduzir impugnação relativamente às questões que possam afectar os seus direitos.

1. Os interessados directos na partilha, isto é, os herdeiros e respectivos cônjuges, nos regimes de comunhão, e o M.º P.º nos casos em que deva intervir como parte principal (art. 1327.º), podem: *a)* deduzir oposição ao inventário; *b)* impugnar a legitimidade de outros citados; *c)* alegar a existência de outros interessados; *d)* impugnar a competência do cabeça-de-casal ou as indicações constantes das suas declarações; *e)* invocar quaisquer excepções dilatórias. O mesmo podem fazer, embora noutro prazo, o cabeça-de-casal e o requerente do inventário.

São excepções dilatórias as questões que, por sua natureza, obstam a que o tribunal conheça do mérito da causa (neste caso: proceda validamente à partilha).

Exemplo de excepção dilatória: art. 494.º.

2. Sobre o n.º 3 v. notas 7 e 8 do art. 1327.º.

ARTIGO 1344.º

(Tramitação subsequente)

1 — Deduzida oposição ou impugnação, nos termos do artigo anterior, são notificados para responder, em 15 dias, os interessados com legitimidade para intervir na questão suscitada.

2 — As provas são indicadas com os requerimentos e respostas; efectuadas as diligências probatórias necessárias, requeridas pelos interessados ou determinadas oficiosamente pelo juiz, é a questão decidida, sem prejuízo do disposto no artigo 1335.º.

Os articulados são apenas dois — a oposição ou impugnação e a resposta — e com eles serão oferecidas todas as provas a indicar pelas partes. O juiz pode, oficiosamente, ordenar as diligências probatórias que tiver por convenientes. Se se verificar algum dos casos prevenidos no art. 1335.º, o juiz poderá tomar alguma das cautelas aí indicadas.

SECÇÃO III

Do relacionamento de bens

ARTIGO 1345.º

(Relação de bens)

1 — Os bens que integram a herança são especificados na relação por meio de verbas, sujeitas a uma só numeração, pela ordem seguinte: direitos de crédito, títulos de crédito, dinheiro, moedas estrangeiras, objectos de ouro, prata e pedras preciosas e semelhantes, outras coisas móveis e bens imóveis.

2 — As dívidas são relacionadas em separado, sujeitas a numeração própria.

3 — A menção dos bens é acompanhada dos elementos necessários à sua identificação e ao apuramento da sua situação jurídica.

4 — Não havendo inconveniente para a partilha, podem ser agrupados, na mesma verba, os móveis, ainda que de

natureza diferente, desde que se destinem a um fim unitário e sejam de pequeno valor.

5 — As benfeitorias pertencentes à herança são descritas em espécie, quando possam separar-se do prédio em que foram realizadas, ou como simples crédito, no caso contrário; as efectuadas por terceiros em prédio da herança são descritas como dívidas, quando não possam ser levantadas por quem as realizou.

O cabeça-de-casal deve apresentar, quando prestar as suas declarações iniciais, a relação de todos os bens que hão-de figurar no inventário, ainda que a sua administração lhe não pertença, bem como as respectivas cópias nos termos do art. 152.º, n.º 2 (art. 1340.º, n.º 3). Mas pode pedir prazo para o fazer se não dispuser de todos os elementos para a apresentar nessa ocasião.

ARTIGO 1346.º
(Indicação do valor)

1 — Além de os relacionar, o cabeça-de-casal indicará o valor que atribui a cada um dos bens.

2 — O valor dos prédios inscritos na matriz é o respectivo valor matricial devendo o cabeça-de-casal exibir a caderneta predial actualizada ou apresentar a respectiva certidão.

3 — São mencionados como bens ilíquidos:

a) Os direitos de crédito ou de outra natureza, cujo valor não seja ainda possível determinar;

b) As partes sociais em sociedades cuja dissolução seja determinada pela morte do inventariado, desde que a respectiva liquidação não esteja concluída, mencionando--se, entretanto, o valor que tinham segundo o último balanço.

O valor dos prédios inscritos na matriz é o seu valor patrimonial, isto é, o que resulta do rendimento colectável que lhe é atribuído, e não o seu valor real.

ARTIGO 1347.º

(Relacionação dos bens que não se encontrem em poder do cabeça-de-casal)

1 — Se o cabeça-de-casal declarar que está impossibilitado de relacionar alguns bens que estejam em poder de outra pessoa, é esta notificada para, no prazo designado, facultar o acesso a tais bens e fornecer os elementos necessários à respectiva inclusão na relação de bens.

2 — Alegando o notificado que os bens não existem ou não têm de ser relacionados, observar-se-á, com as necessárias adaptações, o disposto no n.º 3 do artigo 1349.º.

3 — Se o notificado não cumprir o dever de colaboração que lhe cabe, pode o juiz ordenar as diligências necessárias, incluindo a apreensão dos bens pelo tempo indispensável à sua inclusão na relação de bens.

O cabeça-de-casal pode pedir aos herdeiros ou a terceiro a entrega dos bens que deva administrar e que estes tenham em seu poder, e usar contra eles de acções possessórias a fim de ser mantido na posse das coisas sujeitas à sua gestão ou a ela restituído (Cód. Civ., art. 2088.º, n.º 1). Mesmo os que têm o direito de conservar em seu poder bens da herança, têm a obrigação de cooperar, fornecendo todos os elementos de que necessita o cabeça-de-casal para fazer uma correcta relacionação dos bens. Se o notificado não apresentar os bens, com a alegação de que estes não existem, resolve-se a dificuldade usando-se o processo previsto para a reclamação por falta de relacionação previsto no n.º 3 do art. 1349.º.

ARTIGO 1348.º

(Reclamação contra a relação de bens)

1 — Apresentada a relação de bens, são os interessados notificados de que podem reclamar contra ela, no prazo de 10 dias, acusando a falta de bens que devam ser relacionados, requerendo a exclusão de bens indevidamente relacionados, por não fazerem parte do acervo a dividir, ou arguindo qualquer inexactidão na descrição dos bens, que releve para a partilha.

2 — Os interessados são notificados da apresentação da relação de bens, enviando-se-lhes cópia da mesma.

3 — Quando o cabeça-de-casal apresentar a relação de bens ao prestar as suas declarações, a notificação prevista no número anterior terá lugar conjuntamente com as citações para o inventário.

4 — No caso previsto no número anterior, os interessados poderão exercer as faculdades previstas no n.º 1 no prazo da oposição.

5 — Findo o prazo previsto para as reclamações contra a relação de bens, dá-se vista ao Ministério Público, quando tenha intervenção principal no inventário, por 10 dias, para idêntica finalidade.

6 — As reclamações contra a relação de bens podem ainda ser apresentadas posteriormente, mas o reclamante será condenado em multa, excepto se demonstrar que a não pôde oferecer no momento próprio, por facto que não lhe é imputável.

1. A notificação é feita aos interessados e seus mandatários, para os actos e termos do processo para que estão legitimados (art. 1328.º). A relação tanto pode pecar por falta como por excesso, isto é, por não indicar bens que são da herança, ou por relacionar bens que não lhe pertencem. Sendo parte principal o Ministério Público (art. 1327.º, n.º 1), o processo ser-lhe-á continuado com vista, por dez dias, para reclamar, querendo.

2. O decurso do prazo indicado no n.º 1 não faz precludir o direito à reclamação; esta pode ser apresentada mais tarde quando for justificado o atraso, ou mesmo por puro desleixo, pagando então a parte, multa por isso.

ARTIGO 1349.º
(Decisão das reclamações apresentadas)

1 — Quando seja deduzida reclamação contra a relação de bens, é o cabeça-de-casal notificado para relacionar os bens em falta ou dizer o que se lhe oferecer sobre a matéria da reclamação, no prazo de 10 dias.

2 — Se o cabeça-de-casal confessar a existência dos bens cuja falta foi acusada, procederá imediatamente, ou no prazo que lhe for concedido, ao aditamento da relação

de bens inicialmente apresentada, notificando-se os restantes interessados da modificação efectuada.

3 — Não se verificando a situação prevista no número anterior, notificam-se os restantes interessados com legitimidade para se pronunciarem, aplicando-se o disposto no n.º 2 do artigo 1344.º e decidindo o juiz da existência de bens e da pertinência da sua relacionação, sem prejuízo do disposto no artigo seguinte.

4 — A existência de sonegação de bens, nos termos da lei civil, é apreciada conjuntamente com a acusação da falta de bens relacionados, aplicando-se, quando provada, a sanção civil que se mostre adequada, sem prejuízo do disposto no n.º 2 do artigo 1336.º.

5 — As alterações e aditamentos ordenados são sempre introduzidos pela secretaria na relação de bens inicialmente apresentada.

6 — O disposto neste artigo é aplicável, com as necessárias adaptações, quando terceiro se arrogue a titularidade de bens relacionados e requeira a sua exclusão do inventário.

1. O herdeiro que sonegar bens da herança, ocultando dolosamente a sua existência, seja ou não cabeça-de-casal, perde em benefício dos co-herdeiros o direito que possa ter a qualquer parte dos bens sonegados, além de incorrer nas mais sanções que forem aplicáveis. O que sonegar bens da herança é considerado mero detentor desses bens (Cód. Civ., art. 2096.º).

É este o conceito da sonegação de bens: a ocultação dolosa de bens da herança.

Há dolo quando o herdeiro tem conhecimento de que os bens pertencem à herança e age com o propósito de os ocultar, quer estejam ou não em seu poder.

2. A confissão a que alude o n.º 2 tem de ser expressa. O simples silêncio do cabeça-de-casal não tem efeito cominatório.

ARTIGO 1350.º
(Insuficiência das provas para decidir das reclamações)

1 — Quando a complexidade da matéria de facto subjacente às questões suscitadas tornar inconveniente, nos

ART. 1351.º   *Livro III, Título IV — Dos processos especiais*

termos do n.º 2 do artigo 1336.º, a decisão incidental das reclamações previstas no artigo anterior, o juiz abstém--se de decidir e remete os interessados para os meios comuns.

2 — No caso previsto no número anterior, não são incluídos no inventário os bens cuja falta se acusou e permanecem relacionados aqueles cuja exclusão se requereu.

3 — Pode ainda o juiz, com base numa apreciação sumária das provas produzidas, deferir provisoriamente as reclamações, com ressalva do direito às acções competentes, nos termos previstos no n.º 2 do artigo 1336.º.

Veja-se a anotação ao art. 1336.º.

ARTIGO 1351.º
(Negação de dívidas activas)

1 — Se uma dívida activa, relacionada pelo cabeça-de--casal, for negada pelo pretenso devedor, aplica-se o disposto no artigo 1348.º, com as necessárias adaptações.

2 — Sendo mantido o relacionamento do débito, a dívida reputa-se litigiosa; sendo eliminada, entende-se que fica salvo aos interessados o direito de exigir o pagamento pelos meios competentes.

1. As dívidas activas serão indicadas pelo cabeça-de-casal, na respectiva relação de bens (art. 1345.º, n.º 1), devendo ser acompanhadas dos títulos que provem a sua existência e a indicação do seu valor quando líquidas.

2. Os devedores serão notificados da apresentação da relação de bens, enviando-lhes cópia da mesma (art. 1348.º, n.ᵒˢ 1 e 2).

3. Se o devedor nada disser, a dívida manter-se-á como verba do activo da herança, mas a falta de oposição não tem efeito confessório. Se o devedor negar a dívida, depois de feita uma apreciação sumária, o juiz decidirá mantê-la (caso em que se reputa litigiosa), ou eliminá--la (o que não inibirá os interessados de exigirem o seu cumprimento pelos meios competentes).

4. As dívidas activas quando litigiosas podem ser objecto de licitação.

SECÇÃO IV

Da conferência de interessados

ARTIGO 1352.º
(Saneamento do processo e marcação da conferência de interessados)

1 — Resolvidas as questões suscitadas susceptíveis de influir na partilha e determinados os bens a partilhar, o juiz designa dia para a realização de uma conferência de interessados.

2 — Os interessados podem fazer-se representar por mandatário com poderes especiais e confiar o mandato a qualquer outro interessado.

3 — Na notificação das pessoas convocadas faz-se sempre menção do objecto da conferência.

4 — Os interessados directos na partilha que residam na área do círculo judicial são notificados com obrigação de comparência pessoal, ou de se fazerem representar nos termos do n.º 2, sob cominação de multa.

5 — A conferência pode ser adiada, por determinação do juiz ou a requerimento de qualquer interessado, por uma só vez, se faltar algum dos convocados e houver razões para considerar viável o acordo sobre a composição dos quinhões.

A conferência de interessados é convocada oficiosa e obrigatoriamente por despacho do juiz logo que estejam reunidos os elementos necessários para proceder à partilha. A lei impõe a convocação de todos os interessados directos na partilha que residam *na área do círculo judicial* a que pertence o tribunal. Os interessados podem fazer--se representar por mandatário *com poderes especiais*. A convocação tem que indicar o objecto da conferência, sob pena dessa omissão afectar a validade das deliberações que se tomarem. A comparência é obrigatória, dando lugar a falta não justificada, à imposição de multa.

ARTIGO 1353.º
(Assuntos a submeter à conferência de interessados)

1 — Na conferência podem os interessados acordar, por unanimidade, e ainda com a concordância do Minis-

tério Público quando tiver intervenção principal no processo, que a composição dos quinhões se realize por algum dos modos seguintes:

a) Designando as verbas que hão-de compor, no todo ou em parte, o quinhão de cada um deles e os valores por que devem ser adjudicados;

b) Indicando as verbas ou lotes e respectivos valores, para que, no todo ou em parte, sejam objecto de sorteio pelos interessados;

c) Acordando na venda total ou parcial dos bens da herança e na distribuição do produto da alienação pelos diversos interessados.

2 — As diligências referidas nas alíneas a) e b) do número anterior podem ser precedidas de arbitramento, requerido pelos interessados ou oficiosamente determinado pelo juiz, destinado a possibilitar a repartição igualitária e equitativa dos bens pelos vários interessados.

3 — À conferência compete ainda deliberar sobre a aprovação do passivo e forma de cumprimento dos legados e demais encargos da herança.

4 — Na falta do acordo previsto no n.º 1, incumbe ainda à conferência deliberar sobre:

a) As reclamações deduzidas sobre o valor atribuído aos bens relacionados;

b) Quaisquer questões cuja resolução possa influir na partilha.

5 — A deliberação dos interessados presentes, relativa às matérias contidas no n.º 4, vincula os que não comparecerem, salvo se não tiverem sido devidamente notificados.

6 — O inventário pode findar na conferência, por acordo dos interessados e do Ministério Público, quando tenha intervenção principal, desde que o juiz considere que a simplicidade da partilha o consente; a partilha efectuada é, neste caso, judicialmente homologada em acta, da qual constarão todos os elementos relativos à composição dos quinhões e a forma da partilha.

É muito importante esta conferência de interessados, pela larga competência que a lei lhe atribui. Como se vê da leitura dos n.ᵒˢ 1, 2 e 6, pode nela realizar-se, por acordo, a partilha, findando aí o inventário. É, para tal, exigida a concordância do Ministério Público quando este intervier como parte principal [art. 1327.º, n.º 1, alínea *b)*].

Mesmo não pondo fim ao inventário a conferência tem a competência que lhe é reconhecida pelos n.ᵒˢ 3 e 4.

ARTIGO 1354.º
(Reconhecimento das dívidas aprovadas por todos)

1 — As dívidas que sejam aprovadas pelos interessados maiores e por aqueles a quem compete a aprovação por parte dos menores ou equiparados consideram-se judicialmente reconhecidas, devendo a sentença que julgue a partilha condenar no seu pagamento.

2 — Quando a lei exija certa espécie de prova documental para a demonstração da sua existência, não pode a dívida ser aprovada por parte dos menores ou equiparados sem que se junte ou exiba a prova exigida.

1. A indicação dos encargos da herança é feita no art. 2068.º do Código Civil pela ordem em que devem ser satisfeitos: *a)* despesas com o funeral e sufrágios do seu autor; *b)* encargos com a testamentaria, administração e liquidação do património hereditário; *c)* dívidas do falecido; *d)* cumprimento dos legados.

As despesas com o funeral serão aquelas que forem estabelecidas pelo testador, ou, na sua falta, as que forem conformes com os usos da terra, tendo em conta a posição social do falecido. Essas despesas gozam de privilégio geral sobre os móveis [Cód. Civ., 737.º, n.º 1, alínea *a)*]. Os sufrágios são os que ocorrerem durante o funeral do autor da herança; a disposição a favor da alma constitui encargo que recai sobre o herdeiro ou legatário (Cód. Civ., art. 2224.º, n.º 2).

Os encargos assumidos com a testamentaria (Cód. Civ., arts. 2320.º a 2334.º), a administração e liquidação do património hereditário (Cód. Civ., arts. 2070.º a 2100.º), embora não sejam dívidas do *de cujus*, são dívidas da herança, porque resultam de uma actividade inteiramente desenvolvida no interesse comum dos herdeiros ou legatários.

A herança responde também pelas dívidas do falecido e pelo cumprimento dos legados. Antes de efectuada a partilha são os bens dela que respondem colectivamente pelo pagamento das dívidas; depois da partilha, cada um dos herdeiros responde por elas na proporção da quota que lhes tenha cabido na herança (Cód. Civ., arts. 2097.º e 2098.º, n.º 1). Sendo a herança aceita a benefício de inventário, só respondem pelos encargos respectivos os bens inventariados, salvo se os credores ou legatários provarem a existência de outros bens. Sendo a herança aceita pura e simplesmente, a responsabilidade pelos encargos também não excede o valor dos bens herdados, mas incumbe, neste caso, ao herdeiro provar que na herança não existem valores suficientes para cumprimento dos encargos (Cód. Civ., art. 2071.º, n.ºs 1 e 2) ([116]).

2. O preceito regula para o caso de haver unanimidade na aprovação. Havendo unanimidade na rejeição, aplicar-se-á o art. 1355.º; se as dívidas forem aprovadas por uns e rejeitadas por outros, terá lugar a aplicação do disposto no art. 1356.º.

ARTIGO 1355.º
(Verificação de dívidas pelo juiz)

Se todos os interessados forem contrários à aprovação da dívida, o juiz conhecerá da sua existência quando a questão puder ser resolvida com segurança pelo exame dos documentos apresentados.

Mesmo que os interessados rejeitem, por unanimidade, aprovar qualquer dívida, se a existência desta se demonstrar, documentalmente, nos autos, o juiz *deve* reconhecer a sua existência, e a sentença que julgar a partilha condenará no seu pagamento, nos termos previstos para o caso de ter havido aprovação dela.

Partindo do princípio de que, na situação prevista no artigo, não há qualquer dúvida quanto à existência dessa dívida, o preceito é moralizador e obedece à finalidade, que está ínsita em todo o processo de inventário, de resolver nele todas as questões que possam encontrar aí resolução, como é, naturalmente, a determinação do passivo da herança. Como diz, com justeza, o nosso povo, «*onde há*

([116]) Rodrigues Bastos, *Notas ao Código Civil*, vol. VII, pág. 287 e segs.

dívidas não há herdeiros»; ora, pelo processo de recusar aprovação a dívidas que indubitavelmente onerassem a herança, até se correria o risco de realizar a partilha em heranças insolventes (art. 1361.º).

ARTIGO 1356.º
(Divergências entre os interessados sobre a aprovação de dívidas)

Havendo divergências sobre a aprovação da dívida, aplicar-se-á o disposto no artigo 1354.º à quota-parte relativa aos interessados que a aprovem; quanto à parte restante, será observado o determinado no artigo 1355.º.

Se houver dívidas aprovadas por uns e rejeitadas por outros, a dívida considera-se reconhecida na quota-parte relativa aos interessados que a aprovaram (art. 1354.º), e rejeitada na parte restante, sem prejuízo da possibilidade do reconhecimento pelo juiz, nos termos do art. 1355.º.

Há, porém, que ressalvar uma situação: a de haver necessidade de *reduzir* liberalidades inoficiosas, a requerimento dos herdeiros legitimários ou dos seus sucessores (Cód. Civ., art. 2169.º). Se a dívida que dá causa a redução *não for aprovada* por todos os herdeiros, donatários e legatários ou *não for reconhecida* pelo tribunal, não pode ser tomada em conta, no processo de inventário, para esse efeito (art. 1360.º).

ARTIGO 1357.º
(Pagamento das dívidas aprovadas por todos)

1 — As dívidas vencidas e aprovadas por todos os interessados têm de ser pagas imediatamente, se o credor exigir o pagamento.

2 — Não havendo na herança dinheiro suficiente e não acordando os interessados noutra forma de pagamento imediato, procede-se à venda de bens para esse efeito, designando o juiz os que hão-de ser vendidos, quando não haja acordo a tal respeito entre os interessados.

3 — Se o credor quiser receber em pagamento os bens indicados para a venda, ser-lhe-ão adjudicados pelo preço que se ajustar.

4 — O que fica disposto é igualmente aplicável às dívidas cuja existência seja verificada pelo juiz, nos termos dos artigos 1355.º e 1356.º, se o respectivo despacho transitar em julgado antes da organização do mapa da partilha.

1. Os arts. 1354.º a 1356.º tratam o problema da aprovação ou rejeição das dívidas da herança; os arts. 1357.º a 1361.º ocupam-se de um tema consequente àquele, o de saber porque forma se procederá ao pagamento do passivo.

2. O artigo em anotação regula especificadamente a forma de proceder ao pagamento das dívidas vencidas que tenham sido aprovadas por todos os interessados ou reconhecidas pelo juiz, quando o credor exigir o pagamento na conferência de interessados, ou quando for decidido o pagamento imediato pelos interessados directos na herança. Em primeiro lugar o pagamento será feito em dinheiro, quando o houver, em quantidade bastante, na herança. Depois, podem os herdeiros deliberar que o pagamento se faça à custa de bens separados para esse efeito, ou que fique a cargo de algum ou alguns deles. A deliberação obriga os credores e os legatários; mas se uns e outros não puderem ser pagos integralmente por esse modo, têm recurso contra os outros bens ou outros herdeiros, nos termos gerais (Cód. Civ., art. 2098.º, n.ᵒˢ 2 e 3).

ARTIGO 1358.º

(Pagamento de dívidas aprovadas por alguns dos interessados)

Sendo as dívidas aprovadas unicamente por alguns dos interessados, compete a quem as aprovou resolver sobre a forma de pagamento, mas a deliberação não afecta os demais interessados.

Se as dívidas forem aprovadas somente por alguns dos interessados, estes — e só eles — poderão pronunciar-se sobre a forma do pagamento, mas não podem adoptar modalidades de pagamento que afectem os interessados que as não aprovaram. Não parece que pudesse ser de outra maneira.

ARTIGO 1359.º

(Deliberação dos legatários ou donatários sobre o passivo)

1 — Aos legatários compete deliberar sobre o passivo e forma do seu pagamento, quando toda a herança seja dividida em legados, ou quando da aprovação das dívidas resulte redução de legados.

2 — Os donatários serão chamados a pronunciar-se sobre a aprovação das dívidas, sempre que haja sérias probabilidades de resultar delas a redução das liberalidades.

1. O n.º 1 adjectiva o art. 2277.º do Código Civil segundo o qual se a herança for toda distribuída em legados, são os encargos dela suportados por todos os legatários em proporção dos seus legados, excepto se o testador tiver disposto outra coisa.

Como se sabe o cumprimento dos legados constitui responsabilidade da herança, recaindo, portanto, sobre os herdeiros e não sobre os legatários (Cód. Civ., art. 2068.º). A regra afirmada pelo citado art. 2277.º não é afastada, antes é confirmada por aquele preceito, nos termos lógicos em que a excepção confirma a regra. Efectivamente, desde que a herança foi toda distribuída em legados não há *herdeiros* que possam responder por ela, e a responsabilidade que impenda sobre a herança tem de ser assumida por aqueles que são os únicos beneficiados por ela, ou seja, neste caso, pelos legatários ([117]). Ora, sendo estes que vão assumir o encargo de pagar essas dívidas, não pode negar-se-lhes legitimidade para se pronunciarem sobre elas.

2. Outro caso em que o legatário se deve pronunciar sobre o passivo é quando da aprovação da dívida resulte redução do legado, na medida necessária para o preenchimento da legítima (Cód. Civ., art. 2169.º).

3. Dizem-se inoficiosas as liberalidades, entre vivos ou por morte, que ofendam a legítima dos herdeiros legitimários (Cód. Civ., art. 2169.º).

As liberalidades que excedam o montante da quota disponível não são nulas, mas redutíveis. Os donatários serão, por isso, chamados

---

([117]) Rodrigues Bastos, *Notas ao Código Civil*, vol. VII, pág. 471.

ART. 1361.º   *Livro III, Título IV — Dos processos especiais*

a pronunciar-se sobre o passivo da herança sempre que se mostre provável que da sua aprovação resulte a redução da respectiva liberalidade.

ARTIGO 1360.º
(Dívida não aprovada por todos ou não reconhecida pelo tribunal)

Se a dívida que dá causa à redução não for aprovada por todos os herdeiros, donatários e legatários ou não for reconhecida pelo tribunal, não poderá ser tomada em conta, no processo de inventário, para esse efeito.

A redução só terá lugar no inventário quando a dívida respectiva tiver sido aprovada por todos os herdeiros, donatários e legatários, ou reconhecida pelo tribunal.

ARTIGO 1361.º
(Insolvência da herança)

Quando se verifique a situação de insolvência da herança, seguir-se-ão, a requerimento de algum credor ou por deliberação de todos os interessados, os termos do processo de falência que se mostrem adequados, aproveitando-se, sempre que possível, o processado.

1. O Dec.-Lei n.º 53/2004, de 18 de Março, aprovou o Código da Insolvência e da Recuperação de Empresas, e revogou o Código dos Processos Especiais de Recuperação da Empresa e de Falência aprovado pelo Dec.-Lei n.º 132/93, de 23 de Abril, e ainda o art. 82.º deste Código de Processo Civil.

2. O Dec.-Lei n.º 200/2004, de 18 de Agosto, alterou vários artigos do Código da Insolvência e Recuperação de Empresas, aprovado pelo Dec.-Lei n.º 53/2004, de 18 de Março, de que se fez republicação, com aquelas emendas, no *D.R.*, 1.ª série, n.º 194, de 18 de Agosto de 2004.

3. O Dec.-Lei n.º 201/2004, de 18 de Agosto introduziu alterações no Dec.-Lei n.º 316/98, de 20 de Outubro, que instituiu o procedimento extrajudicial de conciliação para viabilização de

empresas em situação de insolvência ou em situação económica difícil.

4. O Dec.-Lei n.º 54/2004, de 18 de Março, estabeleceu o regime jurídico das sociedades de administradores da insolvência.

ARTIGO 1362.º
(Reclamação contra o valor atribuído aos bens)

1 — Até ao início das licitações, podem os interessados e o Ministério Público, quando tenha intervenção principal no inventário, reclamar contra o valor atribuído a quaisquer bens relacionados, por defeito ou por excesso, indicando logo qual o valor que reputam exacto.

2 — A conferência delibera, por unanimidade, sobre o valor em que se devem computar os bens a que a reclamação se refere.

3 — Não se altera, porém, o valor se algum dos interessados declarar que aceita a coisa pelo valor declarado na relação de bens ou na reclamação apresentada, consoante esta se baseie no excesso ou no insuficiente valor constante da relação, equivalendo tal declaração à licitação; se mais de um interessado aceitar, abre-se logo licitação entre eles, sendo a coisa adjudicada ao que oferecer maior lanço.

4 — Não havendo unanimidade na apreciação da reclamação deduzida, nem se verificando a hipótese prevista no número anterior, poderá requerer-se a avaliação dos bens cujo valor foi questionado, a qual será efectuada nos termos do artigo 1369.º.

5 — As reclamações contra o valor atribuído aos bens podem ser feitas verbalmente na conferência.

1. Os interessados a que se refere o n.º 1 são os herdeiros e o cônjuge meeiro. A reclamação deve ser apresentada na que for feita contra a relação de bens (art. 1348.º) ou na conferência de interessados, quando esta se reunir para algum dos fins indicados no art. 1353.º.

2. A apreciação é feita, na conferência, por unanimidade, mas se algum dos interessados declarar que aceita a coisa pelo valor da

relação de bens ou pelo da reclamação apresentada, essa declaração equivale a licitação, à qual se procederá imediatamente; se não houver unanimidade na apreciação, nem ocorrer a hipótese de aceitação acima referida, poderá requerer-se a avaliação nos termos previstos no art. 1369.º.

SECÇÃO V

Da avaliação dos bens e licitações

ARTIGO 1363.º

(Abertura das licitações)

1 — Não tendo havido acordo, nos termos do n.º 1 do artigo 1353.º, e resolvidas as questões referidas no n.º 4 deste artigo, quando tenham lugar, abre-se licitação entre os interessados.

2 — Estão excluídos da licitação os bens que, por força de lei ou de negócio, não possam ser dela objecto, os que devam ser preferencialmente atribuídos a certos interessados e os que hajam sido objecto de pedido de adjudicação, nos termos do artigo seguinte.

1. As licitações não dependem de requerimento; elas abrem-se logo que reunidas as condições legais indicadas no n.º 1.

2. Os bens que por força de lei ou de negócio jurídico não possam ser objecto de licitação, assim como os que devam ser preferencialmente atribuídos a certos interessados, e os que tenham sido objecto do pedido de adjudicação, estão excluídos dela (arts. 1364.º, 1365.º e 1366.º).

ARTIGO 1364.º

(Pedidos de adjudicação de bens)

1 — Se estiverem relacionados bens indivisíveis de que algum dos interessados seja comproprietário, excedendo a sua quota metade do respectivo valor e fundando-se o seu direito em título que a exclua do inventário ou, não havendo herdeiros legitimários, em doação ou legado do autor da herança, pode requerer que a parte relacionada lhe seja adjudicada.

Capítulo XVI — Do inventário   ART. 1364.º

2 — Pode igualmente qualquer interessado formular pedido de adjudicação relativamente a quaisquer bens fungíveis ou títulos de crédito, na proporção da sua quota, salvo se a divisão em espécie puder acarretar prejuízo considerável.

3 — Os pedidos de adjudicação a que se referem os números anteriores são deduzidos na conferência de interessados; os restantes interessados presentes são ouvidos sobre as questões da indivisibilidade ou do eventual prejuízo causado pela divisão, podendo qualquer dos interessados requerer que se proceda à avaliação.

1. A lei considera *coisas divisíveis* as que podem ser fraccionadas sem alteração da substância, diminuição do valor ou prejuízo para o uso a que se destinam (Cód. Civ., art. 209.º).

Existe propriedade em comum, ou compropriedade, quando duas ou mais pessoas são simultaneamente titulares do direito de propriedade sobre a mesma coisa. Os direitos dos consortes ou comproprietários sobre a coisa comum são qualitativamente iguais, embora possam ser quantitativamente diferentes; as quotas presumem-se, todavia, quantitativamente iguais na falta de indicação em contrário do título (Cód. Civ., art. 1403.º).

A adjudicação, como forma de pagamento na execução, vem regulada nos arts. 875.º a 878.º. Para os efeitos deste artigo o meio processual é o indicado no n.º 3 do preceito.

A referência a «bens indivisíveis de que algum dos interessados seja comproprietário» faz alusão a bens de que esse interessado já era comproprietário com o autor da herança, antes da abertura desta; o que se está a partilhar é apenas a parte que, nesses bens, pertencia ao *de cujus*.

A adjudicação é, no pensamento legislativo, uma faculdade, que pode ser exercida até à realização da conferência de interessados.

2. O n.º 2 é inovação da reforma processual de 1994, segundo o qual é também consentido aos herdeiros requererem a adjudicação de quaisquer *bens fungíveis* ou de *títulos de crédito*, na proporção da respectiva quota, mas só quando a divisão em espécie não puder acarretar prejuízo considerável.

São coisas fungíveis as que se determinam pelo seu género, qualidade e quantidade, quando constituam objecto de relações jurídicas (Cód. Civ., art. 207.º).

ARTIGO 1365.º
(Avaliação de bens doados no caso de ser arguida inoficiosidade)

1 — Se houver herdeiros legitimários e algum interessado declarar que pretende licitar sobre os bens doados pelo inventariado, a oposição do donatário, seja ou não conferente, tem como consequência poder requerer-se a avaliação dos bens a que se refira a declaração.

2 — Feita a avaliação e concluídas as licitações nos outros bens, a declaração fica sem efeito se vier a apurar-se que o donatário não é obrigado a repor bens alguns.

3 — Quando se reconheça, porém, que a doação é inoficiosa, observar-se-á o seguinte:

a) Se a declaração recair sobre prédio susceptível de divisão, é admitida a licitação sobre a parte que o donatário tem de repor, não sendo admitido a ela o donatário;

b) Se a declaração recair sobre coisa indivisível, abrir-se-á licitação sobre ela entre os herdeiros legitimários, no caso de a redução exceder metade do seu valor, pois se a redução for igual ou inferior a essa metade, fica o donatário obrigado a repor o excesso;

c) Não se dando o caso previsto nas alíneas anteriores, o donatário pode escolher, entre os bens doados, os necessários para o preenchimento da sua quota na herança e dos encargos da doação, reporá os que excederem o seu quinhão e sobre os bens repostos abrir-se-á licitação, se for requerida ou já o estiver, não sendo o donatário admitido a licitar.

4 — A oposição do donatário deve ser declarada no próprio acto da conferência, se estiver presente. Não o estando, deve o donatário ser notificado, antes das licitações, para manifestar a sua oposição.

5 — A avaliação pode ser requerida até ao fim do prazo para exame do processo para a forma da partilha.

O preceito prevê que numa herança a que concorrerem herdeiros legitimários (Cód. Civ., art. 2157.º), algum interessado declare que pretende licitar sobre os bens doados pelo autor da sucessão (Cód. Civ., art. 2162.º). Se o donatário estiver presente pode opor-se logo à requerida licitação; não o estando, deve ser notificado para assumir, querendo, a posição que deseje tomar sobre essa matéria. Se não se opuser, esses bens serão livremente licitados, recebendo os donatários o respectivo valor, sem redução, ou com ela, conforme haja ou não inoficiosidade (Cód. Civ., art. 2169.º). Se se opuser, é permitido a qualquer dos interessados requerer a avaliação dos bens a que se refira a declaração (Cit. Cód., art. 1369.º). Feita a avaliação, e concluídas as licitações, se se apurar que o donatário não é obrigado a repor bens alguns, a declaração fica sem efeito; se, pelo contrário, se reconhecer que a doação é inoficiosa (art. 2168.º Cód. Civ.) é que são aplicáveis os n.ºs 3 e 4 do artigo em anotação.

ARTIGO 1366.º
(Avaliação de bens legados no caso de ser arguida inoficiosidade)

1 — Se algum interessado declarar que pretende licitar sobre bens legados, pode o legatário opor-se nos termos do n.º 4 do artigo anterior.

2 — Se o legatário se opuser, não tem lugar a licitação, mas é lícito aos herdeiros requerer a avaliação dos bens legados quando a sua baixa avaliação lhes possa causar prejuízo.

3 — Na falta de oposição por parte do legatário, os bens entram na licitação, tendo o legatário direito ao valor respectivo.

4 — Ao prazo para requerer a avaliação é aplicável o disposto no n.º 5 do artigo anterior.

É a hipótese prevista no art. 1365.º, com a diferença de que ali a pretensão é a de licitar sobre bens *doados*, e aqui é a de licitar sobre bens *legados*. Se o legatário se não opuser procede-se à licitação, tendo ele direito ao valor que os bens nela obtiverem. Se se opuser, a licitação não tem lugar, mas é lícito aos herdeiros requererem a avaliação dos bens legados quando a sua baixa avaliação lhes possa causar prejuízo. O mesmo cuidado em evitar a fraude à lei levou o legislador a redigir o artigo 1368.º.

ARTIGO 1367.º

(Avaliação a requerimento do donatário ou legatário sendo as liberalidades inoficiosas)

1 — Quando do valor constante da relação de bens resulte que a doação ou o legado são inoficiosos, pode o donatário ou o legatário, independentemente das declarações a que se referem os artigos anteriores, requerer avaliação dos bens doados ou legados, ou de quaisquer outros que ainda o não tenham sido.

2 — Pode também o donatário ou legatário requerer a avaliação de outros bens da herança quando só em face da avaliação dos bens doados ou legados e das licitações se reconheça que a doação ou legado tem de ser reduzida por inoficiosidade.

3 — A avaliação a que se refere este artigo pode ser requerida até ao exame do processo para a forma da partilha.

Esta norma é aplicável tanto à doação como ao legado e tem por finalidade garantir o interesse dos beneficiados em conseguir obter o verdadeiro valor em partilha, com a incidência sobre o cálculo de eventual redução por inoficiosidade.

ARTIGO 1368.º

(Consequências da inoficiosidade do legado)

1 — Se o legado for inoficioso, o legatário reporá, em substância, a parte que exceder, podendo sobre essa parte haver licitação, a que não é admitido o legatário.

2 — Sendo a coisa legada indivisível, observar-se-á o seguinte:

a) **Quando a reposição deva ser feita em dinheiro, qualquer dos interessados pode requerer avaliação da coisa legada;**

b) **Quando a reposição possa ser feita em substância, o legatário tem a faculdade de requerer licitação na coisa legada.**

3 — É aplicável também ao legatário o disposto na alínea c) do n.º 3 do artigo 1365.º.

Trata das consequências da inoficiosodade do legado.

ARTIGO 1369.º
(Realização da avaliação)

A avaliação dos bens que integram cada uma das verbas da relação é efectuada por um único perito, nomeado pelo tribunal, aplicando-se o preceituado na parte geral do Código, com as necessárias adaptações.

Desapareceu totalmente do nosso sistema processual a chamada segunda avaliação.

ARTIGO 1370.º
(Quando se faz a licitação)

1 — A licitação tem lugar, sendo possível, no mesmo dia da conferência de interessados e logo em seguida a ela.

2 — É permitido desistir da declaração de que se pretende licitar até ao momento em que a respectiva verba seja posta a lanços; mas nem por isso a verba deixa de ser posta em licitação.

O n.º 1 tem em vista a comodidade dos interessados, e até a conveniência do serviço público. Não podendo realizar-se no mesmo dia deverão fazer-se logo as notificações para comparência no novo dia designado.

ARTIGO 1371.º
(Como se faz a licitação)

1 — A licitação tem a estrutura de uma arrematação a que somente são admitidos os herdeiros e o cônjuge meeiro, salvos os casos especiais em que, nos termos dos artigos anteriores, deva ser admitido o donatário ou o legatário.

2 — Cada verba é licitada de per si salvo se todos concordarem na formação de lotes para este efeito, ou se houver algumas que não possam separar-se sem inconveniente.

3 — Podem diversos interessados, por acordo, licitar na mesma verba ou lote para lhes ser adjudicado em comum na partilha.

Em regra a licitação não carece de ser requerida, mas há casos em que depende de requerimento (arts. 1365.º, n.º 1 a 3; 1366.º, n.º 1 e 1368.º, n.º 3).

ARTIGO 1372.º
(Anulação da licitação)

1 — Se o Ministério Público entender que o representante de algum incapaz ou equiparado não defendeu devidamente, na licitação, os direitos e interesses do seu representado, requererá imediatamente, ou dentro do prazo de 10 dias, a contar da licitação, que o acto seja anulado na parte respectiva, especificando claramente os fundamentos da sua arguição.
2 — Ouvido o arguido, conhecer-se-á da arguição e, sendo procedente, decretar-se-á a anulação, mandando-se repetir o acto e cometendo-se ao Ministério Público a representação do incapaz.
3 — No final da licitação de cada dia pode o Ministério Público declarar que não requererá a anulação do que nesse dia se tenha feito.

1. A licitação, porque é uma arrematação com certas características próprias, pode ser anulada nos casos em que a lei autoriza a anulação da venda judicial (art. 909.º), com as necessárias adaptações, como será a inaplicabililidade das alíneas *a), b)* e *d)* daquele preceito.

2. O artigo em anotação indica uma causa específica de anulação das licitações, entregando ao Ministério Público a faculdade de a requerer quando entender que o representante de algum incapaz ou equiparado não defendeu devidamente, na licitação, os direitos e interesses do seu representado. O modelo singelo da arguição vem indicado no n.º 3 do preceito. Boa previsão legislativa, mas com pouca projecção prática. É impressionante o descaso com que os interessados, maiores e capazes, olham os interesses dos incapazes.

SECÇÃO VI

Da partilha

ARTIGO 1373.º

(Despacho sobre a forma da partilha)

1 — Cumprido o que fica disposto nos artigos anteriores, são ouvidos sobre a forma da partilha os advogados dos interessados e o Ministério Público, nos termos aplicáveis do artigo 1348.º.

2 — Nos 10 dias seguintes proferir-se-á despacho determinativo do modo como deve ser organizada a partilha. Neste despacho são resolvidas todas as questões que ainda o não tenham sido e que seja necessário decidir para a organização do mapa da partilha, podendo mandar-se proceder à produção da prova que se julgue necessária. Mas se houver questões de facto que exijam larga instrução, serão os interessados remetidos nessa parte para os meios comuns.

3 — O despacho determinativo da forma da partilha só pode ser impugnado na apelação interposta da sentença da partilha.

Presume-se que as questões incidentais já foram resolvidas, ou a sua solução foi remetida para os meios comuns, pelo que os advogados das partes têm oportunidade para se pronunciarem essencialmente sobre a forma da partilha. Continuado o processo com vista ao M.º P.º este promoverá o que entender sobre a mesma matéria.

Será, depois disso, concluso o processo ao juiz, para o despacho determinativo da partilha.

ARTIGO 1374.º

(Preenchimento dos quinhões)

No preenchimento dos quinhões observar-se-ão as seguintes regras:

***a)* Os bens licitados são adjudicados ao respectivo licitante, tal como os bens doados ou legados são adjudicados ao respectivo donatário ou legatário;**

b) Aos não conferentes ou não licitantes são atribuídos, quando possível, bens da mesma espécie e natureza dos doados e licitados. Não sendo isto possível, os não conferentes ou não licitantes são inteirados em outros bens da herança, mas se estes forem de natureza diferente da dos bens doados ou licitados, podem exigir a composição em dinheiro, vendendo-se judicialmente os bens necessários para obter as devidas quantias.

O mesmo se observará em benefício dos co-herdeiros não legatários, quando alguns dos herdeiros tenham sido contemplados com legados;

c) Os bens restantes, se os houver, são repartidos à sorte entre os interessados, por lotes iguais;

d) Os créditos que sejam litigiosos ou que não estejam suficientemente comprovados e os bens que não tenham valor são distribuídos proporcionalmente pelos interessados.

1. São elementos a que a secretaria tem de atender ao elaborar o mapa da partilha.

Se ao fazer o estudo para essa elaboração verificar, por exemplo, que o inventariado fez doações ou legou mais do que a sua quota disponível lhe permitia, quer a herdeiros, quer a estranhos, ou que alguns interessados licitaram em bens de valor superior ao das suas quotas, o funcionário lançará no processo uma informação, em forma de mapa, em que fará a demonstração desses factos, para que sejam removidas as dificuldades que impedem a realização definitiva da partilha.

Serão, nesse caso, adoptados os procedimentos a que aludem os arts. 1376.º, 1377.º ou 1378.º, conforme os casos.

2. O artigo indica, pormenorizadamente, o critério com que se deve fazer, no mapa de partilha, o preenchimento dos quinhões dos interessados.

ARTIGO 1375.º

(Mapa da partilha)

1 — Recebido o processo com o despacho sobre a forma da partilha, a secretaria, dentro de 10 dias, organiza o mapa

da partilha, em harmonia com o mesmo despacho e com o disposto no artigo anterior.

2 — Para a formação do mapa acha-se, em primeiro lugar, a importância total do activo, somando-se os valores de cada espécie de bens conforme as avaliações e licitações efectuadas e deduzindo-se as dívidas, legados e encargos que devam ser abatidos; em seguida, determina-se o montante da quota de cada intressado e a parte que lhe cabe em cada espécie de bens; por fim, faz--se o preenchimento de cada quota com referência aos números das verbas da descrição.

3 — Os lotes que devam ser sorteados são designados por letras.

4 — Os valores são indicados somente por algarismos. Os números das verbas da descrição serão indicados por algarismos e por extenso e quando forem seguidos apontam-se só os limites entre os quais fica compreendida a numeração. Se aos co-herdeiros couberem fracções de verbas, tem de mencionar-se a fracção.

5 — Em cada lote deve sempre indicar-se a espécie de bens que o constituem.

Prevê-se a organização do mapa da partilha, em obediência ao despacho determinativo dela, supondo que não existem (ou que já foram removidos) os obstáculos à sua realização previstos no artigo anterior.

É à secretaria que compete essa organização.

Em primeiro lugar acha-se a importância total do activo; em segundo lugar determina-se o montante da quota de cada interessado e a parte que lhe cabe em cada espécie de bens; por último faz-se o preenchimento das quotas.

Para fazer o apuramento do activo somam-se os valores de cada espécie de bens, conforme as avaliações e licitações efectuadas, deduzindo as dívidas, legados e encargos que devam ser abatidos. As dívidas só são abatidas quando forem aprovadas por unanimidade ou verificadas pelo juiz (arts, 1354.º e 1355.º).

A determinação da quota de cada interessado directo faz-se em atenção ao valor que lhe corresponde, de harmonia com o despacho determinativo da partilha.

ART. 1376.º   Livro III, Título IV — Dos processos especiais

Finalmente faz-se o preenchimento das quotas, com referência aos números das verbas da descrição. Esse preenchimento observará o que, sobre a matéria, dispõe o art. 1374.º.

ARTIGO 1376.º
(Excesso de bens doados, legados ou licitados)

1 — Se a secretaria verificar, no acto da organização do mapa, que os bens doados, legados ou licitados excedem a quota do respectivo interessado ou a parte disponível do inventariado, lançará no processo uma informação, sob a forma de mapa, indicando o montante do excesso.

2 — Se houver legados ou doações inoficiosas, o juiz ordena a notificação dos interessados para requererem a sua redução nos termos da lei civil, podendo o legatário ou donatário escolher, entre os bens legados ou doados, os necessários a preencher o valor que tenha direito a receber.

1. Entende-se por *legítima* a porção de bens de que o testador não pode dispor, por ser legalmente destinada aos herdeiros legitimários (Cód. Civ., art. 2156.º). São herdeiros legitimários o cônjuge, os descendentes e os ascendentes, pela ordem e segundo as regras estabelecidas para a sucessão legítima (Cód. Civ., art. 2157.º). A legítima do cônjuge, se não concorrer com descendentes nem ascendentes, é de metade da herança; em caso de concurso com filhos é de dois terços da herança. Não havendo cônjuge sobrevivo a legítima dos filhos é de metade ou dois terços da herança, conforme exista um só filho ou existam dois ou mais (Cód. Civ., arts. 2158.º e 2159.º); a legítima do cônjuge e dos ascendentes em caso de concurso é de dois terços da herança; se o autor da sucessão não deixar descendentes nem cônjuge sobrevivo, a legítima dos ascendentes é de metade ou de um terço da herança, conforme forem chamados os pais ou os ascendentes do segundo grau e seguintes (Cód. Civ., art. 2161.º).

2. A favor dos legitimários a lei não reserva apenas uma quota da herança, mas uma quota do valor do património hereditário e dos bens doados em vida pelo *de cujus*. Se não fossem abrangidos no cálculo da legítima esses bens, fácil seria ao autor da herança

Capítulo XVI — Do inventário ART. 1377.º

fraudar os propósitos da lei de protecção à família, esgotando, com actos de distribuição gratuita, todo o seu património. Assim, é preciso calcular o património que o *de cujus* teria deixado à sua morte (*relicta*); deduzindo, depois, a esse activo, as dívidas da herança; reunindo, finalmente, de modo *fictício*, a essa massa, os bens doados e as despesas sujeitas a *colação* ([118]).

3. As liberalidades, entre vivos ou por morte, que ofendam a legítima dos herdeiros legitimários, dizem-se inoficiosas, e são redutíveis, a requerimento dos herdeiros legitimários ou dos seus sucessores, em tanto quanto for necessário para que a legítima seja preenchida (Cód. Civ., arts. 2168.º e 2169.º).

ARTIGO 1377.º
(Opções concedidas aos interessados)

1 — Os interessados a quem hajam de caber tornas são notificados para requerer a composição dos seus quinhões ou reclamar o pagamento das tornas.

2 — Se algum interessados tiver licitado em mais verbas do que as necessárias para preencher a sua quota, a qualquer dos notificados é permitido requerer que as verbas em excesso ou algumas lhe sejam adjudicadas pelo valor resultante da licitação, até ao limite do seu quinhão.

3 — O licitante pode escolher, de entre as verbas em que licitou, as necessárias para preencher a sua quota, e será notificado para exercer esse direito, nos termos aplicáveis do n.º 2 do artigo anterior.

4 — Sendo o requerimento feito por mais de um interessado e não havendo acordo entre eles sobre a adjudicação, decide o juiz, por forma a conseguir o maior equilíbrio dos lotes, podendo mandar proceder a sorteio ou autorizar a adjudicação em comum na proporção que indicar.

Os interessados a quem caibam tornas podem optar entre estas e a composição dos seus quinhões em bens pelo valor da licitação. A composição será requerida no prazo de dez dias a contar da noti-

---

([118]) Rodrigues Bastos, *Notas ao Código Civil*, vol. VII, pág. 376.

ficação a que alude o n.º 1. O exercício deste direito só e reconhecido quando o pagamento das tornas resulte de licitação excessiva, e não do sorteio. É suposto, também, que o devedor das tornas licitou em mais do que uma verba, como resulta da expressão «mais verbas» que a lei usa no n.º 2 deste preceito. O credor das tornas deve limitar-se a pedir a composição dos quinhões; o direito da escolha, em concreto dos bens que hão-de preencher a quota do licitante é concedida exclusivamente a este, como se vê do n.º 3.

O n.º 4 resolve a hipótese de a composição haver sido requerida por mais de um interessado e não haver acordo entre eles sobre a adjudicação dos bens sobrantes.

ARTIGO 1378.º
(Pagamento ou depósito das tornas)

1 — Reclamado o pagamento das tornas, é notificado o interessado que haja de as pagar, para as depositar.

2 — Não sendo efectuado o depósito, podem os requerentes pedir que das verbas destinadas ao devedor lhes sejam adjudicadas, pelo valor constante da informação prevista no artigo 1376.º, as que escolherem e sejam necessárias para preenchimento das suas quotas, contanto que depositem imediatamente a importância das tornas que, por virtude da adjudicação, tenham de pagar. É aplicável neste caso o disposto no n.º 4 do artigo anterior.

3 — Podem também os requerentes pedir que, transitada em julgado a sentença, se proceda no mesmo processo à venda dos bens adjudicados ao devedor até onde seja necessário para o pagamento das tornas.

4 — Não sendo reclamado o pagamento, as tornas vencem os juros legais desde a data da sentença de partilhas e os credores podem registar hipoteca legal sobre os bens adjudicados ao devedor ou, quando essas garantia se mostre insuficiente, requerer que sejam tomadas, quanto aos móveis, as cautelas prescritas no artigo 1384.º.

1. Se em vez de requererem a composição dos seus quinhões, os credores das tornas podem reclamar o pagamento destas, caso em que o devedor será notificado para as depositar, antes de elaborado o mapa da partilha. O prazo para o depósito das tornas será fixado pelo juiz. O depósito será efectuado na Caixa-Geral dos Depósitos.

2. Se as tornas não forem depositadas no prazo fixado para tal, os respectivos credores podem tomar uma destas posições: requerer que das verbas destinadas ao devedor lhe sejam adjudicadas, pelo valor constante da informação a que alude o art. 1376.º, as que escolherem e sejam necessárias para preenchimento das suas quotas, contanto que depositem imediatamente a importância das tornas que, por virtude da adjudicação, tenham de pagar; ou pedir que, transitada em julgado a sentença, se proceda no mesmo processo à venda dos bens adjudicados ao devedor até onde seja necessário para o pagamento das tornas.

A adjudicação só pode ser pedida pelos credores das tornas que tiverem oportunamente reclamado o pagamento delas.

3. Se, como consequência da falta do depósito das tornas reclamadas, o credor delas optar pela venda dos bens adjudicados ao devedor, transitada que seja a sentença homologatória das partilhas, proceder-se-á a essa venda, no processo de inventário, até se atingir o valor do débito.

4. Os juros legais são da taxa de 4% (Portaria n.º 291/2003, de 8/4).

ARTIGO 1379.º
(Reclamações contra o mapa)

1 — Organizado o mapa, o juiz, rubricando todas as folhas e confirmando a ressalva das emendas, rasuras ou entrelinhas, pô-lo-á em reclamação.

2 — Os interessados podem requerer qualquer rectificação ou reclamar contra qualquer irregularidade e nomeadamente contra a desigualdade dos lotes ou contra a falta de observância do despacho que determinou a partilha.

Em seguida dá-se vista ao Ministério Público para o mesmo fim, se tiver intervenção principal no inventário.

3 — As reclamações são decididas nos 10 dias seguintes, podendo convocar-se os interessados a uma conferência quando alguma reclamação tiver por fundamento a desigualdade dos lotes.

4 — No mapa far-se-ão as modificações impostas pela decisão das reclamações. Se for necessário, organizar-se--á novo mapa.

O prazo para a reclamação é de dez dias. Contra o mapa reformado não há reclamações, a não ser as que visem obter conformidade com o decidido ou deliberado.

ARTIGO 1380.º
(Sorteio dos lotes)

1 — Em seguida procede-se ao sorteio dos lotes, se a ele houver lugar, entrando numa urna tantos papéis quantos os lotes que devem ser sorteados, depois de se ter escrito em cada papel a letra correspondente ao lote que representa; na extracção dos papéis dá-se o primeiro lugar ao meeiro do inventariado; quanto aos co-herdeiros, regula a ordem alfabética dos seus nomes.

2 — O juiz tira as sortes pelos interessados que não compareçam; e, à medida que se for efectuando o sorteio, averba por cota no processo o nome do interessado a quem caiba cada lote.

3 — Concluído o sorteio, os interessados podem trocar entre si os lotes que lhes tenham cabido.

4 — Para a troca de lotes pertencentes a menores e equiparados é necessária autorização judicial, ouvido o Ministério Público; tratando-se de inabilitado, a troca não pode fazer-se sem anuência do curador.

1. Para a troca de lotes pertencentes a menores ou equiparados é necessária autorização judicial, a obter de harmonia com o disposto nos arts. 1439.º, n.º 1 e 1441.º.

2. A expressão «e equiparados», que se lê no n.º 4, abrange os interditos (art. 139.º Cód. Civ.); a exigência, que a lei faz, da anuência do curador quando a troca disser respeito a inabilitados, está de harmonia com a natureza de *assistência* atribuída à função do curador em relação aos bens do inabilitado (Cód. Civ., art. 153.º). O suprimento da incapacidade do ausente em parte incerta, no regime da curadoria provisória, em matéria de alienação de bens do ausente, vem especialmente regulado no n.º 3 do art. 94.º do Código Civil.

ARTIGO 1381.º

(Segundo e terceiro mapas)

1 — Quando haja cônjuge meeiro, o mapa consta de dois montes; e determinado que seja o do inventariado, organiza-se segundo mapa para a divisão dele pelos seus herdeiros.

Se os quinhões destes forem desiguais, por haver alguns que sucedam por direito de representação, achada a quota do representado, forma-se terceiro mapa para a divisão dela pelos representantes.

Se algum herdeiro houver de ser contemplado com maior porção de bens, formar-se-ão, sendo possível, os lotes necessários para que o sorteio se efectue entre lotes iguais.

2 — Quando o segundo mapa não puder ser organizado e sorteado no acto do sorteio dos lotes do primeiro e quando o terceiro também o não possa ser no acto do sorteio dos lotes do segundo, observar-se-ão, não só quanto à organização mas também quanto ao exame e sorteio do segundo e terceiro mapas, as regras que ficam estabelecidas relativamente ao primeiro.

1. O nosso legislador admitiu três tipos de regime de bens para o casamento: o da comunhão de adquiridos (Cód. Civ., arts. 1721.º a 1731.º); o regime da comunhão geral (arts. 1732.º a 1734.º) e o regime da separação (arts. 1735.º a 1736.º). O regime indicado em primeiro lugar é o regime supletivo, isto é, aquele que se aplica na falta de convenção antenupcial.

No regime da separação, cada um dos esposados conserva o domínio e fruição de todos os seus bens presentes e futuros, podendo dispor deles livremente; nesse regime, portanto, não há bens comuns, embora possa haver bens de que ambos sejam comproprietários, e daí que, falecido um deles, não seja aplicável, no seu inventário, a disposição agora em exame. Porém, se o regime adoptado for o da comunhão de adquiridos, ou o da comunhão geral, haverá, além dos bens próprios de cada um dos cônjuges, uma massa de bens que pertencem a ambos, designados por bens comuns do casal. A comunhão de bens do casal não é uma sociedade, nem um tipo de compropriedade; é uma comunidade de *mão comum* de tipo germânico, entre marido e mulher, sem atribuição de quotas nem a faculdade de pedir a divisão durante a subsistência da vida em comum, administrada conjuntamente pelos cônjuges (Cód. Civ., art. 1678.º, n.º 3). É por isso que, falecido um deles, na partilha a realizar o primeiro acto a praticar é a divisão dos bens comuns, de modo a determinar a parte que neles pertence ao inventariado, e a parte que pertence ao cônjuge sobrevivo, a qual não entra obviamente em partilha entre os herdeiros.

2. Verifica-se a representação sucessória quando a lei chama os descendentes de um herdeiro ou legatário a ocupar a posição daquele que não pôde ou não quis aceitar a herança ou o legado (Cód. Civ., art. 2039.º). O direito de representação vem regulado nos arts. 2039.º a 2045.º do Código Civil.

ARTIGO 1382.º
(Sentença homologatória da partilha)

1 — O processo é concluso ao juiz para, no prazo de cinco dias, proferir sentença homologando a partilha constante do mapa e as operações de sorteio.

2 — Da sentença homologatória da partilha cabe recurso de apelação, com efeito meramente devolutivo.

1. A sentença que julgue a partilha deve condenar no pagamento das dívidas aprovadas por todos os interessados directos, ou reconhecidas pelo juiz (arts. 1354.º e 1355.º).

2. A reforma da tributação do património fez com que as transmissões gratuitas de bens passassem a ser tributadas pelo imposto de selo, abolindo o imposto sobre sucessões e doações (Cód. Imposto de Selo, aprovado pela Lei n.º 150/99, de 11 de Setembro e republicado pelo Dec.-Lei n.º 287/2003, de 12 de Novembro).

ARTIGO 1383.º
(Responsabilidade pelas custas)

1 — As custas do inventário são pagas pelos herdeiros, pelo meeiro e pelo usufrutuário de toda a herança ou de parte dela, na proporção do que recebam, respondendo

os bens legados subsidiariamente pelo pagamento; se a herança for toda distribuída em legados, as custas são pagas pelos legatários na mesma proporção.

2 — Às custas dos incidentes e recursos é aplicável o disposto nos artigos 445.º e seguintes.

Vejam-se os arts. 446.º e segs., com correspondente anotação, págs. 207 e segs. do vol. II desta obra.

ARTIGO 1384.º
(Entrega de bens antes de a sentença passar em julgado)

1 — Se algum dos interessados quiser receber os bens que lhe tenham cabido em partilha, antes de a sentença passar em julgado, observar-se-á o seguinte:

a) No título que se passe para o registo e posse dos bens imóveis declarar-se-á que a sentença não passou em julgado, não podendo o conservador registar a transmissão sem mencionar essa circunstância;

b) Os papéis de crédito sujeitos a arverbamento são averbados pela entidade competente com a declaração de que o interessado não pode dispor deles enquanto a sentença não passar em julgado;

c) Quaisquer outros bens só são entregues se o interessado prestar caução, que não compreende os rendimentos, juros e dividendos.

2 — Se o inventário prosseguir quanto a alguns bens por se reconhecer desde logo que devem ser relacionados, mas subsistirem dúvidas quanto à falta de bens a conferir, o conferente não recebe os que lhe couberem em partilha sem prestar caução ao valor daqueles a que não terá direito se a questão vier a ser decidida contra ele.

3 — As declarações feitas no registo ou no averbamento produzem o mesmo efeito que o registo das acções. Este efeito subsiste enquanto, por despacho judicial, não for declarado extinto.

ART. 1385.º   *Livro III, Título IV — Dos processos especiais*

1. Indica as cautelas com que deve ser feita a entrega aos interessados de bens da herança antes do trânsito em julgado da sentença homologatória da partilha.

A sentença considera-se passada em julgado logo que não seja susceptível de recurso ordinário ou de reclamação nos termos dos arts. 668.º e 669.º.

2. A caução pode ser prestada por meio de depósito de dinheiro, títulos de crédito, pedras ou metais preciosos ou por penhor, hipoteca ou fiança bancária. Se a caução não puder ser prestada por nenhum dos meios referidos, é lícita a prestação de outra espécie de fiança, desde que o fiador renuncie ao benefício da excussão (Cód. Civ., art. 623.º). O processo da caução é o dos arts. 981.º e segs.

ARTIGO 1385.º

(Nova partilha)

1 — Tendo de proceder-se a nova partilha por efeito da decisão do recurso ou da causa, o cabeça-de-casal entra imediatamente na posse dos bens que deixaram de pertencer ao interessado que os recebeu.

2 — O inventário só é reformado na parte estritamente necessária para que a decisão seja cumprida, subsistindo sempre a avaliação e a descrição, ainda que haja completa substituição de herdeiros.

3 — Na sentença que julgue a nova partilha, ou por despacho, quando não tenha de proceder-se a nova partilha, serão mandados cancelar os registos ou averbamentos que devam caducar.

4 — Se o interessado deixar de restituir os bens móveis que recebeu, será executado por eles no mesmo processo, bem como pelos rendimentos que deva restituir, prestando contas como se fosse cabeça-de-casal; a execução segue por apenso.

Quando, em consequência de uma decisão proferida em recurso, ou por efeito de sentença proferida numa causa prejudicial se reconhecer que há interessados directos com direitos que não fora atendidos na partilha, é, evidentemente, necessário corrigi-la, mas isso se fará, como diz o preceito anotando, «na parte estritamente necessária para que a decisão seja cumprida».

SECÇÃO VII

Emenda e anulação da partilha

ARTIGO 1386.º
(Emenda por acordo)

1 — A partilha, ainda depois de passar em julgado a sentença, pode ser emendada no mesmo inventário por acordo de todos os interessados ou dos seus representantes, se tiver havido erro de facto na descrição ou qualificação dos bens ou qualquer outro erro susceptível de viciar a vontade das partes.

2 — O disposto neste artigo não obsta à aplicação do artigo 667.º.

1. Trata da emenda da partilha, mesmo depois de passar em julgado a respectiva sentença, quando, por erro de facto ou de direito, se mostre viciada a vontade das partes.

A lei exemplifica, como causa da emenda, o erro de facto na discrição ou qualificação dos bens, quando se tiver descrito um bem móvel como imóvel, ou um bem livre, como sujeito a certo encargo; mas a referência que o preceito faz a «qualquer outro erro susceptível de viciar a vontade das partes», mostra que a abrangência do preceito é muito maior. É por isso que tem de entender-se que o erro de direito também é fundamento legal da emenda da partilha [119]. Ponto é que ele seja susceptível de viciar a vontade das partes.

2. A emenda de simples erros materiais não está considerada nesta norma, como se vê da remissão feita para o art. 667.º. Na verdade, a rectificação dos erros materiais, devidos a lapso manifesto, que a sentença contiver, são corrigidas por simples despacho do juiz.

3. A emenda só pode fazer-se ao abrigo deste artigo, havendo acordo expresso de *todos* os interessados ou dos seus representantes. Não há prazo estipulado para o exercício deste direito. Não havendo acordo, aplica-se o disposto no art. 1387.º.

---

[119] Alberto dos Reis, na *Rev. Leg. Jur.*, ano 81, pág. 162, em anotação ao acórdão do S.T.J., de 14 de Maio de 1948, que se pronunciara em sentido contrário.

ARTIGO 1387.º

(Emenda da partilha na falta de acordo)

1 — Quando se verifique algum dos casos previstos no artigo anterior e os interessados não estejam de acordo quanto à emenda, pode esta ser pedida em acção proposta dentro de um ano, a contar do conhecimento do erro, contanto que este conhecimento seja posterior à sentença.

2 — A acção destinada a obter a emenda segue processo ordinário ou sumário, conforme o valor, e é dependência do processo de inventário.

O condicionalismo legal para aplicação desta norma é o mesmo que foi indicado na norma que antecede: ter havido erro de facto na descrição ou na qualificação dos bens, ou qualquer outro erro susceptível de viciar a vontade dos interessados. O meio de corrigir o erro é que varia: se houver acordo de todos os interessados na emenda a fazer, procede-se a ela no próprio processo de inventário e de harmonia com o estabelecido na conferência de interessados. Não havendo acordo dos interessados a emenda pode ser pedida em acção a propor dentro de um ano a contar do conhecimento do erro, contanto que este conhecimento seja posterior à sentença. A legitimidade activa pertence ao interessado a quem o erro prejudicou; são legitimados passivamente todos os outros interessados, em litispendência necessária.

ARTIGO 1388.º

(Anulação)

1 — Salvos os casos de recurso extraordinário, a anulação da partilha judicial confirmada por sentença passada em julgado só pode ser decretada quando tenha havido preterição ou falta de intervenção de algum dos co-herdeiros e se mostre que os outros interessados procederam com dolo ou má fé, seja quanto à preterição, seja quanto ao modo como a partilha foi preparada.

2 — A anulação deve ser pedida por meio de acção à qual é aplicável o disposto no n.º 2 do artigo anterior.

1. Indica os casos em que se dá a anulação da partilha judicial confirmada por sentença passada em julgado: recurso extraordinário

e falta de intervenção de alguns dos co-herdeiros, mostrando-se que os outros interessados procederam com dolo ou má-fé, quer quanto à preterição, quer quanto ao modo como a partilha foi preparada.

2. Os recursos extraordinários são a revisão e a oposição de terceiro (676.º, n.º 2). Os fundamentos do recursos da revisão vêm indicados no art. 771.º e os da oposição de terceiros, no art. 778.º.

3. A preterição ou a falta de intervenção de alguns dos co-herdeiros só é causa da anulação da partilha quando se mostrar que os outros interessados procederam com dolo ou má-fé, isto é, que conheciam o facto intencional da preterição, e o processo de o levar a cabo, nada fazendo para denunciar a fraude.

ARTIGO 1389.º
(Composição da quota ao herdeiro preterido)

1 — Não se verificando os requisitos do artigo anterior ou preferindo o herdeiro preterido que a sua quota lhe seja composta em dinheiro, requererá ele no proceso de inventário que seja convocada a conferência de interessados para se determinar o montante da sua quota.

2 — Se os interessados não chegarem a acordo, consigna-se no auto quais os bens sobre cujo valor há divergência; esses bens são avaliados novamente e sobre eles pode ser requerida segunda avaliação. Fixar-se-á depois a importância a que o herdeiro tem direito.

3 — É organizado novo mapa de partilha para fixação das alterações que sofre o primitivo mapa em consequência dos pagamentos necessários para o preenchimento do quinhão do preterido.

4 — Feita a composição da quota, o herdeiro pode requerer que os devedores sejam notificados para efectuar o pagamento, sob pena de ficarem obrigados a compor-lhe em bens a parte respectiva, sem prejuízo, porém, das alienações já efectuadas.

5 — Se não for exigido o pagamento, é aplicável o disposto no n.º 4 do artigo 1378.º.

Trata da preterição de herdeiro quando não tiver havido dolo ou má-fé dos outros interessados quanto à preterição ou ao modo da preparação da partilha. A solução é também a emenda desta, que se fará pela composição da quota ao herdeiro preterido, em conferência de interessados. Se não houver, na conferência, acordo dos interessados, aplicar-se-á o disposto no n.º 2. Se não for exigido o pagamento, o valor da quota vencerá juro legal a contar da sua fixação, podendo o preterido registar hipoteca legal sobre os bens adjudicados aos outros co-herdeiros, ou, quando essa garantia se mostre insuficiente, requerer que sejam tomadas, quanto aos móveis, as cautelas previstas no art. 1384.º.

ARTIGOS 1390.º E 1391.º

Estes artigos foram revogados pelo art. 3.º do Dec.-Lei n.º 227/94, de 8 de Setembro. A matéria do art. 1390.º ocupa agora o art. 1332.º; o art. 1391.º foi simplesmente eliminado.

SECÇÃO VIII

Partilha adicional e recursos

ARTIGO 1392.º

(Inventário do cônjuge supérstite)

Quando o inventário do cônjuge supérstite haja de correr no tribunal em que se procedeu a inventário por óbito do cônjuge predefunto, os termos necessários para a segunda partilha são lavrados no processo da primeira.

1. Este artigo tinha inicialmente um número dois, que foi revogado pelo n.º 3 do Dec.-Lei n.º 227/94, de 8 de Setembro, por se entender desnecessário.

2. O n.º 3 do art. 77.º dispõe que o tribunal onde se tenha procedido a inventário por óbito de um dos cônjuges é o competente para o inventário a que tiver de proceder-se por óbito do outro, excepto se o casamento foi contraído segundo o regime da separação; quando se tenha procedido a inventário por óbito de dois ou mais cônjuges do autor da herança, a competência é determinada pelo último desses inventários, desde que o regime de bens não seja o da separação.

ARTIGOS 1393.º e 1394.º

Revogados pelo art. 3.º do Decreto-Lei n.º 227/94, de 8 de Setembro.

ARTIGO 1395.º
(Partilha adicional)

1 — Quando se reconheça, depois de feita a partilha judicial, que houve omissão de alguns bens, proceder-se-á no mesmo processo a partilha adicional, com observância, na parte aplicável, do que se acha disposto nesta secção e nas anteriores.

2 — No inventário a que se proceda por óbito do cônjuge supérstite serão descritos e partilhados os bens omitidos no inventário do cônjuge predefunto, quando a omissão só venha a descobrir-se por ocasião daquele inventário.

A anormalidade que se considera aqui é o reconhecimento que se faça, depois de realizada a partilha [120], de que havia bens da herança que não foram considerados nela. A lei considera expressamente essa hipótese, dispondo que a omissão de bens da herança não determina a nulidade da partilha, mas apenas a partilha adicional dos bens omitidos (Cód. Civ., art. 2122.º). A partilha adicional não constitui parte integrante da partilha anterior, mas uma nova partilha a que concorrem todos os interessados e que está sujeita às regras que disciplinam as sucessões. O direito à partilha adicional não está sujeita a caducidade.

Se se tratar de partilha judicial, o processo segue os termos do preceito em anotação.

ARTIGO 1396.º
(Regime dos recursos)

1 — Nos inventários de valor superior à alçada da Relação, o regime dos recursos é o do processo ordinário, subindo, porém, conjuntamente ao tribunal superior, em separado dos autos principais e no momento em que se

---

[120] Se a omissão se notar na pendência do inventário é claro que o remédio estará na reclamação por falta de relacionação de bens (art. 1348.º).

convoque a conferência de interessados, os agravos interpostos até esse momento.

2 — Nos inventários cujo valor não exceda a alçada da Relação o regime de recursos é o do processo sumário.

A alçada da Relação é actualmente a quantia de 14963,94 € (Lei n.º 3/99, de 13 de Janeiro, art. 24.º).

ARTIGOS 1397.º A 1403.º

Revogados pelos Dec-Leis n.º 227/94, de 8 de Setembro, e n.º 329--A/95, de 12 de Dezembro.

SECÇÃO IX

Partilha de bens em alguns casos especiais

ARTIGO 1404.º
(Inventário em consequência de separação, divórcio, declaração de nulidade ou anulação de casamento)

1 — Decretada a separação judicial de pessoas e bens ou o divórcio, ou declarado nulo ou anulado o casamento, qualquer dos cônjuges pode requerer inventário para partilha dos bens, salvo se o regime de bens do casamento for o de separação

2 — As funções de cabeça-de-casal incumbem ao cônjuge mais velho.

3 — O inventário corre por apenso ao processo de separação, divórcio, declaração de nulidade ou anulação e segue os termos prescritos nas secções anteriores.

1. Com a dissolução do vínculo conjugal por divórcio (Cód. Civ., art. 1788.º), declaração de nulidade (Cód. Civ., art. 1628.º) ou anulação do casamento) (Cód. Civ., art. 1631.º) cessam as relações patrimoniais entre os cônjuges, excepto quanto ao dever de prestar alimentos (Cód. Civ., arts. 2016.º, 2017.º e 2018.º).

À cessação das relações patrimoniais corresponde a necessidade de proceder à partilha dos bens do casal, a qual se deve proceder de harmonia com o disposto nos arts. 1689.º e 1790.º do Código Civil. A separação judicial de pessoas e bens embora não dissolva o vínculo conjugal produz, relativamente aos bens, os efeitos da dissolução do casamento (Cód. Civ., art. 1795.º-A). Os efeitos patrimoniais do divórcio só podem ser opostos a terceiros a partir da data do registo da sentença (Cód. Civ., art. 1789.º, n.º 3).

2. O cônjuge declarado único ou principal culpado do divórcio não pode na partilha receber mais do que receberia se o casamento tivesse sido celebrado segundo o regime da comunhão de adquiridos (Cód. Civ., art. 1790.º), e perde todos os benefícios recebidos ou que haja de receber do outro cônjuge ou de terceiro, em vista do casamento ou em consideração do estado casado, quer a estipulação seja anterior quer posterior à celebração do casamento (Cód. Civ., art. 1791.º, n.º 1); o cônjuge inocente ou que não seja o principal culpado conserva todos os benefícios recebidos ou que haja de receber do outro cônjuge ou de terceiro, ainda que tenham sido estipulados com cláusula de reciprocidade; pode renunciar a esses benefícios por declaração unilateral de vontade, mas, havendo filhos do casamento, a renúncia só é permitida a favor destes (Cit. art. 1791.º, n.º 2).

3. O cônjuge declarado único ou principal culpado e, bem assim, o cônjuge que pediu o divórcio com o fundamento da alínea *c)* do art. 1781.º, devem reparar os *danos não patrimoniais* causados ao outro cônjuge pela dissolução do casamento. O pedido de indemnização deve ser deduzido na própria acção de divórcio (Cód. Civ., art. 1792.º, n.ºs 1 e 2). Este preceito não é aplicável ao divórcio por mútuo consentimento nem ao divórcio litigioso com fundamento na alínea *b)* do art. 1781.º. Os danos a indemnizar são apenas os *danos morais* (não os danos patrimoniais) que resultem da dissolução do casamento; os danos que resultarem dos factos causais do divórcio são indemnizáveis (quer patrimoniais, quer não patrimoniais), mas então nos termos gerais da responsabilidade civil, em acção proposta para esse fim ([121]).

4. Pode o tribunal, nos casos de divórcio ou separação judicial de pessoas e bens dar de arrendamento a qualquer dos cônjuges, a seu pedido, a *casa de morada da família,* quer essa seja comum quer própria do outro, considerando, nomeadamente, as necessidades de cada um dos cônjuges e o interesse dos filhos do casal. O arrenda-

---

([121]) Rodrigues Bastos, *Notas ao Código Civil*, vol. VI, pág. 230.

mento acima referido fica sujeito às regras do arrendamento para habitação, mas o tribunal pode definir as condições do contrato, ouvidos os cônjuges, e fazer caducar o arrendamento, a requerimento do senhorio, quando as circunstâncias supervenientes o justifiquem (Cód. Civ., art. 1793.º, n.ºs 1 e 2).

5. É aplicável à separação judicial de pessoas e bens, com as necessárias adaptações, o disposto quanto ao divórcio nos arts. 1773.º e 1793.º do Código Civil (art. 1794.º).

ARTIGO 1405.º
(Responsabilidade pelas custas)

As custas do inventário são pagas pelo cônjuge culpado; se o não houver, são pagas por ambos os cônjuges.

As custas a que alude o preceito são as custas normais do inventário consequente do divórcio e da separação judicial. Aos incidentes e aos recursos aplica-se a disciplina geral quanto a custas.

ARTIGO 1406.º
(Processo para a separação de bens em casos especiais)

1 — Requerendo-se a separação de bens nos termos do artigo 825.º, ou tendo de proceder-se a separação por virtude da falência de um dos cônjuges, aplicar-se-á o disposto no artigo 1404.º, com as seguintes alterações:

a) **O exequente, no caso do artigo 825.º, ou qualquer credor, no caso de falência, tem o direito de promover o andamento do inventário;**

b) **Não podem ser aprovadas dívidas que não estejam devidamente documentadas;**

c) **O cônjuge do executado ou falido tem o direito de escolher os bens com que há-de ser formada a sua meação; se usar desse direito, são notificados da escolha os credores, que podem reclamar contra ela, fundamentando a sua queixa.**

2 — Se julgar atendível a reclamação, o juiz ordena avaliação dos bens que lhe pareçam mal avaliados.

3 — Quando a avaliação modifique o valor dos bens escolhidos pelo cônjuge do executado ou falido, este pode declarar que desiste da escolha; nesse caso, ou não tendo ele usado do direito da escolha, as meações são adjudicadas por meio de sorteio.

1. Quanto à separação de bens nos termos do art. 825.º, veja-se as anotações 4 e 5 a esse preceito.

2. Sobre a hipótese da falência veja-se o Código da Insolvência e Recuperação de Empresas, aprovado pelo Dec.-Lei n.º 53/2004, alterado pelo Dec.-Lei n.º 200/2004, de 18 de Agosto, que ordenou a sua republicação, feita no *D.R.*, 1.ª série, n.º 194, de 18 de Agosto de 2004.

CAPÍTULO XVII

DO DIVÓRCIO E SEPARAÇÃO LITIGIOSOS

ARTIGO 1407.º
(Tentativa de conciliação)

1 — Apresentada a petição, se a acção estiver em condições de prosseguir, o juiz designará dia para uma tentativa de conciliação, sendo o autor notificado e o réu citado para comparecerem pessoalmente ou, no caso de estarem ausentes do continente ou da ilha onde correr o processo, se fazerem representar por mandatário com poderes especiais, sob pena de multa.

2 — Estando presentes ambas as partes e não sendo possível a sua conciliação, e não tendo resultado a tentativa do juiz no sentido de obter o acordo do cônjuges para o divórcio ou a separação por mútuo consentimento, procurará o juiz obter o acordo dos cônjuges quanto aos alimentos e quanto à regulação do exercício do poder paternal dos filhos. Procurará ainda obter o acordo dos cônjuges quanto à utilização da casa de morada de família durante o período de pendência do processo, se for caso disso.

3 — Na tentativa de conciliação, ou em qualquer outra altura do processo, as partes poderão acordar no divórcio

ART. 1407.º *Livro III, Título IV — Dos processos especiais*

ou separação de pessoas e bens por mútuo consentimento, quando se verifiquem os necessários pressupostos.

4 — Estabelecido o acordo referido no número anterior, seguir-se-ão no próprio processo, com as necessárias adaptações, os termos dos artigos 1419.º e seguintes; sendo decretado o divórcio ou a separação definitivos por mútuo consentimento, as custas em dívida serão pagas, em parte iguais, por ambos os cônjuges, salvo convenção em contrário.

5 — Faltando alguma ou ambas as partes, ou não sendo possível a sua conciliação nem a hipótese a que aludem os n.os 3 e 4, o juiz ordenará a notificação do réu para contestar no prazo de 30 dias; no acto da notificação, a fazer imediatamente, entregar-se-á ao réu o duplicado da petição inicial.

6 — No caso de o réu se encontrar ausente em parte incerta, uma vez cumprido o disposto no artigo 244.º, a designação de dia para a tentativa de conciliação ficará sem efeito, sendo ordenada a citação edital daquele para contestar.

7 — Em qualquer altura do processo, o juiz, por iniciativa própria ou a requerimento de alguma das parte, e se o considerar conveniente, poderá fixar um regime provisório quanto a alimentos, quanto à regulação do exercício do poder paternal dos filhos e quanto à utilização da casa de morada da família; para tanto poderá o juiz, previamente, ordenar a realização das diligências que considerar necessárias.

1. O divórcio é a dissolução do vínculo conjugal quando se torne impossível a plena comunhão, material e espiritual, de vida entre os cônjuges. A lei portuguesa admite duas espécies de divórcio: o divórcio por mútuo consentimento e o divórcio litigioso (Cód. Civ., art. 1773.º, n.º 1). O divórcio por mútuo consentimento inspira-se na teoria do casamento-contrato, permitindo aos cônjuges desligarem por seu acordo o vínculo que o seu acordo formou. O divórcio litigioso funda-se na impossibilidade de facto de manter a união de vida que o casamento supõe, impossibilidade esta criada pela violação culposa dos deveres conjugais (divórcio sanção), ou pela situação de ruptura da vida em comum (divórcio ruptura).

Cap. XVII — Do divórcio e separação litigiosos **ART. 1408.º**

O divórcio por mútuo consentimento pode ser requerido por ambos os cônjuges, de comum acordo, no tribunal ou na conservatória do registo civil se, neste caso, o casal não tiver filhos menores, ou, havendo-os, o exercício do respectivo poder paternal se mostrar já judicialmente regulado (Cód. Civ., art. 1773.º, n.º 2).

O divórcio litigioso é requerido no tribunal por um dos cônjuges contra o outro, com algum dos fundamentos previstos nos artigos 1779.º e 1781.º do Código Civil.

No processo de divórcio haverá sempre uma tentativa de conciliação dos cônjuges. Se no processo de divórcio litigioso, a tentativa de conciliação não resultar, o juiz procurará, obter a concordância dos cônjuges para o divórcio por mútuo consentimento; obtido o acordo ou tendo os cônjuges, em qualquer altura do processo, optado por essa modalidade do divórcio, seguir-se-ão os termos do processo de divórcio por mútuo consentimento, com as necessárias adaptações (Cód. Civ., art. 1774.º, n.ºs 1 e 2).

2. A separação ou divórcio por mútuo consentimento seguem os termos do processo de jurisdição voluntário regulado nos arts. 1419.º a 1424.º.

3. O divórcio litigioso e a separação litigiosa seguem a forma do processo ordinária, com as alterações previstas nos arts. 1407.º e 1408.º

ARTIGO 1408.º
(Julgamento)

1 — Havendo contestação, seguir-se-ão os termos do processo ordinário.

2 — Na falta de contestação, o autor será notificado para, em 10 dias, apresentar o rol de testemunhas, que não poderão exceder o número de oito, e requerer quaisquer outras provas.

3 — O juiz designa logo a data da audiência final, ponderada a duração provável das diligências a realizar antes dela.

4 — Encerrada a discussão, o tribunal colectivo, quando perante ele decorra o julgamento, conhecerá da matéria de facto e da matéria de direito e a decisão, tomada por maioria, será ditada para a acta pelo respectivo presidente,

descrevendo os factos considerados provados e não provados.

5 — O presidente, bem como qualquer dos outros juízes, podem formular voto de vencido.

CAPÍTULO XVIII

DOS PROCESSOS DE JURISDIÇÃO VOLUNTÁRIA

SECÇÃO I

Disposições gerais

ARTIGO 1409.º

(Regras do processo)

1 — São aplicáveis aos processos regulados neste capítulo as disposições dos artigos 302.º a 304.º.

2 — O tribunal pode, no entanto, investigar livremente os factos, coligir as provas, ordenar os inquéritos e recolher as informações convenientes; só são admitidas as provas que o juiz considere necessárias.

3 — As sentenças são proferidas no prazo de 15 dias.

4 — Nos processos de jurisdição voluntária não é obrigatória a constituição de advogado, salvo na fase de recurso.

 1. Este Código, além de outros processos que considerou especiais, incluiu (arts. 1409.º a 1510.º) vários procedimentos, também de natureza especial, que designou por «processos de jurisdição voluntária»: «providências relativas aos filhos e aos cônjuges», «separação ou divórcio de mútuo consentimento»: «processos de suprimento», «alienação ou oneração de bens sujeitos a fideicomisso», «autorização ou confirmação de certos actos», «reunião do conselho de família», «curadoria provisória dos bens do ausente», «fixação judicial do prazo», «notificação para preferência», «herança jacente», «tutela da personalidade, do nome e da correspondência confidencial», apresentação de coisas e documentos», «exercício de direitos sociais», «providência relativa aos navios e à sua carga», «atribuição de bens de pessoa colectiva», «determinação do objecto do litígio a submeter a arbitragem».

2. É discutidíssima, na doutrina, a natureza destes procedimentos, embora haja algum consenso no sentido de, apesar da designação que lhe é comummente atribuída, não se lhe reconhecer natureza jurisdicional, mas sim administrativa.

Na doutrina italiana (na qual tanto se inspirou a nossa lei processual), entende-se a *jurisdição voluntária* como uma forma particular da actividade do Estado, exercida em parte por órgãos judiciais, e em parte por órgãos administrativos, diferenciando-se uns dos outros por certas características particulares da actividade desenvolvida ([122]).

Não entraremos, naturalmente, nessa discussão teórica, designadamente com o propósito de distinguir a jurisdição voluntária da jurisdição contenciosa, objectivo que se tem demonstrado ser muito difícil de atingir. Não está na natureza destes apontamentos aprofundar este assunto. O que podemos dizer é que os processos de jurisdição voluntária, têm, da jurisdição a *forma*; e do carácter administrativo, traduzido no controlo da legalidade do acto, a *substância*.

3. Os arts. 1409.º e 1410.º são preceitos gerais aplicáveis a todos esses procedimentos, que também se regem pelas normas gerais dos incidentes da instância (arts. 302.º a 304.º).

ARTIGO 1410.º
(Critério de julgamento)

Nas providências a tomar o tribunal não está sujeito a critérios de legalidade estrita, devendo antes adoptar em cada caso a solução que julgue mais conveniente e oportuna.

Enquanto que na jurisdição contenciosa o tribunal decide o litígio estabelecido entre as partes pelo recurso à lei vigente, sem embargo de, nessa aplicação, ter sempre presente os princípios de justiça que é suposto terem informado o legislador na adopção da norma legal, na jurisdição voluntária o tribunal não está vinculado à observância rigorosa da lei devendo, primeiro que tudo, procurar a solução que lhe parece mais equitativa *para aquele caso concreto*, e só depois procurará o modo de fazer com que a solução encontrada não viole a ordem jurídica vigente nessa matéria.

([122]) Giuseppe Chiovenda, *Istituzioni di Diritto Processuale Civile*, vol. II, pág. 17.

ARTIGO 1411.º

(Valor das resoluções)

1 — **Nos processos de jurisdição voluntária as resoluções podem ser alteradas, sem prejuízo dos efeitos já produzidos, com fundamento em circunstâncias supervenientes que justifiquem a alteração; dizem-se supervenientes tanto as circunstâncias ocorridas posteriormente à decisão como as anteriores, que não tenham sido alegadas por ignorância ou outro motivo ponderoso.**

2 — **Das resoluções proferidas segundo critérios de conveniência ou oportunidade não é admissível recurso para o Supremo Tribunal de Justiça.**

Por sua própria natureza as resoluções tomadas nestes processos não têm a força do caso julgado, podendo ser alteradas a qualquer tempo, desde que mudem as circunstâncias que justificaram a sua prolação.

Só há recurso das resoluções que se fundaram em critérios de legalidade. A conveniência ou a oportunidade da medida não são sindicáveis em recurso.

SECÇÃO II

Providências relativas aos filhos e aos cônjuges

ARTIGO 1412.º

(Alimentos a filhos maiores ou emancipados)

1 — **Quando surja a necessidade de se providenciar sobre alimentos a filhos maiores ou emancipados, nos termos do artigo 1880.º do Código Civil, seguir-se-á, com as necessárias adaptações, o regime previsto para os menores.**

2 — **Tendo havido decisão sobre alimentos a menores ou estando a correr o respectivo processo, a maioridade ou a emancipação não impedem que o mesmo se conclua e que os incidentes de alteração ou de cessação dos alimentos corram por apenso.**

1. Os pais devem prover ao sustento dos filhos, tanto aos daqueles que nascerem no casamento dos pais, como aos daqueles que nascerem fora dele. Este termo *sustento* está empregado em sentido amplo, abrangendo tudo o que é indispensável não só à alimentação, como

à habitação e vestuário do filho, coincidindo, assim, com a noção de alimentos (Cód. Civ., arts. 1878.º e 2002.º).

2. Em princípio, este dever de cuidar do sustento, segurança, saúde e educação dos filhos, dura enquanto durar o poder paternal a que estes estão sujeitos, isto é, até à sua maioridade ou emancipação (Cód. Civ., art. 1877.º). Mas este termo pode ser adiantado ou recuado. Assim, os pais ficam desobrigados de prover ao sustento dos filhos e de assumir as despesas relativas à sua segurança, saúde e educação na medida em que os filhos estejam em condições de suportar, pelo produto do seu trabalho ou outros rendimentos, aqueles encargos (Cód. Civ., art. 1879.º). Por outro lado, se no momento em que atingir a maioridade ou for emancipado, o filho não houver completado a sua formação profissional, manter-se-ão aquelas obrigações, na medida em que seja razoável exigir aos pais o seu cumprimento e pelo tempo normalmente necessário para que aquela formação se complete (Cód. Civ., art. 1880.º) ([123]).

É o art. 1880.º do Código Civil que o preceito em anotação veio adjectivar.

ARTIGO 1413.º
(Atribuição da casa de morada de família)

1 — Aquele que pretenda a atribuição da casa de morada de família, nos termos do artigo 1793.º do Código Civil, ou transferência do direito ao arrendamento, nos termos do artigo 84.º do Regime do Arrendamento Urbano, deduzirá o seu pedido indicando os factos com base nos quais entende dever ser-lhe atribuído o direito.

2 — O juiz convoca os interessados ou ex-cônjuges para uma tentativa de conciliação a que se aplica, com as necessárias adaptações, o preceituado nos n.ºs 1, 5 e 6 do artigo 1407.º, sendo, porém, o prazo de oposição o previsto no artigo 303.º.

3 — Haja ou não contestação, o juiz decidirá depois de proceder às diligências necessárias, cabendo sempre da decisão apelação, com efeito suspensivo.

4 — Se estiver pendente ou tiver corrido acção de divórcio ou de separação litigiosos, o pedido é deduzido por apenso.

([123]) Rodrigues Bastos, *Notas ao Código Civil*, vol. VI, págs. 101 a 113.

ART. 1413.º Livro III, Título IV — Dos processos especiais

1. A nossa lei fundamental civil, ao tratar dos efeitos do casamento quanto às pessoas e aos bens dos cônjuges, refere-se a uma interessante figura jurídica, a residência da família, verdadeiro ponto central dos interesses familiares, que os cônjuges devem escolher de comum acordo, atendendo, nomeadamente, às exigências da sua vida profissional e aos interesses dos filhos. Na falta de acordo terá aplicação o processo referido no preceito em anotação (Cód. Civ., art. 1673.º e Dec.-Lei n.º 272/01, art. 5.º). Mas não ficou por aqui a nossa lei, regulando também a atribuição da casa de morada da família nos momentos de crise da vida familiar como são os que resultam da dissolução ou suspensão do vínculo conjugal, por morte, divórcio e separação.

2. No caso da morte, tendo residido o casal em casa própria, o cônjuge sobrevivo tem o direito de ser encabeçado, no momento da partilha, no direito de habitação da casa de morada de família e no direito de uso do respectivo recheio, devendo tornas aos co-herdeiros se o valor recebido exceder o da sua parte sucessória e meação, se a houver (Cód. Civ., art. 2103.º-A, n.º 1). Se o casal residia em casa arrendada, a transmissão do direito ao arrendamento é regulada pelo disposto no art. 85.º do Regime do Arrendamento Urbano (Dec.-Lei n.º 321-B/90, de 15 de Outubro).

No caso de divórcio ou separação judicial de pessoas e bens há, igualmente, que distinguir: se a casa de família era comum ou própria de qualquer dos cônjuges, o tribunal pode dá-la de arrendamento a qualquer deles, nos termos e com o condicionalismo previsto no art. 1793.º do Código Civil; se era arrendada podem os cônjuges acordar em que a posição do arrendatário fique pertencendo a qualquer deles, sendo que, na falta de acordo, cabe ao tribunal decidir, nos termos do disposto no art. 84.º daquele R.A.U..

3. O disposto no art. 1793.º do Código Civil e no art. 84.º do R.A.U. são aplicáveis à *união de facto* se o tribunal entender que tal é necessário, designadamente tendo em conta, consoante os casos, o interesse dos filhos ou do parceiro sobrevivo (Lei n.º 7/01, de 11 de Maio, art. 4.º, n.º 4).

4. No divórcio por mútuo consentimento uma das matérias em que deve haver acordo entre os cônjuges é sobre a utilização da casa de morada da família (Cód. Civ., art. 1775.º, n.º 3).

Cap. XVIII — Dos processos de jurisdição voluntária   **ART. 1416.º**

ARTIGOS 1414.º E 1414.º-A

Estes artigos foram revogados pelo art. 21.º, alínea b) do Dec--Lei n.º 272/01, de 13 de Outubro, por terem sido alterados os preceitos da lei substantiva que adjectivavam.

ARTIGO 1415.º
(Desacordo entre os cônjuges)

1 — Havendo desacordo entre os cônjuges sobre a fixação ou alteração da residência da família, pode qualquer deles requerer a intervenção dos tribunais para solução do diferendo, oferecendo logo as provas.

2 — O outro cônjuge será citado para se pronunciar, oferecendo igualmente as provas que entender.

3 — O juiz determinará as diligências que entender necessárias, devendo, salvo se lhe parecer inútil ou prejudicial, convocar as partes e quaisquer familiares para uma audiência, onde tentará a conciliação, decidindo em seguida.

4 — Da decisão cabe sempre recurso, com efeito suspensivo.

Trata do processo a adoptar para fixação ou alteração da residência da família quando sobre essa matéria houver desacordo entre os cônjuges.
Sobre residência da família veja-se o art. 1413.º e correspondente anotação.
Sobre a competência, em certos casos, do Conservador do Registo Civil, veja-se Dec.-Lei n.º 272/01, de 13 de Outubro, art. 5.º e segs..

ARTIGO 1416.º
(Contribuição do cônjuge para as despesas domésticas)

1 — O cônjuge que pretenda exigir a entrega directa da parte dos rendimentos do outro cônjuge, necessária para as despesas domésticas, indicará a origem dos rendimentos e a importância que pretenda receber, justificando a necessidade e razoabilidade do montante pedido.

2 — Seguir-se-ão, com as necessárias adaptações, os termos do processo para a fixação dos alimentos provisórios, e a sentença, se considerar justificado o pedido, ordenará a notificação da pessoa ou entidade pagadora dos rendimentos ou proventos para entregar directamente ao requerente a respectiva importância periódica.

Ao tratar dos efeitos do casamento quanto às pessoas e aos bens dos cônjuges — matéria à qual o concurso da mulher ao mercado do trabalho impôs uma nova regulamentação — a nossa lei civil, partindo da afirmação da igualdade de direitos e deveres dos cônjuges, incluiu entre os deveres recíprocos dos cônjuges, os da cooperação e assistência, atribuindo ao primeiro a obrigação de socorro e auxílio mútuos, e a de assumirem em conjunto as responsabilidades inerentes à família que fundaram, e ao segundo, a obrigação de prestar alimentos e a de contribuir para os encargos da vida familiar. Este dever contribuir para os encargos da vida familiar incumbe a ambos os cônjuges. Não sendo prestada a contribuição devida pode qualquer dos cônjuges exigir que lhe seja directamente entregue a parte dos rendimentos ou proventos do outro que o tribunal fixar. É do processo que deve usar-se para obter judicialmente essa entrega que trata o artigo em apreço (Cód. Civ., arts. 1671.º, 1672.º, 1674.º, 1675.º, 1676.º).

ARTIGO 1417.º
(Conversão da separação em divórcio)

1 — O requerimento da conversão da separação judicial de pessoas e bens em divórcio é autuado por apenso ao processo da separação.

2 — Requerida a conversão por ambos os cônjuges, é logo proferida a sentença.

3 — Requerida a conversão por um dos cônjuges, será o outro notificado pessoalmente ou na pessoa do seu mandatário, quando o houver, para no prazo de 15 dias deduzir oposição.

4 — A oposição só pode fundamentar-se na reconciliação dos cônjuges.

5 — Não havendo oposição, é logo proferida sentença.

A lei admite (Cód. Civ., art. 1795.º-D) que a conversão judiciária da separação de pessoas e bens em divórcio se faça a pedido unilateral, ou a pedido de ambos os cônjuges.

No primeiro caso é preciso que haja uma decisão transitada há mais de dois anos decretando a separação; a reconciliação durante esse prazo impede a conversão. Qualquer dos cônjuges, ainda que a separação tenha sido decretada por sua culpa, ou por culpa partilhada, pode requerer a conversão. É dispensado o prazo quando o pedido se fundar em adultério de um dos cônjuges posteriormente à separação, hipótese em que, havendo oposição, se deverão observar os termos indicados no art. 14.º.

A conversão está sujeita a registo.

ARTIGO 1417.º-A

(Conversão da separação em divórcio em caso de adultério)

No caso do n.º 3 do artigo 1795.º-D do Código Civil, se o requerido contestar, passam a seguir-se os termos do processo ordinário.

Veja-se a anotação ao artigo anterior.

ARTIGO 1418.º

Este artigo, que se ocupava da reconciliação dos cônjuges separados judicialmente, foi revogado pelo art. 12.º, alínea b), *do Dec.--Lei n.º 272/01, de 13 de Outubro, por essa matéria ter passado a ser da exclusiva competência da conservatória do registo civil.*

SECÇÃO III

Separação ou divórcio por mútuo consentimento

ARTIGO 1419.º

(Requerimento)

1 — O requerimento para a separação judicial de pessoas e bens ou para o divórcio por mútuo consentimento será assinado por ambos os cônjuges ou pelos seus procuradores e instruído com os seguintes documentos:

a) **Certidão de narrativa completa do registo de casamento;**

ART. 1420.º Livro III, Título IV — Dos processos especiais

b) Relação especificada dos bens comuns, com indicação dos respectivos valores;
c) Acordo que hajam celebrado sobre o exercício do poder paternal relativamente aos filhos menores, se os houver;
d) Acordo sobre a prestação de alimentos ao cônjuge que careça deles;
e) Certidão da convenção antenupcial e do seu registo, se os houver;
f) Acordo sobre o destino da casa de morada da família.

2 — Caso outra coisa não resulte dos documentos apresentados, entende-se que os acordos se destinam tanto ao período da pendência do processo como ao período posterior.

São da exclusiva competência da conservatória do registo civil a separação e o divórcio por mútuo consentimento, excepto nos casos resultantes de acordo obtido no âmbito de processo de separação ou divórcio litigioso [Dec.-Lei n.º 272/01, de 13/10, art. 12.º, n.º 1, alínea *b)*]. Se o processo correr na conservatória, os seus termos são os indicados no art. 14.º daquele diploma legal; se correr nos tribunais, os seus termos obedecerão ao preceituado nos arts. 1419.º a 1424.º deste Código.

ARTIGO 1420.º
(Convocação da conferência)

1 — Não havendo fundamento para indeferimento liminar, o juiz fixará o dia da conferência a que se refere o artigo 1776.º do Código Civil, podendo para ela convocar parentes ou afins dos cônjuges ou quaisquer pessoas em cuja presença veja utilidade.

2 — O cônjuge que esteja ausente do continente ou da ilha em que tiver lugar a conferência ou que se encontre impossibilitado de comparecer poderá fazer-se representar por procurador com poderes especiais.

3 — A conferência poderá ser adiada por um período não superior a 30 dias quando haja fundado motivo para presumir que a impossibilidade de comparência referida no número anterior cessará dentro desse prazo.

Hoje é muito rara esta conferência, a cuja convocação só se procederá quando a separação ou o divórcio por mútuo consentimento for da competência dos tribunais comuns. No caso da competência pertencer à conservatória do registo civil, o preceito aplicável é o n.º 3 do art. 14.º do Dec.-Lei n.º 272/01.

ARTIGO 1421.º
(Primeira conferência)

1 — Se a conferência a que se refere o artigo 1776.º do Código Civil terminar por desistência do pedido por parte de ambos os cônjuges ou um deles, o juiz fá-la-á consignar na acta e homologá-la-á.

2 — No caso contrário, será exarado em acta o acordo dos cônjuges quanto à separação ou divórcio, bem como as decisões tomadas quanto aos acordos a que se refere o artigo 1775.º do Código Civil.

A rubrica deste artigo — *primeira conferência* — só se justificava quando a lei civil previa, no art. 1777.º, uma *segunda conferência*. Revogado, porém, este artigo, pelo Dec.-Lei n.º 272/01, essa designação perdeu todo e qualquer sentido. Não é um erro grave; mas é uma imperfeição formal desnecessária.

ARTIGO 1422.º
(Suspensão ou adiamento da conferência)

1 — A conferência já iniciada pode ser suspensa por período não superior a 30 dias, se houver fundada razão para crer que a suspensão facilitará a desistência do pedido.

2 — Quando algum dos cônjuges falte à conferência, o processo aguardará que seja requerida a designação de novo dia.

ARTIGO 1423.º

Este artigo foi revogado pelo art. 21.º do Dec.-Lei n.º 272/01, de 13 de Outubro, por ter sido também eliminada a nova conferência prevista no art. 1777.º do Código Civil.

ARTIGO 1423.º-A

(Renovação da instância)

1 — Tendo o processo de divórcio ou separação por mútuo consentimento resultado da conversão de divórcio ou separação litigiosa, nos termos do n.º 3 do artigo 1407.º, se não vier a ser decretado o divórcio ou a separação por qualquer motivo, que não seja a reconciliação dos cônjuges, pode qualquer das partes da primitiva acção pedir a renovação desta instância.

2 — O requerimento deverá ser feito dentro dos 30 dias subsequentes à data da conferência em que se tenha verificado o motivo para não decretar o divórcio ou separação por mútuo consentimento.

Se, convencidos os cônjuges a converterem o divórcio ou a separação litigiosa em divórcio ou separação por mútuo consentimento, acontecer alguma coisa (que não seja a reconciliação) que impeça a obtenção do resultado previsto, o legislador acorre a consentir regresso à litigiosidade. É assinalável este cuidado da lei: se não se pode salvar o casamento, ao menos que não se perca o divórcio!

ARTIGO 1424.º

(Irrecorribilidade do convite à alteração dos acordos)

Não cabe recurso do convite à alteração dos acordos previstos nos artigos 1776.º e 1777.º do Código Civil.

Não se compreende a referência que a lei faz a um preceito que, revogado, desapareceu da ordem jurídica, como é o art. 1777.º do Código Civil. Veja-se a nota ao art. 1421.º. Sabemos que são imperfeições menores, mas é de pensar como fica o Código com tantas imperfeições desse tamanho.

SECÇÃO IV

Processos de suprimento

ARTIGO 1425.º

(Suprimento de consentimento no caso de recusa)

1 — Se for pedido o suprimento do consentimento, nos casos em que a lei o admite, com o fundamento de recusa, é citado o recusante para contestar.

2 — Deduzindo o citado contestação, é designado dia para a audiência de discussão e julgamento, depois de concluídas as diligências que haja necessidade de realizar previamente.

3 — Na audiência são ouvidos os interessados e, produzidas as provas que forem admitidas, resolver-se-á, sendo a resolução transcrita na acta da audiência.

4 — Não havendo contestação, o juiz resolve, depois de obter as informações e esclarecimentos necessários.

Os arts. 1425.º a 1430.º regulam processos de jurisdição voluntária destinados a suprir a prática voluntária de certas manifestações de vontade que a lei considera necessárias para a realização de outros actos jurídicos.

O artigo agora em exame considera o modo de suprir a falta de consentimento, exigido por lei, para a realização de um acto jurídico, quando esse *consentimento tiver sido recusado*.

Saber se a eficácia de certo acto jurídico depende de autorização ou consentimento de outra pessoa, que não é o seu autor, é um problema de direito material.

Podem indicar-se exemplificativamente casos em que a lei exige consentimento para a validade do acto, permitindo, porém, o suprimento desse consentimento, quando haja injusta recusa, ou impossibilidade, por qualquer causa, de o prestar: *a)* o repúdio da herança ou do legado só pode ser feito com o consentimento de ambos os cônjuges, a menos que vigore o regime da separação de bens (Cód. Civ., art. 1683.º, art. 1683.º, n.º 2) mas o consentimento pode ser suprido judicialmente (Cit. Cód., art. 1684.º, n.º 3); *b)* os inabilitados só podem praticar actos de disposição de bens entre vivos, e todos os que forem especificados na sentença, com autorização do curador, a qual pode ser judicialmente suprida (Cód. Civ., art. 153.º, n.ºˢ 1 e 2); os pais e avós não podem vender a filhos ou netos, se os outros filhos ou netos não consentirem na venda, mas a falta de consentimento, quando este não possa ser prestado ou seja recusado, é susceptível de suprimento judicial (Cód. Civ., art. 877.º, n.º 1).

ARTIGO 1426.º

(Suprimento de consentimento noutros casos)

1 — Se a causa do pedido for a incapacidade ou a ausência da pessoa, serão citados o representante do incapaz

ART. 1427.º Livro III, Título IV — Dos processos especiais

ou o procurador ou curador do ausente, o seu cônjuge ou parente mais próximo, o próprio incapaz, se for inabilitado e o Ministério Público; havendo mais de um parente no mesmo grau, é citado o que for considerado mais idóneo.

2 — Se ainda não estiver decretada a interdição ou inabilitação ou verificada judicialmente a ausência, as citações só se efectuarão depois de cumprido o disposto nos artigos 242.º ou 244.º; em tudo o mais se observará o preceituado no artigo anterior.

3 — Se a impossibilidade de prestar o consentimento tiver causa diferente, observar-se-á, com as necessárias adaptações, o disposto no n.º 1.

O processo de suprimento previsto neste preceito emprega-se no caso de a impossibilidade da prestação do consentimento se basear em facto que não seja a *recusa* por parte de quem tem legitimidade para o prestar, caso em que se aplicará o art. 1426.º.

ARTIGO 1427.º
(Suprimento da deliberação da maioria legal dos comproprietários)

1 — Ao suprimento da deliberação da maioria legal dos comproprietários sobre actos de administração, quando não seja possível formar essa maioria, é aplicável, com as necessárias adaptações, o disposto no artigo 1425.º

2 — Os comproprietários que se hajam oposto ao acto são citados para contestar.

Na compropriedade, na falta de convenção em contrário, todos os comproprietários têm igual poder para administrar. Pertencendo a administração a todos, ou a alguns deles, qualquer dos administradores têm o direito de se opôr ao acto que outro pretenda realizar, cabendo à maioria dos consortes, que representem, pelo menos, metade do valor total das quotas, decidir sobre o mérito da oposição (Cód. Civ., arts. 985.º, n.ºs 1 a 4, e 1407.º, n.º 1). Se acontecer que se mostre impossível formar a maioria legal (mais de metade dos consortes representando, pelo menos, metade do valor das quotas), qualquer dos comproprietários pode recorrer ao tribunal, que decidirá segundo juízos de equidade. É para obter essa decisão que se usa o processo descrito na norma em apreciação (Cit. Cód., art. 1407.º, n.º 2).

ARTIGO 1428.º
(Nomeação de administrador na propriedade horizontal)

1 — O condómino que pretenda a nomeação judicial de administrador da parte comum de edifício sujeito a propriedade horizontal indicará a pessoa que reputa idónea, justificando a escolha.

2 — São citados para contestar os outros condóminos, os quais podem indicar pessoas diferentes, justificando a indicação.

3 — Se houver contestação, observar-se-á o disposto nos n.ºs 2 e 3 do artigo 1425.º; na falta de contestação, é nomeada a pessoa indicada pelo requerente.

Na propriedade horizontal cada condómino é proprietário exclusivo da fracção que lhe pertence e comproprietário das partes comuns do edifício. A administração das partes comuns compete à assembleia dos condóminos e a um administrador. O administrador é eleito e exonerado pela assembleia. Se a assembleia o não eleger, será ele nomeado pelo tribunal a requerimento de qualquer dos condóminos, usando, para tal, do processo regulado pelo artigo em anotação (Cód. Civ., arts. 1420.º, 1430.º e 1435.º).

ARTIGO 1429.º
(Determinação judicial da prestação ou do preço)

1 — Nos casos a que se referem o n.º 2 do artigo 400.º e o artigo 883.º do Código Civil, a parte que pretenda a determinação pelo tribunal indicará no requerimento a prestação ou o preço que julga adequado, justificando a indicação.

2 — A parte contrária é citada para responder em 10 dias, podendo indicar prestação ou preço diferente, desde que também o justifique.

3 — Com resposta ou sem ela, o juiz decidirá, colhendo as provas necessárias.

1. A determinação da prestação pode ser confiada a uma ou outra das partes ou a terceiro; em qualquer dos casos deve ser feita segundo juízos de equidade, se outros critérios não tiverem sido estipulados. Se a determinação não puder ser feita ou não tiver sido feita no tempo devido, sê-lo-á pelo tribunal, sem prejuízo do disposto acerca das obrigações genéricas e alternativas (Cód. Civ., art. 400.º, n.ᵒˢ 1 e 2). Se, neste caso, algum dos interessados directos pretender que a determinação seja feita pelo tribunal, deverá usar do procedimento regulado por este art. 1429.º.

2. Se, numa venda, o preço não estiver fixado por entidade pública, e as partes o não determinarem, nem convencionarem, referindo-se apenas ao preço justo, valerá como preço contratual o que o vendedor normalmente praticar à data da conclusão do contrato, ou, na falta dele, o do mercado ou bolsa, no momento do contrato e no lugar em que o comprador deva cumprir; na insuficiência destas regras, o preço é determinado pelo tribunal (Cód. Civ., art. 883.º, n.ᵒˢ 1 e 2). O meio processual a empregar é também o descrito no preceito em anotação.

3. Veja-se uma aplicação deste preceito na hipótese regulada no art. 1459.º, n.º 1.

ARTIGO 1430.º
(Determinação judicial em outros casos)

O disposto no artigo anterior é aplicável, com as necessárias adaptações, à divisão judicial de ganhos e perdas nos termos do artigo 993.º do Código Civil e aos casos análogos.

Para a hipótese de no pacto de uma sociedade civil se ter convencionado que a divisão dos ganhos e perdas seria feita por terceiros (não sócio), deve este fazê-la segundo juízos de equidade, sempre que não haja estipulação em contrário; se a divisão não puder ser feita ou não tiver sido feita no tempo devido, sê-lo-á pelo tribunal (Cód. Civ., art. 993.º, n.º 1). Nesse caso o processo a adoptar será o previsto no art. 1429.º.

SECÇÃO V

Alienação ou oneração de bens dotais e de bens sujeitos a fideicomisso

ARTIGO 1431.º
(Petição da autorização judicial)

Com a petição inicial de autorização para alienar ou onerar bens dotais, formulada por um só dos cônjuges, deve juntar-se documento autêntico ou autenticado que prove o consentimento do outro cônjuge; se este recusar o consentimento ou não puder prestá-lo por incapacidade, ausência ou outra causa, deve cumular-se com o pedido de autorização judicial o de suprimento do consentimento.

1. O Código Civil vigente entre nós admitia, na sua versão original, um regime de bens do casamento que designava por «regime dotal», que regulava nos seus artigos 1738.º a 1752.º. O Dec.-Lei n.º 496/77, de 25 de Novembro, que ajustou alguns preceitos do Código Civil aos princípios da Constituição da República Portuguesa de 2 de Abril de 1976, suprimiu o regime dotal, por o julgar incompatível, na sua estrutura, com o princípio da igualdade dos cônjuges, mas no seu artigo 180.º, embora reconhecendo que a partir de 1 de Abril de 1978 deixaria de poderem ser celebrados casamentos sob o regime dotal, declarou que os *dotes* constituídos relativamente a casamentos anteriores, ficariam sujeitos ao regime até então em vigor. É esta reserva na aplicação das leis no tempo que explica que, embora suprimido o regime dotal continuem a vigorar os meios processuais que regulam a alienação ou oneração dos dotes constituídos anteriormente aquela data. Esses meios são os indicados nos arts. 1432.º a 1437.º.

2. O processo para alienar ou onerar bens sujeitos a fideicomisso vem tratado no art. 1438.º.

3. O que dissemos na nota 1 mostra que a regulamentação dos «*dotes*» constituídos para casamentos celebrados anteriormente a 1 de Abril de 1978, continua a ser feita pelos arts. 1738.º e seguintes, que, relativamente a eles, continuam em vigor.

4. Os bens dotais serão relacionados na escritura antenupcial ou em outra escritura pública anterior ao casamento, sob pena de serem havidos como parafernais (Cód. Civ., art. 1743.º, n.º 1). No acto de constituição do dote, tem o dotador a faculdade de fixar as condições em que os bens dotais podem ser alienados ou onerados. Fora dos casos previstos, os bens dotais só podem ser onerados ou alienados, mesmo por permuta, em caso de *necessidade urgente* ou de *utilidade manifesta*, mediante prévio consentimento do marido e da mulher e com autorização do tribunal (Cód. Civ., art. 1746.º, n.ºs 1 e 2). No caso de alienação por necessidade manifesta, o preço ou os bens obtidos serão convertidos no prazo de seis meses em bens imóveis ou títulos de crédito nominativos, devendo o tribunal impôr, em cada caso, as condições necessárias à defesa da integridade do dote (Cód. Civ., art. 1477.º).

O processo a utilizar para obter a autorização judicial para a alienação, conjuntamente com o pedido de suprimento do consentimento do outro cônjuge, quando necessário (arts. 1425.º e 1426.º), é o dos arts. 1431.º a 1433.º.

5. Os actos de alienação ou oneração de bens dotais fora das condições indicadas são anuláveis. A anulabilidade só pode ser arguida na constância do matrimónio pelo marido ou pela mulher, ou, dentro do ano posterior à extinção do ónus dotal, pela mulher ou seus herdeiros, ainda que os requerentes tenham consentido no acto realizado. Extinto o ónus dotal, a mulher ou seus herdeiros podem confirmar o acto nos termos gerais (Cód. Civ., art. 1749.º, n.ºs 1 a 3).

ARTIGO 1432.º
(Pessoas citadas)

São citadas para contestar o pedido:

a) O outro cônjuge, se tiver recusado o consentimento;
b) As pessoas indicadas no artigo 1426.º, se for outra a causa da falta do consentimento;
c) O dotador;
d) Os herdeiros presumidos da mulher;
e) O Ministério Público, se os herdeiros presumidos da mulher forem incapazes ou estiverem ausentes.

Cap. XVIII — *Dos processos de jurisdição voluntária*   **ART. 1434.º**

O pedido de autorização judicial deve ser formulado por ambos os cônjuges (art. 28.º-A), excepto se um deles não quiser ou não puder dar consentimento ao acto, caso em que o requerente cumulará com o pedido de autorização o do suprimento do consentimento (art. 1431.º, I).

Se for só pedida a autorização são requeridos, isto é, são admitidos a impugnar o pedido, o dotador (¹²⁴), os herdeiros presumidos da mulher, e o Ministério Público se os herdeiros presumidos da mulher forem incapazes (¹²⁵) ou estiverem ausentes (¹²⁶). Se for pedido também o suprimento do consentimento do outro cônjuge que o tenha recusado, será requerido também contra este, e se for outra a causa da falta do cumprimento serão igualmente citadas para contestar o pedido às pessoas indicadas no art. 1426.º.

Os termos processuais a seguir são os do art. 1425.º, n.ᵒˢ 2 a 4.

ARTIGO 1433.º

(Termos posteriores)

Aos termos posteriores do processo é aplicável o disposto nos n.ᵒˢ 2 a 4 do artigo 1425.º.

Veja-se a anotação ao artigo anterior.

ARTIGO 1434.º

(Destino do produto da alienação por necessidade urgente)

A decisão que autorizar a alienação dos bens para satisfazer necessidade urgente determinará o destino e as condições de utilização do respectivo produto.

1. Como já vimos, na nota 4 ao art. 1431.º, a alienação ou oneração dos bens dotais, fora dos casos previstos no acto de constituição do dote, só pode ser judicialmente autorizada quando se destinar a satisfazer *necessidade urgente* ou a obter *utilidade manifesta*.

Para ambos os casos foram usadas expressões amplas e abstractas (¹²⁷), mas o legislador, pretendendo assegurar-se da aplicação em

---

(¹²⁴) Art. 1789.º do Cód. Civ..
(¹²⁵) Menores (art. 123.º), interditos (art. 139.º).
(¹²⁶) Ausentes (arts. 89.º a 113.º).
(¹²⁷) Pires de Lima e Antunes Varela, *Código Civil Anotado*, vol. IV (2.ª ed.), pág. 620.

concreto do produto da alienação autorizada, redigiu os arts. 1434.º e 1435.º, exigindo que, se a alienação se destinar a satisfazer *necessidade urgente*, fique logo, na sentença que a autorizar, fixado o destino e as condições da utilização do produto da alienação; e no caso da alienação por *utilidade manifesta* regulou o modo de proceder quando o produto da alienação tenha sido convertido em bens imóveis ou títulos de crédito nominativos, de harmonia com o disposto no art. 1747.º do Código Civil.

2. Para o caso de expropriação por utilidade pública regula o art. 1436.º; a hipótese do destino a dar às eventuais sobras é previsto no art. 1437.º.

ARTIGO 1435.º
(Destino do produto da alienação por utilidade manifesta)

1 — Quando o produto da alienação tenha de ser convertido em bens imóveis ou títulos de crédito nominativos, ajustada a compra destes e verificado o seu valor, com audiência dos interessados, é o preço directamente entregue ao vendedor, depois de registado ou averbado o ónus dotal.

2 — No caso de permuta não se cancela o registo do ónus dotal sem estar registado ou averbado esse ónus nos bens oferecidos em sub-rogação.

Veja-se a anotação ao artigo anterior.

ARTIGO 1436.º
(Conversão do produto em casos especiais)

Se os bens forem expropriados por utilidade pública ou particular, ou reduzidos forçosamente a dinheiro por qualquer outro motivo, o produto deles será também convertido nos termos do artigo anterior.

Quando os bens dotais forem expropriados por utilidade pública ou particular, ou se se perderem ou danificarem, a respectiva indemnização será convertida, no prazo de seis meses, em bens imóveis ou títulos de crédito nominativos. Esta disciplina aplica-se a todos os casos em que o dote, ou parte dele, tenha de ser convertido em dinheiro (Cód. Civ., art. 1748.º).

ARTIGO 1437.º
(Aplicação da parte sobrante)

Se, depois de aplicado o produto dos bens ou de efectuada a conversão, ficarem sobras de tal modo exíguas que se torne impossível ou excessivamente oneroso convertê-las, serão entregues ao cônjuge que estiver na administração dos bens do casal, como se fossem rendimentos dos bens dotais.

Este artigo prevê a hipótese de, feita a conversão, sobejarem sobras cuja exeguidade torne impossível, ou excessivamente onerosa a sua aplicação, situação em que a lei as manda entregar ao cônjuge que administre os bens do casal, considerando-as como rendimento dos bens dotais.

ARTIGO 1438.º
(Autorização judicial para alienar ou onerar bens sujeitos a fideicomisso)

1 — A autorização judicial para alienação ou oneração de bens sujeitos a fideicomisso pode ser pedida tanto pelo fideicomissário como pelo fiduciário.

2 — O requerente justificará a necessidade ou utilidade da alienação ou oneração.

3 — Será citado para contestar, em 10 dias, o fiduciário, se o pedido for formulado pelo fideicomissário, ou este, se o pedido for deduzido pelo fiduciário.

4 — Com a contestação ou sem ela, o juiz decidirá, colhidas as provas e informações necessárias.

5 — Se a autorização for concedida, a sentença fixará as cautelas que devem ser observadas.

Diz-se substituição fideicomissária, ou fideicomisso, a disposição pela qual o testador impõe ao herdeiro instituído o encargo de conservar a herança, para que ela reverta, por sua morte, a favor de outrem; o herdeiro gravado com o encargo chama-se fiduciário, e fideicomissário o beneficiário da substituição (Cód. Civ., art. 2286.º). O fiduciário tem o gozo e a administração dos bens sujeitos ao fideicomisso (Cód. Civ., art. 2290.º, n.º 1). Em caso de evidente necessi-dade ou de utilidade para os bens da substituição, pode o tribunal autorizar, com as devidas cautelas, a alienação ou oneração dos bens sujeitos ao fideicomisso. Nas mesmas condições pode o tribunal auto-rizar a alienação ou oneração em caso de evidente necessidade ou utili-dade para o fiduciário, contanto que os interesses do fideicomissá-rio não sejam afectados (Cód. Civ., art. 2291.º).

Na Comissão Revisora do Código Civil suscitaram-se algumas dúvidas sobre se a «necessidade ou utilidade» de que falava o texto proposto se referia exclusivamente *aos bens* sujeitos ao fideicomisso (Vaz Serra e Lopes Navarro), ou se deveria tornar-se extensivo ao fiduciário o direito de dispôr dos bens em caso de necessidade urgente para ele, desde que se rodeasse essa faculdade das necessárias cautelas (Gomes da Silva). Foi dessa discordância que nasceu o texto actual. Há, assim, duas situações em que o fiduciário é autorizado a alienar ou onerar os bens sujeitos a fideicomisso: *a)* ser isso de evidente necessidade ou utilidade para os bens da substituição; *b)* em caso de evidente necessidade ou utilidade para a pessoa do fiduciário, desde que os interesses do fideicomissário não sejam afectados. No primeiro caso a *utilidade evidente* é calculada em referência à *situação objectiva* dos bens, de que é exemplo a natureza deteriorável destes, o que naturalmente aconselhará a sua substituição. No segundo caso será a evidente *necessidade ou utilidade* para o fiduciário que justificará a autorização judicial para alienação dos bens do fideicomisso. Em qualquer dessas situações o tribunal deverá fazer depender a autorização da adopção de medidas que assegurem a futura reversão dos bens para o fideicomissário, sem o que deixará de haver substituição; se o testador, prevendo a necessidade económica do fiduciário, quisesse que este pudesse dispôr dos bens, *mesmo em prejuízo da obrigação de conservar a herança*, certamente teria adoptado o fideicomisso irregular, commumente designado fideicomisso de resíduo (art. 2295.º, n.º 1) ([128]).

É no preceito em anotação que está regulado o processo da autorização judicial para alienação ou oneração sujeitos a fideicomisso.

([128]) Rodrigues Bastos, *Notas ao Código Civil*, vol. VII, pág. 483.

SECÇÃO VI
Autorização ou confirmação de certos actos

ARTIGO 1439.º
(Autorização judicial)

1 — Quando for necessário praticar actos cuja validade dependa de autorização judicial, esta será pedida pelo representante legal do incapaz.

2 — Será citado para constestar, além do Ministério Público, o parente sucessível mais próximo do incapaz ou, havendo vários parentes no mesmo grau, o que for considerado mais idóneo.

3 - Haja ou não contestação, o juiz só decide depois de produzidas as provas que admitir e de concluídas outras diligências necessárias, ouvindo o conselho de família, quando o seu parecer for obrigatório.

4 - O pedido é dependência do processo de inventário, quando o haja, ou do processo de interdição.

5 - É sempre admissível a cumulação dos pedidos de autorização para aceitar a herança deferida a incapaz, quando necessária, e de autorização para outorgar na res-pectiva partilha extrajudicial, em representação daquele; neste caso, o pedido de nomeação de curador especial, quando o representante legal concorra à sucessão com o seu representado, é dependência do processo de autorização.

ARTIGO 1440.º
(Aceitação ou rejeição de liberalidades em favor de incapazes)

1 — No requerimento em que se peça a notificação do representante legal para providenciar acerca da aceitação ou rejeição de liberalidade a favor de incapaz, o requerente, se for o próprio incapaz, algum seu parente, o Ministério Público ou o doador justificará a conveniência da aceitação ou rejeição, podendo oferecer provas.

2 - O despacho que ordenar a notificação marcará prazo para o cumprimento.

3 - Se quiser pedir autorização para aceitar a liberalidade, o notificado deve formular o pedido no próprio

processo da notificação, observando-se aí o disposto no artigo anterior e, obtida a autorização no mesmo processo declarará aceitar a liberalidade.

4 – Se, dentro do prazo marcado, o notificado não pedir a autorização ou não aceitar a liberalidade, o juiz, depois de produzidas as provas necessárias, declará-la-á aceita ou rejeitada, de harmonia com as conveniências do incapaz.

5 — É aplicável a este caso o disposto no n.º 4 do artigo anterior.

É muito importante ter em conta que o Dec-Lei n.º 272/2001, de 13 de Outubro, transferiu a competência decisória para o Ministério Público, dos processos cujo principal rácio é a tutela dos interesses dos incapazes e ausentes, e para as conservatórias do registo civil, em matérias respeitantes a um conjunto de processos de jurisdição voluntária, regulando os correspondentes procedimentos. São esses procedimentos que nos casos ali indicados (arts. 2.º, 4.º, 5.º, 12.º e 15.º), devem ser seguidos.

ARTIGO 1441.º
(Alienação ou oneração dos bens do ausente ou confirmação de actos praticados pelo representante do incapaz)

1 — O disposto no artigo 1439.º é também aplicável, com as necessárias adaptações:

a) **À alienação ou oneração de bens do ausente, quando tenha sido deferida a curadoria provisória ou definitiva;**

b) **À confirmação judicial de actos praticados pelo representante legal do incapaz sem a necessária autorização.**

2 — No caso da alínea *a)* do número anterior, o pedido é dependência do processo de curadoria; no caso da alínea *b)*, é dependência do processo em que o representante legal tenha sido nomeado.

1. Considera-se «ausente» para efeitos legais aquele que desapareceu sem que dele se saiba parte e sem ter deixado representante legal ou procurador.

Quando haja necessidade de prover acerca da administração dos seus bens, deve o tribunal nomear-lhe curador provisório, ao qual sucederá, dois anos depois, o curador definitivo, e, passados dez anos se verificará a situação de morte presumida (Cód. Civ., arts. 89.º a 121.º).

Ao que aqui cabe, interessa salientar que o curador só com autorização judicial pode alienar ou onerar bens imóveis, objectos preciosos, títulos de crédito, estabelecimentos comerciais e quais outros bens cuja alienação ou oneração não constitua acto de administração. A autorização só será concedida quando o acto se justifique para evitar a deterioração ou ruína dos bens, solver dívidas do ausente, custear benfeitorias necessárias ou úteis ou ocorrer a outra necessidade urgente (Cód. Civ., arts. 94.º, n.os 3 e 4 e 110.º).

Presentemente é da exclusiva competência do Ministério Público a decisão relativa a pedidos de autorização para a alienação ou oneração de bens do ausente, quando tenha sido deferida a curadoria ou definitiva: — Dec.-Lei n.º 272/01, de 13 de Outubro, n.º 1, alínea c). O agente do M. P. competente é aquele que exercer funções junto do tribunal em que correu o processo de curadoria.

2. À instituição da curadoria provisória dos bens do ausente corresponde processo próprio, o dos arts. 1451.º a 1455.º.

SECÇÃO VII

Conselho de família

ARTIGO 1442.º

(Constituição do conselho)

Sendo necessário reunir o conselho de família e não estando este ainda constituído, o juiz designará as pessoas que o devem constituir, ouvindo previamente o Ministério Público e colhendo as informações necessárias, ou requisitará a constituição dele ao tribunal competente.

O Conselho de família é constituído por dois vogais escolhidos entre os parente ou afins do incapaz, e o Ministério Público, que pre-side. A escolha é feita tendo em conta, nomeadamente, a proximidade do grau, as relações de amizade, as aptidões, a idade, o lugar de residência e o interesse manifestado pelo incapaz. Sempre que possível, um dos vogais do conselho de família pertencerá ou representará a linha paterna e o outro a linha materna do menor. Na falta de parente ou afins cabe ao tribunal escolher os vogais de entre os amigos dos pais, vizinhos ou outras pessoas que possam interessar-se pelo incapaz (Cód. Civ., arts. 1951.º e 1952.º, n.os 1 e 2).

ARTIGO 1443.º
(Designação do dia para a reunião)

1 — O dia para a reunião do conselho será fixado pelo Ministério Público.
2 — Serão notificados para comparecer os vogais do conselho, bem como o requerente, quando o haja.

O Conselho de Família é convocado por determinação do tribunal ou do Ministério Público, ou a requerimento de um dos vogais, do tutor, do administrador de bens, de qualquer parente do menor, ou do próprio menor, quando tiver mais de dezasseis anos. A convocação indicará o objecto principal da reunião e será enviada a cada um dos vogais com oito dias de antecedência. Faltando algum dos vogais, o conselho será convocado para outro dia; se de novo faltar algum dos vogais, as deliberações serão tomadas pelo Ministério Público, ouvido o outro vogal, quando esteja presente. A falta injustificada às reuniões do conselho de família torna o faltoso responsável pelos danos que o menor venha a sofrer (Cód. Civ., arts. 1951.º, 1952.º e 1957.º).

ARTIGO 1444.º
(Assistência de pessoas estranhas ao conselho)

No dia designado para a reunião, se o conselho deliberar que a ela assista o incapaz, o seu representante legal, algum parente ou outra pessoa, marcar-se-á dia para prosseguimento da reunião e far-se-á a notificação das pessoas que devam assistir.

Os vogais do conselho de família são obrigados a comparecer pessoalmente. O conselho de família pode deliberar que às suas reuniões ou a alguma delas assista o tutor, o administrador de bens, qualquer parente do incapaz, o próprio incapaz ou ainda pessoa estranha à família cujo parecer seja útil; mas, em qualquer caso, só os vogais do conselho têm voto. De igual faculdade goza o Ministério Público (Cód. Civ., art. 1958.º).

ARTIGO 1445.º.º

(Deliberação)

**1 — As deliberações são tomadas por maioria de votos; não sendo possível formar maioria, prevalece o voto do Ministério Público.
2 — A deliberação é inserta na acta.**

SECÇÃO VIII

Dispensa do prazo internupcial

ARTIGO 1446.º A 1450.º

(Revogados)

Esta VIII secção do capítulo XVIII, que se ocupava do processo para verificação da gravidez, em adjectivação ao disposto no n.º 2 do art. 1605.º do Código Civil, foi totalmente abolida pelo legislador, que substituiu a «declaração judicial» a que aludia aquele normativo, por simples atestado de médico especialista. O processo judicial foi primeiramente simplificado pelo Dec.-Lei n.º 329-A/95, que revogou os arts. 1447.º e 1448.º, e depois abolido pelo Dec.-Lei n.º 272/ /2001, de 13/10, que revogou o art. 1446.º (art. 21.º). No mesmo diploma formulou-se o seguinte preceito: Art. 15.º (Dispensa de prazo internupcial). «A mulher que pretenda celebrar novo casamento antes do decurso do prazo internupcial apresenta, juntamente com a declaração prevista no n.º 1 do artigo 137.º do Código do Registo Civil, atestado de médico especialista em ginecologia-obstetrícia comprovativo da situação de não gravidez». A declaração de dispensa é efectuada pela conservatória do registo civil competente para a organização do processo preliminar de publicações para o casamento: cit. Dec.- -Lei, art. 12.º, n.º 3.

SECÇÃO IX

Curadoria provisória dos bens do ausente

ARTIGO 1451.º

(Curadoria provisória dos bens do ausente)

1 — Quando se pretenda instituir a curadoria provisória dos bens do ausente, é necessário fundamentar a medida e indicar os detentores ou possuidores dos bens,

o cônjuge, os herdeiros presumidos do ausente e quaisquer pessoas conhecidas que tenham interesse na conservação dos bens.

2 — São citados para contestar, além das pessoas mencionadas no número anterior, o Ministério Público, se não for o requerente, e, por éditos de 30 dias, o ausente e quaisquer outros interessados.

3 — Produzidas as provas que forem admitidas e obtidas as informações que se considerem necessárias, é lavrada a sentença.

Quando haja necessidade de prover acerca da administração dos bens de quem desapareceu sem que dele se saiba parte e sem ter deixado representante legal ou procurador, deve o tribunal nomear-lhe curador provisório. Deve igualmente ser nomeado curador ao ausente, se o procurador não quiser ou não puder exercer as suas funções. Pode ser designado para certos negócios, sempre que as circunstâncias o exijam, um curador especial (Cód. Civ., art. 89.º, n.ᵒˢ 1 a 3).

A curadoria provisória pode ser requerida pelo Ministério Público ou por qualquer interessado (Cit. Cód., art. 91.º).

ARTIGO 1452.º
(Publicação da sentença)

1 — A sentença que defira a curadoria é publicada por editais afixados na porta do tribunal e na porta da sede da junta de freguesia do último domicílio conhecido do ausente e por anúncio inserto no jornal que o juiz achar mais conveniente.

2 — Os editais e o anúncio hão-de conter, além da declaração de que foi instituída a curadoria, os elementos de identificação do ausente e do curador.

ARTIGO 1453.º
(Montante e idoneidade)

Sobre o montante e a idoneidade da caução que o curador deve prestar é ouvido o Ministério Público, depois de relacionados os bens do ausente.

Os bens do ausente são relacionados e só depois entregues ao curador provisório, ao qual será fixada caução pelo tribunal. Em caso de urgência pode ser autorizada a entrega dos bens antes de estes serem relacionados ou de o curador prestar a caução exigida. Se o curador não prestar a caução, será nomeado outro em lugar dele (Cód. Civ., art. 93.º, n.ᵒˢ 1 e 2).

ARTIGO 1454.º
(Substituição do curador provisório)

À substituição do curador provisório, nos casos em que a lei civil a permite, é aplicável o disposto nos artigos 302.º a 304.º.

À substituição do curador provisório serão aplicáveis as disposições gerais sobre os incidentes da instância constantes dos arts. 302.º a 304.º (indicação de provas; oposição; número de testemunhas; registo dos depoimentos).

ARTIGO 1455.º
(Cessação da curadoria)

1 — Se o ausente voltar, os bens só lhe podem ser entregues pela forma regulada no artigo 1112.º.
2 — Logo que conste no tribunal a existência do ausente e haja notícia do lugar onde reside, será oficiosamente notificado, ou informado por carta registada com aviso de recepção, se residir no estrangeiro, de que os bens estão em curadoria provisória; e, enquanto não providenciar, a curadoria continuará.

A curadoria provisória termina: *a)* pelo regresso do ausente; *b)* se o ausente providenciar acerca da administração dos bens; *c)* pela comparência de pessoa que legalmente represente o ausente ou de procurador bastante; *d)* pela entrega dos bens aos curadores definitivos ou ao cabeça-de-casal; *e)* pela certeza da morte do ausente (Cód. Civ., art. 98.º).

SECÇÃO X

Fixação judicial do prazo

ARTIGO 1456.º
(Requerimento)

Quando incumba ao tribunal a fixação do prazo para o exercício de um direito ou o cumprimento de um dever, o requerente, depois de justificar o pedido de fixação, indicará o prazo que repute adequado.

Em muitas situações (*v.g.*, art. 777.º, n.º 3) a lei dá competência ao tribunal para fixar o prazo para o exercício de um direito ou para o cumprimento de uma obrigação.

Nesses casos o processo que o interessado deve adoptar para obter essa fixação é o destes artigos 1456.º e 1457.º.

ARTIGO 1457.º
(Termos posteriores)

1 — A parte contrária é citada para responder.

2 — Na falta de resposta, é fixado o prazo proposto pelo requerente ou aquele que o juiz considere razoável; havendo resposta, o juiz decidirá, depois de efectuadas as diligências probatórias necessárias.

SECÇÃO XI

Notificação para preferência

ARTIGO 1458.º
(Termos a seguir)

1 — Quando se pretenda que alguém seja notificado para exercer o direito de preferência, especificar-se-ão no requerimento o preço e as restantes cláusulas do contrato projectado, indicar-se-á o prazo dentro do qual, segundo a lei civil, o direito pode ser exercido e pedir-se-á que a pessoa seja pessoalmente notificada para declarar, dentro desse prazo, se quer preferir.

Cap. XVIII — Dos processos de jurisdição voluntária   ART. 1458.º

2 — Querendo o notificado preferir, deve declará-lo dentro do prazo indicado nos termos do número anterior, mediante requerimento ou por termo no processo; feita a declaração, se nos 20 dias seguintes não for celebrado o contrato, deve o preferente requerer, nos 10 dias subsequentes, que se designe dia e hora para a parte contrária receber o preço por termo no processo, sob pena de ser depositado, podendo o requerente depositá-lo no dia seguinte, se a parte contrária, devidamente notificada, não comparecer ou se recusar a receber o preço.

3 — O preferente que não observe o disposto no número anterior perde o seu direito.

4 — Pago ou depositado o preço, os bens são adjudicados ao preferente, retrotraindo-se os efeitos da adjudicação à data do pagamento ou depósito.

5 — Não é admitida oposição à notificação com fundamento na existência de vícios do contrato em relação ao qual se vai efectivar o direito, susceptíveis de inviabilizar o exercício da preferência, os quais apenas pelos meios comuns podem ser apreciados.

6 — O disposto nos números anteriores é aplicável, com as necessárias adaptações, à obrigação de preferência que tiver por objecto outros contratos, além da compra e venda.

1. O Código Civil ocupa-se, nos arts. 414.º a 423.º, dos pactos de preferência, que define como sendo a convenção pela qual alguém assume a obrigação de dar preferência a outrem na venda de determinada coisa (art. 414.º). Apesar de se referirem conceitualmente apenas ao direito de preferência no contrato de compra e venda, a verdade é que a lei considera essas disposições extensivas, na parte aplicável, à obrigação de preferência que tiver por objecto outros contratos com ela compatíveis (art. 423.º). Os preceitos acima referidos tratam apenas da criação e regime das obrigações de preferência convencionais. Ao lado destas há obrigações de preferência emergentes directamente da lei. São preferências legais, por exemplo, aquelas a que se referem os artigos 1409.º e 1410.º do Cód. Civ. (o comproprietário, na venda, ou dação em cumprimento, a estranhos da quota de qualquer dos consortes); 1380.º e 1381.º (os proprietários de terrenos confiantes, de área inferior à unidade de cultura, no

caso da venda, dação em cumprimento ou aforamento de qualquer dos prédios a quem não seja proprietário confinante); 1535.º (o proprietário do solo, na venda ou dação em cumprimento do direito de superfície); 1555.º (o proprietário de prédio onerado com a servidão legal de passagem, no caso de venda, dação em cumprimento do prédio dominante); e, ainda, nos arts. 47.º a 49.º do Regime de Arrendamento Urbano (aprovado pelo Dec.-Lei n.º 321-B/90, de 15 de Outubro, o arrendatário de prédio urbano, ou da sua fracção autónoma, na compra e venda ou na dação em cumprimento do local arrendado há mais de um ano).

2. O direito convencional de preferência não prevalece contra os direitos legais de preferência; e, se não gozar de eficácia real, também não precede relativamente à alienação efectuada em execução, falência ou casos análogos (Cód. Civ., art. 422.º).

3. Querendo vender a coisa que é objecto da preferência, o obrigado deve comunicar ao titular do direito o projecto de venda e as cláusulas do respectivo contrato (Cód. Civ., art. 416.º, n.º 1).
A comunicação ao preferente pode ser feita, não só por notificação judicial, nos termos do artigo anotando, como por qualquer outro meio, desde que torne conhecido todos os elementos essenciais do contrato em projecto; o simples anúncio da venda, sem especificação das cláusulas respectivas, é insuficiente. No mais aplicam-se as regras formuladas no preceito em apreço.

ARTIGO 1459.º
(Preferência limitada)

1 — Quando o contrato projectado abranja, mediante um preço global, outra coisa além da sujeita ao direito de preferência, o notificado pode declarar que quer exercer o seu direito só em relação a esta, requerendo logo a determinação do preço que deve ser atribuído proporcionalmente à coisa e aplicando-se o disposto no artigo 1429.º.

2 — A parte contrária pode deduzir oposição ao requerido, invocando que a coisa preferida não pode ser separada sem prejuízo apreciável.

3 — Procedendo a oposição, o preferente perde o seu direito, a menos que exerça a preferência em relação a todas

as coisas; se a oposição improceder, seguem-se os termos previstos nos n.ᵒˢ 2 a 4 do artigo anterior, contando-se o prazo de 20 dias para a celebração do contrato do trânsito em julgado da sentença.

    1. Este preceito adjectiva o disposto no n.º 1 do art. 417.º do Código Civil: se o obrigado quiser vender a coisa juntamente com outra ou outras, por um preço global, pode o direito ser exercido em relação àquela, pelo preço que proporcionalmente lhe for atribuído, sendo lícito, porém, ao obrigado exigir que a preferência abranja todas as restantes, se estas não forem separáveis sem prejuízo apreciável.

    Querendo o preferente exercer o seu direito somente em relação à coisa sujeita ao direito de preferência pode declará-lo, requerendo logo a determinação do preço que deve ser atribuído à coisa, usando, para tal, do processo previsto no art. 1429.º. Seguem-se, depois, os termos dos n.ᵒˢ 2 e 3 do artigo em anotação.

    2. O n.º 2 do art. 417.º do Cód. Civil manda aplicar o n.º 1 dessa norma ao caso de o direito de preferência ter eficácia real e a coisa ter sido vendida a terceiro juntamente com outra ou outras.

ARTIGO 1459.º-A
(Prestação acessória)

    1 — Se o contrato projectado abranger a promessa de uma prestação acessória que o titular do direito de preferência não possa satisfazer, requererá logo o preferente que declare exercer o seu direito a respectiva avaliação em dinheiro, quando possível, aplicando-se o disposto no artigo 1429.º, ou a dispensa da obrigação de satisfazer a prestação acessória, mostrando que esta foi convencionada para afastar o seu direito.

    2 — Se a prestação não for avaliável pecuniariamente, pode o preferente requerer, nos termos do artigo 418.º do Código Civil, o exercício do seu direito, mostrando que, mesmo sem a prestação estipulada, a venda não deixaria de ser efectuada ou que a prestação foi convencionada para afastar a preferência.

    3 — O prazo para a celebração do contrato conta-se nos termos previstos no n.º 3 do artigo anterior.

ART. 1459.º-B *Livro III, Título IV — Dos processos especiais*

A situação que se prevê é esta: no acordo estabelecido entre o obrigado e o pretenso comprador da coisa sobre a qual recai a preferência, prometeu este uma prestação, acessória ao preço, que o titu-lar do direito de preferência não possa satisfazer. Que efeito produ-zirá isso no exercício da preferência?

Se se mostrar que a prestação acessória foi convencionada para afastar a preferência, o preferente não é obrigado a satisfazê-la. Se não se fizer essa demonstração, o preferente é obrigado, em princípio, a satifazer o valor em dinheiro da prestação acessória, fazendo a respectiva determinação judicial deste, por meio do processo previsto no art. 1429.º. Porém, quando a avaliação em dinheiro dessa prestação se mostrar impossível de efectuar, pode, ainda, o preferente exercer o seu direito mostrando que, mesmo sem a prestação estipulada, a venda não deixaria de ser efectuada.

É esta a solução que a lei dá à situação prevista no art. 418.º.º do Código Civil, combinado com o artigo anotado.

ARTIGO 1459.º-B

(Direito de preferência a exercer simultaneamente por vários titulares)

Quando o direito de preferência for atribuído simultaneamente a vários contitulares, devendo ser exercido por todos em conjunto, serão notificados todos os interessados para o exercício do direito, aplicando-se o disposto nos artigos anteriores, com as necessárias adaptações, sem prejuízo do disposto nos artigos 1462.º e 1463.º.

1. O direito de preferência pode ser atribuído a um só titular, ou, simultaneamente, a vários titulares. Esta última situação é especialmente considerada neste artigo, e nos arts. 1460.º a 1465.º.

2. Neste artigo supõe-se que o direito de preferência foi atribuído simultânea e conjuntamente a várias pessoas. Neste caso, o direito de preferência só pode ser exercido por todos em conjunto; mas se o direito se extinguir em relação a alguns deles, ou algum declarar que não o quer exercer, acresce o seu direito ao dos restantes (Cód. Civ., art. 419.º, n.º 1).

3. A solução legal baseia-se na presumida vontade de quem constitui a preferência.

4. A norma ressalva os casos da preferência pertencer a herança, ou, em comum, aos cônjuges, situações que têm tratamento próprio naqueles artigos 1462.º e 1463.º.

ARTIGO 1460.º
(Direitos de preferência alternativos)

1 — Se o direito de preferência competir a várias pessoas simultaneamente, mas houver de ser exercido apenas por uma, não designada, há-de o requerente pedir que sejam todas notificadas para comparecer no dia e hora que forem fixados, a fim de se proceder a licitação entre elas; o resultado da licitação é reduzido a auto no qual se registará o maior lanço de cada licitante.
2 — O direito de preferência é atribuído ao licitante que ofereça o lanço mais elevado. Perdê-lo-á, porém, nos casos previstos no artigo 1459.º.
3 — Havendo perda do direito atribuído, este devolve--se ao interessado que tiver oferecido o lanço imediatamente inferior, e assim sucessivamente, mas o prazo de 20 dias fixado no artigo 1459.º fica reduzido a metade. À medida que cada um dos licitantes for perdendo o seu direito, o requerente da notificação deve pedir que o facto seja notificado ao licitante imediato.
4 — No caso de devolução do direito de preferência, os licitantes não incorrem em responsabilidade se não mantiverem o seu lanço e não quiserem exercer o direito.

Se o direito de preferência pertencer a mais de um titular, mas houver de ser exercido apenas por um deles, na falta de designação abrir-se-á licitação entre todos, revertendo o excesso para o alienante (Cód. Civ., art. 419.º, n.º 2).
O artigo que estamos a anotar estabelece os termos dessa licitação.

ARTIGO 1461.º
(Direito de preferência sucessivo)

1 — Competindo o direito de preferência a mais de uma pessoa sucessivamente, pode pedir-se que sejam todas noti-

ficadas para declarar se pretendem usar do seu direito no caso de vir a pertencer-lhes, ou pedir-se a notificação de cada uma à medida que lhe for tocando a sua vez em consequência de renúncia ou perda do direito do interessado anterior.

2 — No primeiro caso prossegue o processo em relação ao preferente mais graduado que tenha declarado que-rer preferir, mediante prévia notificação; se este perder o seu direito, proceder-se-á da mesma forma quanto ao mais graduado dos restantes e assim sucessivamente.

Regula o modo de obter declaração quanto ao uso do direito de preferência quando este couber a várias pessoas — sucessivamente.

ARTIGO 1462.º
(Direito de preferência pertencente a herança)

1 — Competindo o direito de preferência a herança, pedir-se-á no tribunal do lugar da sua abertura a notificação do cabeça-de-casal, salvo se os bens a que respeita estiverem licitados ou incluídos em algum dos quinhões, porque neste caso deve pedir-se a notificação do respectivo interessado para ele exercer o direito.

2 — O cabeça-de-casal, logo que seja notificado, requererá uma conferência de interessados para se deliberar se a herança deve exercer o direito de preferência.

3 — O processo é dependência do inventário, quando o haja.

Exceptuados os casos especialmente previstos por lei, os direitos relativos à herança só podem ser exercidos, em litisconsórcio necessário, por todos os herdeiros ou contra todos eles (Cód. Civ., art. 2091.º).

É aplicação deste princípio que faz o artigo em apreço, o qual regula o modo de proceder quando o titular do direito de preferência for a herança indivisa.

ARTIGO 1463.º

(Direito de preferência pertencente aos cônjuges)

Se o direito de preferência pertencer em comum aos cônjuges, é pedida a notificação de ambos, podendo qualquer deles exercê-lo.

A redacção deste preceito está de acordo com o princípio da igualdade jurídica entre os cônjuges, afirmado no n.º 3 do art. 36.º da Constituição da República. A faculdade de o direito de preferência ser exercido por qualquer deles não invalida aquele princípio, sendo de presumir que é essa a vontade comum de ambos.

ARTIGO 1464.º

(Direitos de preferência concorrentes)

1 — Se o direito de preferência pertencer em comum a várias pessoas, será pedida a notificação de todas.

2 — Quando se apresente a preferir mais de um titular o bem objecto de alienação é adjudicado a todos, na proporção da suas quotas.

Se o direito de preferência pertencer, em compropriedade, a dois ou mais preferentes, a quota alienada é adjudicada a todos, na proporção das suas quotas (Cód. Civ., art. 1409.º, n.º 3).

A situação que se prevê no artigo que se deixa transcrito é esta: um dos comproprietários vende ou dá em cumprimento a sua quota a um estranho à comunhão, e há dois ou mais comproprietário da coisa comum que se apresentam a preferir. A qual deles deve reconhecer-se o direito de preferência? A lei velha (art. 1566.º, § 2.º, do Código de Seabra) nos casos dos quinhões serem desiguais, adjudicava o direito ao consorte que tivesse maior quinhão, e, sendo os quinhões iguais, mandava abrir licitação entre os comproprietários. O Código de 1966 abandonou essa solução. Agora, havendo mais do que um preferente, a quota alienada é adjudicada a todos na proporção das duas quotas, critério mais simples, mais equitativo e mais conforme com as razões que ditaram a criação desta preferência.

ARTIGO 1465.º

(Exercício da preferência quando a alienação já tenha sido efectuada e o direito caiba a várias pessoas)

1 — Se já tiver sido efectuada a alienação a que respeita o direito de preferência e este direito couber simultaneamente a várias pessoas, o processo para a determinação do preferente segue os termos do artigo 1460.º, com as alterações seguintes:

a) O requerimento inicial é feito por qualquer das pessoas com direito de preferência;

b) O licitante a quem for atribuído o direito deve, no prazo de 20 dias, depositar a favor do comprador o preço do contrato celebrado e a importância da sisa paga, salvo, quanto a esta, se mostrar que beneficia de isenção ou redução e, a favor do vendedor, o excedente sobre aquele preço;

c) O licitante deve ainda, nos 30 dias seguintes ao trânsito em julgado da sentença de adjudicação, mostrar que foi proposta a competente acção de preferência, sob pena de perder o seu direito;

d) Em qualquer caso de perda de direito, a notificação do licitante imediato é feita oficiosamente.

2 — A apresentação do requerimento para este processo equivale, quanto a caducidade do direito de preferência, à instauração da acção de preferência.

3 — O disposto neste artigo é aplicável, com as necessárias adaptações, aos casos em que o direito de preferência cabe a mais de uma pessoa, sucessivamente.

«Vendido um prédio urbano a locatário habitacional de parte dele, sem que o proprietário tenha cumprido o disposto no art. 416.º, n.º 1 do Código Civil quanto aos restantes locatários, o comprador não perde, pelo simples facto da aquisição, o respectivo direito de preferência. E qualquer desses preteridos, como detentor do direito concorrente, não o poderá ver judicialmente reconhecido sem recorrer ao meio processual previsto no art. 1465.º, aplicável com as devidas adaptações» — Assento do S.T.J., de 1 de Fevereiro de 1995 (*D. R.*, 1.ª s., de 20.4.95).

Este *assento* tem hoje a eficácia que resulta do chamado «sistema de uniformização de jurisprudência» constante dos arts. 678.º, n.ºˢ 4 e 6, 732.º-A, 732.º-B e 762.º, n.º 3, do Código de Processo Civil.

ARTIGO 1466.º
(Regime das custas)

1 — As custas dos processos referidos nesta secção serão pagas pelo requerente, no caso de não haver declaração de preferência, e pela pessoa que declarou querer preferir, nos outros casos.
Se houver vários declarantes, as custas são pagas por aquele a favor de quem venha a ser proferida sentença de adjudicação ou por todos eles, se não chegar a haver sentença.
2 — Fora dos casos de desistência total, a desistência de qualquer declarante tem como efeito que todos os actos processuais que lhe digam respeito se consideram, para efeitos de custas, como um incidente da sua responsabilidade.
3 — Quando os processos tenham sido instaurados depois de celebrado o contrato que dá lugar à preferência, aquele que vier a exercer o direito haverá as custas pagas da pessoa que devia oferecer a preferência.

SECÇÃO XII

Herança jacente

ARTIGO 1467.º
(Declaração de aceitação ou repúdio)

1 — No requerimento em que se peça a notificação do herdeiro para aceitar ou repudiar a herança, o requerente justificará a qualidade que atribui ao requerido e, se não for o Ministério Público, fundamentará também o seu interesse.
2 — A notificação efectua-se segundo o formalismo prescrito para a citação pessoal, devendo o despacho que a ordenar marcar o prazo para a declaração.

3 — Decorrido o prazo marcado sem apresentação do documento de repúdio, julgar-se-á aceita a herança, condenando-se o aceitante nas custas; no caso de repúdio, as custas serão adiantadas pelo requerente, para virem a ser pagas pela herança.

1. É normal que decorra um certo espaço de tempo entre a morte do *de cujus* e a aceitação da herança pelos herdeiros, quer porque estes não se apressem a fazê-lo, quer porque haja algum obstáculo legal, como será o caso de o herdeiro ter sido instituído condicionalmente e a condição ainda se não ter verificado. Durante esse tempo a herança, sem titular, diz-se *jacente*. Quando se reconheça judicialmente a inexistência de outros sucessíveis além do Estado, a herança diz-se então *vaga* para o Estado.

2. Se o sucessível à herança, sendo conhecido, a não aceitar nem a repudiar dentro dos quinze dias seguintes, pode o tribunal, a requerimento do Ministério Público ou de qualquer interessado, mandá-lo notificar para, no prazo que lhe for fixado, declarar se a aceita ou repudia. Na falta de declaração de aceitação, ou não sendo apresentado o documento legal de repúdio dentro do prazo fixado, a herança tem-se por aceite. Se o notificado repudiar a herança, serão notificados, sem prejuízo do disposto no art. 2067.º, os herdeiros imediatos, e assim sucessivamente até não haver quem prefira a sucessão do Estado (Cód. Civ., art. 2049.º, n.ᵒˢ 1 a 3).

Os arts. 1467.º e 1468.º regulam o modo de as efectuar essas notificações.

ARTIGO 1468.º
(Notificação sucessiva dos herdeiros)

Se o primeiro notificado repudiar a herança, a notificação sucessiva dos herdeiros imediatos, até não haver quem prefira ao Estado, será feita no mesmo processo, observando-se sempre o disposto no artigo anterior.

ARTIGO 1469.º
(Acção sub-rogatória)

1 — A aceitação da herança por parte dos credores do repudiante faz-se na acção em que, pelos meios próprios,

os aceitantes deduzam o pedido dos seus créditos contra o repudiante e contra aqueles para quem os bens passaram por virtude do repúdio.

2 — Obtida sentença favorável, os credores podem executá-la contra a herança.

1. Os credores do repudiante podem aceitar a herança em nome dele, nos termos dos artigos 606.º e seguintes. A aceitação deve e efectuar-se no prazo de seis meses, a contar do conhecimento do repúdio. Pagos os credores do repudiante, o remanescente da herança não aproveita a este, mas aos herdeiros imediatos (Cód. Civ., art. 2067.º, n.ᵒˢ 1 a 3).

2. Esta faculdade é uma espécie peculiar da acção subrogatória regulada nos arts. 606.º a 609.º do Código Civil. Não se trata de impugnar o repúdio, cuja validade se não põe em causa, e menos ainda de o revogar. O que se pretende é apenas fazer ingressar a herança na esfera patrimonial do devedor *só na medida em que esse ingresso seja necessário para a cobrança dos créditos* que de outro modo não seriam satisfeitos. O exercício deste direito por parte dos credores pressupõe que os seus créditos não estariam suficientemente garantidos pelo património do devedor ([129]).

O meio processual a seguir é o que consta do preceito em anotação.

SECÇÃO XIII

Exercício da testamentaria

ARTIGO 1470.º

(Escusa do testamenteiro)

1 — O testamenteiro que se quiser escusar da testamentaria, depois de ter aceitado o cargo, deve pedir a escusa, alegando o motivo do pedido e identificando todos os interessados, que serão citados para contestar.

2 — O juiz decide, depois de produzidas as provas que admitir.

1. O testador pode nomear uma ou mais pessoas que fiquem encarregadas de vigiar o cumprimento do seu testamento ou de o

---

([129]) Rodrigues Bastos, *Notas ao Código Civil*, vol. VII, pág. 286.

executar, no todo ou em parte: é o que se chama testamentaria (Cód. Civ., art. 2320.º).

2. A recusa é livre para o nomeado, desde que este observe a forma exigida por lei (Cód. Civ., art. 2324.º). Porém, depois de aceita, expressa ou tacitamente, a nomeação (art. 2323.º), o nomeado só pode *escusar-se* dela alegando que tem mais de setenta anos de idade; que está impossibilitado, por doença, de exercer convenientemente as funções; que reside fora da comarca competente para o inventário; ou que o exercício da testamentaria é incompatível com o desempenho de cargo público que exerça (Cód. Civ., art. 2085.º, n.º 1, *ex vi*, art. 2330.º).

O processo da escusa está especialmente previsto, para este caso, nos arts. 1470.º, 1471.º e 1473.º.

ARTIGO 1471.º
(Regime das custas)

Não sendo contestado o pedido de escusa, as custas são da responsabilidade de todos os interessados.

ARTIGO 1472.º
(Remoção do testamenteiro)

1 — O interessado que pretenda a remoção do testamenteiro exporá os factos que fundamentam o pedido e identificará todos os interessados.

2 — Só o testamenteiro, porém, é citado para contestar.

1. O testamenteiro pode ser removido judicialmente, a requerimento de qualquer interessado, se não cumprir com prudência e zelo os deveres do seu cargo ou mostrar incompetência no seu desempenho. Se forem vários os testamenteiros nomeados conjuntamente e não houver acordo entre eles sobre o exercício da testamentaria, podem ser removidos todos, ou apenas algum ou alguns deles (Cód. Civ., art. 2331.º, n.ºs 1 e 2).

2. As funções do testamenteiro acabam normalmente quando se mostre cumprido o encargo que lhe foi feito pelo testador. Mas podem terminar por outras causas como a morte, a impossibilidade, a incapacidade superveniente, a escusa e a remoção do testamenteiro. A remoção é o afastamento compulsivo do cargo, imposto

judicialmente ao testamenteiro. As causas da remoção são as indicadas pela lei civil.

O processo para a remoção é o previsto nestes artigos 1472.º e 1473.º.

ARTIGO 1473.º
(Dedução dos pedidos mencionados nos artigos precedentes)

Os pedidos a que se referem os artigos anteriores são dependência do processo de inventário, quando o haja.

SECÇÃO XIV

Tutela da personalidade, do nome e da correspondência confidencial

ARTIGO 1474.º
(Requerimento)

1 — O pedido de providências destinadas a evitar a consumação de qualquer ameaça à personalidade física ou moral ou a atenuar os efeitos de ofensa já cometida será dirigido contra o autor da ameaça ou ofensa.

2 — O pedido de providências tendentes a impedir o uso prejudicial de nome idêntico ao do requerente será dirigido contra quem o usou ou pretende usar.

3 — O pedido de restituição ou destruição de carta missiva confidencial, cujo destinatário tenha falecido, será deduzido contra o detentor da carta.

1. A lei protege os indivíduos contra qualquer ofensa ilícita ou ameaça de ofensa à sua personalidade física ou moral. Independentemente da responsabilidade civil a que haja lugar, a pessoa ameaçada ou ofendida pode requerer as providências adequadas às circunstâncias do caso, com o fim de evitar a consumação da ameaça ou atenuar os efeitos da ofensa já cometida (Cód. Civ., art. 70.º, n.ºs 1 e 2).

Os direitos de personalidade gozam igualmente de protecção depois da morte do respectivo titular. Tem legitimidade, neste caso, para requerer aquelas providências, o cônjuge sobrevivo ou qualquer descendente, ascendente, irmão, sobrinho ou herdeiro do falecido. Se a ilicitude da ofensa resultar de falta de consentimento, só as pessoas que o deveriam prestar têm legitimidade, conjunta ou separadamente, para requerer as providências referidas no n.º 2 do art. 70.º (Cód. Civ., art. 71.º, n.ºˢ 1 a 3).

2. Os direitos de personalidade são direitos subjectivos absolutos, que têm por fim tutelar a integridade física e moral do indivíduo, impondo a todos os componentes da Sociedade o dever negativo de se absterem de praticar actos que ofendam a personalidade alheia.

3. A Constituição da República declara inviolável a vida humana, bem como a integridade física e moral do cidadão (arts. 24.º e 25.º).

4. Os arts. 1474.º e 1475.º regulam o processo das providências a que se refere o n.º 2 do art. 70.º do Código Civil.

5. Toda a pessoa tem direito a usar o seu *nome*, completo ou abreviado, e a opôr-se que outrem o use ilicitamente para sua identificação e outros fins. O titular do nome não pode, todavia, especialmente no exercício de uma actividade profissional, usá-lo de modo a prejudicar os interesses de quem tiver nome total ou parcialmente idêntico; nestes casos, o tribunal decretará as providências que, segundo juízos de equidade, melhor conciliem os interesses em conflito (Cód. Civ., art. 72.º). As acções relativas à defesa do nome podem ser exercidas não só pelo respectivo titular, como, depois da morte dele, pelas pessoas referidas no art. 72.º do Código Civil.

6. O destinatário da carta-missiva de natureza confidencial deve guardar reserva sobre o seu conteúdo, não lhe sendo lícito aproveitar os elementos de informação que ela tenha levado ao seu conhecimento. Morto o destinatário, pode a restituição da carta confidencial ser ordenada pelo tribunal, a requerimento do autor dela ou, se este já tiver falecido, das pessoas indicadas no n.º 2 do art. 71.º do Código Civil; pode também ser ordenada a destruição da carta, o seu depósito em mão de pessoa idónea ou qualquer outra medida apropriada (Código Civil, art. 75.º). As cartas-missivas confidenciais só podem ser publicadas com o consentimento do seu autor ou com o suprimento judicial desse consentimento; mas não há lugar ao suprimento quando se tratar de utilizar as cartas como documento literário, histórico ou biográfico. Depois da morte do autor, a autorização compete às pessoas designadas no n.º 2 do artigo 71.º do Cód. Civil, segundo a ordem nele indicada (Cód. Civ., art. 76.º). Esta doutrina é aplicável, com as necessárias adaptações, às memórias familiares e pessoais e a outros escritos que tenham carácter confidencial ou se refiram à intimidade da vida privada (Cit. Cód., art. 77.º).

ARTIGO 1475.º

(Termos posteriores)

O requerido é citado para contestar e, haja ou não contestação, decidir-se-á após a produção das provas necessárias.

SECÇÃO XV

Apresentação de coisas ou documentos

ARTIGO 1476.º

(Requerimento)

Aquele que, nos termos e para os efeitos dos artigos 574.º e 575.º do Código Civil, pretenda a apresentação de coisas ou documentos que o possuidor ou detentor lhe não queira facultar justificará a necessidade da diligência e requererá a citação do recusante para os apresentar no dia, hora e local que o juiz designar.

1. O nosso Código Civil ocupa-se da matéria da apresentação de coisas ou documentos ao tratar da sua informação e apresentação (arts. 573.º a 576.º).

2. Ao que invoca um direito, pessoal ou real, ainda que condicional ou a prazo, relativo a certa coisa, móvel ou imóvel é lícito exigir do possuidor ou detentor a apresentação da coisa, desde que o exame seja necessário para apurar a existência ou o conteúdo do direito e o demandado não tenha motivos para fundadamente se opôr à diligência. Quando aquele de quem se exige a apresentação da coisa a detiver em nome de outrem, deve avisar a pessoa em cujo nome a detém, logo que seja exigida a apresentação, a fim de ela, se quiser, usar os meios de defesa que no caso couberem. Estas disposições são, com as necessárias adaptações, extensivas aos documentos, desde que o requerente tenha um interesse jurídico atendível no exame deles (Cód. Civ., arts. 574.º, n.ºs 1 e 2, e 575.º).

O processo a seguir é o dos arts. 1476.º e 1477.º.

ARTIGO 1477.º

(Termos posteriores)

1 — O citado pode contestar no prazo de 15 dias, a contar da citação; se detiver as coisas ou documentos em nome de outra pessoa, pode esta contestar dentro do mesmo prazo, ainda que o citado o não faça.

2 — Na falta de contestação, ou no caso de ela ser considerada improcedente, o juiz designará dia, hora e local para a apresentação na sua presença.

3 — A apresentação far-se-á no tribunal, quando se trate de coisas ou de documentos transportáveis em mão; tratando-se de outros móveis ou de coisas imóveis, a apresentação será feita no lugar onde se encontrem.

1. Feita a apresentação, o requerente tem a faculdade de tirar cópias ou fotografias, ou de usar de outros meios destinados a obter a reprodução da coisa ou documento, desde que a reprodução se mostre necessária e se lhe não oponha motivo grave alegado pelo requerido (Cód. Civ., art. 576.º).

2. Para o caso de não haver apresentação, veja-se o art. 1478.º e notas.

ARTIGO 1478.º

(Apreensão judicial)

Se os requeridos, devidamente notificados, não cumprirem a decisão, pode o requerente solicitar a apreensão das coisas ou documentos para lhe serem facultados, aplicando-se o disposto quanto à efectivação da penhora, com as necessárias adaptações.

O tribunal pode ordenar a apreensão do documento e condenar o notificado em multa, quando ele não efectuar a entrega, nem fizer nenhuma declaração, ou quando declarar que não possui o documento e o requerente provar que a declaração é falsa (Cód. Proc. Civ., art. 532.º e Cód. Custas, art. 208.º).

SECÇÃO XVI

A secção XVI, que tratava da modificação da sentença ou acordo que fixasse a indemnização devida sob a forma de renda, foi suprimida na republicação que do Código foi feita em anexo ao Dec.-Lei n.º 329--A/95, de 12 de Dezembro.

SECÇÃO XVII
Exercício de direitos sociais

SUBSECÇÃO I
Do inquérito judicial à sociedade

ARTIGO 1479.º
(Requerimento)

1 — O interessado que pretenda a realização de inquérito judicial à sociedade, nos casos em que a lei o permita, alegará os fundamentos do pedido de inquérito, indicará os pontos de facto que interesse averiguar e requererá as providências que repute convenientes.

2 — São citados para contestar a sociedade e os titulares de órgãos sociais a quem sejam imputadas irregularidades no exercício das suas funções.

3 — Quando o inquérito tiver como fundamento a não apresentação pontual do relatório de gestão, contas do exercício e demais documentos de prestação de contas, seguir-se-ão os termos previstos no artigo 67.º do Código das Sociedades Comerciais.

São vários os casos em que a lei permite, aos interessados, requererem a realização de inquérito judicial à sociedade. O Código das Sociedades Comerciais (Dec.-Lei n.º 262/86, de 2 de Setembro), referem-nos, por exemplo, nos arts. 67.º (falta de apresentação de contas e de deliberação sobre elas); 181.º (falta do dever, em relação ao sócio, nas sociedades em nome colectivo, de o informar devidamente); 216.º (recusa do dever de informação, nas sociedades por quotas); 292.º e 450.º (recusa, nas sociedades anónimas). O art. 67.º contém regras processuais que, para a prestação de contas ou deliberações sobre elas, preferem às normas processuais do Código de Processo.

ARTIGO 1480.º
(Termos posteriores)

1 — Haja ou não resposta dos requeridos, o juiz decidirá se há motivos para proceder ao inquérito, podendo determinar logo que a informação pretendida pelo requerente seja prestada, ou fixará prazo para apresentação das contas da sociedade.

2 — Se for ordenada a realização do inquérito à sociedade, o juiz fixará os pontos que a diligência deve abranger, nomeando o perito ou peritos que deverão realizar a investigação, aplicando-se o disposto quanto à prova pericial.

3 — Compete ao investigador nomeado, além de outros que lhe sejam especialmente cometidos, realizar os seguintes actos:

a) **Inspeccionar os bens, livros e documentos da sociedade, ainda que estejam na posse de terceiros;**

b) **Recolher, por escrito, as informações prestadas por titulares de órgãos da sociedade, pessoas ao serviço desta ou quaisquer outras entidades ou pessoas;**

c) **Solicitar ao juiz que, em tribunal, prestem depoimento as pessoas que se recusem a fornecer os elementos pedidos, ou que sejam requisitados documentos em poder de terceiros.**

4 — Se, no decurso do processo, houver conhecimento de factos alegados que justifiquem ampliação do objecto do inquérito, pode o juiz determinar que a investigação em curso os abranja, salvo se da ampliação resultarem inconvenientes graves.

A falta de resposta não tem efeito cominatório. Há situações em que o pedido não justifica um verdadeiro procedimento, podendo ser logo atendida a pretensão. Se esta for mais complexa, seguir-se-ão os termos dos n.ᵒˢ 2 a 4.

ARTIGO 1481.º
(Medidas cautelares)

Durante a realização do inquérito, pode o tribunal ordenar as medidas cautelares que considere convenientes para garantia dos interesses da sociedade, dos sócios ou dos credores sociais, sempre que se indicie a existência de irregularidades ou a prática de quaisquer actos susceptíveis de entravar a investigação em curso, aplicando-se, com as necessárias adaptações, o preceituado quanto às providências cautelares.

As medidas cautelares a que o preceito alude seguirão os termos dos procedimentos cautelares dos arts. 381.º e seguintes.

ARTIGO 1482.º
(Decisão)

1 — Concluído o inquérito, o relatório do investigador é notificado às partes; e, realizadas as demais diligências probatórias necessárias, o juiz profere decisão, apreciando os pontos de facto que constituíram fundamento do inquérito.

2 — Notificado o relatório, ou a decisão sobre a matéria de facto, podem as partes requerer, no prazo de 15 dias, que o tribunal ordene quaisquer providências que caibam no âmbito da jurisdição voluntária, designadamente a destituição dos responsáveis por irregularidades apuradas ou a nomeação judicial de um administrador ou director, com as funções previstas no Código das Sociedades Comerciais.

3 — Se for requerida a dissolução da sociedade ou formulada pretensão, susceptível de ser cumulada com o inquérito, mas que exceda o âmbito da jurisdição voluntária, seguir-se-ão os termos do processo comum de declaração.

4 — Se a decisão proferida não confirmar a existência dos factos alegados como fundamento do inquérito, podem os requeridos exigir a respectiva publicação no jornal que, para o efeito, indicarem.

ARTIGO 1483.º
(Regime das custas)

1 — As custas do processo são pagas pelos requerentes, salvo se forem ordenadas as providências previstas no artigo 1481.º, pois nesse caso a direcção ou gerência da sociedade responde por todas as custas. A responsabilidade dos requerentes pelas custas abrange as despesas com a publicação referida no artigo 1482.º, quando a ela haja lugar.

2 — Se, em consequência do inquérito, for proposta alguma acção, a responsabilidade dos requerentes pelas custas considera-se de carácter provisório: quem for condenado nas custas da acção paga também as do inquérito. O mesmo se observará quanto à responsabilidade da direcção ou gerência, se o resultado da acção a ilibar de toda a culpa quanto às suspeitas dos requerentes.

Nas acções de inquérito judicial considera-se como valor, para efeito de custas, o do interesse prosseguido ou, se não possível determiná-lo, o da alçada do tribunal da Relação [Cód. Custas, art. 7.º, *l*)].

SUBSECÇÃO II
Nomeação e destituição de titulares de órgãos sociais

ARTIGO 1484.º
(Nomeação judicial de titulares de órgãos sociais)

1 — Nos casos em que a lei prevê a nomeação judicial de titulares de órgãos sociais, ou de representantes comuns dos contitulares de participação social, deve o requerente justificar o pedido de nomeação e indicar a pessoa que reputa idónea para o exercício do cargo.

2 — Antes de proceder à nomeação, o tribunal pode colher as informações convenientes, e, respeitando o pedido a sociedade cujo órgão de administração esteja em funcionamento, deve este ser ouvido.

3 — Se, antes da nomeação ou posteriormente, houver lugar à fixação de uma remuneração à pessoa nomeada, o tribunal decidirá, podendo ordenar, para o efeito, as diligências indispensáveis.

A lei prevê a nomeação judicial de administradores (Cód. Sociedades Comerciais, art. 394.º); de directores (art. 426.º); do revisor oficial de contas (arts. 417.º e 418.º); de membros do conselho geral ou de um accionista (art. 439.º).

ARTIGO 1484.º-A
(Nomeação incidental)

1 — A nomeação que apenas se destine a assegurar a representação em juízo em acção determinada, ou que se suscite em processo já pendente, é dependência dessa causa.

2 — Quando a nomeação surja em consequência de anterior destituição, decidida em processo judicial, é dependência deste.

ARTIGO 1484.º-B
(Suspensão ou destituição de titulares de órgãos sociais)

1 — O interessado que pretenda a destituição judicial de titulares de órgãos sociais, ou de representantes comuns de contitulares de participação social, nos casos em que a lei o admite, indicará no requerimento os factos que justificam o pedido.

2 — Se for requerida a suspensão do cargo, o juiz deci-dirá imediatamente o pedido de suspensão, após realiza-ção das diligências necessárias.

3 — O requerido é citado para contestar, devendo o juiz ouvir, sempre que posssível, os restantes sócios ou os administradores da sociedade.

4 — O preceituado nos números anteriores é aplicável à destituição que seja consequência de revogação judicial da cláusula do contrato de sociedade que atribua a algum dos sócios um direito especial à administração.

5 — Quando se trate de destituir quaisquer titulares de órgãos judicialmente designados, a destituição é dependência do processo em que a nomeação teve lugar.

No Cód. Soc. Com. estão previstas as destituições do gerente (art. 257.º, n.º 4); do representante comum, nas sociedades anónimas (art. 358.º); do administrador, nas mesmas sociedades (art. 403.º, n.º 3).

ARTIGO 1485.º

(Exoneração do administrador na propriedade horizontal)

O processo do artigo anterior é aplicável à exoneração judicial do administrador das partes comuns de prédio sujeito a regime de propriedade horizontal, requerida por qualquer condómino com fundamento na prática de irregularidades ou em negligência.

Na propriedade horizontal o administrador é eleito e exonerado pela assembleia dos condóminos. Se a assembleia não eleger administrador, será este nomeado pelo tribunal, a requerimento de qualquer dos condóminos. O administrador pode ser exonerado pelo tribunal, a requerimento de qualquer condómino, quando se mostre que praticou irregularidades ou agiu com negligência no exercício das suas funções (Cód. Civ., art. 1435.º, n.ᵒˢ 1, 2 e 3).

SUBSECÇÃO III

Convocação de assembleia de sócios

ARTIGO 1486.º

(Processo a observar)

1 — Se a convocação de assembleia geral puder efectuar-se judicialmente, ou quando, por qualquer forma, ilicitamente se impeça a sua realização ou o seu funcionamento, o interessado requererá ao juiz a convocação.

2 — Junto o título constitutivo da sociedade, o juiz, dentro de 10 dias, procederá às averiguações necessárias, ouvindo a administração da sociedade, quando o julgue conveniente, e decidirá.

3 — Se deferir o pedido, designará a pessoa que há-de exercer a função de presidente e ordenará as diligências indispensáveis à realização da assembleia.

4 — A função de presidente só deixará de ser cometida a um sócio da sociedade quando a lei o determine ou quando razões ponderosas aconselhem a designação de um estranho; neste caso, será escolhida pessoa de reconhecida idoneidade.

Se o representante comum dos obrigacionistas e o presidente da assembleia geral dos accionistas (sociedades anónimas) se recusarem a convocar a assembleia dos obrigacionistas, podem os titulares de 5% das obrigações da emissão requerer a convocação judicial da assembleia, que elegerá o seu presidente (Cód. Soc. Com., art. 355.º, n.º 3

O processo é o indicado no artigo em anotação.

SUBSECÇÃO IV

Redução do capital social

ARTIGO 1487.º

(Autorização judicial para redução do capital)

1 — A sociedade que pretenda obter autorização judicial para reduzir o seu capital instruirá a petição com a acta da respectiva assembleia geral, a convocatória correspondente e os documentos comprovativos da observância do disposto na lei sobre o novo capital.

2 — Verificada a regularidade da petição, o juiz ordena que a deliberação da assembleia geral seja publicada, nos termos previstos no artigo 167.º do Código das Sociedades Comerciais, com a indicação de ter sido requerida autorização judicial para se proceder à redução do capital.

3 — Nos 30 dias seguintes à publicação, pode qualquer sócio ou credor dissidente deduzir oposição à redução.

4 — Admitida alguma oposição, é suspensa a deliberação e notificada a sociedade para responder.

Os requisitos de que depende a redução de capital são os indicados nos arts. 94.º a 96.º do Cód. Soc. Comerciais.

ARTIGO 1487.º-A

(Redução não dependente)

1 — Quando a redução do capital for apenas destinada à cobertura de perdas e algum credor social pretender obstar à distribuição de reservas disponíveis ou de lucros do exercício, instruirá a petição com certidão do registo e publicação da deliberação de redução, fazendo prova da existência do seu crédito.

2 — A sociedade é citada para contestar ou satisfazer o crédito do requerente se já for exigível, ou garanti-lo adequadamente.

3 — À prestação da garantia, quando tenha lugar, é aplicável o preceituado quanto à prestação de caução, com as adaptações necessárias.

A autorização judicial é dispensada quando a redução for ape-nas destinada à cobertura de perdas. Neste caso: *a)* a deliberação de redução deve ser registada e publicada; *b)* os sócios não ficam exonerados das suas obrigações de liberação do capital; *c)* pode qualquer credor social, até 30 dias depois de publicada a deliberação de redução, requerer ao tribunal que a distribuição de reservas disponíveis ou dos lucros de exercícios seja proibida ou limitada, durante um período a fixar, a não ser que o crédito do requerente seja satisfeito, se já for exigível, ou adequadamente garantido; *d)* antes de decorrido o prazo concedido aos credores sociais pela alínea anterior, não pode a sociedade efectuar as distribuições mencionadas; a mesma proibição vale a partir do conhecimento pela sociedade do requerimento de algum credor (Cód. Soc. Com., art. 95.º, n.ºs 3 e 4).

SUBSECÇÃO V

Oposição à fusão e cisão de sociedades e ao contrato de subordinação

ARTIGO 1488.º

(Processo a seguir)

1 — O credor que pretenda deduzir oposição judicial à fusão ou cisão de sociedades, nos termos previstos no Código das Sociedades Comerciais, oferecerá prova da sua legitimidade e especificará qual o prejuízo que do projecto de fusão ou cisão deriva para a realização do seu direito.

2 — É citada para contestar a sociedade devedora.

3 — Na própria decisão em que julgue procedente a oposição, o tribunal determinará, sendo caso disso, o reembolso do crédito do oponente ou, não podendo este exigi-lo, a prestação de caução.

1. Duas ou mais sociedades, ainda que de tipo diverso, podem fundir-se mediante a sua reunião numa só (Cód. Soc. Com., Arts. 97.º

Cap. XVIII — Dos processos de jurisdição voluntária   ART. 1489.º

a 107.º). A administração de cada uma das sociedades deve promover o averbamento ao registo do projecto da deliberação que o aprovar, bem como as publicações destas. Os credores das sociedades participantes, cujos créditos sejam anteriores a essa publicação podem deduzir oposição judicial à fusão, com fundamento no prejuízo que dela deriva para a realização dos seus direitos (Cód. Soc. Com., arts. 107.º a 109.º).

2. É permitido a uma sociedade: *a)* destacar parte do seu património para com ela constituir outra sociedade; *b)* dissolver-se e dividir o seu património, sendo cada uma das partes resultantes destinada a constituir uma nova sociedade; *c)* destacar partes do seu património ou dissolver-se, dividindo o seu património em duas ou mais partes, para as fundir com sociedades já existentes ou com partes do património de outras sociedades, separadas por idênticos processos e com igual finalidade. As sociedades resultantes da *cisão* podem ser de tipo diferente do da sociedade cindida (Cód. Soc. Com., art. 118.º). É aplicável à cisão das sociedades, com as necessárias adaptações, o disposto relativamente à fusão (Cód. Soc. Com., art. 120.º).

ARTIGO 1489.º
(Oposição ao contrato de subordinação)

O disposto no artigo anterior é aplicável, com as necessárias adaptações, à oposição deduzida pelo sócio livre ao contrato de subordinação, com fundamento em violação do disposto no Código das Sociedades Comerciais ou na insuficiência da contrapartida oferecida.

Uma sociedade pode, por contrato, subordinar a gestão da sua própria actividade à direcção de uma outra sociedade, quer seja sua dominante, quer não. A sociedade directora forma um grupo com todas as sociedades por ela dirigidas, mediante contrato de subordinação, e com todas as sociedades por ela integralmente dominadas, directa ou indirectamente (Cód. Soc. Com., art. 493.º).

O sócio livre pode opôr-se ao contrato de subordinação, com fun-damento em violação do disposto no Código das Sociedades Comerciais ou em insuficiência da contrapartida oferecida (Cit. Cód., art. 497.º). O processo a seguir é o do art. 1488.º deste Código de Processo Civil.

SUBSECÇÃO VI

Averbamento, conversão e depósito de acções e obrigações

ARTIGO 1490.º
(Direito de pedir o averbamento de acções ou obrigações)

1 — Se a administração de uma sociedade não averbar, sem fundamento válido, dentro de oito dias, as acções ou obrigações que lhe sejam apresentadas para esse efeito, ou não passar, no mesmo prazo, uma cautela com a declaração de que os títulos estão em condições de ser averbados, pode o accionista ou obrigacionista pedir ao tribunal que mande fazer o averbamento.

2 — A sociedade é citada para contestar, sob pena de ser logo ordenado o averbamento.

3 — A cautela a que se refere o n.º 1 tem o mesmo valor que o averbamento.

Veja-se o Dec.-Lei n.º 486/99, de 13 de Novembro, que aprovou o novo Código dos Valores Mobiliários.

ARTIGO 1491.º
(Execução da decisão judicial)

1 — Ordenado definitivamente o averbamento, o interessado requererá que a sociedade seja notificada para, dentro de cinco dias, cumprir a decisão.

2 — Na falta de cumprimento, é lançado nos títulos o pertence judicial que vale para todos os efeitos como averbamento.

ARTIGO 1492.º
(Efeitos da decisão)

1 — Os efeitos do averbamento ordenado judicialmente retrotraem-se à data em que os títulos tenham sido apresentados à administração da sociedade.

2 — Os títulos e documentos são entregues ao interessado logo que o processo esteja findo.

ARTIGO 1493.º

(Conversão de títulos)

1 — O disposto nos artigos anteriores é aplicável ao caso de o accionista ou obrigacionista ter o direito de exigir a conversão de um título nominativo em título ao portador, ou vice-versa e de a administração da sociedade se recusar a fazer a conversão.

2 — Ordenada a conversão, se a administração se recusar a cumprir a decisão lançar-se-á nos títulos a declaração de que ficam sendo ao portador ou nominativos conforme o caso.

ARTIGO 1494.º

(Depósito de acções ou obrigações)

O depósito de acções ou obrigações ao portador, necessário para se tomar parte em assembleia geral, pode ser feito em qualquer instituição de crédito quando a administração da sociedade o recusar.

ARTIGO 1495.º

(Como se faz o depósito)

1 — O depósito é feito em face de declaração escrita pelo interessado, ou por outrem em seu nome, em que se identifique a sociedade e se designe o fim do depósito.

2 — A declaração é apresentada em duplicado, ficando um dos exemplares em poder do depositante, com o lançamento de se haver efectuado o depósito.

ARTIGO 1496.º

(Eficácia do depósito)

O presidente da assembleia geral é obrigado a admitir nela os accionistas ou obrigacionistas que apresentem o documento do depósito, desde que por ele se mostre terem os títulos sido depositados no prazo legal e possuir o depositante o número de títulos necessário para tomar parte na assembleia.

SUBSECÇÃO VII

Regularização de sociedades unipessoais

ARTIGO 1497.º

(Fixação de prazo para a regularização de sociedades unipessoais)

1 — Quando se torne necessário regularizar judicialmente a situação da sociedade reduzida a um único sócio, o requerente, depois de justificar o pedido de fixação de um prazo para proceder à regularização, indicará o prazo que considera suficiente para o efeito.

2 — Mediante anúncios publicados nos termos do artigo 167.º do Código das Sociedades Comerciais, são convocados os credores da sociedade para se pronunciarem acerca do pedido formulado; o juiz decidirá em seguida, depois de efectuadas outras diligências que julgue convenientes.

3 — O juiz ordenará as providências que se mostrem adequadas à conservação do património social, durante o prazo fixado.

Pode ser requerida a dissolução judicial da sociedade, entre outros fundamentos, quando, por período superior a um ano, o número de sócios for inferior ao mínimo exigido por lei, excepto se um dos sócios for o Estado ou entidade a ele equiparada por lei para esse efeito. Neste caso, o sócio, ou qualquer dos sócios restantes, pode requerer ao tribunal que lhe seja concedido um prazo razoável a fim de regularizar a situação, suspendendo-se entretanto a dissolução da sociedade (Cód. Soc. Com., arts. 142.º e 143.º).

O processo é o aqui indicado.

SUBSECÇÃO VIII

Liquidação de participações sociais

ARTIGO 1498.º

(Requerimento e perícia)

1 — Quando, em consequência de morte, exoneração ou exclusão de sócio, deva proceder-se, nos termos

previstos na lei, à avaliação judicial da respectiva participação social, o interessado requererá que a ela se proceda.

2 — O representante legal do incapaz, na hipótese prevista no n.º 6 do artigo 184.º do Código das Sociedades Comerciais, requererá a exoneração do seu representado e a liquidação em seu benefício da parte do sócio falecido, quando não deva proceder-se à dissolução da sociedade.

3 — Citada a sociedade, o juiz designará perito para proceder à avaliação, em conformidade com os critérios estabelecidos no artigo 1021.º do Código Civil, aplicando-se as disposições relativas à prova pericial.

4 — Ouvidas as partes sobre o resultado da perícia realizada, o juiz fixará o valor da participação social, podendo, quando necessário, fazer preceder a decisão da realização de segunda perícia, ou de quaisquer outras diligências.

Trata do processo a adoptar para proceder judicialmente à avaliação da respectiva participação social em caso de morte (art. 184.º Cód. Soc. Com.), exoneração (art. 185.º) ou exclusão (art. 186.º) do sócio.

Quanto à avaliação noutras circunstâncias, v. art. 1499.º.

ARTIGO 1499.º
(Aplicação aos demais casos de avaliação)

O disposto no artigo anterior é aplicável, com as necessárias adaptações, aos demais casos em que, mediante avaliação, haja lugar à fixação judicial do valor de participações sociais.

SUBSECÇÃO IX
Investidura em cargos sociais

ARTIGO 1500.º
(Processo a seguir)

1 — Se a pessoa eleita ou nomeada para um cargo social for impedida de o exercer, pode requerer a investidura

judicial, justificando por qualquer meio o seu direito ao cargo e indicando as pessoas a quem atribui a obstrução verificada.

2 — As pessoas indicadas são citadas para contestar, sob pena de deferimento da investidura.

3 — Havendo contestação, é designado dia para a audiência final, na qual se produzirão as provas oferecidas e as que o tribunal considere necessárias.

Se uma pessoa, nomeada para um cargo social, encontrar oposição que torne impossível o seu exercício, poderá recorrer a juízo, pedindo a sua investidura nesse cargo, mediante o processo previsto neste artigo e no imediato.

ARTIGO 1501.º
(Execução da decisão)

1 — Uma vez ordenada, é a investidura feita por funcionário da secretaria judicial na sede da sociedade ou no local em que o cargo haja de ser exercido e nesse momento se faz entrega ao requerente de todas as coisas de que deva ficar empossado, para o que se efectuarão as diligências necessárias, incluindo os arrombamentos que se tornem indispensáveis.

2 — O acto é notificado aos requeridos com a advertência de que não podem impedir ou perturbar o exercício do cargo por parte do empossado.

SECÇÃO XVIII

Providências relativas aos navios e à sua carga

ARTIGO 1502.º
(Realização da vistoria)

1 — A vistoria destinada a conhecer do estado de navegabilidade do navio é requerida pelo capitão ao tribunal a que pertença o porto em que se achar surto o navio.

2 — Com o requerimento é apresentado o inventário de bordo.

3 — O juiz nomeia os peritos que julgue necessários e idóneos para a apreciação das diversas partes do navio

e fixa o prazo para a diligência, que se realiza sem intervenção do tribunal nem das autoridades marítimas do porto.

4 — O resultado da diligência constará de relatório assinado pelos peritos e é notificado ao requerente.

1. Navio é o engenho flutuante destinado à navegação por água. Fazem parte integrante do navio, além da máquina principal e das máquinas auxiliares, todos os aparelhos, aprestos, meios de salvação, acessórios e mais equipamentos existentes a bordo necessários à sua operacionalidade (Dec.-Lei n.º 201/98, de 10 de Julho, art. 1.º). A navegabilidade do navio depende da verificação das condições técnicas a que o mesmo deva obedecer, de acordo com a legislação em vigor, e do preenchimento dos requisitos necessários à viagem que vai empreender e à carga que vai transportar (Cit. dipl., art. 8.º).

2. O Dec.-Lei n.º 201/98, de 10 de Julho, definiu o estatuto legal de navio e revogou os arts. 485.º a 487.º, e 489.º a 491.º do Código Comercial.

3. O Dec.-Lei n.º 202/98, de 10 de Julho, instituiu o regime da *responsabilidade do proprietário do navio*, revogando os arts. 492.º a 495.º do Código Comercial.

4. O Dec.-Lei n.º 384/99, de 23 de Setembro, regulou a disciplina jurídica relativa ao *capitão do navio*, revogando os arts. 496.º a 515.º do Código Comercial; os arts. 497.º e 509.º já haviam sido revogados pelo art. 32.º do Dec.-Lei n.º 352/86, de 21 de Outubro, e pelo art. 20.º do Dec.-Lei n.º 202/98, de 10 de Julho. O mesmo Dec.-Lei n.º 384/99, revogou, ainda, os arts. 516.º a 537.º, substituindo, assim, a regulamentação referente à *tripulação do navio*.

5. O Dec.-Lei n.º 352/86, de 21 de Outubro regula o *transporte de mercadorias por mar*, tendo revogado os arts. 538.º a 540.º do Código Comercial.

6. Dec.-Lei n.º 191/87, de 29 de Abril, veio regular *o fretamento*, e revogou os arts. 541.º a 562.º do Código Comercial; os arts. 559.º, 560.º a 562.º já tinham sido revogados pelo art. 32.º do citado Dec.--Lei n.º 352/86.

7. O Dec.-Lei n.º 349/86, de 17 de Outubro, veio regular o *transporte de passageiros por mar*, tendo revogado os arts. 563.º a 573.º. do Código Comercial.

ARTIGO 1503.º
(Outras vistorias em navio ou sua carga)

1 — Os mesmos termos se observarão em todos os casos em que se requeira vistoria em navio ou sua carga, fora de processo contencioso.

2 — Sendo urgente a vistoria, pode a autoridade marítima substituir-se ao juiz para a nomeação de peritos e determinação da diligência.

O Dec.-Lei n.º 352/86, de 21 de Outubro, regulou o transporte de mercadorias por mar, e revogou os arts. 358.º a 540.º do Código Comercial.

ARTIGO 1504.º
(Aviso no caso de ser estrangeiro o navio)

1 — Se o navio for estrangeiro e no porto houver agente consular do respectivo Estado, deve oficiar-se a este agente, dando-se-lhe conhecimento da diligência requerida.

2 — O agente consular é admitido a requerer o que for de direito, a bem dos seus nacionais.

ARTIGO 1505.º
(Venda do navio por inavegabilidade)

1 — Quando o navio não possa ser reparado ou quando a reparação não seja justificável por antieconómica, pode o capitão requerer que se decrete a sua inavegabilidade, para o efeito de poder aliená-lo sem autorização do proprietário.

2 — A vistoria é feita pela forma estabelecida no artigo 1502.º, notificando-se os interessados para assistirem, querendo, à diligência.

3 — Se os peritos concluírem pela inavegabilidade absoluta ou relativa do navio, assim se declarará e autorizar-se-á a venda judicial do navio e seus pertences.

4 — É aplicável ao caso regulado neste artigo o preceituado no artigo anterior.

ARTIGO 1506.º
(Autorização judicial para actos a praticar pelo capitão)

Quando o capitão do navio careça de autorização judicial para praticar certos actos, pedi-la-á ao tribunal do porto em que o navio se acha surto. A autorização é concedida ou negada, conforme as circunstâncias.

ARTIGO 1507.º
(Nomeação de consignatário)

1 — A nomeação de consignatário para tomar conta de fazendas que o destinatário se recuse ou não apresente a receber é requerida pelo capitão ao tribunal da comarca a que pertença o porto da descarga.

2 — O juiz ouve o destinatário ou o consignatário sempre que resida na comarca e, se julgar justificado o pedido, nomeia o consignatário e autoriza a venda das mercadorias por alguma das formas indicadas no artigo 886.º.

SECÇÃO XIX
Atribuição de bens de pessoa colectiva extinta

ARTIGO 1507.º-A
(Processo de atribuição dos bens)

Quando, nos termos do artigo 166.º do Código Civil, se torne necessário solicitar ao tribunal a atribuição ao Estado ou a outra pessoa colectiva de todos ou de parte dos bens de uma pessoa colectiva extinta, o processo seguirá os termos descritos nos artigos seguintes.

Extinta a pessoa colectiva, se existirem bens que lhe tenham sido doados ou deixados com qualquer encargo ou que estejam afectados a um certo fim, o tribunal, a requerimento do Ministério Público, dos liquidatários, de qualquer associado ou interessado, ou ainda de herdeiros do doador ou do autor da deixa testamentária, atribuí-los-á, com o mesmo encargo ou afectação, a outra pessoa colectiva (Cód. Civ., art. 166.º, n.º 1). Se houver outros bens, para além dos acima referidos têm eles o destino que lhes for fixado pelos estatutos ou por deliberação dos associados, sem prejuízo do disposto em leis especiais; na falta de fixação ou de lei especial, o tribunal, a requerimento do Ministério Público, dos liquidatários, ou de qualquer associado ou interessado, determinará que sejam atribuídos a outra pessoa colectiva ou ao Estado, assegurando, tanto quanto possível, a realização dos fins da pessoa extinta (Cit., art., n.º 2).

O processo para essas atribuições está regulado nos arts. 1507.º-A a 1507.º-D.

ARTIGO 1507.º-B
(Formalidades do requerimento)

1 — O requerimento será acompanhado de todas as provas documentais necessárias e indicará um projecto concreto de determinação do destino dos bens a atribuir.

2 — Ao requerimento será dada publicidade por anúncio num dos jornais mais lidos da localidade onde se encontre a sede da pessoa colectiva e pela afixação de editais na mesma e na porta do tribunal.

ARTIGO 1507.º-C
(Citações)

1 — Serão citados para se pronunciarem, no prazo de 20 dias, a contar da última citação:

a) **O Ministério Público, se não for o requerente;**

b) **Os representantes da pessoa colectiva a quem se propõe a atribuição dos bens, salvo o disposto no n.º 2 deste artigo;**

c) **Os liquidatários da pessoa colectiva extinta, se os houver e não forem os requerentes;**

d) **O testamenteiro ou testamenteiros do autor da deixa testamentária, se existirem e forem conhecidos.**

2 — Sendo o Ministério Público o requerente e propondo a atribuição dos bens ao Estado, não há lugar à citação de qualquer outro representante deste.

3 — Qualquer pessoa que prove interesse legítimo, mesmo moral, na causa poderá nela intervir.

ARTIGO 1507.º-D
(Decisão)

1 — O juiz procederá às diligências que entender necessárias e em seguida decidirá.

2 — Na decisão, o juiz pode impor os deveres, restrições e cauções que entender necessários para assegurar a realização dos encargos ou fins a que os bens estavam afectos.

3 — Da decisão cabe sempre recurso, com efeito suspensivo.

ARTIGOS 1508.º A 1510.º

Revogados pelo art. 4.º do Decreto-Lei n.º 38/2003, de 8 de Março.

LIVRO IV

Do tribunal arbitral

TÍTULO I

DO TRIBUNAL ARBITRAL VOLUNTÁRIO

Este Título, correspondente aos arts. 1511.º a 1524.º, foi revogado na sua totalidade, pelo n.º 3 do art. 39.º da Lei n.º 31/86, de 29 de Agosto, que passou a regular os termos do tribunal arbitral voluntário.

TÍTULO II

DO TRIBUNAL ARBITRAL NECESSÁRIO

ARTIGO 1525.º

(Regime do julgamento arbitral necessário)

Se o julgamento arbitral for prescrito por lei especial, atender-se-á ao que nesta estiver determinado. Na falta de determinação, observar-se-á o disposto nos artigos seguintes.

ARTIGO 1526.º

(Nomeação dos árbitros — Árbitro de desempate)

1 — Pode qualquer das partes requerer a notificação da outra para a nomeação de árbitros, aplicando-se, com as necessárias adaptações, o estabelecido na lei da arbitragem voluntária.

2 — O terceiro árbitro vota sempre, mas é obrigado a conformar-se com um dos outros, de modo que faça maioria sobre os pontos em que haja divergência.

ARTIGO 1527.º

(Substituição dos árbitros — Responsabilidade dos remissos)

1 — Se em relação a algum dos árbitros se verificar qualquer das circunstâncias previstas no artigo 13.º da lei da arbitragem voluntária procede-se à nomeação de outro, nos termos do artigo anterior, cabendo a nomeação a quem tiver nomeado o árbitro anterior, quando possível.

2 — Se a decisão não for proferida dentro do prazo, este será prorrogado por acordo das partes ou decisão do juiz, respondendo pelo prejuízo havido e incorrendo em multa os árbitros que injustificadamente tenham dada causa à falta; havendo falta, os limites da multa são elevados ao dobro.

ARTIGO 1528.º

(Aplicação das disposições relativas ao tribunal arbitral voluntário)

Em tudo o que não vai especialmente regulado observar-se-á, na parte aplicável, o disposto na lei da arbitragem voluntária.

A arbitragem voluntária é regulada pela Lei n.º 31/86, de 29 de Agosto.

ÍNDICE

LIVRO III
Do processo

TÍTULO III
Do processo de execução

SUBTÍTULO I — Das disposições gerais	7
SUBTÍTULO II — Da execução para pagamento de quantia certa	20
CAPÍTULO ÚNICO — Do processo comum	20
Secção I — Fase introdutória	20
Secção II — Oposição à execução	30
Secção III — Penhora	41
Subsecção I — Bens que podem ser penhorados	41
Subsecção II — Disposições gerais	55
Subsecção III — Penhora de bens imóveis	61
Subsecção IV — Penhora de bens móveis	72
Subsecção V — Penhora de direitos	79
Subsecção VI — Oposição à penhora	95
Secção IV — Citações e concurso de credores	98
Subsecção I — Citações	98
Subsecção II — Concurso de credores	103
Secção V — Pagamento	112
Subsecção I — Modos de pagamento	112
Subsecção II — Entrega de dinheiro	113

Subsecção III — Adjudicação 114
Subsecção IV — Consignação de rendimentos 117
Subsecção V — Do pagamento em prestações 120
Subsecção VI — Venda 122

    Divisão I — Disposições gerais 122
    Divisão II — Venda mediante propostas em carta fechada ... 130
    Divisão III — Outras modalidades de venda 142
    Divisão IV — Da invalidade da venda 147

Secção VI — Remição 154
Secção VII — Extinção e anulação da execução 156
Secção VIII — Recursos 163

SUBTÍTULO III — Da execução para entrega de coisa certa 165
SUBTÍTULO IV — Da execução para prestação de facto 169

TÍTULO IV

Dos processos especiais

CAPÍTULO I — Das interdições e inabilitações 179
CAPÍTULO II — Dos processos referentes às garantias das obrigações 190

    Secção I — Da prestação de caução 190
    Secção II — Do reforço e substituição das garantias especiais
    das obrigações 199

CAPÍTULO III — Da expurgação de hipotecas e da extinção de privi-
    légios 204
CAPÍTULO IV — Da venda antecipada de penhor 211
CAPÍTULO V — Da prestação de contas 212

    Secção I — Contas em geral 212
    Secção II — Contas dos representantes legais de incapazes e do
    depositário judicial 218

CAPÍTULO VI — Da consignação em depósito 222
CAPÍTULO IX — Da divisão de coisa comum e regulação e reparti-
    ção de avarias marítimas 229

    Secção I — Divisão de coisa comum 229
    Secção II — Regulação e repartição de avarias marítimas 235

Índice

CAPÍTULO	X — Da reforma de documentos, autos e livros	238
Secção	I — Reforma de documentos	238
Secção	II — Reforma de autos	242
Secção	III — Reforma de livros	247
CAPÍTULO	XI — Da acção de indemnização contra magistrados	248
CAPÍTULO	XII — Da revisão de sentenças estrangeiras	252
CAPÍTULO	XIII — Da justificação da ausência	261
CAPÍTULO	XIV — Da execução especial por alimentos	274
CAPÍTULO	XV — Da liquidação de patrimónios	278
Secção	I — Da liquidação judicial de sociedades	278
Secção	II — Da liquidação da herança vaga em benefício do estado	283
CAPÍTULO	XVI — Do inventário	286
Secção	I — Disposições gerais	286
Secção	II — Das declarações do cabeça-de-casal e oposição dos interessados	300
Secção	III — Do relacionamento de bens	309
Secção	IV — Da conferência de interessados	315
Secção	V — Da avaliação dos bens e licitações	324
Secção	VI — Dapartilha	331
Secção	VII — Emenda e anulação da partilha	343
Secção VIII	— Partilha adicional e recursos	346
Secção	IX — Partilha de bens em alguns casos especiais	348
CAPÍTULO	XVII — Do divórcio e separação litigiosos	351
CAPÍTULO	XVIII — Dos processos de jurisdição voluntária	354
Secção	I — Disposições gerais	354
Secção	II — Providências relativas aos filhos e aos cônjuges ..	356
Secção	III — Separação ou divórcio por mútuo consentimento .	361
Secção	IV — Processos de suprimento	364
Secção	V — Alienação ou oneração de bens dotais e de bens sujeitos a fideicomisso	369
Secção	VI — Autorização ou confirmação de certos actos	375
Secção	VII — Conselho de família	377
Secção VIII	— Dispensa do prazo internupcial	379
Secção	IX — Curadoria provisória dos bens do ausente	379
Secção	X — Fixação judicial do prazo	382

Secção XI — Notificação para preferência 382
Secção XII — Herança jacente 391
Secção XIII — Exercício da testamentária 393
Secção XIV — Tutela da personalidade, do nome da correspondência confidencia 395
Secção XV — Apresentação de coisas ou documentos 397
Secção XVII — Exercício de direitos sociais 399

   Subsecção I — Do inquérito judicial à sociedade 399
   Subsecção II — Nomeação e destituição de titulares de órgãos sociais 402
   Subsecção III — Convocação de assembleia de sócios 404
   Subsecção IV — Redução do capital social 405
   Subsecção V — Oposição à fusão e cisão de sociedades e ao contrato de subordinação 406
   Subsecção VI — Averbamento, conversão e depósito de acções e obrigações 408
   Subsecção VII — Regularização de sociedade unipessoas 410
   Subsecção VIII — Liquidação de participações sociais 410
   Subsecção IX — Investidura em cargos sociais 411

Secção XVIII — Providência relativas aos navios e à sua carga .. 412
Secção XIX — Atribuição de bens de pessoa colectiva extinta . 415

LIVRO IV

Do tribunal arbitral

TÍTULO I – **Do tribunal arbitral necessário** 419

Execução gráfica
da
TIPOGRAFIA LOUSANENSE, LDA.
Lousã — Fevereiro/2005
Depósito legal n.º 215509/04